Kubis
Vergütung und Auslagenersatz von Aufsichtsratsmitgliedern

Vergütung und Auslagenersatz von Aufsichtsratsmitgliedern

von

Dr. Dietmar Kubis

Rechtsanwalt, Jena

1. Auflage 2025

Zitiervorschlag:
Kubis Vergütung und Auslagenersatz von Aufsichtsratsmitgliedern § … Rn. ….

beck.de

ISBN 978 3 406 79134 5

© 2025 Verlag C.H.Beck GmbH & Co. KG
Wilhelmstraße 9, 80801 München
info@beck.de
Druck und Bindung: Beltz Grafische Betriebe GmbH
Am Fliegerhorst 8, 99947 Bad Langensalza

Satz: Druckerei C.H.Beck Nördlingen
(Adresse wie Verlag)
Umschlag: Druckerei C.H.Beck Nördlingen

chbeck.de/nachhaltig
produktsicherheit.beck.de

Gedruckt auf säurefreiem, alterungsbeständigem Papier
(hergestellt aus chlorfrei gebleichtem Zellstoff)

Alle urheberrechtlichen Nutzungsrechte bleiben vorbehalten.
Der Verlag behält sich auch das Recht vor, Vervielfältigungen dieses Werkes
zum Zwecke des Text and Data Mining vorzunehmen.

Vorwort

Die Vergütung von Aufsichtsratsmitgliedern fristet rechtstatsächlich ein nahezu unscheinbares Dasein außerhalb der juristischen und auch journalistischen Kategorien. Während die Vergütung von Vorstandsmitgliedern regelmäßig Gegenstand juristischer und auch gesellschaftspolitischer Diskussionen ist, scheint das Feld der Aufsichtsratskompensation völlig konfliktfrei zu sein. Die hiermit einhergehende „Friedhofsruhe" in der Rechtsprechung wird allenfalls durch einzelne Beraterverträge mit (zumeist ehemaligen) Aufsichtsratsmitgliedern gestört; ansonsten sind gerichtliche Auseinandersetzungen weitgehend unbekannt.

Die Gründe für die forensische Zurückhaltung sind vielschichtig. Sie beginnen mit der häufig recht überschaubaren Größenordnung der Aufsichtsratskompensation in Deutschland. Viel gewichtiger ist allerdings das Verfahren zur Abwicklung der Zahlung von Vergütung und Auslagenersatz in der Praxis. Diese erfolgt regelmäßig durch den Vorstand oder durch nachgeordnete Abteilungen – eine denkbar ungünstige Zuständigkeitsverteilung, um Meinungsverschiedenheiten zur Aufsichtsratskompensation zu diskutieren oder gar streitig auszutragen. Hinzu kommt ein gewisses Schamgefühl bei den betroffenen Aufsichtsratsmitgliedern, die ihre eigene Vergütung auch nicht ansatzweise als Antriebsfeder für die Wahrnehmung ihres Mandates verstanden wissen wollen.

Aus seiner inzwischen 30jährigen Erfahrung als Mitglied verschiedener Vorstände und Aufsichtsräte weiß der Autor, dass über Anlass und Höhe der Aufsichtsratskompensation „hinter den Kulissen" bisweilen härter als vielfach vermutet gekämpft wird. Dabei werden Weigerungen des Vorstands zur Zahlung unbegründeter (und unbegründbarer) Beträge an den Aufsichtsrat oder an einzelne Mitglieder bisweilen sogar mit der Entscheidung über Vorstandsboni verknüpft. Derart ungute Verbindungen wird auch dieses Buch nicht verhindern können. Es soll aber zumindest einen Versuch darstellen, die Diskussion um Vergütung und Auslagenersatz des Aufsichtsrats in juristische Kategorien zu lenken und somit die Ergebnisse für alle Beteiligten etwas vorhersehbarer zu machen.

Zahlreiche nachfolgend behandelte Einzelfragen verdanke ich vor allem meiner Aufsichtsratspraxis in unterschiedlichsten Unternehmen. Indes wäre dieses Buch nicht ohne die Hilfe von Herrn Rechtsreferendar Jannis Dany zustandegekommen, der nicht nur in mühevoller Detailarbeit die empirischen Daten für die Anhänge 1 bis 3 zusammengetragen, sondern auch bei der Bewältigung von Spezialthemen – insbesondere zum Steuerrecht – wertvolle Hilfe geleistet hat. Ihm gebührt daher mein Dank ebenso wie dem Verlag, der dieses Buch von Anfang an mit viel Wohlwollen begleitet hat.

Jena, im Januar 2025 *Dietmar Kubis*

Inhaltsübersicht

Vorwort	V
Inhaltsverzeichnis	IX
Verzeichnis der Abkürzungen	XXI
Verzeichnis der abgekürzt zitierten Literatur	XXXV

A. Die Aufsichtsratskompensation in der Aktiengesellschaft 1
  § 1. Die historische Entwicklung der Aufsichtsratskompensation 1
  § 2. Tatsächliche Erscheinungsformen der Aufsichtsratskompensation ... 8
  § 3. Erkenntnisquellen zur Aufsichtsratskompensation 10
  § 4. Die Hauptversammlung als exklusives Entscheidungsorgan 12
  § 5. Vergütungsbegründende Hauptversammlungsbeschlüsse 19
  § 6. Arten der Vergütung 42
  § 7. Entstehung, Fälligkeit und Durchsetzbarkeit des Vergütungsanspruchs 66
  § 8. Herabsetzung der Vergütung 74
  § 9. Vergütung an und durch Dritte 76
  § 10. Vergütung des ersten Aufsichtsrats (§ 113 Abs. 2 AktG) 84
  § 11. Rechtsfolgen unrechtmäßiger Vergütungsgewährung 85
  § 12. Vergütungsvotum (§ 113 Abs. 3 AktG nF) 90
  § 13. Vergütungsbericht (§ 162 AktG) 109

B. Vergütungspflichtige Verträge mit Aufsichtsratsmitgliedern 129
  § 14. Allgemeines 129
  § 15. Zustimmungsvorbehalt nach § 114 AktG 130

C. Auslagenersatz 159
  § 16. Allgemeines 159
  § 17. Anspruchsvoraussetzungen 162
  § 18. Einzelfälle des Aufwendungsersatzes 170
  § 19. Entstehung, Fälligkeit und Durchsetzbarkeit des Aufwendungsersatzanspruchs 185
  § 20. Aufsichtsratsbudget 188

D. Steuerrecht 195
  § 21. Ertragssteuern 195
  § 22. Umsatzsteuer 201

E. Die Aufsichtsratskompensation in der SE 205
  § 23. Allgemeines 205
  § 24. Rechtsformspezifische Besonderheiten 205

F. Die Aufsichtsratskompensation in der KGaA 207
  § 25. Allgemeines 207

Inhaltsübersicht

G. Die Aufsichtsratskompensation in der GmbH 209
    § 26. Allgemeines 209
    § 27. Die Vergütung des fakultativen Aufsichtsrats 212
    § 28. Besonderheiten bei vergütungspflichtigen Verträgen 218
    § 29. Besonderheiten beim Auslagenersatz 220

H. Die Aufsichtsratskompensation bei Personengesellschaften 221
    § 30. Allgemeines 221
    § 31. Rechtsquellen für einen Vergütungsanspruch 222
    § 32. Inhalt und Höhe des Vergütungsanspruchs 224
    § 33. Besonderheiten bei vergütungspflichtigen Verträgen 225

Anhang 1: Historische Übersicht über die Regelungen zur Vergütung des Aufsichtsrats 231
Anhang 2: Aufsichtsratsvergütung der DAX Unternehmen 231
Anhang 3: Aufsichtsratsvergütung der TecDAX Unternehmen 235

Sachverzeichnis 239

Inhaltsverzeichnis

Vorwort V
Inhaltsübersicht VII
Verzeichnis der Abkürzungen XXI
Verzeichnis der abgekürzt zitierten Literatur XXXV

A. Die Aufsichtsratskompensation in der Aktiengesellschaft

§ 1. Die historische Entwicklung der Aufsichtsratskompensation 1
    I. Allgemeines 1
    II. ADHGB 1
    III. HGB 3
    IV. Aktiengesetz 3
        1. AktG 1937 3
        2. AktG 1965 5
    V. Deutscher Corporate Governance Kodex 5
    VI. ARUG II 6
    VII. Durchgängige Entwicklungslinien 6
    VIII. Innere Rechtfertigung unterschiedlicher Vergütungsumfänge 8

§ 2. Tatsächliche Erscheinungsformen der Aufsichtsratskompensation 8
    I. Vergütungsstruktur 8
    II. Vergütungshöhe 10

§ 3. Erkenntnisquellen zur Aufsichtsratskompensation 10
    I. Satzung 10
    II. Hauptversammlungsbeschlüsse 11
    III. Rechnungslegung 11
    IV. Vergütungsbericht 12

§ 4. Die Hauptversammlung als exklusives Entscheidungsorgan 12
    I. Gesetzlicher Kompetenzrahmen 12
        1. Allgemeines und Normzweck 12
        2. Vergütungsregelung qua Satzung 13
        3. Vergütungsregelung qua Hauptversammlungsbeschluss 14
        4. Kollisionsregeln 15
        5. Rechtsfolgenbetrachtung 15
    II. Delegation der Entscheidungskompetenz qua Satzung 16
    III. Vergütung kraft Vertrages 17
    IV. Vergütung kraft Gesetzes 18

Inhaltsverzeichnis

§ 5. Vergütungsbegründende Hauptversammlungsbeschlüsse 19
   I. Vorbereitungsmaßnahmen 20
      1. Einberufung 20
         a) Einberufung durch den Vorstand 20
         b) Einberufung durch den Aufsichtsrat 22
      2. Tagesordnung 22
      3. Beschlussvorschlag 23
         a) Zuständigkeit 23
         b) Inhalt 24
         c) Keine Folgepflicht der Hauptversammlung 25
   II. Beschlussfassung 26
      1. Stimmverbote 26
      2. Mehrheitserfordernisse 26
      3. Beurkundungsbedürftigkeit 27
   III. Beschlussinhalt 27
      1. Allgemeines 28
      2. Bestimmung der Bezugsberechtigten 28
         a) Bezeichnungsungenauigkeiten 28
         b) Ausgeschiedene Aufsichtsratsmitglieder 28
         c) Ehrenmitglieder 29
         d) In den Vorstand entsandte Aufsichtsratsmitglieder 30
      3. Fixierung der Vergütungsperiode 30
         a) Allgemeines 30
         b) Inkrafttreten der Vergütungspflicht 30
         c) Rückwirkende Vergütungsentscheidungen 31
         d) Außerkrafttreten der Vergütungspflicht 31
      4. Bestimmung der Vergütungshöhe 32
      5. Gleichbehandlungsgebot 32
         a) Allgemeines 32
         b) Zulässige Differenzierungsmerkmale 33
         c) Unzulässige Differenzierungsmerkmale 34
      6. Angemessenheit der Vergütung (§ 113 Abs. 1 S. 3 AktG) 36
         a) Allgemeines 36
         b) Maßstäbe für die Angemessenheit 37
         c) Folgen veränderter Angemessenheitsbedingungen 38
   IV. Fehlerhafte Vergütungsbeschlüsse 39
      1. Allgemeines 39
         a) Registerkontrolle 39
         b) Befugnis zur Rechtmäßigkeitskontrolle 39
         c) Amtslöschung 40
      2. Nichtigkeit des Vergütungsbeschlusses – Nichtigkeitsgründe ... 40
      3. Anfechtbarkeit des Vergütungsbeschlusses 41
      4. Rechtsfolgen bei Missbilligung des Vergütungssystems 41

5. Folgen für den Vergütungsanspruch bei Beschlussmängeln	42
a) Folgen nichtiger oder angefochtener Beschlüsse	42
b) Folgen anfechtbarer Beschlüsse	42

§ 6. Arten der Vergütung ... 42

I. Allgemeines	43
II. Festvergütung	44
III. Sitzungsgeld	45
1. Vergütung oder Auslagenersatz?	45
2. Anwendungsbereiche	46
a) Plenarsitzungen	46
b) Ausschusssitzungen	46
c) Taggleiche Mehrfachsitzungen	47
d) Telefon- und Videokonferenzen	47
e) Umlaufbeschlüsse	48
f) Vorstands- und Bewerbergespräche	48
g) Rechtsfolgen unzulässig gezahlter Sitzungsgelder	49
IV. D&O-Versicherung	49
1. Allgemeines	49
2. Vergütungscharakter der D50	
a) Traditionelle Auffassung	50
b) Herrschende Auffassung	51
V. Sonstige Festvergütungskomponenten	53
1. Geldleistungen	53
a) Sondervergütung	53
b) Sonstige Geldleistungen	53
2. Sachleistungen	53
a) Sachleistungen ohne Vergütungscharakter	53
b) Sachleistungen mit Vergütungscharakter	54
VI. Variable Vergütungsformen	56
1. Grundlagen	57
2. Historische Entwicklung	58
a) AktG 1965	58
b) KonTraG	58
c) ARUG II	59
d) EU-Recht	59
e) Deutscher Corporate Governance Kodex	60
f) Fortgeltung von Altregelungen	60
3. Vor- und Nachteile variabler Vergütung	60
a) Entwicklung	60
b) Nachteile der Ergebnisorientierung	61
4. Formen variabler Vergütung	61
a) Ergebnisorientierte Vergütung	61
b) Dividendenorientierte Vergütung	62
c) Renditeorientierte Vergütung	62

Inhaltsverzeichnis

	d) Aktienkursorientierte Vergütung	63
	e) Aktienkursorientierte Vergütungsmodelle	63
	f) Sonstige Variablen	65

§ 7. Entstehung, Fälligkeit und Durchsetzbarkeit des Vergütungsanspruchs 66
- I. Entstehung des Vergütungsanspruchs 66
  - 1. Allgemeines 66
  - 2. Festvergütung 66
  - 3. Variable Vergütung 67
  - 4. Vergütung bei unwirksamer Aufsichtsratswahl 67
- II. Fälligkeit der Vergütung 68
- III. Durchsetzung des Vergütungsanspruchs 69
  - 1. Gerichtliche Zuständigkeiten 69
  - 2. Prozessparteien 69
  - 3. Einwendungen gegen den Vergütungsanspruch 69
  - 4. Verjährung 70
  - 5. Behandlung von Schiedsklauseln 71
- IV. Der Vergütungsanspruch bei Strukturänderungen der Gesellschaft 71
  - 1. Liquidation 71
  - 2. Unternehmensvertragliche Einbindung 71
  - 3. Umwandlungsfälle 72
    - a) Rechtsformumwandlung 72
    - b) Verschmelzung 72
    - c) Spaltung 73
  - 4. Insolvenz 73
- V. Verzicht auf die Vergütung 73

§ 8. Herabsetzung der Vergütung 74
- I. Allgemeines 74
- II. Herabsetzung der Festvergütung 74
- III. Herabsetzung der variablen Vergütung 75

§ 9. Vergütung an und durch Dritte 76
- I. Vergütung an Dritte 76
  - 1. Abführungspflichten der Arbeitnehmervertreter 77
  - 2. Abführungspflichten von Vertretern der öffentlichen Hand 81
- II. Vergütung durch Dritte 81
  - 1. Allgemeines 82
  - 2. Zulässigkeit 82
  - 3. Anwendung des § 113 AktG 83
  - 4. Publizitäts- und Informationspflichten 83

§ 10. Vergütung des ersten Aufsichtsrats (§ 113 Abs. 2 AktG) 84

§ 11. Rechtsfolgen unrechtmäßiger Vergütungsgewährung 85
I. Rückforderungsanspruch 86
1. Allgemeines 86
2. Anspruchsgrundlagen 86
a) Ungerechtfertigte Bereicherung 86
b) § 114 Abs. 2 AktG 87
3. Anspruchsinhaber 87
4. Anspruchsgegner 87
5. Verjährung, Verfristung und Aufrechnung 88
II. Schadensersatzhaftung 88
1. Haftung des Vorstands 88
2. Haftung der Aufsichtsratsmitglieder 89
III. Strafrechtliche Verantwortung 89

§ 12. Vergütungsvotum (§ 113 Abs. 3 AktG nF) 90
I. Grundlagen 91
II. Einheitsmodell oder Beschlussmehrheit? 92
III. Beschlussfrequenz (Abs. 3 S. 1) 94
IV. Bestätigungsbeschluss (Abs. 3 S. 2 Hs. 1) 94
V. Beschlussqualität und -mehrheiten (Abs. 3 S. 2 Hs. 1) 95
VI. Inhaltliche Beschlussanforderungen (Abs. 3 S. 3) 96
1. Allgemeines 96
2. Kritik 96
3. Erforderliche Angaben 97
a) Mindestangaben 97
b) Form 98
c) Inbezugnahme 98
d) Ausnahmen bei Geheimhaltungsinteresse 99
4. Einzelheiten 99
a) Festlegung einer Maximalvergütung (§ 87a Abs. 1 S. 2 Nr. 1 AktG) 99
b) Beitrag zur Förderung der Geschäftsstrategie (§ 87a Abs. 1 S. 2 Nr. 2 AktG) 100
c) Relation von fester und variabler Vergütung (§ 87a Abs. 1 S. 2 Nr. 3 AktG) 101
d) Leistungskriterien (§ 87a Abs. 1 S. 2 Nr. 4 AktG) 102
e) Aufschubzeiten (§ 87a Abs. 1 S. 2 Nr. 5 AktG) 102
f) Rückforderungsmöglichkeiten (§ 87a Abs. 1 S. 2 Nr. 6 AktG) 103
g) Aktienbasierte Vergütung (§ 87a Abs. 1 S. 2 Nr. 7 AktG) .. 103
h) Vergütungsbezogene Rechtsgeschäfte (§ 87a Abs. 1 S. 2 Nr. 8 AktG) 103
i) Vergütungs- und Beschäftigungsbedingungen der Arbeitnehmer (§ 87a Abs. 1 S. 2 Nr. 9 AktG) 103

	j) Darstellung des Verfahrens (§ 87a Abs. 1 S. 2 Nr. 10 AktG) .	104
	k) Wiedervorlage (§ 87a Abs. 1 S. 2 Nr. 11 AktG)	104
VII.	Beschlussvorbereitungen	105
VIII.	Vergütungsregelung auf Satzungsebene (Abs. 3 S. 4)	105
IX.	Anfechtungsausschluss (Abs. 3 S. 5)	106
X.	Publizität (§ 113 Abs. 3 S. 6 AktG nF iVm § 120a Abs. 2 AktG) .	107
XI.	Ablehnende Beschlüsse (§ 113 Abs. 3 S. 6 AktG nF iVm § 120a Abs. 3 AktG)	108

§ 13. Vergütungsbericht (§ 162 AktG) 109

I.	Geltungsumfang	110
II.	Erstellung des Vergütungsberichts	110
III.	Inhalt des Vergütungsberichts	112
	1. Allgemeines	112
	a) Erfasster Personenkreis	112
	b) Klarheitsgebot	113
	c) Vergütung durch die Gesellschaft	113
	d) Vergütung durch Konzernunternehmen	113
	e) Gewährte und geschuldete Vergütung	114
	f) Art der Darstellung	115
	2. Einzelne Angaben	115
	a) Allgemeines	115
	b) Vergütungsbestandteile und Gesamtvergütung (Abs. 1 S. 2 Nr. 1)	115
	c) Vergütungsentwicklung und Vergleiche (Abs. 1 S. 2 Nr. 2) .	117
	d) Aktien und Aktienoptionen (Abs. 1 S. 2 Nr. 3)	121
	e) Rückforderung variabler Vergütungsbestandteile (Abs. 1 S. 2 Nr. 4)	121
	f) Abweichungen vom Vergütungssystem (Abs. 1 S. 2 Nr. 5) ..	121
	g) Berücksichtigung von Hauptversammlungsbeschlüssen (Abs. 1 S. 2 Nr. 6)	122
	h) Einhaltung der Maximalvergütung (Abs. 1 S. 2 Nr. 7)	122
	i) Angaben nach § 162 Abs. 2 AktG	122
IV.	Datenschutzerwägungen (§ 162 Abs. 5 AktG)	122
	1. Besondere personenbezogene Daten	122
	2. Alte Vergütungsberichte	123
	3. Langjährig ausgeschiedene Organmitglieder	124
V.	Geheimnisschutzerwägungen (§ 162 Abs. 6 AktG)	124
VI.	Prüfung des Vergütungsberichts (§ 162 Abs. 3 AktG)	125
VII.	Befassung der Hauptversammlung (§ 120a Abs. 4 oder Abs. 5 AktG)	125
VIII.	Publizität (§ 162 Abs. 4 AktG)	126
IX.	Fehlerfolgen	128
	1. Strafrechtliche Folgen	128
	2. Zivilrechtliche Folgen	128

B. Vergütungspflichtige Verträge mit Aufsichtsratsmitgliedern

§ 14. Allgemeines ... 129
    I. Grundsatz: keine Regulierung ... 129
    II. Ausnahmen: Regulierte Vertragstypen ... 129
        1. Zustimmungsvorbehalt nach Wertgrenzen (§ 111b AktG) ... 129
        2. Zustimmungsvorbehalt für Kreditvergaben (§ 115 AktG) ... 130
        3. Zustimmungsvorbehalt für Dienst- oder Werkverträge (§ 114 AktG) ... 130

§ 15. Zustimmungsvorbehalt nach § 114 AktG ... 130
    I. Normzweck und Praxisrelevanz ... 132
    II. Erfasste Vertragstypen (Abs. 1 S. 1) ... 134
        1. Dienst- oder Werkverträge höherer Art ... 134
        2. Keine Arbeitsverträge ... 134
        3. Verträge über organspezifische Tätigkeiten ... 135
            a) Voraussetzungen ... 135
            b) Rechtsfolgen bei Vereinbarung organspezifischer Tätigkeiten ... 139
        4. Behandlung gemischter Verträge ... 139
        5. Sonstige Verträge ... 140
        6. Vergütungsbestimmung ... 140
        7. Formerfordernisse ... 140
        8. Zulassung von Bagatellausnahmen? ... 141
    III. Zeitpunkt des Vertragsschlusses (Abs. 1 S. 1) ... 141
        1. Vertragsschluss während der Amtszeit ... 141
        2. Vertragsschluss vor Beginn der Amtszeit ... 142
        3. Vertragsschluss nach Ende der Amtszeit ... 143
    IV. Erfasste Vertragspartner (Abs. 1 S. 1) ... 143
        1. Vertragspartner auf Seiten des Aufsichtsratsmitglieds ... 143
            a) Aufsichtsratsmitglied in persona ... 143
            b) Nahestehende Personen des Aufsichtsratsmitglieds ... 143
            c) Verträge mit Gesellschaften, an denen das Aufsichtsratsmitglied beteiligt ist ... 144
            d) Verträge mit Gesellschaften, deren Vertretungsorgan das Aufsichtsratsmitglied angehört ... 145
            e) Verträge mit Gesellschaften, mit denen das Aufsichtsratsmitglied rein schuldrechtlich verbunden ist ... 146
        2. Vertragspartner auf Seiten der Gesellschaft ... 146
            a) Gesellschaft ... 146
            b) Vorstandsmitglieder der Gesellschaft ... 146
            c) Aktionäre der Gesellschaft ... 147
            d) Tochtergesellschaft ... 147
            e) Muttergesellschaft ... 147

Inhaltsverzeichnis

f) Schwestergesellschaft	148
g) Drittunternehmen	148
V. Zustimmung des Aufsichtsrats	149
1. Allgemeines	149
2. Zeitliche Determinanten	150
a) Zeitraum zwischen Vertragsschluss und Zustimmung	150
b) Einwilligung	151
c) Genehmigung	152
3. Beschluss	152
a) Verfahren	152
b) Inhaltliche Vorgaben	153
VI. Folgen verweigerter bzw. fehlender Zustimmung	154
1. Allgemeines	154
2. Ansprüche der Gesellschaft	154
a) Rückgewähr (§ 114 Abs. 2 S. 1 AktG)	154
b) Bereicherungsanspruch	156
c) Kapitalerhaltungsanspruch	156
d) Schadensersatzanspruch	156
3. Ansprüche des Aufsichtsratsmitglieds	157

C. Auslagenersatz

§ 16. Allgemeines	159
I. Erscheinungsformen	159
II. Abgrenzung zur Vergütung	160
III. Rechtsgrundlagen	160
1. Satzung (Gesellschaftsvertrag)	160
2. Hauptversammlungsbeschluss (Gesellschafterbeschluss)	161
3. Gesetz	161
a) Spezialgesetzliche Vorschriften	161
b) §§ 675, 670 BGB	161
4. Deutscher Corporate Governance Kodex	162
5. Geschäftsordnung des Aufsichtsrats	162
§ 17. Anspruchsvoraussetzungen	162
I. Aufsichtsratsangelegenheit	163
II. Erforderlichkeit (Angemessenheit)	163
1. Gesetzliche Herleitung	163
2. Kriterien der Angemessenheit	164
a) Allgemeines	164
b) Anlehnung an Vorstandsverhältnisse	164
c) Anlehnung an eigene Lebensverhältnisse des Aufsichtsratsmitglieds	164
d) Anlehnung an die Verhältnisse der Gesellschaft	165
e) Anlehnung an steuerliche Regelungen	165

3. Maßgeblicher Prüfungszeitpunkt 166
4. Maßgeblicher Prüfungsmaßstab 166
5. Letztentscheidungskompetenz zur Angemessenheit 167
6. Aufwandspauschalen durch Vorstandsvorgaben 168
III. Aufwendung des Aufsichtsratsmitglieds 168
IV. Anspruchsberechtigter Personenkreis 168
V. Abgeltung durch Sitzungsgeld? 169

§ 18. Einzelfälle des Aufwendungsersatzes 170
I. Aufsichtsrats- und Ausschusssitzungen 170
   1. Reisekosten 170
      a) Allgemeines 170
      b) Benutzung öffentlicher Verkehrsmittel 172
      c) Benutzung privater Fahrzeuge 173
      d) Maut- und Parkgebühren 173
      e) Kosten eines Fahrers 173
      f) Stornokosten 174
      g) Inanspruchnahme des Unternehmensfuhrparks 174
   2. Logiskosten 174
   3. Verpflegungskosten 175
   4. Dolmetscher- und Übersetzungskosten 175
   5. Lohn- und Gehaltserstattung 176
II. Vorbesprechungen anlässlich von Aufsichtsratssitzungen 177
III. Teilnahme an Hauptversammlungen 177
IV. Informationsreisen (Betriebsstättenbesichtigung) 177
V. Ereignisunabhängige Aufwendungen 178
   1. Kommunikationskosten 178
   2. Allgemeine Bürokosten 178
   3. Personalkosten 178
   4. Besprechungskosten 179
   5. Aus- und Fortbildungskosten 179
   6. Sachverständigen- und Beraterkosten 180
   7. Kosten der Personalsuche 181
   8. Repräsentationskosten 181
   9. Prozesskosten 182
   10. Personenschutz 182
   11. Schadensersatzzahlungen 183
   12. Geldbußen 183
   13. Lobbyismuskosten 183
   14. Gezahlte Umsatzsteuer 184
VI. Insbesondere: Aufwendungen des Aufsichtsratsvorsitzenden ... 184

Inhaltsverzeichnis

§ 19. Entstehung, Fälligkeit und Durchsetzbarkeit des Aufwendungsersatzanspruchs	185
I. Entstehung und Fälligkeit des Anspruchs	185
II. Durchsetzung des Aufwendungsersatzanspruchs	186
III. Rückforderung unzulässiger Erstattungszahlungen	187
§ 20. Aufsichtsratsbudget	188
I. Motivation und Zielsetzung	188
II. Meinungsstand	189
III. Zulässigkeit und Voraussetzungen	191

D. Steuerrecht

§ 21. Ertragssteuern	195
I. Einkommensteuer des Aufsichtsratsmitglieds	195
1. Einkunftsart	195
2. Betriebseinnahmen	196
3. Betriebsausgaben	197
4. Beschränkte Steuerpflicht	198
II. Körperschaftssteuerabzug bei der Gesellschaft	198
1. Abzugsbeschränkungen	199
2. Anwendungsbereich	200
3. Rechtsfolgen	200
4. Kritik	201
§ 22. Umsatzsteuer	201

E. Die Aufsichtsratskompensation in der SE

§ 23. Allgemeines	205
§ 24. Rechtsformspezifische Besonderheiten	205

F. Die Aufsichtsratskompensation in der KGaA

§ 25. Allgemeines	207

G. Die Aufsichtsratskompensation in der GmbH

§ 26. Allgemeines	209
I. Einschlägiges Normengefüge	209
II. Rechtstatsachen	211

Inhaltsverzeichnis

§ 27. Die Vergütung des fakultativen Aufsichtsrats	212
I. Vergütung kraft Gesellschafterbeschlusses oder Satzung	212
II. Vergütung kraft Vertrages	213
III. Inhalt und Höhe der Vergütung	215
IV. Beschlussfassung	217
§ 28. Besonderheiten bei vergütungspflichtigen Verträgen	218
§ 29. Besonderheiten beim Auslagenersatz	220

H. Die Aufsichtsratskompensation bei Personengesellschaften

§ 30. Allgemeines	221
I. Rechtstatsachen	221
II. Einschlägiger Normenbestand	222
§ 31. Rechtsquellen für einen Vergütungsanspruch	222
I. Gesellschaftsvertrag	222
II. Schuldrechtlicher Vertrag	223
III. § 612 BGB	223
§ 32. Inhalt und Höhe des Vergütungsanspruchs	224
I. Art der Vergütung	224
II. Höhe der Vergütung	224
§ 33. Besonderheiten bei vergütungspflichtigen Verträgen	225

Anhang 1: Historische Übersicht über die Regelungen zur Vergütung des Aufsichtsrats	231
Anhang 2: Aufsichtsratsvergütung der DAX Unternehmen	231
Anhang 3: Aufsichtsratsvergütung der TecDAX Unternehmen	235
Sachverzeichnis	239

Verzeichnis der Abkürzungen

aA	anderer Ansicht; am Anfang
Abk.	Abkommen
abl.	ablehnend
ABl.	Amtsblatt
Abs.	Absatz
Abt.	Abteilung
abw.	abweichend
AcP	Archiv für die civilistische Praxis (Zeitschrift)
ADHGB	Allgemeines Deutsches Handelsgesetzbuch von 1861
aE	am Ende
aF	alte Fassung
AG	Aktiengesellschaft; Amtsgericht; Die Aktiengesellschaft (Zeitschrift)
AGB	Allgemeine Geschäftsbedingungen
AktG	Aktiengesetz
allgM	allgemeine Meinung
Alt.	Alternative
amtl. Begr.	amtliche Begründung
AnfG	Gesetz über die Anfechtung von Rechtshandlungen eines Schuldners außerhalb des Insolvenzverfahrens
Anh.	Anhang
Anm.	Anmerkung
AO	Abgabenordnung
AP	Arbeitsrechtliche Praxis (Entscheidungssammlung 1950 ff.)
AR-Blattei	Arbeitsrechts-Blattei
ARRL	Richtlinie 2007/36/EG des Europäischen Parlaments und des Rates vom 11.7.2007 über die Ausübung bestimmter Rechte von Aktionären in börsennotierten Gesellschaften (ABl. EG 2007 L 184, 17)
ArbG	Arbeitsgericht
ArbGG	Arbeitsgerichtsgesetz
ArbNErfG	Arbeitnehmererfindungsgesetz
ArbZG	Arbeitszeitgesetz
arg.	argumentum
ARGE	Arbeitsgemeinschaft
Art.	Artikel
ARUG	Gesetz zur Umsetzung der Aktionärsrechterichtlinie (ARUG) vom 30.7.2009 (BGBl. 2009 I 2479)
ARUG II	Gesetz zur Umsetzung der zweiten Aktionärsrechte-RL vom 12.12.2019 (BGBl. 2019 I 2637)

Verzeichnis der Abkürzungen

AT	allgemeiner Teil, außertariflich
Aufl.	Auflage
Aufs.	Aufsatz
AÜG	Arbeitnehmerüberlassungsgesetz
AuR	Arbeit und Recht (Zeitschrift)
ausf.	ausführlich
AVB	Allgemeine Versicherungsbedingungen, Allgemeine Vertragsbestimmungen
Az.	Aktenzeichen
B	Bundes-
BABl.	Bundesarbeitsblatt
BAG	Bundesarbeitsgericht
BAGE	Entscheidungen des Bundesarbeitsgerichts
BAnz.	Bundesanzeiger
BauSparkG	Gesetz über Bausparkassen
Bay., bay.	Bayern, bayerisch
BayObLG	Bayerisches Oberstes Landesgericht
BB	Betriebs-Berater (Zeitschrift)
BBankG	Gesetz über die deutsche Bundesbank
BBG	Bundesbeamtengesetz
BBl.	Bundesblatt; Betriebswirtschaftliche Blätter (Zeitschrift)
Bd. (Bde.)	Band (Bände)
BDSG	Bundesdatenschutzgesetz
BeckRS	Entscheidungssammlung in Beck-Online (Jahr, Nummer)
Begr.	Begründung
Bek.	Bekanntmachung
Bspr.	Besprechung
bestr.	bestritten
betr.	betreffend, betreffs
BetrAVG	Gesetz zur Verbesserung der betrieblichen Altersversorgung (Betriebsrentengesetz)
BetrVG	Betriebsverfassungsgesetz
BetrVR	Betriebsverfassungsrecht
BeurkG	Beurkundungsgesetz
BFH	Bundesfinanzhof
BFHE	Sammlung der Entscheidungen und Gutachten des Bundesfinanzhofs
BFM	Bundesfinanzministerium
BGB	Bürgerliches Gesetzbuch
BGBl.	Bundesgesetzblatt
BGH	Bundesgerichtshof
BGHR	BGH-Rechtsprechung (Loseblattsammlung 1987 ff.)
BGHZ	Entscheidungen des Bundesgerichtshofes in Zivilsachen
BKartA	Bundeskartellamt

Verzeichnis der Abkürzungen

Bl.	Blatt
BMF	Bundesminister der Finanzen
BMJV	Bundesministerium der Justiz und für Verbraucherschutz
BörsG	Börsengesetz
BR-Drs.	Drucksachen des Deutschen Bundesrates
BRAO	Bundesrechtsanwaltsordnung
BRD	Bundesrepublik Deutschland
BSG	Bundessozialgericht
BSGE	Entscheidungen des Bundessozialgerichts
BStBl.	Bundessteuerblatt
BT	Besonderer Teil; Bundestag
BT-Drs.	Drucksachen des Deutschen Bundestages
Buchst.	Buchstabe
BUrlG	Bundesurlaubsgesetz
BuW	Betrieb und Wirtschaft (Zeitschrift)
BVerfG	Bundesverfassungsgericht
BVerfGE	Entscheidungen des Bundesverfassungsgerichts
BVerwG	Bundesverwaltungsgericht
BVerwGE	Entscheidungen des Bundesverwaltungsgerichts
bzw.	beziehungsweise
ca.	circa
Co.	Company
COVMG	Gesetz über Maßnahmen im Gesellschafts-, Genossenschafts-, Vereins-, Stiftungs- und Wohnungseigentumsrecht zur Bekämpfung der Auswirkungen der COVID-19-Pandemie vom 27.3.2020 (BGBl. 2020 I 569, 570)
CR	Computer und Recht (Zeitschrift)
DAR	Deutsches Autorecht (Zeitschrift)
DAX	Deutscher Aktenindex
DB	Der Betrieb (Zeitschrift)
DepotG	Depotgesetz
Der Konzern	Der Konzern (Zeitschrift)
DCGK	Deutscher Corporate Governance Kodex
dgl.	desgleichen; dergleichen
dh	das heißt
diff.	differenzierend
DIHT	Deutscher Industrie- und Handelstag
DiRUG	Gesetz zur Umsetzung der Digitalisierungs-RL vom 5.7.2021 (BGBl. 2021 I 3338)
Diss.	Dissertation
DJT	Deutscher Juristentag
DM	Deutsche Mark
DNotZ	Deutsche Notar-Zeitschrift

Verzeichnis der Abkürzungen

Dok.	Dokument
DRiZ	Deutsche Richterzeitung
DRSC	Deutsche Rechnungslegungs Standards Commitee
DS-GVO	Verordnung (EU) 2016/679 des Europäischen Parlaments und des Rates vom 27.4.2016 zum Schutz natürlicher Personen bei der Verarbeitung personenbezogener Daten, zum freien Datenverkehr und zur Aufhebung der Richtlinie 95/46/EG (Datenschutz-Grundverordnung), (ABl. EU 2016 L 119, 1, ber.)
DStR	Deutsches Steuerrecht (Zeitschrift)
DStZ	Deutsche Steuer-Zeitung
Dt.; dt.	deutsch
DVO	Durchführungsverordnung
E	Entwurf, Entscheidung (in der amtlichen Sammlung)
EG	Einführungsgesetz
eG	eingetragene Genossenschaft
EGBGB	Einführungsgesetz zum Bürgerlichen Gesetzbuch
EGHGB	Einführungsgesetz zum Handelsgesetzbuch
EGInsO	Einführungsgesetz zur Insolvenzordnung
Einf.	Einführung
einhM	einhellige Meinung
Einl.	Einleitung
EK	Eigenkapital
entspr.	entsprechend
Erg.	Ergänzung
Erl.	Erläuterungen; Erlass
EStG	Einkommensteuergesetz
etc	et cetera
EU	Europäische Union
EuGH	Europäischer Gerichtshof
EuR	Europarecht (Zeitschrift)
EuZW	Europäische Zeitschrift für Wirtschaftsrecht
eV	eingetragener Verein
EWG	Europäische Wirtschaftsgemeinschaft
EWGV	Vertrag zur Gründung der Europäischen Wirtschaftsgemeinschaft vom 25.3.1957
EWiR	Entscheidungen zum Wirtschaftsrecht
EWIV	Europäische Wirtschaftliche Interessenvereinigung
EzA	Entscheidungssammlung zum Arbeitsrecht
EZB	Europäische Zentralbank
f., ff.	folgende (Singular, Plural)
FamFG	Gesetz über das Verfahren in Familiensachen und in den Angelegenheiten der freiwilligen Gerichtsbarkeit
FamRZ	Zeitschrift für das gesamte Familienrecht

Verzeichnis der Abkürzungen

FGG	Gesetz über die Angelegenheiten der freiwilligen Gerichtsbarkeit, aufgehoben
FGPrax	Praxis der Freiwilligen Gerichtsbarkeit (Zeitschrift)
FISG	Finanzmarktintegritätsstärkungsgesetz vom 3.6.2021 (BGBl. 2021 I 1534)
Fn.	Fußnote
FN	Fachnachrichten des Instituts der Wirtschaftsprüfer in Deutschland e. V.
FR	Finanz-Rundschau
FS	Festschrift
FüPoG	Gesetz für die gleichberechtigte Teilhabe von Frauen und Männern an Führungspositionen in der Privatwirtschaft und im öffentlichen Dienst vom 24.4.2015 (BGBl. 2015 I 642)
FüPoG II	Gesetz zur Ergänzung und Änderung der Regelungen für die gleichberechtigte Teilhabe von Frauen an Führungspositionen in der Privatwirtschaft und im öffentlichen Dienst vom 7.8.2021 (BGBl. 2021 I 3311)
G	Gesetz
GAAP	Generally Accepted Accounting Principles
GAAS	Generally Accepted Auditing Standards
GATT	General Agreement on Tariffs and Trade
GBl.	Gesetzblatt
GBO	Grundbuchordnung
GS	Gedächtnisschrift
GenG	Genossenschaftsgesetz
GesR-RL	Richtlinie (EU) 2017/1132 des Europäischen Parlaments und des Rates vom 14.6.2017 über bestimmte Aspekte des Gesellschaftsrechts (ABl. 2017 L 169, 46)
GewO	Gewerbeordnung
GewStG	Gewerbesteuergesetz
GG	Grundgesetz
GmbH	Gesellschaft mit beschränkter Haftung
GmbH & Co. KG	Gesellschaft mit beschränkter Haftung und Compagnie (Kommanditgesellschaft)
GmbHG	Gesetz betreffend die Gesellschaften mit beschränkter Haftung
GmbHR	GmbH-Rundschau (Zeitschrift)
GNotKG	Gerichts- und Notarkostengesetz
GO-BT	Geschäftsordnung des Deutschen Bundestages idF der Bekanntmachung vom 2.7.1980 (BGBl. 1980 I 1237)
GoA	Geschäftsführung ohne Auftrag; Grundsätze ordnungsgemäßer Abschlussprüfung
GoB	Grundsätze ordnungsmäßiger Buchführung
GoDV	Grundsätze für ordnungsgemäße Datenverarbeitung

Verzeichnis der Abkürzungen

grds.	grundsätzlich
GrSZ	Großer Senat in Zivilsachen
GRUR	Gewerblicher Rechtsschutz und Urheberrecht (Zeitschrift)
GRURAusl	Gewerblicher Rechtsschutz und Urheberrecht, Auslands- und internationaler Teil, 1952–1969
GS	Gedenkschrift; Großer Senat
GuV	Gewinn- und Verlustrechnung
GBVBl.	Gesetz- und Verordnungsblatt
GV	Gebührenverzeichnis (Anlage zu § 1 HRegGebV)
GVG	Gerichtsverfassungsgesetz
GVÜ	Übereinkommen über die gerichtliche Zuständigkeit und die Vollstreckung gerichtlicher Entscheidungen in Zivil- und Handelssachen
GWB	Gesetz gegen Wettbewerbsbeschränkungen
GwG	Gesetz über das Aufspüren von Gewinnen aus schweren Straftaten (Geldwäschegesetz)
HAG	Heimarbeitsgesetz
Halbbd.	Halbband
Hs.	Halbsatz
HdB	Handbuch
HGB	Handelsgesetzbuch
HGrG	Haushaltsgrundsätzegesetz
hL	herrschende Lehre
hM	herrschende Meinung
HPflG	Haftpflichtgesetz
HRegGebV	Verordnung über Gebühren in Handels-, Partnerschafts- und Genossenschaftsregistersachen (Handelsregistergebührenverordnung)
Hrsg.; hrsg.	Herausgeber; herausgegeben
HRV	Verordnung über die Einrichtung und Führung des Handelsregisters (Handelsregisterverordnung)
IAPS	International Auditing Practice Statements
IAS	International Accounting Standards
IASC	International Accounting Standards Comitee
IASC US GAAP	The IASC-U. S. Comparison Project: A Report on the Similarities and Differences between IASC Standards and U. S. GAAP, hrsg. von Bloomer, 1996
ICC	International Chamber of Commerce; Interstate Commerce Commission
idF	in der Fassung
idR	in der Regel
idS	in diesem Sinne

Verzeichnis der Abkürzungen

IDW	Institut der Wirtschaftsprüfer in Deutschland e. V.
iE	im Einzelnen
iErg	im Ergebnis
ieS	im engeren Sinne
IGH	Internationaler Gerichtshof
IHK	Industrie- und Handelskammer
IHR	Internationales Handelsrecht
insbes.	insbesondere
InsO	Insolvenzordnung
int.	international
IntGesR	Internationales Gesellschaftsrecht
InvG	Investmentgesetz, aufgehoben
IPR	Internationales Privatrecht
iSd	im Sinne des/der
IStR	Internationales Steuerrecht (Zeitschrift)
iÜ	im Übrigen
iVm	in Verbindung mit
iwS	im weiteren Sinne
JA	Juristische Arbeitsblätter (Zeitschrift); Jahresabschluss
JArbSchG	Gesetz zum Schutze der arbeitenden Jugend (Jugendarbeitsschutzgesetz)
Jb	Jahrbuch
JFG	Jahrbuch für Entscheidungen in Angelegenheiten der Freiwilligen Gerichtsbarkeit
JMBl.	Justizministerialblatt
JR	Juristische Rundschau (Zeitschrift)
Jura	Jura (Zeitschrift)
JurA	Juristische Analysen
JurBl.	Juristische Blätter
JurBüro	Das juristische Büro (Zeitschrift)
JuS	Juristische Schulung (Zeitschrift)
JW	Juristische Wochenschrift
JZ	Juristenzeitung
Kap.	Kapitel
KapMuG	Gesetz über Musterverfahren in kapitalmarktrechtlichen Streitigkeiten (Kapitalanleger-Musterverfahrensgesetz)
KfH	Kammer für Handelssachen
KfW	Kreditanstalt für Wiederaufbau
Kfz	Kraftfahrzeug
KG	Kommanditgesellschaft; Kammergericht
KGaA	Kommanditgesellschaft auf Aktien
KO	Konkursordnung, aufgehoben
Komm.	Kommentar

Verzeichnis der Abkürzungen

Konzern	Der Konzern (Zeitschrift)
krit.	kritisch
KritJ	Kritische Justiz
KSchG	Kündigungsschutzgesetz
KStG	Körperschaftsteuergesetz
KurzKomm	Kurzkommentar
KV	Kostenverzeichnis (Anlage 1 zum GNotKG)
KWG	Kreditwesengesetz
LAG	Landesarbeitsgericht
LAGE	Entscheidungen der Landesarbeitsgerichte
Lfg.	Lieferung
LG	Landgericht
lit.	litera
li. Sp.	linke Spalte
Literatur	Literatur
LM	Nachschlagewerk des BGH, hrsg. von Lindenmaier, Möhring ua
LMK	Kommentierte BGH-Rechtsprechung, Lindenmayer/Möhring
LöschG	Gesetz über die Auflösung und Löschung von Gesellschaften
Ls.	Leitsatz
LSG	Landessozialgericht
Ltd.	Limited
MarkenG	Markengesetz
MDR	Monatsschrift für Deutsches Recht
mE	meines Erachtens
Mio.	Million(en)
MitbestErgG	Gesetz zur Ergänzung des Gesetzes über die Mitbestimmung der Arbeitnehmer in den Aufsichtsräten und Vorständen der Unternehmen des Bergbaus und der Eisen und Stahl erzeugenden Industrie
MitbestG 1976	Mitbestimmungsgesetz vom 4.5.1976
Mitt.	Mitteilung(en)
MittBl.	Mitteilungsblatt
MittRhNotK	Mitteilungen der Rheinischen Notarkammer
mN	mit Nachweisen
MoMiG	Gesetz zur Modernisierung des GmbH-Rechts und zur Bekämpfung von Missbräuchen vom 23.10.2008 (BGBl. 2008 I 2026)
Montan MitbestG	Gesetz über die Mitbestimmung der Arbeitnehmer in den Aufsichtsräten und Vorständen der Unternehmen des Bergbaus und der Eisen und Stahl erzeugenden Industrie
MoPeG	Personengesellschaftsrechtsmodernisierungsgesetz vom 10.8.2021 (BGBl. 2021 I 3436)
Mot.	Motive zum Entwurf eines BGB

Verzeichnis der Abkürzungen

Mugdan	Die gesamten Materialien zum Bürgerlichen Gesetzbuch für das deutsche Reich, hrsg. von Mugdan, Band I–V, 1899
MuSchG	Mutterschutzgesetz
mwN	mit weiteren Nachweisen
mzN	mit zahlreichen Nachweisen
NachwG	Gesetz über den Nachweis der für ein Arbeitsverhältnis geltenden wesentlichen Bestimmungen
nF	neue Fassung; neue Folge
NJ	Neue Justiz (Zeitschrift)
NJOZ	Neue Juristische Online-Zeitschrift
NJW	Neue Juristische Wochenschrift
NJW-RR	NJW-Rechtsprechungs-Report (Zivilrecht)
Nr.	Nummer(n)
NStZ	Neue Zeitschrift für Strafrecht
nv	nicht veröffentlicht
NVwZ	Neue Zeitschrift für Verwaltungsrecht
NVwZ-RR	Neue Zeitschrift für Verwaltungsrecht – Rechtsprechungs-Report
NZA	Neue Zeitschrift für Arbeits- und Sozialrecht
NZA-RR	Neue Zeitschrift für Arbeits- und Sozialrecht – Rechtsprechungs-Report
NZG	Neue Zeitschrift für Gesellschaftsrecht
NZI	Neue Zeitschrift für das Recht der Insolvenz und Sanierung
oÄ	oder Ähnliches
OECD	Organization of Economic Cooperation and Development
OEEC	Organisation für Europäische Wirtschaftliche Zusammenarbeit
OGH	Oberster Gerichtshof (Österreich)
OGH-BrZ	Oberster Gerichtshof für die Britische Zone
OGHZ	Entscheidungen des Obersten Gerichtshofes für die Britische Zone in Zivilsachen
OHG	offene Handelsgesellschaft
OLG	Oberlandesgericht
OLGE	Die Rechtsprechung der Oberlandesgerichte auf dem Gebiet des Zivilrechts
OLGR	OLG-Report
OLGRechtsprechung	Die Rechtsprechung der Oberlandesgerichte auf dem Gebiete des Zivilrechts, hrsg. von Mugdan und Falkmann (1.1900-46.1928; aufgegangen in HRR)
OLGZ	Entscheidungen der Oberlandesgerichte in Zivilsachen
OVG	Oberverwaltungsgericht
OWiG	Gesetz über Ordnungswidrigkeiten

Verzeichnis der Abkürzungen

PartGG	....	Gesetz über Partnerschaftsgesellschaften
PersGes	....	Personengesellschaft
ProdHaftG	....	Gesetz über die Haftung für fehlerhafte Produkte (Produkthaftungsgesetz)
Prospekt-VO	....	VO (EU) 2017/1129 des Europäischen Parlaments und des Rates vom 14.6.2017 über den Prospekt, der beim öffentlichen Angebot von Wertpapieren oder bei deren Zulassung zum Handel an einem geregelten Markt zu veröffentlichen ist und zur Aufhebung der RL 2003/71/EG (ABl. EU 2017 L 168, 12)
Prot.	....	Protokoll
pVV	....	positive Vertragsverletzung
RA	....	Rechtsausschuss
RAG	....	Reichsarbeitsgericht
RAGE	....	Entscheidungen des Reichsarbeitsgerichts
RdA	....	Recht der Arbeit (Zeitschrift)
RdErl.	....	Runderlass
RdW	....	Recht der Wirtschaft (Zeitschrift)
Recht	....	Das Recht (Zeitschrift)
RegE	....	Regierungsentwurf
RFH	....	Reichsfinanzhof
RFHE	....	Amtliche Sammlung der Entscheidungen des Reichsfinanzhofs
RG	....	Reichsgericht
RGBl.	....	Reichsgesetzblatt
RGSt	....	Entscheidungen des Reichsgerichts in Strafsachen
RGZ	....	Entscheidungen des Reichsgerichts in Zivilsachen
RIW	....	Recht der internationalen Wirtschaft (Zeitschrift)
Rn.	....	Randnummer
ROHG	....	Reichsoberhandelsgericht, auch Entscheidungssammlung
Rpfleger	....	Der Deutsche Rechtspfleger (Zeitschrift)
Rs.	....	Rechtssache
Rechtsprechung		Rechtsprechung
re. Sp.	....	rechte Spalte
RT-Drs.	....	Reichstags-Drucksache
RT-Vorlage	......	Entwurf eines Handelsgesetzbuchs von 1897, Reichstags-Drucksache Nr. 632
RVG	....	Gesetz über die Vergütung der Rechtsanwältinnen und Rechtsanwälte (Rechtsanwaltsvergütungsgesetz)
S.	....	Satz; Seite; siehe; section
SaBl.	....	Sammelblatt für Rechtsvorschriften des Bundes und der Länder
SAE	....	Sammlung arbeitsrechtlicher Entscheidungen
SAG	....	Gesetz zur Sanierung und Abwicklung von Instituten und Finanzgruppen (Sanierungs- und Abwicklungsgesetz – SAG)

SanInsFoG	Sanierungs- und Insolvenzrechtsfortentwicklungsgesetz vom 22.12.2020 (BGBl. 2020 I 3256)
SchuldR	Schuldrecht
ScheckG	Scheckgesetz
SE	Societas Europaea
SEAG	Gesetz zur Ausführung der Verordnung (EG) Nr. 2157/2001 des Rates vom 8.10.2001 über das Statut der Europäischen Gesellschaft (SE) (SE-Ausführungsgesetz)
SE-VO	Verordnung (EG) Nr. 2157/2001 des Rates über das Statut der Europäischen Gesellschaft (SE), ABl. L 294, 1
SG	Sozialgericht
SGB	Sozialgesetzbuch
sog.	so genannt
Sp.	Spalte
stRspr	ständige Rechtsprechung
StAnpG	Steueranpassungsgesetz
StB	Der Steuerberater (Zeitschrift)
StBerG	Steuerberatungsgesetz
Stbg	Die Steuerberatung (Zeitschrift)
StFG	Stabilisierungsfondsgesetz
StGB	Strafgesetzbuch
StPO	Strafprozessordnung
str.	strittig
StuB	Steuer- und Bilanzpraxis (Zeitschrift)
StückAG	Stückaktiengesetz
StuW	Steuer und Wirtschaft (Zeitschrift)
StV	Strafverteidiger (Zeitschrift)
Tz.	Textziffer
ua	unter anderem
uÄ	und Ähnliches
Überbl.	Überblick
überwM	überwiegende Meinung
UmRUG	Gesetz zur Umsetzung der Bestimmungen der Umwandlungsrichtlinie über die Mitbestimmung der Arbeitnehmer bei grenzüberschreitenden Umwandlungen, Verschmelzungen und Spaltungen vom 4.1.2023 (BGBl. 2023 I Nr. 10)
UmwG	Umwandlungsgesetz
UmwStG	Umwandlungssteuergesetz
unstr.	unstreitig
UAbs.	Unterabsatz
unzutr.	unzutreffend
UR	Umsatzsteuer-Rundschau
Urt.	Urteil

Verzeichnis der Abkürzungen

usw	und so weiter
uU	unter Umständen
UWG	Gesetz gegen den unlauteren Wettbewerb
v	von; vom
VAG	Versicherungsaufsichtsgesetz
Verf.	Verfassung; Verfasser
VglO	Vergleichsordnung
Verh.	Verhandlung(en)
Verh. DJT	Verhandlungen des Deutschen Juristentages
VersR	Versicherungsrecht, Juristische Rundschau für die Individualversicherung
Verw.	Verwaltung
VerwA	Verwaltungsarchiv
VerwG	Verwaltungsgericht
VerwGH	Verwaltungsgerichtshof
Vfg.	Verfügung
VG	Verwaltungsgericht
VGH	Verwaltungsgerichtshof
vgl.	vergleiche
VO	Verordnung
VOB	Verdingungsordnung für Bauleistungen
Vol.	Volume
Vorb.	Vorbemerkung
vs.	versus
VVaG	Versicherungsverein auf Gegenseitigkeit
VVG	Gesetz über den Versicherungsvertrag
VwGO	Verwaltungsgerichtsordnung
WBl.	Wirtschaftsrechtliche Blätter
WG	Wechselgesetz
WM	Wertpapier-Mitteilungen, Zeitschrift für Wirtschafts- und Bankrecht (Zeitschrift)
wN	weitere Nachweise
WPg	Die Wirtschaftsprüfung (Zeitschrift)
WpHG	Wertpapierhandelsgesetz
WpIG	Gesetz zur Beaufsichtigung von Wertpapierinstituten (Wertpapierinstitutsgesetz)
WPK	Wirtschaftsprüferkammer
WPO	Wirtschaftsprüferordnung
WpÜG	Wertpapiererwerbs- und Übernahmegesetz
WpÜG-AV	Verordnung über den Inhalt der Angebotsunterlage, die Gegenleistung bei Übernahmeangeboten und Pflichtangeboten und die Befreiung von der Verpflichtung zur Veröffentlichung und zur Abgabe eines Angebots (WpÜG-Angebotsverordnung)

Verzeichnis der Abkürzungen

WuB	Wirtschafts- und Bankrecht (Entscheidungssammlung)
WuW/E	Wirtschaft und Wettbewerb – Entscheidungssammlung
zB	zum Beispiel
ZBB	Zeitschrift für Bankrecht und Bankwirtschaft
ZBlHR	Zentralblatt für Handelsrecht
ZCG	Zeitschrift für Corporate Governance
ZfA	Zeitschrift für Arbeitsrecht
ZfgG	Zeitschrift für das gesamte Genossenschaftswesen
ZGS	Zeitschrift für das gesamte Schuldrecht
ZGR	Zeitschrift für Unternehmens- und Gesellschaftsrecht
ZHR	Zeitschrift für das gesamte Handelsrecht und Wirtschaftsrecht
Ziff.	Ziffer(n)
ZInsO	Zeitschrift für das gesamte Insolvenzrecht
ZIP	Zeitschrift für Wirtschaftsrecht und Insolvenzpraxis
zit.	zitiert
ZNotP	Zeitschrift für die NotarPraxis
ZPO	Zivilprozessordnung
zT	zum Teil
zust.	zustimmend
zutr.	zutreffend
ZVG	Gesetz über die Zwangsversteigerung und Zwangsverwaltung
ZZP	Zeitschrift für Zivilprozess

Verzeichnis der abgekürzt zitierten Literatur

ADS	Adler/Düring/Schmaltz, Rechnungslegung nach Internationalen Standards, 7. Aufl. 2011
Altmeppen	Altmeppen, GmbHG, 11. Aufl. 2023
Backhaus/Tielmann	Backhaus/Tielmann, Der Aufsichtsrat, 2. Aufl. 2023
Bartl/Bartl/Beine/Koch/Schlarb/Schmitt/Schmitt	Bartl/Bartl/Beine/Koch/Schlarb/Schmitt/Schmitt, GmbH-Recht, 9. Aufl. 2024
Bayer/Habersack AktR im Wandel I/II	Bayer/Habersack, Aktienrecht im Wandel, 1. Aufl. 2007
BeckHdB AG	Drinhausen/Eckstein, Beck'sches Handbuch der AG, 3. Aufl. 2018
BeckHdB GmbH	Prinz/Winkeljohann, Beck'sches Handbuch der GmbH, 6. Aufl. 2021
BeckHdB PersGes	Prinz/Kahle, Beck'sches Handbuch der Personengesellschaften, 5. Aufl. 2020
BeckNotar-HdB	Heckschen/Herrler/Münch, Beck´sches Notar-Handbuch, 8. Aufl. 2024
BeckOGK AktG	beck-online Großkommentar zum Aktienrecht (vorm. Spindler/Stilz, AktG) Stand: 1.10.2024
BeckOGK HGB	beck-online Großkommentar zum HGB, Stand: 1.10.2023
Binz/Sorg GmbH & Co. KG-HdB	Binz/Sorg, Die GmbH & Co. KG, 12. Aufl. 2018
Bordewin/Brandt EStG	Bordewin/Brandt, Einkommensteuergesetz, 464. Aktualisierung, Stand: 2024
Bork/Schäfer	Bork/Schäfer, GmbHG, 5. Aufl. 2022
Brandis/Heuermann EStG	Brandis/Heuermann, Ertragsteuerrecht, 173. Aufl. 2024
Braun	Braun, InsO, 9. Aufl. 2022
Bürgers/Körber/Lieder AktG	Bürgers/Körber/Lieder, Heidelberger Kommentar Aktiengesetz, 5. Aufl. 2021
Ebenroth/Boujong	Ebenroth/Boujong/Joost/Strohn, Handelsgesetzbuch, 5. Aufl. 2024
Emmerich/Habersack	Emmerich/Habersack, Aktien- und GmbH-Konzernrecht, 10. Aufl. 2022
Emmerich/Habersack KonzernR	Emmerich/Habersack, Konzernrecht, 12. Aufl. 2023

Verzeichnis der abgekürzt zitierten Literatur

ErfK	Müller-Glöge/Preis/Gallner/Schmidt, Erfurter Kommentar zum Arbeitsrecht, 24. Aufl. 2024
EuArbRK	Franzen/Gallner/Oetker, Kommentar zum europäischen Arbeitsrecht, 5. Aufl. 2024
Fitting	Fitting, Betriebsverfassungsgesetz, 32. Aufl. 2024
Fleischer VorstandsR-HdB	Fleischer, Handbuch des Vorstandsrechts, 1. Aufl. 2006
Geßler/Hefermehl/Eckardt/Kropff	Geßler/Hefermehl/Eckardt/Kropff, Aktiengesetz, 2. Aufl. 1986
Goette/Arnold AR-HdB	Goette/Arnold, Handbuch Aufsichtsrat, 2. Aufl. 2024
Grigoleit	Grigoleit, AktG – Aktiengesetz, 2. Aufl. 2020
GroßkommAktG	Großkommentar zum AktG, 5. Aufl. 2015 ff.
Grunewald GesR	Grunewald, Gesellschaftsrecht, 11. Aufl. 2020
Habersack/Casper/Löbbe	Habersack/Casper/Löbbe, GmbHG, 3. Aufl. 2019
Habersack/Drinhausen	Habersack/Drinhausen, SE, 3. Aufl. 2022
Habersack/Henssler	Habersack/Henssler, Mitbestimmungsrecht, 4. Aufl. 2018
Habersack/Verse EuGesR	Habersack/Verse, Europäisches Gesellschaftsrecht, 5. Aufl. 2019
Hachenburg	Hachenburg, Gesetz betreffend die Gesellschaften mit beschränkter Haftung, 8. Aufl. 1992
Happ AktR	Happ, Aktienrecht, 5. Aufl. 2019
Heidel	Heidel, Aktienrecht und Kapitalmarktrecht, 6. Aufl. 2024
Henssler/Strohn	Henssler/Strohn, Gesellschaftsrecht, 6. Aufl. 2024
Herrmann/Heuer/Raupack	Herrmann/Heuer/Raupack, Einkommensteuer- und Körperschaftsteuergesetz, 325. Aktualisierung, Stand: 2024
Hirte/Heidel Neues AktR	Hirte/Heidel, Das neue Aktienrecht, 1. Aufl. 2020
Hölters/Weber	Hölters/Weber, Aktiengesetz, 4. Aufl. 2022
Hopt	Hopt, Handelsgesetzbuch, 43. Aufl. 2024
IDW WP-HdB	Institut der Wirtschaftsprüfer e. V. (IDW), WP-Handbuch 2023, 18. Aufl. 2023
K. Schmidt GesR	K. Schmidt, Gesellschaftsrecht Unternehmensrecht II, 4. Aufl. 2002
K. Schmidt InsO	K. Schmidt, Insolvenzordnung, 20. Aufl. 2023
K. Schmidt/Lutter	K. Schmidt/Lutter, AktG, 4. Aufl. 2019
Kallmeyer	Kallmeyer, Umwandlungsgesetz, 7. Aufl. 2020
Koch	Koch, Aktiengesetz, 18. Aufl. 2024
Kölner Komm AktG	Noack/Zetzsche, Kölner Kommentar zum Aktiengesetz, 4. Aufl. 2020

Verzeichnis der abgekürzt zitierten Literatur

Kremer/Bachmann/Favoccia/v. Werder	Kremer/Bachmann/Favoccia/von Werder, Deutscher Corporate Governance Kodex, 9. Aufl. 2023
Kropff	Kropff, Aktiengesetz – Textausgabe, 1. Aufl. 1965
Küting/Weber Rechnungslegung-HdB	Küting/Weber, Handbuch der Rechnungslegung – Einzelabschluss, 35. Aufl. 2022
Limmer Unternehmensumwandlung-HdB	Limmer, Handbuch der Unternehmensumwandlung, 6. Aufl. 2019
Lutter	Lutter, UmwG, 6. Aufl. 2019
Lutter/Bayer Holding-HdB	Lutter/Bayer, Holding-Handbuch, 6. Aufl. 2020
Lutter/Bayer/Schmidt EurUnternehmensR	Lutter/Bayer/Schmidt, Europäisches Unternehmens- und Kapitalmarktrecht, 6. Aufl. 2018
Lutter/Hommelhoff	Lutter/Hommelhoff, GmbH-Gesetz, 21. Aufl. 2023
Lutter/Krieger/Verse Rechte und Pflichten	Lutter/Krieger/Verse, Rechte und Pflichten des Aufsichtsrats, 7. Aufl. 2020
MAH GmbHR	Münchener Anwaltshandbuch GmbH-Recht, 5. Aufl. 2023
Marsch-Barner/Schäfer Börsennotierte AG-HdB	Marsch-Barner/Schäfer, Handbuch börsennotierte AG, 5. Aufl. 2022
MHdB GesR I	Gummert/Weipert, Münchener Handbuch des Gesellschaftsrechts, Band 1: BGB-Gesellschaft, Offene Handelsgesellschaft, Partnerschaftsgesellschaft, Partenreederei, EWIV, 5. Aufl. 2019
MHdB GesR II	Gummert/Weipert, Münchener Handbuch des Gesellschaftsrechts, Band 2: Kommanditgesellschaft, GmbH & Co. KG, Publikums-KG, Stille Gesellschaft, 5. Aufl. 2019
MHdB GesR III	Wicke/Bachmann, Münchener Handbuch des Gesellschaftsrechts, Band 3: Gesellschaft mit beschränkter Haftung, 6. Aufl. 2023
MHdB GesR IV	Hoffmann-Becking, Münchener Handbuch des Gesellschaftsrechts, Band 4: Aktiengesellschaft, 6. Aufl. 2024
MHdB GesR IX	Bochmann/Scheller/Prütting, Münchenr Handbuch des Gesellschaftsrechts. Band 9: Recht der Familienunternehmen. 6. Aufl. 2021
MHLS	Michalski/Heidinger/Leible/Schmidt, Kommentar zum Gesetz betreffend die Gesellschaften mit beschränkter Haftung (GmbH-Gesetz), 4. Aufl. 2023

Verzeichnis der abgekürzt zitierten Literatur

MüKoAktG	Goette/Habersack/Kalss, Münchener Kommentar zum Aktiengesetz, 6. Aufl. 2023
MüKoBGB	Münchener Kommentar zum BGB, 9. Aufl. 2023
MüKoBilanzR	Hennrichs/Kleindiek/Watrin, Münchener Kommentar zum Bilanzrecht, 5. Aufl. 2014
MüKoGmbHG	Fleischer/Goette, Münchener Kommentar zum Gesetz betreffend die Gesellschaften mit beschränkter Haftung, 4. Aufl. 2022
Musielak/Voit	Musielak/Voit, ZPO, 20. Aufl. 2023
Noack/Servatius/Haas	Noack/Servatius/Haas, GmbH-Gesetz, 23. Aufl. 2022
Oetker	Oetker, Handelsgesetzbuch, 8. Aufl. 2024
Oppenländer/Trölitzsch GmbH-GF-HdB	Oppenländer/Trölitzsch, Praxis-Handbuch der GmbH-Geschäftsführung, 3. Aufl. 2020
Prölss/Dreher	Prölss/Dreher, Versicherungsaufsichtsgesetz: VAG, 14. Aufl. 2024
Raiser/Veil KapGesR	Raiser/Veil, Recht der Kapitalgesellschaften, 6. Aufl. 2015
Raiser/Veil/Jacobs	Raiser/Veil/Jacobs, Mitbestimmungsgesetz und Drittelbeteiligungsgesetz, 7. Aufl. 2020
Reichert GmbH & Co. KG	Reichert, GmbH & Co. KG, 9. Aufl. 2024
RGRK-BGB	Mitglieder des Bundesgerichtshofes/RGRK, Das Bürgerliche Gesetzbuch mit besonderer Berücksichtigung der Rechtsprechung des Reichsgerichts und des Bundesgerichtshofes, 12. Aufl. 2010
Rödder/Herlinghaus/Neumann/Paetsch KStG	Rödder/Herlinghaus/Neumann/Paetsch, Körperschaftsteuergesetz, 2. Aufl. 2023
Röhricht/Graf v. Westphalen/Haas/Mock/Wöstmann	Röhricht/Graf von Westphalen/Haas/Mock/Wöstmann, HGB, 6. Aufl. 2023
Römermann PartGG	Römermann, PartGG, 5. Aufl. 2017
Rowedder/Pentz	Rowedder/Pentz, GmbH-Gesetz, 7. Aufl. 2022
Saenger/Inhester	Saenger/Inhester, GmbHG, 5. Aufl. 2024
Schlegelberger	Schlegelberger, Handelsgesetzbuch, 5. Aufl. 1973
Schmidt	Schmidt, EStG, 42. Aufl. 2023
Schmitt/Hörtnagl	Schmitt/Hörtnagl, Umwandlungsgesetz, Umwandlungssteuergesetz, 9. Aufl. 2020
Scholz	Scholz, GmbH-Gesetz, 13. Aufl. 2022
Semler/Stengel/Leonard	Semler/Stengel/Leonard, Umwandlungsgesetz, 5. Aufl. 2021

Verzeichnis der abgekürzt zitierten Literatur

Semler/v. Schenck Aufsichtsrat/	Semler/v. Schenck, Der Aufsichtsrat, München 2015 (2. Aufl. 2023 s. Backhaus/Tielmann)
Semler/v. Schenck/ Wilsing AR-HdB	Semler/von Schenck/Wilsing, Arbeitshandbuch für Aufsichtsratsmitglieder, 5. Aufl. 2021
Soergel	Soergel, Bürgerliches Gesetzbuch mit Einführungsgesetz und Nebengesetzen (BGB), 14. Aufl. 2021
Staub	Staub, Handelsgesetzbuch: HGB, 6. Aufl. 2021
Staudinger	Staudinger, BGB – J. von Staudingers Kommentar zum Bürgerlichen Gesetzbuch mit Einführungsgesetz, 13. Bearbeitung 1993 ff.
Stein/Jonas	Stein/Jonas, Kommentar zur Zivilprozessordnung, 23. Aufl. 2014
Sternal	Sternal, FamFG, 21. Aufl. 2023
Streck KStG	Streck, Körperschaftssteuergesetz, 10. Aufl. 2022
Tipke/Lang SteuerR	
Uhlenbruck	Uhlenbruck, InsO, 16. Aufl. 2023
Ulmer/Habersack/ Löbbe	Ulmer/Habersack/Löbbe, GmbHG – Gesetz betreffend die Gesellschaften mit beschränkter Haftung, Band 1, 2, 3, 2. Aufl. 2013
Ulmer/Habersack/ Winter	Ulmer/Habersack/Winter, GmbHG – Gesetz betreffend die Gesellschaften mit beschränkter Haftung, Band 1, 2, 3, 1. Aufl. 2008
Van Hulle/Maul/ Drinhausen SE-HdB	Van Hulle/Maul/Drinhausen, Handbuch zur Europäischen Gesellschaft (SE), 2. Aufl. 2022
Wachter	Wachter, AktG, 4. Aufl. 2022
Wicke	Wicke, GmbHG, 5. Aufl. 2024
Widmann/Mayer	Widmann/Mayer, Umwandlungsrecht, 202. Aufl. 2022
Wiedemann GesR I	Wiedemann, Gesellschaftsrecht Bd. 1: Grundlagen, 1. Aufl. 1980
Wiedemann GesR II	Wiedemann, Gesellschaftsrecht Bd. 2: Recht der Personengesellschaften, 1. Aufl. 2004
Wilsing	Wilsing, Deutscher Corporate Governance Kodex: DCGK, 1. Aufl. 2012
Windbichler/Bachmann GesR	Windbichler/Bachmann, Gesellschaftsrecht, 25. Aufl. 2023
Zöller	Zöller, ZPO, 35. Aufl. 2024

A. Die Aufsichtsratskompensation in der Aktiengesellschaft

§ 1. Die historische Entwicklung der Aufsichtsratskompensation

Übersicht

	Rn.
I. Allgemeines	1
II. ADHGB	2
III. HGB	4
IV. Aktiengesetz	5
1. AktG 1937	5
2. AktG 1965	8
V. Deutscher Corporate Governance Kodex	9
VI. ARUG II	10
VII. Durchgängige Entwicklungslinien	11
VIII. Innere Rechtfertigung unterschiedlicher Vergütungsumfänge	16

I. Allgemeines

Die Geschichte des Aufsichtsrats und seiner Vergütung ist mit der Geschichte der Aktiengesellschaft selbst eng verwoben. Dabei sind die Entstehung des Aufsichtsrates und die Ursprünge der Aktiengesellschaft bis heute nicht vollends geklärt.[1] Im Folgenden werden die Leitlinien der Entwicklung des Rechts des Aufsichtsrats und seiner Kompensation dargestellt. Die Darstellung beschränkt sich dabei auf die legislativen Akten, die nicht ausschließlich für einzelne deutsche Staaten galten.[2] Eine Übersicht über die gesetzgeberische Entwicklung enthält **Anhang 1**. 1

II. ADHGB

Das ADHGB von 1861 ordnete einen obligatorischen Aufsichtsrat zunächst nur für die KGaA an. Für die **Aktiengesellschaft** war lediglich ein **fakultativer Aufsichtsrat** vorgesehen. Dies ist auch darauf zurückzuführen, dass nach der damaligen Regelung der Vorstand kein unabhängiges Organ war, sondern Weisungen der Generalversammlung unterlag.[3] Insofern war eine Zwischeninstanz zur Kontrolle nicht erforderlich. Der Aufsichtsrat stellte nach damaliger (zeitgenössischer) Auffassung einen permanenten Aktionärsausschuss dar, der gegenüber dem Vorstand die Interessen der Aktionäre 2

---

[1] Vgl. Lieder, Der Aufsichtsrat im Wandel der Zeit, 2006, S. 39 ff.; MüKoAktG/Habersack Einl. Rn. 14; Bürgers/Körber/Lieder/Körber AktG Einl. Rn. 1; von Rechenberg/Ludwig/Ludwig/Möhrle, Kölner Handbuch Handels- und Gesellschaftsrecht, 4. Aufl. 2017, Rn. 1.
[2] Zur Entwicklung des Aufsichtsrates Schnorr, Historie und Recht des Aufsichtsrats, 2002, S. 4 ff.; Lieder, Der Aufsichtsrat im Wandel der Zeit, 2006, S. 39 ff.; Wiethölter, Interessen und Organisation der Aktiengesellschaft im amerikanischen und deutschen Recht, 1961, S. 270 ff.
[3] Renaud, Das Recht der Actiengesellschaften, 1863, S. 449; Lieder, Der Aufsichtsrat im Wandel der Zeit, 2006, S. 77; Schnorr, Historie und Recht des Aufsichtsrats, 2002, S. 19 f.

durchsetzen sollte.[4] Der Aufsichtsrat konnte dabei häufiger zusammentreten und dessen Mitglieder waren gegenüber dem Durchschnittsaktionär besser qualifiziert. Es war daher konsequent, dass nur Aktionäre dem Aufsichtsrat angehören konnten und **die Mitgliedschaft somit an die Aktionärseigenschaft gebunden** war.[5] Gleichzeitig konnte nur die Generalversammlung den Aufsichtsrat wählen, wenn nicht etwa der Aufsichtsrat selbst seine Mitglieder wählte.[6] Die Vergütung des Aufsichtsrats war üblicherweise in der Satzung bestimmt und sah einen Anteil am Reingewinn der Gesellschaft vor.[7]

3   Der Norddeutsche Bund übernahm das ADHGB im Jahr 1869.[8] Wenig später, mit Gesetz vom 25.6.1870,[9] erstreckte dieser die Beschränkungen, die vormals nur für den Aufsichtsrat der KGaA galten, durch gesetzlichen Verweis auf den **nunmehr obligatorischen**[10] **Aufsichtsrat der Aktiengesellschaft** (Art. 225, 192 ADHGB 1870). Diese Beschränkungen sahen vor, dass eine Vergütung für den ersten Aufsichtsrat nur durch die Generalversammlung beschlossen und der Beschluss erst nach Ablauf des ersten Geschäftsjahres gefasst werden konnte. Der obligatorische Aufsichtsrat sollte zudem nunmehr als kontrollierende Instanz auftreten und die vormalige Aufsicht durch den Staat ersetzen,[11] da das Konzessionssystem durch die neue Regelung wegfiel. Eine alleinige Zuweisung der Aufsicht an die Generalversammlung wurde als unzureichend angesehen, da diese nicht häufig genug zusammentreten konnte und auch die fachliche Eignung oftmals nicht hinreichend vorhanden war.[12] Es setzte sich stattdessen die Erkenntnis durch, dass diese Nachteile dem Aufsichtsrat nicht anhafteten; zudem wurden die geringere Mitgliederzahl und die Stetigkeit der Mitglieder als Vorteile gesehen.[13] Eine organisatorische Neuordnung in der Form, dass der Vorstand nun weisungsunabhängig gewesen wäre, erfolgte dabei jedoch nicht. Vielmehr war er weiterhin an Weisungen der Hauptversammlung gebunden.[14] Bereits damals wurde mehrheitlich vertreten, dass eine Personalunion zwischen Aufsichtsrat und Vorstand ausgeschlossen war.[15] Erst mit der 2. Aktienrechtsnovelle des ADHGB vom 18.7.1884 (RGBl. 1884, 123) wurde die Möglichkeit der Übertragung des aktiven Wahlrechts der Generalversammlung bei der Bestückung des Aufsichtsrats ausdrücklich ausgeschlossen und Nichtaktionären das **passive Wahlrecht zum Aufsichtsrat** verliehen.

---

[4] Vgl. Lieder, Der Aufsichtsrat im Wandel der Zeit, 2006, S. 79; Renaud, Das Recht der Actiengesellschaften, 2. Aufl. 1875, S. 626 zum ADHGB 1870.
[5] Renaud, Das Recht der Actiengesellschaften, 2. Aufl. 1875, S. 630; Lieder, Der Aufsichtsrat im Wandel der Zeit, 2006, S. 80.
[6] Renaud, Das Recht der Actiengesellschaften, 2. Aufl. 1875, S. 628; dabei ist unklar, wie weit die Satzungsfreiheit ging. Nach Lieder, Der Aufsichtsrat im Wandel der Zeit, 2006, S. 146, konnten etwa auch Gründer zur Bestellung ermächtigt werden; inhaltliche Grenzen gab es nicht.
[7] Vgl. Renaud, Das Recht der Actiengesellschaften, 2. Aufl. 1875, S. 629.
[8] Bundesgesetzblatt des Norddeutschen Bundes Band 1869, Nr. 32, 420 ff.
[9] Bundesgesetzblatt des Norddeutschen Bundes Band 1870, Nr. 21, 375 ff.
[10] Vgl. Art. 209 Nr. 6 ADHGB 1870.
[11] Vgl. Schnorr, Historie und Recht des Aufsichtsrats, 2002, S. 20.
[12] Renaud, Das Recht der Actiengesellschaften, 2. Aufl. 1875, S. 458.
[13] Renaud, Das Recht der Actiengesellschaften, 2. Aufl. 1875, S. 626.
[14] Renaud, Das Recht der Actiengesellschaften, 2. Aufl. 1875, S. 505.
[15] Renaud, Das Recht der Actiengesellschaften, 2. Aufl. 1875, S. 627; Lieder, Der Aufsichtsrat im Wandel der Zeit, 2006, S. 79.

III. HGB

Mit der Ablösung des ADHGB durch das HGB im Jahr 1897[16] wurde in § 245 HGB 1897 eine **eigene Vergütungsvorschrift für den Aufsichtsrat** der Aktiengesellschaft geschaffen. Die bisherige Regelung über die Vergütung des ersten Aufsichtsrates wurde in den § 245 Abs. 3 HGB 1897 übernommen. Zudem sollte die in der Vergangenheit erfolgte **Auszahlung überhöhter Tantiemen** verhindert werden.[17] Dafür bestimmte das Gesetz in § 245 Abs. 1 HGB 1897, dass eine variable gewinnorientierte Vergütung am Reingewinn der Gesellschaft nach Abschreibungen und Rücklagen auszurichten war, wobei vom Reingewinn noch 4 % des Grundkapitals (reserviert als Dividende für die Anteilseigner) abgezogen werden mussten. Das Ziel der Verhinderung einer überhöhten Vergütung wurde jedoch nicht erreicht, da der Anwendungsbereich dieser Norm auf Tantiemen beschränkt war, die in einem Anteil am Jahresgewinn bestanden.[18] Durch diese Regelung stiegen vor allem die festen Vergütungsbestandteile.[19] Für den Fall, dass die Vergütung in der Satzung festgelegt war, wurde darüber hinaus bestimmt, dass die Vergütung durch einfache Mehrheit in der Generalversammlung herabgesetzt werden konnte (§ 245 Abs. 2 HGB 1897).

4

IV. Aktiengesetz

1. AktG 1937

Bei der Überführung der Vorschriften in das durch die nationalsozialistische Gesetzgebung geschaffene AktG 1937[20] wurde die Unternehmensverfassung der Aktiengesellschaft umgestaltet. Während bis dahin kein Ausschluss der Hauptversammlung von der Geschäftsführung erfolgte und die Hauptversammlung sogar Weisungen an den Vorstand erteilen konnte, wurde jetzt unter Hinweis auf den Führungsgrundsatz ein starkes und unangefochtenes Führungsorgan gefordert.[21] Hintergrund war dabei auch, dass in der Aktiengesellschaft nicht mehr nur ein privatwirtschaftliches Erwerbsziel verfolgt, sondern auch gesamtwirtschaftliche und soziale Aufgaben erfüllt werden sollten.[22] Für die Vergütung wurden die bisherigen Regelungen in § 98 AktG 1937 weitestgehend beibehalten und um zwei Aspekte ergänzt. Zum einen wurde in § 98 Abs. 1 S. 1 AktG 1937 bestimmt, dass die **Vergütung im Einklang mit den Aufgaben des Mitgliedes** und der **Lage der Gesellschaft** stehen muss. Dies war eine deutliche Einschränkung des bisherigen Ermessensspielraumes. Die zuvor herrschende Meinung nahm eine Grenze der zulässigen Vergütungshöhe nämlich erst bei einem

5

---

[16] RGBl. 1897, Nr. 23, 219 ff.
[17] Lieder, Der Aufsichtsrat im Wandel der Zeit, 2006, S. 197 f. mit knapper Darstellung der Diskussion; Schnorr, Historie und Recht des Aufsichtsrats, 2002, S. 43.
[18] Lieder, Der Aufsichtsrat im Wandel der Zeit, 2006, S. 198 f.
[19] Lieder, Der Aufsichtsrat im Wandel der Zeit, 2006, S. 199, 874; v. d. Heydt, Der Aufsichtsrat der Aktiengesellschaften, 1905, S. 280; Passow, Die Aktiengesellschaft, 1922, S. 451.
[20] RGBl. 1937, 107.
[21] Vgl. Lieder, Der Aufsichtsrat im Wandel der Zeit, 2006, S. 342.
[22] Klausing, Aktien-Gesetz, 1937, S. 73.

Verstoß gegen das Wohl der Gesellschaft an.²³ Gleichwohl führte ein Verstoß nach der damals herrschenden Ansicht nicht zur Nichtigkeit der Vergütungszusage,²⁴ solange nicht zugleich ein Verstoß gegen die guten Sitten im Sinne des § 138 BGB vorlag. Der zweite Aspekt betraf wiederum mögliche Gewinnbeteiligungen und sah in Abs. 4 vor, dass diese **in einem angemessenen Verhältnis zu den Aufwendungen für die Gefolgschaft (Arbeitnehmer) und den Einrichtungen des Gemeinwohls** stehen müssen. Die Einhaltung des Maßstabes aus § 98 Abs. 4 AktG 1937 konnte durch die Staatsanwaltschaft vor Gericht erzwungen werden. Dabei wurde davon ausgegangen, dass die Tätigkeit des Aufsichtsrates grundsätzlich unentgeltlich erfolgt und ein Vergütungsanspruch einer ausdrücklichen Regelung bedarf. Dementsprechend wurde eine konkludente Vergütungsabsprache in der Regel nicht angenommen.

6   Damals ging die herrschende Auffassung noch davon aus, dass neben der organschaftlichen Bestellung ein **eigenständiger Anstellungsvertrag** geschlossen wurde, welcher **als selbständige Grundlage für eine Vergütung** in Betracht kam. Dabei stellte die Aufsichtsratswahl das Angebot zum Abschluss eines solchen Anstellungsvertrages dar, falls der Gewählte anwesend war; ansonsten sollte der Vorstand zur Abgabe eines Angebots ermächtigt worden sein.²⁵ Gleichwohl sollte die Vertretungsmacht des Vorstandes auch im Außenverhältnis beschränkt sein, sodass eine Vergütung nur in Übereinstimmung mit einem Hauptversammlungsbeschluss wirksam vereinbart werden konnte.²⁶ Demnach kamen drei Anspruchsgrundlagen in Betracht – Satzungsbestimmung, Hauptversammlungsbeschluss und Anstellungsvertrag –, deren Verhältnis zueinander nicht klar definiert war. Insbesondere war kein Vorrang der Satzung gegenüber einem Beschluss der Hauptversammlung ersichtlich.²⁷ Eine Vergütung wurde dabei nicht nur dann angenommen, wenn diese ausdrücklich vereinbart wurde, sondern konnte sich auch durch bloße Auslegung ergeben.²⁸ Dabei kamen für die Auslegung sowohl der Dienstvertrag (bei Unentgeltlichkeit: Auftrag), der Bestellungsbeschluss und die Satzung in Betracht. Wurde von einer **konkludenten Entgeltlichkeit** ausgegangen, sollte die Vergütung in „angemessener Höhe" erfolgen. Ein Fall aus der Rechtsprechung, in dem dies tatsächlich angenommen und in dem die Angemessenheit gerichtlich bestimmt wurde, ist nicht bekannt.

7   Eine Übertragung der Kompetenz zur Festsetzung der Vergütung auf den Vorstand oder ein anderes Organ war bereits nach damaliger Auffassung nicht zulässig.²⁹ Zur Zeit des Dritten Reiches wurde aber zwischen einer Satzungsregelung bzw. einer allgemeinen Festsetzung und der konkreten Festsetzung der Vergütung unterschieden.

---

[23] Staub/Pinner, HGB, 14. Aufl. 1932, HGB § 245 Anm. 5; Lieder, Der Aufsichtsrat im Wandel der Zeit, 2006, S. 399, 875.
[24] GroßkommAktG/Schmidt/Meyer-Landrut, 2. Aufl. 1961, AktG § 98 Rn. 2; Baumbach AktG, 5. Aufl. 1944, AktG § 98 Rn. 2; Schnorr, Historie und Recht des Aufsichtsrats, 2002, S. 83.
[25] GroßkommAktG/Schmidt, 2. Aufl. 1961, AktG § 87 Rn. 5.
[26] GroßkommAktG/Schmidt, 2. Aufl. 1961, AktG § 98 Rn. 3; v. Godin/Wilhelmi, 2. Aufl. 1950, AktG § 87 Rn. 1; Ritter AktG, 2. Aufl. 1939, AktG § 87 Rn. 2b; aA Natzel DB 1959, 171 (201 ff.); Natzel AG 1959, 93 (95).
[27] Vgl. v. Godin/Wilhelmi, 2. Aufl. 1950, AktG § 98 Rn. 3; GroßkommAktG/Schmidt, 2. Aufl. 1961, AktG § 98 Rn. 3.
[28] GroßkommAktG/Schmidt, 2. Aufl. 1961, AktG § 98 Rn. 6; Schlegelberger/Quassowski AktG, 3. Aufl. 1939, AktG § 98 Rn. 10; v. Godin/Wilhelmi, 2. Aufl. 1950, AktG § 98 Rn. 2a; Baumbach/Hueck AktG, 10 Aufl. 1959, AktG § 98 Rn. 2.
[29] GroßkommAktG/Schmidt/Meyer-Landrut 2. Aufl. 1961, AktG § 98 Rn. 3.

Für die letztgenannte lag die Kompetenz beim Vorstand, sofern die Satzung nicht etwas anderes vorsah. Eine allgemeine Festsetzung und eine Satzungsregelung oblagen dagegen der Hauptversammlung.[30]

2. AktG 1965

Mit dem Inkrafttreten des AktG 1965 wurden die einschlägigen Vergütungsvorschriften weitgehend unverändert in den § 113 AktG überführt. Lediglich der ehemalige § 98 Abs. 4 AktG 1937 (Orientierung der Vergütungshöhe an Belegschaft und Gemeinwohl) wurde – nicht zuletzt auch mangels praktischer Relevanz[31] – vollständig aufgehoben. Zudem erschien eine staatliche Durchsetzbarkeit mit einem liberalen Verständnis nicht vereinbar. Eine Änderung erfuhr auch der ehemalige § 98 Abs. 1 AktG 1937, demzufolge die Vergütungshöhe mit den Aufgaben der Aufsichtsratsmitglieder und der Lage der Gesellschaft vereinbar sein musste. Mit der neuen Regelung des § 113 AktG 1965 war diese Vereinbarkeit auf eine Soll-Vorschrift reduziert, was den Spielraum deutlich erweiterte. Festgelegt wurde schließlich auch, eine etwaige Gewinnbeteiligung nicht mehr über den Jahresüberschuss, sondern über den Bilanzgewinn zu bestimmen, weil es der Stellung des Aufsichtsrats entspräche, dessen Gewinnbeteiligung an derjenigen der Aktionäre auszurichten.[32] Aufgenommen wurde darüber hinaus § 114 AktG 1965, der Verträge mit Mitgliedern des Aufsichtsrates unter einen Zustimmungsvorbehalt des Aufsichtsrates stellt. Damit sollen ungerechtfertigte Sonderleistungen an einzelne Aufsichtsratsmitglieder sowie deren Beeinflussung verhindert werden.[33]

V. Deutscher Corporate Governance Kodex

Eine Beeinflussung der Vergütung des Aufsichtsrates erfolgte durch die Einfügung des § 161 AktG, der eine Erklärung von Vorstand und Aufsichtsrat über die Einhaltung des Deutschen Corporate Governance Codexes erforderlich machte. Durch Vorgaben im DCGK konnte so **mittelbar Einfluss auf die Vergütung auch des Aufsichtsrates** genommen werden. Dabei wird seit dem ersten DCGK vom 26.2.2002 empfohlen, dass Vorsitz, stellvertretender Vorsitz sowie die Teilnahme in Ausschüssen bei der Bemessung der Vergütung berücksichtigt werden sollen (vgl. Ziff. 5.4.5 DCGK 2002). Während ursprünglich noch eine erfolgsorientierte Vergütung empfohlen wurde, ist dies seit dem DCGK vom 15.5.2012 nicht mehr der Fall. Seit dem DCGK vom 16.12.2019 existiert stattdessen sogar eine Anregung, derzufolge eine **erfolgsorientierte Vergütung** nurmehr die **Ausnahme** darstellen soll. Eine solche Empfehlung wurde unter G.18 DCGK in den DCGK 2022 unverändert übernommen.

---

[30] So Baumbach AktG, 5. Aufl. 1944, AktG § 98 Rn. 2.
[31] BT-Drs. IV/171, 145.
[32] BT-Drs. IV/171, 144.
[33] Ausschussbericht bei Kropff AktG S. 158.

VI. ARUG II

10 Die Regelungen zur Aufsichtsratsvergütung waren seit 1965 bis zur Änderung durch das ARUG II weitgehend unverändert geblieben. Zur Umsetzung europäischer Vorgaben wurde im Jahr 2019 durch das ARUG II[34] die **Regelung über die Berechnung der Gewinntantieme aufgehoben** und durch eine Bestimmung ersetzt, die ein formales Vergütungssystem vorsieht (→ § 12 Rn. 1 ff.). Die Vergütungsregelung entspricht insofern nun zumindest teilweise derjenigen für den Vorstand.[35] Entfallen ist auch die Vorschrift des § 113 Abs. 1 S. 4 AktG aF, demzufolge eine in der Satzung geregelte Vergütung durch einfache Hauptversammlungsmehrheit herabgesetzt werden kann. Die Begründung beschränkt sich dabei auf den Hinweis, dass dies ein „Fremdkörper" im gegenwärtigen System sei und bereits anlässlich der ursprünglichen Aufnahme in das Gesetz auf einem Kompromiss beruhe.[36]

VII. Durchgängige Entwicklungslinien

11 Die aktuellen Regelungen über die Aufsichtsratsvergütung sind zu großen Teilen historisch gewachsen. Bereits frühzeitig wurde die **Vergütungsentscheidung** zusammen mit der Bestellung des Aufsichtsrates **der Hauptversammlung** (damals noch Generalversammlung genannt) **zugewiesen.** Die Vorschrift über die Vergütung des ersten Aufsichtsrates ist bis heute inhaltsgleich erhalten geblieben. Bereits mit dem HGB 1897 wurde zudem erstmalig eine zwingende Berechnungsregelung für eine Tantieme eingeführt, welche im Grundsatz bis zum Inkrafttreten des ARUG II im Jahr 2019 bestehen blieb. Auch die Regelung über die vereinfachte Herabsetzung der in der Satzung bestimmten Vergütung (vgl. § 113 Abs. 1 S. 4 AktG 1965) wurde vom HGB 1897 bis zum ARUG II immer wieder in die Nachfolge-Gesetzgebung übernommen.

12 Die Übernahme des § 98 AktG 1937 in den § 113 AktG 1965 hat zunächst ausschließlich die **Verhinderung überhöhter Bezüge** bezweckt.[37] Der damalige Bundeskanzler *Helmut Schmidt* bezeichnete die seinerzeit übliche Aufsichtsratsvergütung im Deutschen Bundestag als „ein durch nichts legitimiertes, fast risikofreies Einkommen".[38] Bereits wenig später, im Jahr 1973, erfolgte eine auf ein Höchstgehalt für Aufsichtsratsmitglieder zielende Gesetzesinitiative „zur Beseitigung des Wildwuchses".[39] Sie blieb allerdings ebenso erfolglos wie der Versuch einer Art gesetzlicher Gebührenordnung für Aufsichtsräte.[40] Die Schwäche dieser Bemühungen lag vor allem darin, dass die Regelungen zu generell erfolgten und individuellen Bedürfnissen keine

---

[34] Gesetz zur Umsetzung der zweiten Aktionärsrechterichtlinie vom 12.12.2019, BGBl. 2019 I 2637.
[35] Vgl. BeckOGK/Spindler/Mock AktG § 113 Rn. 82.
[36] BT-Drs. 19/9739, 88; gleichzeitig wurde in § 87 Abs. 4 AktG die Möglichkeit geschaffen, dass die Hauptversammlung die Maximalvergütung des Vergütungssystems für den Vorstand herabsetzen kann.
[37] Vgl. Lieder, Der Aufsichtsrat im Wandel der Zeit, 2006, S. 873; GroßkommAktG/Hopt/Roth AktG § 113 Rn. 3 ff.; Wellkamp WM 2001, 489 (494); plastisch Baumbach/Hueck AktG, 13. Aufl. 1968, AktG § 113 Rn. 4. „Dadurch sollen übermäßige Vergütungen für geringe Arbeitsleistungen verhindert werden."
[38] Sitzung vom 22.1.1969, 210. Sitzung, BT-Prot. S. 11337 A.
[39] Vgl. BT-Drs. 7/874 und 7/5162.
[40] Initial Geßler DB 1978, 63 ff.; abl. Lutter AG 1979, 85 ff.

Rechnung getragen werden konnte.[41] Interessanterweise spielten Haftungsgefahren für Aufsichtsräte in der damaligen Diskussion eine eher untergeordnete Rolle. *Geßler* bezeichnete die Aussichtsratstätigkeit als „nicht gefahrengeneigt" und lehnte eine besondere Gefahrenhonorierung deshalb sogar ausdrücklich ab.[42]

In der Folgezeit wurde der **Normzweck des § 113 AktG** dahingehend erweitert, dass diese Vorschrift einerseits die Selbstbedienung durch die Aufsichtsratsmitglieder und andererseits die Kompetenz des Vorstands ausschließen soll, über die Vergütung seiner Kontrolleure zu befinden.[43] Allerdings wurden die Bemühungen des Gesetzgebers nach Beschränkungen der Vergütungshöhe zunehmend eher als eine Schwäche angesehen, zumal der **zeitliche Aufwand** und die **fachlichen Anforderungen an die Aufsichtsratstätigkeit** (nebst damit einhergehender Haftungsfolgen) im Lauf der Zeit kontinuierlich anstiegen.[44] Dementsprechend wurde und wird vermehrt eine angemessene Vergütung gefordert, die – zumindest nach verbreiteter Ansicht in der Praxis – häufig noch nicht erreicht,[45] zuletzt aber doch deutlich gestiegen ist.[46] Gleichwohl hat die Intensität der gesellschaftlichen Diskussion um die (Un-) Angemessenheit von Vorstandsgehältern die Aufsichtsratsvergütung bis dato niemals erreicht.

13

Die neben der betragsmäßigen Begrenzung geforderte **individuelle Transparenz bei der Vergütung** wurde zunächst teilweise über den DCGK erreicht und wird nunmehr von § 162 AktG ausdrücklich gefordert. Erst die europäische Gesetzgebung hat damit zu einer verbindlichen Transparenz im Bereich der Aufsichtsratsvergütung geführt. Dabei ist der Anwendungsbereich jedoch auf börsennotierte Gesellschaften beschränkt.

14

Neben der Höhe und der Transparenz der Aufsichtsratsvergütung waren **Versuche zur Umgehung** des § 113 AktG (und seiner Vorgänger) stets ein Problem für die Kautelarpraxis. Es ist sicherlich kein Zufall, dass Aufsichtsräte (und speziell deren Vorsitzende) überproportional von solchen Berufsbildern geprägt sind, die für zusätzliche Dienstleistungen gegenüber der Aktiengesellschaft prädestiniert sind. Ob Rechtsanwälte, Wirtschaftsprüfer oder Steuerberater: Der Charme eines **erleichterten Zugangs zur Aktiengesellschaft** als zukünftige Auftraggeberin **für angebotene Dienstleistungen** ist nicht zu leugnen. Deshalb gab es schon im 20. Jahrhundert[47] gerichtliche Auseinandersetzungen um die Frage, welche Leistungen noch zur (abgegoltenen) Aufsichtsratstätigkeit zählen und welche gesondert zu vergüten sind. Hieran hat sich bis heute nichts geändert.[48]

15

---

[41] Ebenso Geßler DB 1978, 63 (65); vgl. auch Lieder, Der Aufsichtsrat im Wandel der Zeit, 2006, S. 875.
[42] Geßler DB 1978, 63 (66); aA zB Schmitt DB 1968, 1546 (1547); Lutter AG 1978, 85 (89).
[43] Vgl. BGHZ 168, 188 Rn. 9 = NZG 2006, 712; BGHZ 230, 190 Rn. 22 = NZG 2021, 1311; BGHZ 230, 203 Rn. 13 = NZG 2021, 1314; OLG Nürnberg AG 2018, 166 (168); Koch AktG § 113 Rn. 2; MüKoAktG/Habersack AktG § 113 Rn. 2.
[44] Lieder, Der Aufsichtsrat im Wandel der Zeit, 2006, S. 879 f.; Westermann FS Windbichler, 2020, 1163; Hopt ZGR 2019, 507 (508 f. und 540); Ganzer/Schnorbus BB 2019, 258; Kley AG 2019, 818 (818 f.); Freund NZW 2015, 1419 (1422).
[45] So auch MHdB GesR IV/Hoffmann-Becking § 33 Rn. 26; Hoffmann-Becking ZHR 159 (2005), 155 (174); Semler/v. Schenck/Wilsing AR-HdB/Grau § 13 Rn. 46; Deckert NZG 1998, 710 (714); J. Wagner NZG 1999, 1092 (1094); Peltzer NZG 2002, 10 (16); dagegen etwa K. Schmidt/Lutter/Drygala AktG § 113 Rn. 20.
[46] Dazu GroßkommAktG/Hopt/Roth AktG § 113 Rn. 80; MüKoAktG/Habersack AktG § 113 Rn. 11.
[47] BGH 11.3.1991 – II ZR 187/89, BeckRS 1991, 31064121; BGHZ 114, 127 = AG 1991, 312 = NJW 1991, 1830; OLG Düsseldorf StB 1987, 111 (112).
[48] Vgl. zuletzt BGHZ 230, 190 = NZG 2021, 1311; BGHZ 230, 203 = NZG 2021, 1314.

VIII. Innere Rechtfertigung unterschiedlicher Vergütungsumfänge

16 Dass die **Aufsichtsratstätigkeit von Gesetzes wegen unentgeltlich** ist, entspricht zwar einhelliger Ansicht,[49] mutet angesichts der vertragsrechtlichen Vergütungsfiktionen in den §§ 612, 632 BGB allerdings zunächst befremdlich an. Auf den zweiten Blick wird jedoch ersichtlich, dass weder Einsatz noch Leistung des Aufsichtsratsmitglieds einen Vergütungsanspruch zu begründen vermögen, weil jedwede Tätigkeit des Aufsichtsratsmitglieds sinnvollerweise nur durch den Vorstand veranlasst werden könnte, der dadurch mittelbar dann auch die Vergütungshöhe bestimmen würde. Stattdessen ist es der Hauptversammlung vorbehalten, über Grund und Höhe einer Vergütung der Kontrolleure zu befinden. Die vom Gesetzgeber in § 113 Abs. 1 S. 3 AktG hierbei vorgegebene Relation zu den „Aufgaben der Aufsichtsratsmitglieder" ist insofern unbrauchbar, als diese Aufgaben in allen Gesellschaften strukturell identisch sind (→ § 5 Rn. 45). Die innere Rechtfertigung unterschiedlicher Vergütungsdimensionen resultiert daher in Wahrheit aus zwei Faktoren: Zum einen spielt der **Arbeitseinsatz** der Aufsichtsratsmitglieder entgegen aller Beschwörungen im Schrifttum (→ § 5 Rn. 40 mwN)) doch eine Rolle, was sich nicht zuletzt in der Befürwortung höherer Vergütungen für den (stellvertretenden) Vorsitzenden und für Ausschussmitglieder widerspiegelt.[50] Zum anderen kann das **Haftungspotential** (nach Risiko-Eintrittsgefahr und nach potentieller Schadenshöhe) bei der Bemessung der Aufsichtsratsvergütung nicht außer Acht bleiben.[51] Dies hat zwei Konsequenzen: Erstens kann und sollte die Vergütung dort geringer bemessen sein, wo das Haftungspotential mangels Kompetenzbeschneidung des Aufsichtsrats strukturell abnimmt – nämlich in der KGaA, in der GmbH sowie in den Personengesellschaften. Zweitens rechtfertigt die Existenz einer D&O-Versicherung zugunsten der Aufsichtsratsmitglieder – obwohl selbst kein Vergütungsbestandteil (→ § 6 Rn. 22 ff.) – durchaus eine geringere Vergütungshöhe als für solche Aufsichtsratsmitglieder, die der unversicherten Haftung nach §§ 116, 117 AktG ausgesetzt sind.

§ 2. Tatsächliche Erscheinungsformen der Aufsichtsratskompensation

I. Vergütungsstruktur

1 Blickt man auf das Vergütungsgefüge für Aufsichtsratsmitglieder deutscher **DAX 30-Unternehmen,** so bietet sich ein geradezu monotones Bild. Alle Angehörigen dieses „Premiumsegments" gewähren den Mitgliedern ihres Kontrollorgans neben einer Festvergütung ein Sitzungsgeld in Höhe von 1.000 bis 10.000 Euro je Sitzung sowie Auslagenersatz. Varianzen findet man am ehesten bei den Vergütungszuschlägen für

---

[49] Vgl. nur BGH NZG 2009, 1027 (1028) aus dem Schrifttum statt vieler GroßkommAktG/Hopt/Roth AktG § 113 Rn. 4; Semler/v. Schenck Aufsichtsrat/v. Schenck AktG § 113 Rn. 1.
[50] So auch ausdrücklich Begr. RegE KonTraG BT-Drs. 13/9712, 16.; Hölters/Weber/Groß-Bölting/Rabe AktG § 113 Rn. 16.
[51] Ähnlich Hölters/Weber/Groß-Bölting/Rabe AktG § 113 Rn. 16.

§ 2. Tatsächliche Erscheinungsformen der Aufsichtsratskompensation § 2

den Vorsitzenden sowie für Mitglieder und Vorsitzende bestimmter Ausschüsse. Die aktuellen Detailzahlen für das Jahr 2024 sind im **Anhang 2** zusammengefasst.

Ein ähnlich homogenes Bild ergibt sich bei der Untersuchung von börsennotierten Unternehmen in den Segmenten **MDAX** und **TecDAX**. Auch hier dominiert ein Kompensationstrio bestehend aus Festvergütung, Sitzungsgeld und Auslagenersatz. Blickt man beispielsweise in die Detailangaben zum TecDAX für das Jahr 2024 **(Anhang 3)**, so findet man nur noch ein Unternehmen,[1] das seinen Aufsichtsratsmitgliedern eine variable Vergütung zahlt. Einige Gesellschaften verzichten nunmehr dagegen auf ein Sitzungsgeld.

Keine zuverlässige Datenlage existiert bei **nicht-börsennotierten Aktiengesellschaften**. Stichprobenartige Untersuchungen des Verfassers haben ergeben, dass sich die meisten dieser Unternehmen auf die Zahlung einer jährlichen Festvergütung (mit oder ohne Zuschlag für den Aufsichtsratsvorsitzenden) beschränken und Auslagenersatz (insbesondere Fahrtkostenersatz) häufig auch ohne Zulassung durch den Satzungsgeber gewähren. Nur ganz wenige Unternehmen, vor allem im Bereich der sog. Familiengesellschaften, haben überhaupt keine Vergütung für ihre Aufsichtsratsmitglieder vorgesehen. Nicht belegt – aber mit einiger Wahrscheinlichkeit – setzen sich die hiervon betroffenen Aufsichtsgremien aus Familienangehörigen und Freunden der Mehrheitsaktionäre zusammen.

Inzwischen im DAX nicht mehr anzutreffen sind **variable Vergütungsbestandteile** für Aufsichtsratsmitglieder. Wo sie zuletzt noch vorhanden waren, knüpften sie regelmäßig an das Ergebnis der Gesellschaft oder des Konzerns an.[2] Ein Grund für das Verschwinden dieser – im Grundsatz sinnvollen – Vergütungskomponente dürfte aktuell in der ablehnenden Haltung des DCGK 2020 liegen. Dieser sieht in seiner Empfehlung G.18 DCGK eine Festvergütung als Regelfall vor und fordert eine **Ausrichtung an der langfristigen Entwicklung** der Gesellschaft, falls „dennoch" eine erfolgsorientierte Vergütung zugesagt werden sollte. Damit hat sich der DCGK 2020 erstmals von der gleichwertigen Behandlung fester und variabler Vergütungsbestandteile seiner Vorgänger[3] verabschiedet. Eine Begründung hierfür hat die zuständige Regierungskommission DCGK nicht genannt. Gesetzliche Parameter für eine Degradierung der variablen gegenüber der festen Aufsichtsratsvergütungen gibt es hingegen nicht (→ § 6 Rn. 37 f.).

Gänzlich verschwunden ist eine (teilweise) Vergütung der Aufsichtsratsmitglieder durch die **Gewährung von Aktienoptionen**. Diese zur Zeit der Jahrtausendwende bei Vorstand und Aufsichtsrat äußerst beliebte und vor allem bei jungen Unternehmen weit verbreitete Kompensation hat der BGH mit Urteil vom 16.2.2004[4] für unzulässig erklärt – und zwar unabhängig davon, ob diese Optionen mit Hilfe eigener Aktien (vgl. § 71 Abs. 1 Nr. 8 AktG) oder aus bedingtem Kapital (vgl. § 192 Abs. 2 Nr. 3 AktG, § 193 Abs. 2 Nr. 4 AktG) bedient werden sollen. Im Gefolge dieser Entscheidung sind zwischenzeitlich alle entgegenstehenden Klauseln aus den Satzungen deutscher Unternehmen entfernt worden. Nur scheinbar geklärt ist hingegen die Frage, ob

---
[1] Qiagen.
[2] So kürzlich noch BMW, Continental und Fresenius.
[3] Vgl. Abschn. 5.4.6 DCGK 2013, DCGK 2015 und DCGK 2017.
[4] BGHZ 158, 122 = AG 2004, 265 = NJW 2004, 1109 = NZG 2004, 376 = ZIP 2004, 613 – MobilCom.

ein Optionsprogramm für Aufsichtsratsmitglieder de facto über die **Begebung von Wandel- und Optionsanleihen** nach § 221 AktG realisiert werden kann. Der BGH hat sich dazu in seiner „MobilCom-Entscheidung"[5] eher skeptisch geäußert, die Antwort darauf jedoch ausdrücklich offengelassen. Auch die Einfügung des § 221 Abs. 4 S. 2 AktG durch das UMAG[6] hat hierzu – entgegen der gesetzgeberischen Begründung[7] – keine Klarheit gebracht, weil die Vorschrift ausschließlich auf die Schöpfung bedingten Kapitals abstellt. Gleichwohl wird die Gewährung von Wandel- oder Optionsanleihen heute überwiegend als unzulässig angesehen.[8] Zur Erstreckung des Unzulässigkeitsverdikts auf sog. **Phantom Stocks** → § 6 Rn. 55.

II. Vergütungshöhe

6   Bei der Höhe der (Fest-)Vergütung ist eine sichere Korrelation zur Größe und/oder zum Erfolg des Unternehmens nur schwer auszumachen. So reicht die Bandbreite bei der jährlichen Festvergütung für ein einfaches DAX-Aufsichtsratsmitglied ausweislich des **Anhangs 2** von 57.500 USD *(Qiagen)* bis zu 300.000 Euro *(Deutsche Bank)*. Immerhin bringen es sieben TecDAX-Unternehmen auf eine Jahres-Festvergütung von über 100.000 Euro,[9] sodass eine gewisse Ausrichtung an der Unternehmensgröße nicht ganz von der Hand zu weisen ist. Anders als eine individuelle Betrachtung erzielen die Durchschnittswerte der Festvergütungen eine höhere Aussagekraft. Diese betragen bei den DAX-Unternehmen 123.013 Euro p. a. (für einfache Mitglieder) bzw. 330.713 Euro p. a. (für Vorsitzende), während diese Werte bei den TecDAX-Gesellschaften mit 69.976 Euro p. a. (für einfache Mitglieder) bzw. 158.190 Euro p. a. (für Vorsitzende) nur etwa halb so hoch ausfallen (vgl. **Anhang 3**).

§ 3. Erkenntnisquellen zur Aufsichtsratskompensation

I. Satzung

1   Will man die Kompensation von Aufsichtsratsmitgliedern nachvollziehen, so erweist sich die aktuelle Satzung hierfür als sicherste Erkenntnisquelle. Wegen der Formalanforderungen an eine Satzungsänderung (§ 179 Abs. 1 AktG, § 181 Abs. 3 AktG) bietet eine Satzungsregelung nämlich die Gewähr, dass die darin beschriebene Aufsichtsratsvergütung den tatsächlich geleisteten Zahlungen entspricht. Insbesondere sind **hiervon abweichende Beschlüsse der Hauptversammlung** ohne entsprechende Reflexion

---

[5]   BGHZ 158, 122 = AG 2004, 265 = NJW 2004, 1109 = NZG 2004, 376 = ZIP 2004, 613 – MobilCom.
[6]   Gesetz zur Unternehmensintegrität und Modernisierung des Aktienrechts vom 22.9.2005 (BGBl. 2005 I 2802).
[7]   Vgl. Begr. RegE UMAG, BT-Drs. 15/5092, 25.
[8]   Ebenso Lutter/Krieger/Verse Rechte und Pflichten Rn. 850; Semler/v. Schenck/Wilsing AR-HdB/Grau § 13 Rn. 28; Henssler/Strohn/Henssler AktG § 113 Rn. 6; Habersack ZGR 2004, 721 (728 ff.); dagegen GroßkommAktG/Hopt/Roth AktG § 113 Rn. 60 ff.; krit. auch Meyer/Ludwig ZIP 2004, 940 (943).
[9]   Wovon vier ebenfalls im DAX vertreten sind.

in der Satzung nicht denkbar. Möglich und zulässig sind hingegen ergänzende Regelungen zur Aufsichtsratskompensation qua „einfachem" Hauptversammlungsbeschluss (→ Rn. 2).

II. Hauptversammlungsbeschlüsse

Das Erfordernis einer formalen Satzungsänderung veranlasst vor allem kleinere (nicht- 2 börsennotierte) Aktiengesellschaften dazu, die Aufsichtsratsvergütung **durch einfachen Hauptversammlungsbeschluss** ohne dessen Aufnahme in die Satzung zu regeln. Dies geschieht entweder alljährlich im Rahmen der ordentlichen Hauptversammlung oder punktuell „bis auf weiteres". Durch derartige Beschlüsse unterhalb der Satzungsebene erlangen die betroffenen Gesellschaften eine größere Flexibilität, weil Änderungen der Aufsichtsratsvergütung weder einer qualifizierten Mehrheit noch einer notariellen Beurkundung bedürfen. Hiermit einher geht eine gewisse **Intransparenz,** zumal nur der jeweils letzte Hauptversammlungsbeschluss wirkliche Rechtssicherheit über den aktuellen Vergütungsstatus bietet. Die Auffindbarkeit der Hauptversammlungsbeschlüsse stellt dagegen kein Problem dar. Börsennotierte Unternehmen haben diese innerhalb einer Woche auf ihrer Webseite zu veröffentlichen (§ 130 Abs. 6 AktG); bei allen anderen Gesellschaften hilft der Blick in das Handelsregister (vgl. § 130 Abs. 5 AktG).

III. Rechnungslegung

Eine weniger ergiebige Erkenntnisquelle zur empirischen Erhebung von Kompensati- 3 onsmechanismen bei Aufsichtsratsorganen ist der **Anhang zum Jahresabschluss** einer Kapitalgesellschaft. Nach § 285 Nr. 9 lit. a HGB sind dort die „gewährten Gesamtbezüge (Gehälter, Gewinnbeteiligungen, Bezugsrechte und sonstige aktienbasierte Vergütungen, Aufwandsentschädigungen, Versicherungsentgelte, Provisionen und Nebenleistungen jeder Art)" für Mitglieder von Geschäftsführungs- und Aufsichtsorganen aufzuführen. Die darin enthaltenen Darstellungen leiden allerdings unter zwei Schwächen: Zum einen werden Vergütungszahlungen und Auslagenersatz dadurch miteinander vermischt, dass nur die Summe aller gewährten Leistungen aufzuführen ist. Zum andern enthält die Aufstellung nach § 285 Nr. 9 lit. a HGB nur die **Gesamtbezüge aller Mitglieder des Aufsichtsorgans.** Über die Verteilung unter den einzelnen Mitgliedern sagt die Vorschrift aufgrund des Zwecks dieser Vorschrift (Überblick über finanzielle Verflechtungen zwischen der Gesellschaft und ihren Organmitgliedern[1]) dagegen nichts aus. Darüber hinaus gilt diese Vorschrift von vornherein nicht für kleine Kapitalgesellschaften (vgl. § 288 Abs. 1 Nr. 1 HGB) sowie – bei Vorliegen der Voraussetzungen des § 286 Abs. 4 HGB – für mittelgroße und große Kapitalgesellschaften ohne Börsennotierung. Sie gilt ebenfalls nicht für Auslagen oder für Verträge nach § 114 AktG.

---
[1] Vgl. BeckOGK/Kessler HGB § 285 Rn. 95; MüKoHGB/Poelzig HGB § 285 Rn. 126.

4 Für Mutterunternehmen im Sinne des § 290 HGB sind nach § 314 Abs. 1 Nr. 6 lit. a HGB **im Konzernanhang** dieselben Angaben zur Kompensation für Organmitglieder wie im Einzelabschluss vorgesehen. Anders als dort beziehen sich die Angaben im Konzernanhang jedoch auf die Summe der Zahlungen im Mutterunternehmen und allen Tochterunternehmen, so dass eine individuelle Zuordnung noch weiter erschwert ist.

IV. Vergütungsbericht

5 Die aktuell sicherste Erkenntnisquelle zur Aufsichtsratskompensation liefert der jährliche Vergütungsbericht (→ ausführlich dazu § 13). Anders als die Rechnungslegungsvorschriften (→ Rn. 3 f.) stellt die hierfür maßgebliche Vorschrift des § 162 AktG nicht nur auf jedes einzelne Aufsichtsratsmitglied ab, sondern differenziert außerdem zwischen festen und variablen Vergütungsbestandteilen. Allerdings gilt § 162 AktG **nur für börsennotierte Unternehmen,** so dass sich bei börsenfernen Gesellschaften die Recherche auf die anderen Erkenntnisquellen beschränken muss.

§ 4. Die Hauptversammlung als exklusives Entscheidungsorgan

Übersicht

	Rn.
I. Gesetzlicher Kompetenzrahmen	1
1. Allgemeines und Normzweck	1
2. Vergütungsregelung qua Satzung	3
3. Vergütungsregelung qua Hauptversammlungsbeschluss	5
4. Kollisionsregeln	7
5. Rechtsfolgenbetrachtung	9
II. Delegation der Entscheidungskompetenz qua Satzung	10
III. Vergütung kraft Vertrages	12
IV. Vergütung kraft Gesetzes	14

I. Gesetzlicher Kompetenzrahmen

1. Allgemeines und Normzweck

1 Die Aufsichtsratstätigkeit erfolgt **per se unentgeltlich.**[1] Hieran hat sich auch durch die Neufassung des § 113 Abs. 3 AktG nichts geändert.[2] Nach § 113 Abs. 1 S. 2 AktG kann allerdings eine Aufsichtsratsvergütung in der Satzung festgesetzt oder von der Hauptversammlung bewilligt werden. Die Kompetenz zur Bewilligung der Vergütung liegt also bis zur Handelsregister-Ersteintragung der Gesellschaft bei den Gründern;

---

[1] Unstr.; vgl. BGH NZG 2009, 1027 (1028); aus dem Schrifttum statt vieler GroßkommAktG/Hopt/Roth AktG § 113 Rn. 4; Backhaus/Tielmann/Findeisen AktG § 113 Rn. 1.
[2] Vgl. Begr. RegE ARUG II BT-Drs. 19/9739, 89; Koch AktG § 113 Rn. 29.

§ 4. Die Hauptversammlung als exklusives Entscheidungsorgan § 4

danach ist die Hauptversammlung ausschließlich zuständig. Die Hauptversammlung hat hierbei die **freie Wahl zwischen einer** (erstmaligen oder geänderten) **Regelung auf Satzungsebene oder einem einfachen Hauptversammlungsbeschluss.** Im erstgenannten Fall wird die Regelung erst mit ihrer Eintragung in das Handelsregister wirksam, während ein einfacher Hauptversammlungsbeschluss bereits mit der Ergebnisverkündung durch den Versammlungsleiter Wirksamkeit entfaltet. Sollte der Wille der Gründer oder der Hauptversammlung für die eine oder andere Regelungsqualität nicht einwandfrei feststellbar sein, so ist dieser anhand objektiver Kriterien zu ermitteln.[3] **Im Zweifel** handelt es sich bei der Regelung zur Aufsichtsratsvergütung allein aufgrund ihrer Aufnahme in die Satzung um **eine Satzungsbestimmung**.[4]

Der **Normzweck des § 113 AktG** war aufgrund nahezu unveränderter Übernahme aus § 98 AktG 1937 lange Zeit diffus. Während zunächst eine quantitative Begrenzung der Aufsichtsratsvergütung als Regelungszweck angenommen wurde,[5] sieht die hM[6] die Vorschrift inzwischen als **Aktionärs- und Gläubigerschutz** vor Selbstbedienung der Aufsichtsratsmitglieder einerseits und vor einer Kompetenzüberhöhung des Vorstands in Richtung Aufsichtsrat andererseits an. § 113 AktG stellt damit zugleich sicher, dass das vom Aufsichtsrat zu überwachende Organ – nämlich der Vorstand – nicht über die Vergütung seiner Kontrolleure entscheidet. 2

2. Vergütungsregelung qua Satzung

Ist die Vergütung des Aufsichtsrats schon bei der Gründung oder durch eine spätere Einfügung qua Satzung geregelt, so handelt es sich hierbei um einen sog. „indifferenten Satzungsbestandteil", der sich dadurch auszeichnet, dass die darin enthaltene Regelung nicht notwendigerweise auf Satzungsebene erfolgen muss. Geschieht dies gleichwohl, so handelt es sich um einen **materiellen Satzungsbestandteil**.[7] Dieser bindet also neben den aktuellen auch künftige Aufsichtsratsmitglieder und Aktionäre. Eine Änderung desselben bedarf neben eines Hauptversammlungsbeschlusses mit Drei-Viertel-Kapitalmehrheit (vgl. § 179 Abs. 2 AktG) einer Eintragung in das Handelsregister (vgl. § 181 Abs. 3 AktG). Allerdings unterliegt der satzungsändernde Beschluss bei Einhaltung des Angemessenheitsgrundsatzes (vgl. § 113 Abs. 1 S. 3 AktG) **keinerlei materieller Beschlusskontrolle**.[8] 3

Eine **Satzungsregelung** zur Aufsichtsratsvergütung muss **hinreichend bestimmt** sein, um einen (korporationsrechtlichen) Vergütungsanspruch zu gewähren.[9] Fehlt es 4

---

[3] Vgl. MüKoAktG/Pentz AktG § 23 Rn. 44; Koch AktG § 23 Rn. 5; Kölner Komm AktG/Arnold AktG § 23 Rn. 23; K. Schmidt/Lutter/Seibt AktG § 23 Rn. 8 ff.; zur objektiven Auslegung der eigentlichen Satzung vgl. nur BGHZ 133, 347 (350 f.) = NJW 1954, 51; BGH NZG 2003, 127 (130).
[4] Ebenso Koch AktG § 23 Rn. 5; MüKoAktG/Pentz AktG § 23 Rn. 45; K. Schmidt/Lutter/Seibt AktG § 23 Rn. 8 aE; MüKoAktG/Habersack AktG § 113 Rn. 36 unter zutr. Hinweis auf den – ansonsten redundanten – § 113 Abs. 1 S. 4 AktG aF.
[5] Vgl. Lieder, Der Aufsichtsrat im Wandel der Zeit, 2006, S. 873.; GroßkommAktG/Hopt/Roth AktG § 113 Rn. 3 ff.; Wellkamp WM 2001, 489 (494).
[6] BGHZ 230, 190 Rn. 22 = NZG 2021, 1311; BGHZ 230, 203 Rn. 13 = NZG 2021, 1314; OLG Nürnberg AG 2018, 166 (168); Koch AktG § 113 Rn. 2; MüKoAktG/Habersack AktG § 113 Rn. 2.
[7] HM; vgl. Semler/v. Schenck/Wilsing AR-HdB/Grau § 13 Rn. 78; Koch AktG § 113 Rn. 2; BeckOGK/Spindler/Mock AktG § 113 Rn. 59; MüKoAktG/Habersack AktG § 113 Rn. 34; Wellkamp WM 2001, 489 f.
[8] Vgl. dazu Gehling ZIP 2005, 549 (552).
[9] AllgM; vgl. nur Goette/Arnold AR-HdB/Wasmann/Gärtner § 6 Rn. 17; Semler/v. Schenck/Wilsing AR-HdB/Grau § 13 Rn. 79.

hieran, so darf eine Vergütung nicht gewährt werden. Variable Vergütungen mit Ergebnis- oder Aktienkursorientierung scheitern an dieser Voraussetzung in der Praxis nicht, sofern nur die Parameter für die Ermittlung bestimmt genug sind.[10] Eine bloße Bestimmbarkeit genügt nicht, es sei denn, die konkrete Bestimmung wird ausdrücklich oder konkludent der Hauptversammlung überlassen, die dann mit einfacher Mehrheit durch Bewilligungsbeschluss nach § 113 Abs. 2 S. 1 AktG entscheidet. Sinnvoll sind derartige Kombinationen allerdings nicht. Zu den konkreten inhaltlichen Anforderungen an eine Satzungsbestimmung → § 5 Rn. 12 f.

3. Vergütungsregelung qua Hauptversammlungsbeschluss

5 Anstelle einer Satzungsbestimmung kann die Aufsichtsratsvergütung auch durch einfachen Hauptversammlungsbeschluss geregelt werden. Von einem solchen ist immer dann auszugehen, wenn eine Satzungsregelung nicht existiert und der Beschluss auch nicht als satzungsändernder gefasst wurde. Möglich (wenngleich nicht empfehlenswert) ist auch eine **Kombination aus Satzungsregelung und Bewilligungsbeschluss**.[11] Ein einfacher Bewilligungsbeschluss der Hauptversammlung ist hingegen unzulässig, sofern und soweit **die Satzung die Aufsichtsratsvergütung abschließend regelt**.[12] Eine abschließende Regelung ist immer dann anzunehmen, wenn die Vergütung des Kontrollorgans nach Grund und Höhe in der Satzung unmittelbar festgesetzt ist. Ist hierzu keinerlei Öffnungsklausel enthalten, muss die Satzungsregelung im Zweifel als abschließend angesehen werden.[13] Dies soll nicht gelten, sofern die Satzung nur eine **Mindestvergütung** vorsieht; in einem solchen Fall bleibt noch Raum für einen ergänzenden Bewilligungsbeschluss nach § 113 Abs. 1 S. 2 Alt. 2 AktG.[14] Ist ein Hauptversammlungsbeschluss zulässig (weil nicht durch die Satzung versperrt), so unterliegt er zwar nicht den formellen Anforderungen an eine Satzungsänderung, wohl aber **denselben Bestimmtheitskriterien** wie eine Satzungsregelung.[15]

6 Trotz fehlender Öffnungsklausel kann die Hauptversammlung ausnahmsweise **im Wege eines satzungsdurchbrechenden Beschlusses** eine vorhandene Satzungsregelung überspielen.[16] Wegen der zahlreichen Unsicherheiten hinsichtlich der Voraussetzungen dürfte ein solcher Beschluss allerdings nur in Ausnahmefällen wirksam sein. Zu denken ist dabei insbesondere an Bewilligungsbeschlüsse, die einen zuvor gefassten Satzungsänderungsbeschluss nur deshalb inhaltlich wiederholen, weil sich dessen Eintragung in das Handelsregister aus formellen Gründen über längere Zeit hinweg verzögert.

---

[10] Dazu Wellkamp WM 2001, 489 (490 f.).
[11] AA LG Memmingen 2001, 375 (376); wie hier dagegen BeckOGK/Spindler/Mock AktG § 113 Rn. 59; Gehling ZIP 2005, 549 (552).
[12] MHdB GesR IV/Hoffmann-Becking § 33 Rn. 22; Kölner Komm AktG/Mertens/Cahn AktG § 113 Rn. 43; MüKoAktG/Habersack AktG § 113 Rn. 37; Gehling ZIP 2005, 549, 551.
[13] So auch Semler/v. Schenck/Wilsing AR-HdB/Grau § 13 Rn. 80; MHdB GesR IV/Hoffmann-Becking § 33 Rn. 22.
[14] Vgl. Semler/v. Schenck/Wilsing AR-HdB/Grau § 13 Rn. 79.
[15] Vgl. MüKoAktG/Habersack AktG § 113 Rn. 41; K. Schmidt/Lutter/Drygala AktG § 113 Rn. 10; Maser/Göttle NZG 2013, 201.
[16] Dazu Gehling ZIP 2005, 549 (551) Fn. 35.

4. Kollisionsregeln

Sofern und soweit Satzungsregelungen zur Aufsichtsratsvergütung existieren, entfalten 7
diese eine **Sperrwirkung gegen kollidierende Hauptversammlungsbeschlüsse**.
Damit ist es der Hauptversammlung verwehrt, Bewilligungsbeschlüsse nach § 113
Abs. 1 S. 2 AktG zu fassen, die einer Satzungsbestimmung zu diesem Thema unmittelbar oder mittelbar widersprechen.[17] Hierzu gehören beispielsweise

– die Bewilligung einer Vergütung, wenn die Satzung ausdrücklich eine vergütungsfreie Aufsichtsratstätigkeit anordnet;
– die Bewilligung eines „Bonus", wenn die Satzung ohne jede Öffnungsklausel ausschließlich eine Fixvergütung vorsieht;
– die Minderung einer satzungsmäßig fixierten Vergütung aufgrund der schlechten Geschäftslage (zum Verzicht → § 7 Rn. 21).

Ein einfacher Bewilligungsbeschluss der Hauptversammlung ist trotz existierender 8
Satzungsregelung ausnahmsweise zulässig, wenn die **Satzung selbst einen solchen ausdrücklich zulässt oder gar vorsieht**. Zulässig wäre demnach eine Satzungsbestimmung, die eine Vergütung des Aufsichtsrats grundsätzlich vorsieht und die Bestimmung der Höhe einem Hauptversammlungsbeschluss überlässt. Dasselbe gilt für den Fall, dass die Satzung eine bezifferte Vergütung beinhaltet, die ausdrücklich als **„Mindestvergütung"** bezeichnet wird.[18] Insgesamt ist von diesen Mischformen der Vergütungsregelung jedoch eher abzuraten. Rechtssicher und empfehlenswert ist hingegen eine Satzungsbestimmung über eine Festvergütung sowie ggf. eine variable Vergütung, deren Kriterien entweder unmittelbar aus der Satzung folgen oder die von der Hauptversammlung nach Ablauf eines Geschäftsjahres festgesetzt wird.

5. Rechtsfolgenbetrachtung

Die einschlägige Satzungsbestimmung und/oder der (ggf. ergänzende) Hauptver- 9
sammlungsbeschluss bilden den (korporationsrechtlichen) **Rechtsgrund für die Aufsichtsratsvergütung**.[19] Hieraus lassen sich zwei Folgerungen ziehen. Zum einen bildet der Beschluss der Anteilseigner die materielle Anspruchsgrundlage eines jeden Aufsichtsratsmitglieds gegen die Gesellschaft, die notfalls auch klageweise fruchtbar gemacht werden kann. Zum andern verhindert der (satzungsändernde oder einfache) Beschluss der Hauptversammlung eine Kondiktion gegen die Aufsichtsratsmitglieder. Letzteres gilt konsequenterweise nicht, wenn der Beschluss nichtig ist oder erfolgreich angefochten wurde (→ § 5 Rn. 58 f.)

---

[17] Ganz hM; vgl. nur MüKoAktG/Habersack AktG § 113 Rn. 37.
[18] Hierzu ebenso Semler/v. Schenck/Wilsing AR-HdB/Grau § 13 Rn. 79 aE; Goette/Arnold AR-HdB/Wasmann/Gärtner § 6 Rn. 18; MüKoAktG/Habersack AktG § 113 Rn. 37; GroßkommAktG/Hopt/Roth AktG § 113 Rn. 58; Kölner Komm AktG/Mertens/Cahn AktG § 113 Rn. 43.
[19] AllgM; vgl. nur K. Schmidt/Lutter/Seibt AktG § 113 Rn. 6.

II. Delegation der Entscheidungskompetenz qua Satzung

10 Aufgrund der eindeutigen Formulierung in § 113 Abs. 1 S. 2 AktG ist es grundsätzlich weder dem Satzungsgeber noch der Hauptversammlung erlaubt, die **Entscheidung über die Aufsichtsratskompensation einem anderen Organ zu übertragen**.[20] Dies gilt sowohl für den Vorstand als auch für den Aufsichtsrat. § 113 Abs. 1 S. 2 AktG ist insoweit **satzungsresistent**. Etwaige Beschlüsse, die dem Delegationsverbot zuwiderlaufen, sind mit dem Wesen der Aktiengesellschaft nicht vereinbar und daher gem. § 241 Nr. 3 AktG **nichtig**. Dies gilt sowohl für ausdrückliche Delegationsanordnungen als auch für mittelbare Kompetenzübertragungen. Letztere sind nicht immer leicht zu identifizieren (Beispiele: „vorbehaltlich einer anderweitigen Entscheidung des Vorstands" oder „Das Nähere regelt der Aufsichtsrat"). Sollen durch eine derartige Delegationsklausel ansonsten rechtmäßige Anordnungen des Satzungsgebers lediglich relativiert werden, können diese dadurch geltungserhaltend verbleiben, indem das Nichtigkeitsverdikt nur auf die Delegation beschränkt wird. Gleichwohl ist von derartigen Regelungen im Sinne der Rechtssicherheit dringend abzuraten.

11 Um einen Sonderfall der Delegation handelt es sich bei den sog. Verteilungsklauseln. Diese sehen vor, dass der Aufsichtsrat über die **Verteilung einer satzungsmäßig bezifferten Gesamtvergütung** des Aufsichtsrats **unter den einzelnen Aufsichtsratsmitgliedern** zu befinden hat. Hierzu wird überwiegend angenommen, dass eine derartige Delegation durch die Satzung[21] wirksam sein soll, weil sie nur die organinterne Verteilung betrifft.[22] Dies ist wenig überzeugend, zumal die Befürworter dieser Meinung eine Kompetenzausweitung auf den Aufsichtsratsvorsitzenden oder auf einen Aufsichtsratsausschuss ablehnen.[23] Schon der Wortlaut des § 113 Abs. 1 S. 1 AktG, der die einzelnen Aufsichtsratsmitglieder als Vergütungsempfänger definiert, streitet gegen die Zulässigkeit einer solchen Verteilungsklausel. Im Übrigen wird dadurch eine Selbstbedienung (der Mehrheit) der Aufsichtsratsmitglieder begünstigt und die Unabhängigkeit einzelner Mitglieder gefährdet, was durch § 113 AktG gerade ausgeschlossen werden soll.[24] Richtigerweise wird man deshalb eine derartige Satzungsregelung nur mit Hilfe **der Zweifelsregelung des § 420 BGB** vor einer Nichtigkeit retten können. Anstelle der satzungsmäßig vorgegebenen Verteilungskompetenz wird man in derartigen Fällen einen unmittelbaren Pro-rata-Anspruch eines jeden Auf-

---

[20] Vgl. OLG München AG 2003, 164 f. = NZG 2002, 677 (678); Semler/v. Schenck/Wilsing AR-HdB/Grau § 13 Rn. 76; Goette/Arnold AR-HdB/Wasmann/Gärtner § 6 Rn. 7; GroßkommAktG/Hopt/Roth AktG § 113 Rn. 119, Gehling ZIP 2005, 549 (551 f.).

[21] Mit einer gewissen Inkonsequenz wird eine derartige Delegation durch einfachen Bewilligungsbeschluss der Hauptversammlung nicht anerkannt; vgl. MHdB GesR IV/Hoffmann-Becking § 33 Rn. 2; MüKoAktG/Habersack AktG § 113 Rn. 36 aE („keinesfalls"); insoweit aA GroßkommAktG/Hopt/Roth AktG § 113 Rn. 127; unklar Goette/Arnold AR-HdB/Wasmann/Gärtner § 6 Rn. 17.

[22] In diese Richtung MüKoAktG/Habersack AktG § 113 Rn. 36; Koch AktG § 113 Rn. 17; MHdB GesR IV/Hoffmann-Becking § 33 Rn. 22; Wellkamp WM 2001, 489 (491 f.); Gehling ZIP 2005, 549 (552); wohl auch BeckOGK/Spindler/Mock AktG § 113 Rn. 61; Kölner Komm AktG/Mertens/Cahn AktG § 113 Rn. 48; krit. dazu K. Schmidt/Lutter/Drygala AktG § 113 Rn. 9; Kölner Komm AktG/Mertens/Cahn AktG § 113 Rn. 48; relativierend auch GroßkommAktG/Hopt/Roth AktG § 113 Rn. 126.

[23] Zu den vorgeschlagenen Verteilungsmechanismen vgl. Wellkamp WM 2001, 489 (492).

[24] Zu dieser Zielsetzung der Vorschrift BGH NZG 2006, 712 Rn. 9; MüKoAktG/Habersack AktG § 113 Rn. 2; Koch AktG § 113 Rn. 2.

sichtsratsmitglieds gegen die Gesellschaft annehmen müssen.[25] Dies bejaht auch die hM für den Fall, dass der Aufsichtsrat nicht anderweitig beschließt.[26]

III. Vergütung kraft Vertrages

Nach § 113 Abs. 1 S. 2 AktG kann die Vergütung des Aufsichtsrats in der Satzung festgesetzt oder von der Hauptversammlung bewilligt werden. Auf den ersten Blick deutet der Wortlaut („kann") darauf hin, dass die Hauptversammlung möglicherweise doch keine Exklusivkompetenz besitzt. Insbesondere bei gänzlich fehlenden Entscheidungen der Hauptversammlung wurde in der Vergangenheit gelegentlich angenommen, dass ein Vergütungsanspruch der Aufsichtsratsmitglieder gegen die Gesellschaft auch ohne Hauptversammlungsbeschluss entstehen könne. Zur Begründung hierfür bietet sich vordergründig die **Annahme eines Dienstvertrages** an, der auch ohne Vereinbarung einer Vergütungshöhe nach § 612 BGB entsteht.[27] Indes setzt diese Vorschrift die Begründung eines Dienstverhältnisses voraus, das im Verhältnis der Gesellschaft zu ihren Aufsichtsratsmitgliedern nicht existiert.[28] Ob es an einem „praktischen Bedürfnis" hierfür fehlt,[29] mag dahingestellt sein. Eine schuldrechtliche Vertragsverbindung zwischen einzelnen Aufsichtsratsmitgliedern und der Gesellschaft scheitert schon daran, dass es auf Seiten der Gesellschaft **keinen tauglichen Abschlussvertreter** gibt.[30] Hierin liegt auch das rechtliche Hindernis für einen ausdrücklichen Vertragsschluss. Der Ausschluss eines vertraglichen Vergütungsanspruchs gilt auch für Altverträge.[31]

Die Untauglichkeit schuldrechtlicher Vereinbarungen als Rechtsgrund für eine Vergütung bedeutet nicht, dass eine Vertragsform als Bezugsobjekt für eine Bewilligung durch die Hauptversammlung à priori ausscheidet.[32] Im Gegenteil: Liegen die Auf-

---

[25] Vgl. RGZ 75, 308 (309 f.); OLG Dresden OLGRspr 24 (1912), 141 (141 f.: gleichmäßige Verteilung, außer es besteht eine einstimmige Einigung über andere Verteilung); KG OLGRspr 22 (1911), 2 (2 f.: Verteilung gem. § 420 BGB entspricht billigem Ermessen; nur in Ausnahmefällen bei nachweisbaren Leistungsunterschieden Abweichung); BeckOGK/Spindler/Mock AktG § 113 Rn. 60, iErg auch Goette/Arnold AR-HdB/Wasmann/Gärtner § 6 Rn. 17.
[26] Zu der hierfür notwendigen Mehrheit vgl. GroßkommAktG/Hopt/Roth AktG § 113 Rn. 128 mwN; BeckOGK/Spindler/Mock AktG § 113 Rn. 61; dagegen K. Schmidt/Lutter/Drygala AktG § 113 Rn. 9, der eine Orientierung an den individuellen Aufgaben fordert und daher ein Ermessen des AR für erforderlich hält.
[27] So noch RGZ 123, 351 (354); 146, 145 (152); 152, 273 (278); Baumbach/Hueck AktG, 13. Aufl. 1968, AktG § 113 Rn. 4; Säcker NJW 1979, 1521 (1525 f.); Säcker FS Rebmann, 1989, 781 (783); Schlegelberger/Quassowski AktG 1937 § 87 Rn. 10 (bei Unentgeltlichkeit: Auftrag); für das parallele Bestehen eines Schuldverhältnisses in unterschiedlicher Ausgestaltung: Marsch-Barner/Schäfer Börsennotierte AG-HdB/Vetter, 4. Aufl. 2017, § 29 Rn. 2; GroßkommAktG/Meyer-Landrut, 3. Aufl. 1973, AktG § 101 Rn. 5, 17; Beuthien/Titze ZIP 2002, 1116 (1117); wohl auch Uhlenbruck BB 2003, 1185 (1187); und GroßkommAktG/K. Schmidt AktG § 250 Rn. 30; offengelassen noch von BGH ZIP 2008, 1821 Rn. 3.
[28] Ganz hM; vgl. LG München I AG 2013, 474 = NZG 2022, 182 f.; Lutter/Krieger/Verse Rechte und Pflichten § 12 Rn. 842; Koch AktG § 113 Rn. 3, Koch AktG § 101 Rn. 2; GroßkommAktG/Hopt/Roth AktG § 101 Rn. 111; Hölters/Weber/Simons AktG § 101 Rn. 7; zuvor bereits Natzel DB 1959, 171 und 201; Natzel DB 1964, 1143.
[29] So Hölters/Weber/Simons AktG § 101 Rn. 7.
[30] Ebenso GroßkommAktG/Hopt/Roth AktG § 101 Rn. 111; Kölner Komm AktG/Mertens/Cahn AktG § 101 Rn. 5 f.; MüKoAktG/Habersack AktG § 101 Rn. 67; Kort FS Hüffer, 2010, 483 (484).
[31] Vgl. BGH BeckRS 1991, 31064121; ausf. GroßkommAktG/Hopt/Roth AktG § 113 Rn. 135 ff.
[32] So aber Kölner Komm AktG/Mertens/Cahn AktG § 101 Rn. 5; GroßkommAktG/Hopt/Roth AktG § 101 Rn. 111.

gaben eines Aufsichtsratsmitglieds auf der Nahtstelle zwischen organschaftlichen Pflichten und darüber hinausgehenden Beratungsaufgaben, so ist gegen eine derartige **kombinierte vertragliche Absprache** zwischen der Gesellschaft und dem Aufsichtsratsmitglied nichts einzuwenden. Um dieser zur Rechtswirksamkeit zu verhelfen, ist sowohl ein Zustimmungsbeschluss der Hauptversammlung (wegen § 113 Abs. 1 S. 2 AktG) als auch ein solcher des Aufsichtsrats (wegen § 114 Abs. 1 AktG) nichts einzuwenden. Praktisch dürfte dies allerdings nur bei kleineren Gesellschaften sowie in der monistisch verfassten SE gelten, in der wegen § 22 SEAG eine klare Grenzziehung der organschaftlichen Pflichten eines Verwaltungsrates nur schwer möglich ist.

IV. Vergütung kraft Gesetzes

14 Die Verneinung einer Vertragsbeziehung zwischen der Gesellschaft und ihren Aufsichtsratsmitgliedern zugunsten der Annahme eines **ausschließlich korporationsrechtlichen Verhältnisses**[33] besagt noch nicht zwangsläufig, dass es ohne dahingehenden Hauptversammlungsbeschluss oder ohne eine entsprechende Satzungsregelung keine Vergütung geben könne. Insbesondere sind gesetzliche Vergütungsansprüche, zB aufgrund ungerechtfertigter Bereicherung, grundsätzlich denkbar. Eine solche Sichtweise negiert jedoch die **Sperrwirkung des § 113 Abs. 1 Abs. 2 AktG.** Diese folgt aus dem Zweck des § 113 AktG, Gläubiger und Aktionäre der Gesellschaft vor jedweder Form von Selbstbedienung zu schützen.[34] Hiermit unvereinbar wäre die Annahme eines gesetzlichen Vergütungsanspruchs auch ohne dahingehenden Hauptversammlungsbeschluss.

15 Die Ablehnung eines gesetzlichen Vergütungsanspruchs hat zwei praktische Konsequenzen. Zum einen ist damit ein **Anspruch auf Gewährung einer Aufsichtsratsvergütung ohne Hauptversammlungsbeschluss** nicht begründbar. Zum andern führt nicht nur das Fehlen, sondern auch die Nichtigkeit eines vergütungsgewährenden Hauptversammlungsbeschlusses bei Fehlen jedweder Satzungsregelung zwingend zur **Unentgeltlichkeit der Aufsichtsratsarbeit**.[35] Eine derartige Unentgeltlichkeit hat wiederum zur Folge, dass man in Analogie zu § 521 BGB eine **Haftungserleichterung** der hievon betroffenen Aufsichtsratsmitglieder im Rahmen des § 116 AktG erwägen sollte.

---

[33] Vgl. dazu MüKoAktG/Habersack AktG § 101 Rn. 67 mwN; E. Vetter ZIP 2008, 1 (2).
[34] So auch Semler/v. Schenck/Wilsing AR-HdB/Grau § 13 Rn. 4; Koch AktG § 113 Rn. 2; MüKoAktG/Habersack AktG § 113 Rn. 2; Kölner Komm AktG/Mertens/Cahn AktG § 113 Rn. 3; Lutter AG 1979, 85 (88); Kiem FS Stilz, 2014, 329 (334).
[35] AA Semler/v. Schenck/Wilsing AR-HdB/Grau § 13 Rn. 80, wie hier dagegen GroßkommAktG/Hopt/Roth AktG § 113 Rn. 117; Kölner Komm AktG/Mertens/Cahn AktG § 113 Rn. 43; BeckOGK/Spindler/Mock AktG § 113 Rn. 9.

§ 5. Vergütungsbegründende Hauptversammlungsbeschlüsse

Übersicht

	Rn.
I. Vorbereitungsmaßnahmen	1
1. Einberufung	1
a) Einberufung durch den Vorstand	1
b) Einberufung durch den Aufsichtsrat	6
2. Tagesordnung	7
3. Beschlussvorschlag	9
a) Zuständigkeit	9
b) Inhalt	11
c) Keine Folgepflicht der Hauptversammlung	15
II. Beschlussfassung	16
1. Stimmverbote	16
2. Mehrheitserfordernisse	17
3. Beurkundungsbedürftigkeit	19
III. Beschlussinhalt	20
1. Allgemeines	20
2. Bestimmung der Bezugsberechtigten	21
a) Bezeichnungsungenauigkeiten	21
b) Ausgeschiedene Aufsichtsratsmitglieder	22
c) Ehrenmitglieder	23
d) In den Vorstand entsandte Aufsichtsratsmitglieder	24
3. Fixierung der Vergütungsperiode	25
a) Allgemeines	25
b) Inkrafttreten der Vergütungspflicht	26
c) Rückwirkende Vergütungsentscheidungen	28
d) Außerkrafttreten der Vergütungspflicht	30
4. Bestimmung der Vergütungshöhe	31
5. Gleichbehandlungsgebot	32
a) Allgemeines	32
b) Zulässige Differenzierungsmerkmale	33
c) Unzulässige Differenzierungsmerkmale	35
6. Angemessenheit der Vergütung (§ 113 Abs. 1 S. 3 AktG)	42
a) Allgemeines	42
b) Maßstäbe für die Angemessenheit	44
c) Folgen veränderter Angemessenheitsbedingungen	48
IV. Fehlerhafte Vergütungsbeschlüsse	49
1. Allgemeines	49
a) Registerkontrolle	49
b) Befugnis zur Rechtmäßigkeitskontrolle	50
c) Amtslöschung	51
2. Nichtigkeit des Vergütungsbeschlusses – Nichtigkeitsgründe	52
3. Anfechtbarkeit des Vergütungsbeschlusses	55
4. Rechtsfolgen bei Missbilligung des Vergütungssystems	57
5. Folgen für den Vergütungsanspruch bei Beschlussmängeln	58
a) Folgen nichtiger oder angefochtener Beschlüsse	58
b) Folgen anfechtbarer Beschlüsse	59

I. Vorbereitungsmaßnahmen

1. Einberufung

a) Einberufung durch den Vorstand

1 aa) Autonome Einberufungsentscheidung. Wie alle anderen Beschlüsse auch, bedarf der wirksame Beschluss einer Aufsichtsratsvergütung nach § 113 Abs. 1 AktG einer **ordnungsgemäßen Einberufung der Hauptversammlung** nach § 121 AktG. Diese wird in aller Regel durch den Vorstand nach dortigem Mehrheitsbeschluss vorgenommen (vgl. § 121 Abs. 2 S. 1 AktG). Wer eine solche Beschlussfassung initiiert, spielt dabei keine Rolle. Üblicherweise sind Vergütungsbeschlüsse nach § 113 AktG nur selten exklusiver Anlass zur Einberufung einer außerordentlichen Hauptversammlung. Üblich ist es hingegen, dass derartige Beschlüsse im Rahmen einer ordentlichen Hauptversammlung gefasst werden, zumal § 113 Abs. 2 S. 2 AktG dies für die Vergütung des ersten Aufsichtsrats sogar ausdrücklich vorschreibt. Indes spielt die Qualität der Hauptversammlung (ordentlich oder außerordentlich) für die Wirksamkeit des Vergütungsbeschlusses keine Rolle.

2 Als problematisch erweisen sich Einberufungsbeschlüsse, die von einem nicht handlungsfähigen Vorstand gefasst worden sind, was insbesondere im Falle der **Unterschreitung der gesetzlichen oder satzungsmäßigen Soll-Stärke** vorkommt. In derartigen Fällen ist eine rechtsgültige Einberufung nicht möglich. Ein gleichwohl erfolgter Einberufungsbeschluss ist unwirksam;[1] ein gleichwohl gefasster Hauptversammlungsbeschluss ist nach § 241 Nr. 1 AktG nichtig. Die Unwirksamkeit der Einberufung kann auch nicht durch eine Zustimmung des Aufsichtsrats geheilt werden.[2] Liegt ein Einberufungsgrund nach § 121 Abs. 1 AktG vor, handelt es sich bei der Unterbesetzung allerdings um einen dringenden Fall im Sinne des § 85 Abs. 1 AktG, der die registergerichtliche Bestellung eines weiteren Vorstandsmitglieds erforderlich werden lässt.[3] Ist die **Bestellung durch das Registergericht** (oder durch den Aufsichtsrat) erfolgt, muss der nunmehr handlungsfähige Vorstand den Einberufungsbeschluss erneut fassen; eine nachträgliche Zustimmung des neu bestellten Vorstandsmitglieds zum bereits gefassten (unwirksamen) Beschluss genügt nicht.[4]

3 bb) Einberufung auf Verlangen einer Aktionärsminderheit. Wie die Praxis schon mehrfach gezeigt hat, ist das **Interesse des Vorstands an einer angemessenen Aufsichtsratsvergütung** (oder an einer Vergütung überhaupt) mit dem Interesse an der eigenen Gehaltsoptimierung nicht annähernd vergleichbar. Insofern werden vergütungsbegründende Hauptversammlungsbeschlüsse oder Beschlüsse zur Anpassung der Aufsichtsratskompensation vorstandsseitig häufig vernachlässigt. Führt ein

---

[1] LG Heilbronn AG 2000, 373 (374); LG Münster NZG 1998, 352 mzustAnm Weimar EWiR § 241 AktG 1/98, 387; Butzke HV AG Rn. B 31; MHdB GesR IV/Bungert § 36 Rn. 8; Reichert HV-HdB/Reichert/Balke § 4 Rn. 24; BeckOGK/Riekers AktG § 121 Rn. 13; K. Rottnauer NZG 2000, 414 (416 ff.); Priester FS Kropff, 1997, 591 (597); vgl. auch BGHZ 149, 158 (161 f.) = NJW 2002, 1128 f. = NZG 2002, 130 f. = ZIP 2002, 172 (173) – Sachsenmilch III (zu § 124 Abs. 3).
[2] LG Münster NZG 1998, 352; BeckOGK/Riekers AktG § 121 Rn. 13.
[3] Vgl. BGHZ 149, 158 (161 f.) = NJW 2002, 1128 f. = NZG 2002, 130 f. = ZIP 2002, 172, 173 – Sachsenmilch III (zu § 124 Abs. 3).
[4] AA GroßkommAktG/Werner, 4. Aufl. 1993 ff., AktG § 121 Rn. 27.

Appell des Aufsichtsrats in dieser Frage nicht zu einer entsprechenden Vorstandsinitiative, so bleibt nur die **Einberufung durch eine Aktionärsminderheit** nach § 122 AktG. Diese kann grundsätzlich durch Einberufung einer gesonderten Hauptversammlung (vgl. § 121 Abs. 1 AktG) oder durch Erweiterung der Tagesordnung einer ohnehin stattfindenden Hauptversammlung erfolgen (vgl. § 122 Abs. 2 AktG). Während in der erstgenannten Alternative ein Quorum von 5 % des Grundkapitals erforderlich ist, können Ergänzungsanträge nach Abs. 2 auch schon bei einem (rechnerischen) Anteil am Grundkapital von 500.000 Euro gestellt werden.

Ein **Verlangen nach Einberufung einer gesonderten Hauptversammlung** ist nach § 122 Abs. 1 AktG zu jedem erdenklichen Beschlussgegenstand zulässig. Einer **Begründung für den geforderten Gegenstand der Tagesordnung** oder gar für den minderheitlich initiierten Beschlussvorschlag bedarf es in dem Verlangen nicht.[5] Hinsichtlich des Erfordernisses zur Benennung der Gründe zur Einberufung der Hauptversammlung muss der verlangende Aktionär allerdings darlegen, weshalb die geforderte Beratung oder Beschlussfassung nicht bis zur nächsten ordentlichen Hauptversammlung zuwarten kann.[6] Dies wird ihm für den Fall, dass sich die verlangte Tagesordnung in der Beschlussfassung über die Vergütung erschöpft, nahezu unmöglich sein. Angesichts des regelmäßig hohen Aufwands für eine Hauptversammlung sowie der Tatsache, dass die Hauptversammlung eine Aufsichtsratsvergütung auch für zurückliegende Zeiträume beschließen kann (→ Rn. 28), ist ein **Einberufungsverlangen zum ausschließlichen Zweck einer Beschlussfassung nach § 113 AktG regelmäßig rechtsmissbräuchlich**. Es handelt sich hierbei um ein typisches Beispiel für diejenigen Fälle des Rechtsmissbrauchs, in denen ein Zuwarten bis zur nächsten Hauptversammlung ohne weiteres zumutbar wäre.[7]

Ein **Verlangen nach Ergänzung der Tagesordnung** im Sinne des § 122 Abs. 2 AktG unterliegt im Hinblick auf eine geforderte Beschlussfassung nach § 113 AktG per se nicht dem Verdikt des Rechtsmissbrauchs, weil die Hauptversammlung ja ohnehin stattfindet. § 122 Abs. 2 S. 2 AktG erfordert für ein wirksames Verlangen, dass dieses eine Begründung oder eine Beschlussvorlage enthält. Diese Regelung ist ein Ergebnis der Umsetzung der EU-Aktionärsrichtlinie.[8] Die wohl überwiegende Meinung im Schrifttum gewährt der Minderheit dabei ein **Wahlrecht zwischen Begründung und Beschlussvorlage**.[9] An den Inhalt einer Beschlussvorlage wird man allerdings schon im Vergleich mit dem schwerer wiegenden Eingriff in die Versammlungs-Ablauforganisation nach § 122 Abs. 1 AktG keine allzu hohen Anforderungen stellen dürfen.[10] Die für das Einberufungsverlangen nach Abs. 1 erforderli-

---

[5] OLG Köln WM 1959, 1402 (1403); OLG Karlsruhe ZIP 2015, 125 (128); Mertens AG 1997, 481 (485); Halberkamp/Gierke NZG 2004, 494 (496); einschr. K. Schmidt/Lutter/Ziemons AktG § 122 Rn. 22.
[6] GroßkommAktG/Butzke AktG § 122 Rn. 25; Koch AktG § 122 Rn. 9; Kölner Komm AktG/Noack/Zetzsche AktG § 122 Rn. 55; Halberkamp/Gierke NZG 2004, 494 (497).
[7] Vgl. dazu OLG Karlsruhe ZIP 2015, 125 (126); OLG München AG 2010, 84 (85); OLG Stuttgart AG 2009, 169 (170); OLG Frankfurt AG 2005, 442 = NZG 2005, 558 = ZIP 2005, 1419 (1420); Butzke HV AG Rn. B 108; MHdB GesR IV/Bungert § 36 Rn. 30; BeckOGK/Rieckers AktG § 122 Rn. 27; Halberkamp/Gierke NZG 2004, 494 (498).
[8] RL 2007/36/EG vom 11.7.2007; ABl. 2007 L 184, 17 ff.
[9] So Koch AktG § 122 Rn. 19; GroßkommAktG/Butzke AktG § 122 Rn. 55 aE; wohl auch BeckOGK/Rieckers AktG Rn. 46; diff. MüKoAktG/Kubis AktG § 122 Rn. 32.
[10] So auch Habersack/Mülbert ZGR 2014, 1 (10); ähnlich Kölner Komm AktG/Noack/Zetzsche AktG § 122 Rn. 57; strenger BeckOGK/Rieckers AktG § 122 Rn. 48; speziell zu den Anforderungen für eine minderheitlich initiierte Aufsichtsratswahl Tielmann AG 2013, 704 (709 ff.).

che Benennung der Gründe zur Einberufung der Hauptversammlung ist für das Ergänzungsverlangen sogar gänzlich entbehrlich.[11]

b) Einberufung durch den Aufsichtsrat

6 Vorbehaltlich abweichender Satzungsregelungen hat der Aufsichtsrat ein eigenes Einberufungsrecht nur dann, wenn es das „Wohl der Gesellschaft" erfordert (vgl. § 111 Abs. 3 AktG). Die Bedeutung dieser Vorschrift reduziert sich auf diejenigen Fälle, in denen der Vorstand die an sich gebotene Einberufung mangels Handlungsfähigkeit nicht vornehmen kann oder mangels Zustandekommens eines wirksamen Einberufungsbeschlusses nicht vornehmen will oder die Einberufung (zB zum Vertrauensentzug nach § 84 Abs. 3 S. 2 AktG) gegen den Vorstand selbst gerichtet ist. Das bloße Fehlen oder die Unangemessenheit der Aufsichtsratsvergütung begründet hingegen **kein originäres Einberufungsrecht des Aufsichtsrats.** Ebenso wie bei einer Einberufung durch den Vorstand führt allerdings das Fehlen eines Einberufungsgrundes bei der Einberufung durch den Aufsichtsrat nicht zur Fehlerhaftigkeit der von der Hauptversammlung gefassten Beschlüsse.[12] Insofern kann die Hauptversammlung auch bei Einberufung durch den Aufsichtsrat wirksam über dessen Vergütung beschließen.

2. Tagesordnung

7 Nach § 121 Abs. 2 S. 2 AktG ist bei Einberufung der Hauptversammlung auch die Tagesordnung bekanntzumachen. Beschlussfassungen über Gegenstände, die bei Einberufung der Hauptversammlung nicht auf der Tagesordnung standen, sind **grundsätzlich anfechtbar.**[13] Der **Ausschluss der weitergehenden Nichtigkeitssanktion** ergibt sich zum einen aus der fehlenden Inbezugnahme des § 121 Abs. 3 S. 2 AktG in § 241 Nr. 1 AktG und zum anderen aus dem Wort „dürfen" in § 124 Abs. 4 S. 1 AktG. Schließlich folgt dieses Ergebnis auch aus § 245 Nr. 2 AktG, der die fehlende bzw. fehlerhafte Bekanntmachung ausdrücklich bei der Anfechtungsbefugnis geregelt hat.[14] Die Anfechtbarkeit der gefassten Beschlüsse wird nicht dadurch geheilt, dass die erschienenen Aktionäre mit der Beschlussfassung einverstanden sind (Ausnahme: Universalversammlung, vgl. § 121 Abs. 6 AktG).[15] Für eine fehlerfreie Beschlussfassung über die Aufsichtsratsvergütung ist es daher unerlässlich, dass diese (auch) Gegenstand der Einberufungsbekanntmachung ist. Eine schlagwortartige Bezeichnung (wie zB „Vergütung des Aufsichtsrats" oder „Entschädigung für die Aufsichtsratsmitglieder") ist dabei vollkommen ausreichend. Nicht erforderlich und auch nicht empfehlenswert,

---

[11] K. Schmidt/Lutter/Ziemons AktG § 122 Rn. 47; aA wohl GroßkommAktG/Butzke AktG § 122 Rn. 55.
[12] Kölner Komm AktG/Noack/Zetzsche AktG § 121 Rn. 42; zuvor bereits GroßkommAktG/Werner, 4. Aufl. 1993, AktG § 121 Rn. 33.
[13] BGH AG 2020, 789 = NZG 2020, 1106 = ZIP 2020, 1857 Rn. 33; BGHZ 216, 110 Rn. 74 = NZG 2017, 1374 = NJW 2018, 52 = ZIP 2017, 2245; BGHZ 160, 253 (255 f.) = AG 2004, 673 f. = NJW 2004, 3561 (3562) = ZIP 2004, 2093; BGHZ 153, 32 (35 ff.) = AG 2003, 319 f. = NJW 2003, 970 f. = ZIP 2003, 290 (291 f.) – HypoVereinsbank; BGHZ 149, 158 (164 f.) = AG 2002, 241 (242 f.); = NJW 2002, 1128 (1129) = ZIP 2002, 172 (174) – Sachsenmilch III; MHdB GesR IV/Bungert § 36 Rn. 90; BeckOGK/Rieckers AktG § 124 Rn. 68; Koch AktG § 124 Rn. 35; Koch AktG § 243 Rn. 14; einschr. Kölner Komm AktG/Noack/Zetzsche AktG § 124 Rn. 86 ff.
[14] So auch BGHZ 153, 32 (35 ff.) = AG 2003, 319 f. = NJW 2003, 970 f. = ZIP 2003, 290 (291 f.) – HypoVereinsbank.
[15] Koch AktG § 124 Rn. 27; BeckOGK/Rieckers AktG § 124 Rn. 68.

wenngleich rechtlich zulässig, ist eine **Präzisierung der vorgeschlagenen Vergütung schon in der Tagesordnung**.[16] Hierbei handelt es sich um einen Beschlussvorschlag, nicht aber um einen Teil der Agenda. Werden die vorgeschlagenen Vergütungsstrukturen gleichwohl schon im Rahmen der Tagesordnung detailliert beschrieben, so ist damit der entsprechende Tagesordnungspunkt derart präzisiert, dass eine hiervon abweichende Beschlussfassung unzulässig ist.[17]

Als Bestandteil einer Hauptversammlungsagenda, die eine Beschlussfassung über die Aufsichtsratsvergütung vorbereiten soll, ist der **Tagesordnungspunkt „Verschiedenes"** völlig ungeeignet. Der Abstraktionsgrad einer solchen oder ähnlichen Formulierung („Sonstiges") ist derart hoch, dass eine zulässige Beschlussfassung zu keinem erdenklichen Gegenstand – also auch nicht zur Aufsichtsratsvergütung – möglich ist.[18] 8

3. Beschlussvorschlag

a) Zuständigkeit

Nach § 124 Abs. 3 S. 1 AktG haben **Vorstand und Aufsichtsrat der Hauptversammlung** grundsätzlich zu allen Tagesordnungspunkten **einen Beschlussvorschlag** qua Bekanntmachung zu unterbreiten; börsennotierte Gesellschaften haben diesen zusätzlich auf ihrer Webseite zu veröffentlichen (§ 124a S. 1 Nr. 1 AktG). Hiermit soll den Aktionären, die selbst nicht an der Hauptversammlung teilnehmen wollen oder können, die Möglichkeit eingeräumt werden, ihren Repräsentanten in der Hauptversammlung vorab eine eindeutige Weisung zur Ausübung des Stimmrechts zu erteilen.[19] Allerdings hat das Gesetz selbst mehrere Ausnahmen von der Vorschlagspflicht des Vorstands formuliert. Hierzu gehört unter anderem die Wahl von Aufsichtsratsmitgliedern. Die Ausklammerung des Vorstands von der Vorschlagspflicht soll hier dessen Einflussnahme auf die Wahl solcher Personen vorbeugen, die die Arbeit des Vorstands später zu überwachen bzw. zu prüfen haben.[20] Für die Entscheidung über die Aufsichtsratskompensation hat der Gesetzgeber diese – hier ebenfalls naheliegende – Wertung nicht übernommen. Daher ist der Vorstand (neben dem Aufsichtsrat selbst) verpflichtet, den Anteilseignern einen Vorschlag zur Bezahlung seiner Kontrolleure zu unterbreiten. Sind die beiden Vorschläge inhaltlich deckungsgleich (was in dieser Frage regelmäßig der Fall ist), spricht nichts gegen eine **Zusammenfassung beider Vorschläge zu einem einzigen Verwaltungsvorschlag**.[21] 9

Fehlt es an jedwedem Verwaltungsvorschlag zur Aufsichtsratskompensation, ist ein dazu ergangener Hauptversammlungsbeschluss anfechtbar, sofern es sich 10

---

[16] AA GroßkommAktG/Hopt/Roth AktG § 113 Rn. 121; MüKoAktG/Habersack AktG § 113 Rn. 41; wäre diese Auffassung zutreffend, könnte die Hauptversammlung wegen § 124 Abs. 4 S. 1 AktG keine hiervon abweichende Vergütung beschließen.
[17] Vgl. dazu ausf. MüKoAktG/Kubis AktG § 121 Rn. 46 ff. mwN.
[18] MHdB GesR IV/Bungert § 36 Rn. 64; Butzke HV AG Rn. B 83; BeckOGK/Rieckers AktG § 121 Rn. 41.
[19] Vgl. Begr. RegE Kropff AktG 1965 S. 174; OLG Frankfurt AG 2009, 542 (546); Koch AktG § 124 Rn. 16; Reichert HV-HdB/Schlitt § 4 Rn. 219; GroßkommAktG/Butzke AktG § 124 Rn. 57.
[20] Begr. RegE Kropff AktG 1965 S. 174; BGHZ 153, 32 (35) = AG 2003, 319 = NJW 2003, 970 (971) = ZIP 2003, 290 (291 f.) – HypoVereinsbank; GroßkommAktG/Butzke AktG § 124 Rn. 81; Reichert HV-HdB/Schlitt § 4 Rn. 230; Koch AktG § 124 Rn. 18; K. Schmidt/Lutter/Ziemons AktG § 124 Rn. 34.
[21] Ebenso GroßkommAktG/Butzke AktG § 124 Rn. 69; MHdB GesR IV/Bungert § 36 Rn. 81; Reichert HV-HdB/Schlitt § 4 Rn. 226; BeckOGK/Rieckers AktG § 124 Rn. 41.

nicht um eine Universalversammlung im Sinne des § 121 Abs. 6 AktG handelt. Fraglich ist, ob dies auch dann gilt, wenn nur eines der beiden Organe einen Beschlussvorschlag unterbreitet. Mit der hL[22] wird man in diesen Fällen annehmen müssen, dass zur Vermeidung der Anfechtungsfolgen der **Beschlussvorschlag nur eines der beiden Organe** grundsätzlich ausreichend ist. Rechtlich völlig unproblematisch, wenngleich zu diesem Punkt eher theoretischer Natur, sind dagegen **inhaltlich divergierende Beschlussvorschläge**.[23] Sofern eine derartige Abweichung beim Vorschlagsinhalt (ausnahmsweise) entsteht, muss die Bekanntmachung zweifelsfrei erkennen lassen, welcher Vorschlag von welchem Organ stammt.[24]

b) Inhalt

11 Der Inhalt des Beschlussvorschlags von Vorstand und Aufsichtsrat muss sich am Zweck des § 124 AktG orientieren. Dieser liegt darin, **die Aktionäre auf die Inhalte der Hauptversammlung sachgerecht vorzubereiten**.[25] Mit dem Beschlussvorschlag von Vorstand und Aufsichtsrat muss jeder Aktionär folglich schon vor der Hauptversammlung ersehen können, wie die Verwaltung über eine Aufsichtsratskompensation denkt. Allerdings gibt **es keine strikte Selbstbindung** von Vorstand und Aufsichtsrat; vielmehr bejaht die hL ein Recht der Verwaltung, von den bekannt gemachten Beschlussvorschlägen inhaltlich abweichende Anträge in der Hauptversammlung zu stellen.[26] Mit Blick auf den soeben beschriebenen Zweck des § 124 AktG erscheint es allerdings angebracht, der Verwaltung **eine Bindung an ihre eigenen Beschlussvorschläge** mit der Maßgabe aufzuerlegen, dass inhaltlich hiervon abweichende Anträge nur dann gestellt werden dürfen, wenn **seit der Bekanntmachung neue Tatsachen aufgetreten oder der Verwaltung erstmals bekannt** geworden sind.[27]

12 Ein nach § 124 Abs. 3 AktG tauglicher Verwaltungsvorschlag muss so hinreichend bestimmt sein, dass er als Beschlussantrag in der Hauptversammlung unverändert wiederholt werden kann.[28] Anders als die Formulierung des Tagesordnungspunktes

---

[22] Vgl. GroßkommAktG/Werner, 4. Aufl. 1993 ff., AktG § 124 Rn. 99; BeckOGK/Rieckers AktG § 124 Rn. 72; Rottnauer NZG 2000, 414 (418); Kocher AG 2013, 406 (412); aA OLG München AG 2003, 163 = NZG 2002, 678 (679) = ZIP 2002, 1353 (1354); OLG Dresden AG 2000, 43 (44) = NZG 2000, 426 (428) = ZIP 1999, 1632 (1633); LG Frankfurt a. M. NZG 2004, 672 (674).
[23] Vgl. OLG Dresden AG 1999, 517 (518) = NZG 1999, 1004; Reichert HV-HdB/Schlitt § 4 Rn. 226; BeckOGK/Rieckers AktG § 124 Rn. 41 GroßkommAktG/Butzke AktG § 124 Rn. 69; aA offenbar v. Falkenhausen BB 1966, 337 (339).
[24] MHdB GesR IV/Bungert § 36 Rn. 81; Reichert HV-HdB/Schlitt § 4 Rn. 226; GroßkommAktG/Butzke AktG § 124 Rn. 69; BeckOGK/Rieckers AktG § 124 Rn. 41.
[25] Vgl. Begr. RegE Kropff AktG 1965 S. 173 f.; BGHZ 153, 32 (36) = AG 2003, 319 = NJW 2003, 970 (971) = ZIP 2003, 290 (292) – HypoVereinsbank; OLG Frankfurt AG 2005, 167 (168); OLG Dresden AG 2000, 43 (44) = NZG 2000, 426 (428) = ZIP 1999, 1632 (1633); OLG Rostock AG 2013, 768 (770); Butzke HV AG Rn. B 74; Koch AktG § 124 Rn. 1; Tröger NZG 2002, 211; differenzierend nach den verschiedenen Abs. des § 124 Scholz AG 2008, 11 ff.
[26] MHdB GesR IV/Bungert § 36 Rn. 83; BeckOGK/Rieckers AktG § 124 Rn. 40; Kölner Komm AktG/Noack/Zetzsche AktG § 124 Rn. 62; eingehend in diesem Sinne Scholz AG 2008, 11 (15 f.); Wieneke FS Schwark, 2009, 312 f.; Kocher AG 2013, 406 (410); grds. sympathisierend Reichert HV-HdB/Schlitt § 4 Rn. 223.
[27] So auch OLG Stuttgart AG 1994, 411 (415) = ZIP 1995, 1515 (1522); MüKoAktG/Kubis AktG § 124 Rn. 49 K. Schmidt/Lutter/Ziemons AktG § 124 Rn. 94; Hölters/Weber/Drinhausen AktG § 124 Rn. 22.
[28] Vgl. OLG Frankfurt AG 2009, 542 (546); Reichert HV-HdB/Schlitt § 4 Rn. 220; MHdB GesR IV/Bungert § 36 Rn. 82; Koch AktG § 124 Rn. 20; Kölner Komm AktG/Noack/Zetzsche AktG § 124 Rn. 61; GroßkommAktG/Butzke AktG § 124 Rn. 57; Mertens AG 1997, 481 (485); bedenklich eingeschränkt durch OLG München AG 2009, 589 (591).

muss sich der Vorschlag von Vorstand und Aufsichtsrat deshalb auf eine **konkrete Entscheidung** festlegen. Die Anforderungen an die Empfehlung der Verwaltung sind folglich mit den formellen Anforderungen an einen Beschlussantrag identisch. Unzureichend sind daher all diejenigen Beschlussempfehlungen, die die Höhe der empfohlenen Aufsichtsratsvergütung offenlassen.

Zur hinreichenden Bestimmtheit eines Beschlussvorschlags gehört auch die darin enthaltene **zeitliche Fixierung** der Aufsichtsratsvergütung. Diesbezügliche Defizite führen allerdings nicht zur Fehlerhaftigkeit des nachfolgend gefassten Beschlusses, weil dessen zeitliche Geltung im Zweifel an die Beschlusswirksamkeit anknüpft (→ Rn. 26 f.). 13

Der Verwaltungsvorschlag muss auf das **Zustandekommen eines inhaltlich rechtmäßigen Beschlusses** zielen.[29] Vorschläge, deren Umsetzung zu einem nichtigen oder anfechtbaren Beschluss führen würde, beinhalten ihrerseits bereits einen Anfechtungsgrund. Der „Prototyp" eines derart fehlerhaften Beschlusses liegt beispielsweise in der Empfehlung an die Hauptversammlung, die Höhe der Aufsichtsratsvergütung durch den Vorstand festlegen zu lassen. Wird ein solcher Beschluss in der Hauptversammlung entsprechend dem bekannt gemachten Verwaltungsvorschlag gefasst, so **überträgt sich der Inhaltsmangel des Vorschlags automatisch auf den Beschluss selbst.** Wird hingegen ein anderer als der vorgeschlagene Beschluss gefasst, so fehlt es bereits an jedweder Ursächlichkeit des Vorschlags für den gefassten Beschluss, sodass dessen Anfechtung wegen inhaltlicher Vorschlagsmängel nicht in Betracht kommt.[30] 14

c) Keine Folgepflicht der Hauptversammlung

Da es sich bei den Beschlussvorschlägen von Vorstand und Aufsichtsrat nach § 124 Abs. 3 AktG nur um versammlungsvorbereitende Empfehlungen handelt, besteht für die Hauptversammlung **keinerlei Bindung** an diese Vorschläge. Nach den Beobachtungen des Verfassers sind Abweichungen zwischen dem Verwaltungsvorschlag einerseits und der Entscheidung der Hauptversammlung andererseits sogar überproportional häufig. Der Grund dafür dürfte in der Tatsache liegen, dass zahlreiche Versammlungsteilnehmer (aufgrund tatsächlich vorhandener Kompetenz oder durch schlichte Selbstüberschätzung) glauben, in Vergütungsfragen qualifiziert mitsprechen zu können oder gar zu müssen. Nicht selten kommt es dabei zu Alternativanträgen, die eine höhere als von der Verwaltung vorgeschlagene Aufsichtsratsvergütung vorsehen. In der Regel schließen sich Vorstand und Aufsichtsrat noch in der Versammlung derartigen Anträgen an, um das Versammlungsklima nicht auf dem „Nebenkriegsschauplatz" der Aufsichtsratsvergütung zu verderben. 15

---

[29] LG Frankfurt a. M. NZG 2004, 672 (674); GroßkommAktG/Butzke AktG § 124 Rn. 75; BeckOGK/Rieckers AktG § 124 Rn. 59; aA Scholz AG 2008, 11 (16).
[30] So auch Kocher AG 2013, 406 (412).

II. Beschlussfassung

1. Stimmverbote

16 Da § 113 Abs. 1 AktG auch der Unterbindung von „Insichgeschäften" des Aufsichtsrats dient,[31] liegt es nahe, bei der Beschlussfassung über die Aufsichtsratsvergütung ein **Stimmverbot für** diejenigen Aktionäre anzunehmen, die **zugleich Mitglieder des Aufsichtsrats** sind. Für ein solches Stimmverbot spricht die Tatsache, dass die von § 136 Abs. 1 AktG erfasste Befreiung von einer Verbindlichkeit wirtschaftlich dadurch erreicht werden kann, dass dem betroffenen (anteilsbesitzenden) Aufsichtsratsmitglied eine – der Höhe nach nicht verdiente – Vergütung gewährt wird. Auch § 111b Abs. 4 S. 2 AktG streitet für ein solches Stimmverbot. Gleichwohl ist ein Stimmrechtsausschluss im Ergebnis abzulehnen. Aus § 136 Abs. 1 AktG folgt es jedenfalls unmittelbar nicht. Die Möglichkeit, diese Vorschrift im Wege der Gesamtanalogie auf vergleichbare Interessenlagen – und damit auch auf Vergütungsentscheidungen – auszudehnen, wird von der ganz hM zu Recht abgelehnt.[32] Auch für eine Einzelanalogie besteht kein Raum, nachdem der Gesetzgeber die Empfehlung eines weitreichenden Stimmverbots für Rechtsgeschäfte zwischen Aktionär und Gesellschaft nach Art. 9c Abs. 4 UAbs. 3 der ARRL II[33] im ARUG II[34] nicht umgesetzt hat. Daher ist es einem Aufsichtsratsmitglied unbenommen, in der Hauptversammlung bei der Festsetzung seiner eigenen Vergütung mit abzustimmen. Erst recht gilt dies, wenn nicht das betroffene Aufsichtsratsmitglied selbst, sondern dessen Anstellungskörperschaft die abstimmungsbetroffenen Aktien hält.

2. Mehrheitserfordernisse

17 Sofern der Hauptversammlungsbeschluss zur Aufsichtsratskompensation **eine Satzungsregelung** (Einfügung oder Änderung) **betrifft,** gelten die Mehrheitsanforderungen des § 179 Abs. 2 AktG. Danach ist – neben der einfachen Stimmenmehrheit (vgl. § 133 Abs. 1 AktG) – eine **Drei-Viertel-Mehrheit des vertretenen Grundkapitals erforderlich.** Die Satzung selbst kann eine Herabsenkung dieses Quorums bis hinab zur **einfachen Kapitalmehrheit** vorsehen, was in der Praxis häufig vorkommt. In diesem Fall unterscheidet sich eine Satzungsänderung nicht von anderen Hauptversammlungsbeschlüssen, weil dann die einfache Mehrheit der Stimmen und des Grundkapitals genügt. Die genannten Grundsätze gelten auch für die bloße Abschaffung einer Aufsichtsratsvergütung, da auch hierin eine Änderung derselben liegt.[35]

---

[31] Vgl. BeckOGK/Spindler/Mock AktG § 113 Rn. 6; Kölner Komm AktG/Mertens/Cahn AktG § 113 Rn. 3.
[32] OLG Köln ZIP 2017, 1211 (1219) – Strabag; OLG Düsseldorf AG 2006, 202 (206) – Edscha; MHdB GesR IV/Hoffmann-Becking § 39 Rn. 44; Goette/Arnold AR-HdB/Wasmann/Gärtner § 6 Rn. 16; Hölters/Weber/Krebs AktG § 136 Rn. 7; Koch AktG § 136 Rn. 18; Kölner Komm AktG/Tröger AktG § 136 Rn. 50.
[33] RL (EU) 2017/828 vom 17.5.2017 im Hinblick auf die Förderung der langfristigen Mitwirkung der Aktionäre, ABl. EU 2017 L 132, 1.
[34] Gesetz zur Umsetzung der zweiten Aktionärsrechterichtlinie vom 12.12.2019, BGBl. 2019 I 2637.
[35] Wellkamp WM 2001, 489 (490).

§ 5. Vergütungsbegründende Hauptversammlungsbeschlüsse　　　　　　　§ 5

Bewilligt die Hauptversammlung eine Aufsichtsratskompensation durch **einfachen** 18
Hauptversammlungsbeschluss, so genügt hierfür die einfache Stimmenmehrheit
(§ 133 Abs. 1 AktG). Fraglich ist, ob der Satzungsgeber auch hierfür eine größere
Mehrheit und/oder weitere Erfordernisse vorsehen kann. Im Anschluss an J. Semler[36]
wird dies verschiedentlich verneint.[37] Die Alternativität von Satzungsregelung und
einfachem Bewilligungsbeschluss in § 113 Abs. 1 AktG ist jedenfalls kein tragfähiges
Argument für eine Satzungsresistenz der (gesetzlichen) einfachen Stimmenmehrheit.
Auch § 113 Abs. 1 S. 4 AktG, der bis 2019 für eine Herabsetzung der zuvor beschlossenen Aufsichtsratsvergütung zwingend eine einfache Hauptversammlungsmehrheit
vorsah, kann argumentativ nicht mehr bemüht werden. Im Ergebnis spricht daher
nichts gegen eine **Verschärfung des Mehrheitserfordernisses** durch den Satzungsgeber.[38]

3. Beurkundungsbedürftigkeit

Sofern der Vergütungsbeschluss qua Satzungsbestimmung gefasst werden soll, bedarf 19
dieser der notariellen Beurkundung. Fraglich ist, ob hierauf bei nicht-börsennotierten
Unternehmen gem. § 130 Abs. 1 S. 3 AktG verzichtet werden kann, falls die Satzung
für ihre Änderung eine einfache Kapitalmehrheit zulässt. Die Frage ist zu verneinen.
Ob die Vorschriften über die Anforderungen an eine qualifizierte Kapitalmehrheit
zwingend oder zur Disposition des Satzungsgebers gestellt sind, spielt für § 130 Abs. 1
S. 3 AktG insofern keine Rolle, als es hier nur auf die (ggf. dispositive) gesetzliche
Ausgangslage ankommt.[39] Insofern sind **Vergütungsbeschlüsse auf Satzungsebene
stets beurkundungsbedürftig.** Etwas anderes gilt für den „einfachen" Bewilligungsbeschluss der Hauptversammlung nach § 113 Abs. 1 S. 2 Alt. 2 AktG: Dieser kann bei
Gesellschaften ohne Börsennotierung gem. § 130 Abs. 1 S. 3 AktG durch den Versammlungsleiter[40] auch privatschriftlich protokolliert werden.

III. Beschlussinhalt

Schrifttum:
Geßler, Zur Begrenzung von Aufsichtsratsvergütungen, DB 1968, 63; Haarmann, Gleichheit aller
Aufsichtsräte, eine sinnvolle Fiktion?, FS Hüffer, 2010, 243; Kort, Rechtsfragen der Höhe und der
Zusammensetzung der Vergütung von Mitgliedern des Aufsichtsrats einer AG, FS Hüffer, 2010, 483;
Lutter, Gesetzliche Gebührenordnung für Aufsichtsräte?, AG 1979, 85; Maser/Göttle, Rechtlicher
Rahmen für die Vergütung des Aufsichtsrates, NZG 2013, 201; E. Vetter, Aufsichtsratsvergütung und
Verträge mit Aufsichtsratsmitgliedern, ZIP 2008, 1.

---

[36] In MüKoAktG/Semler, 2. Aufl. 2004, AktG § 113 Rn. 159.
[37] So von BeckOGK/Spindler/Mock AktG § 113 Rn. 39; wohl auch Kölner Komm AktG/Mertens/Cahn AktG § 113 Rn. 43.
[38] In diesem Sinne jetzt auch GroßkommAktG/Hopt/Roth AktG § 113 Rn. 124; MüKoAktG/Habersack AktG § 113 Rn. 42 aE.
[39] Butzke HV AG Rn. N 17; Kölner Komm AktG/Noack/Zetzsche AktG § 130 Rn. 154, 160; GroßkommAktG/Mülbert AktG § 130 Rn. 80; Hoffmann-Becking ZIP 1995, 1 (7 f.); BeckOGK/Wicke § 130 Rn. 43; Harnos AG 2015, 732 (734).
[40] Das Gesetz schreibt in § 130 Abs. 1 S. 3 AktG diese Aufgabe dem Aufsichtsratsvorsitzenden zu; gemeint ist jedoch der Versammlungsleiter; näher dazu MüKoAktG/Kubis AktG § 130 Rn. 36 mwN.

1. Allgemeines

20 Der Inhalt eines Vergütungsbeschlusses bedarf unabhängig von seiner Qualität als Satzungsregelung oder als „einfacher" Hauptversammlungsbeschluss einer **inhaltlichen Präzisierung,** die leider nicht immer anzutreffen ist. Hierzu ist die Bestimmung des Bezugsberechtigten, der maßgeblichen Vergütungsperiode und des Vergütungsbetrages erforderlich, aber auch ausreichend. Empfehlenswert ist hierbei folgende **Formulierung** für die Vergütungsgrundlage:

> „Jedes Aufsichtsratsmitglied erhält, beginnend mit dem Geschäftsjahr X, eine jährliche Vergütung in Höhe von EUR Y, die mit der Feststellung des jeweiligen Jahresabschlusses (alternativ: innerhalb von einem Monat nach Geschäftsjahresende) fällig wird. Unterjähriges Eintreten in oder Ausscheiden aus dem Aufsichtsrat wird zeitanteilig vergütet."

2. Bestimmung der Bezugsberechtigten

a) Bezeichnungsungenauigkeiten

21 Der Hauptversammlungsbeschluss muss – ob satzungsändernd oder nicht – die bezugsberechtigten Personen bestimmen. Dies erscheint trivial, ist es in der Praxis jedoch nicht. Eine häufig anzutreffende Ungenauigkeit im Beschlusstenor betrifft „den Aufsichtsrat" als Vergütungsempfänger. Hier ist durch (objektive) Auslegung zu ermitteln, ob damit ein jedes Aufsichtsratsmitglied oder der Aufsichtsrat in seiner Gesamtheit mit der Folge gemeint ist, dass die gewährte Vergütung unter allen Mitgliedern (zum Maßstab → § 4 Rn. 10) zu verteilen ist. Ebenfalls häufiger anzutreffen sind Hauptversammlungsbeschlüsse, die eine Vergütung an bestimmte Positionen knüpfen, die es (vorübergehend oder dauerhaft) nicht gibt. Das Paradebeispiel ist die **Zusatzvergütung für die Mitglieder nicht existierender Ausschüsse.** Hier muss die Auslegung des Beschlusses ergeben, ob es sich bei der Benennung des Ausschusses nur um eine Falschbezeichnung (zB „Personalausschuss" statt „Präsidialausschuss") handelt oder ob die begünstigte Position funktional gar nicht (mehr) existiert. Letzterenfalls darf die Vergütung weder ausgezahlt noch auf die übrigen Mitglieder verteilt werden.

b) Ausgeschiedene Aufsichtsratsmitglieder

22 Sieht der Beschluss eine Vergütung für Mitglieder des Aufsichtsrats und/oder seiner Ausschüsse vor, so gilt dies im Zweifel nur für die Zeit der jeweiligen Mitgliedschaft. Unterjährige Eintritte oder Ausscheidensfälle sind hier **pro rata temporis** abzurechnen (zur unterjährigen Ermittlung variabler Vergütungsbestandteile → § 6 Rn. 38).[41] Fraglich ist, ob es der Hauptversammlung verwehrt ist, großzügigere Regelungen zu beschließen und somit auch ausgeschiedene Aufsichtsratsmitglieder – jedenfalls für eine gewisse Zeit – mit einer Vergütung zu bedenken. Dies wird teilweise unter Hinweis auf ein dadurch erschwertes Abberufungsrecht,[42] teilweise auch damit abgelehnt, dass ein ausgeschiedenes Aufsichtsratsmitglied keine „Tätigkeit" im Sinne des § 113 Abs. 1

---

[41] AllgM; vgl. RG Das Recht 1921 Nr. 865; MHdB GesR IV/Hoffmann-Becking § 33 Rn. 30; Kölner Komm AktG/Mertens/Cahn AktG § 113 Rn. 37; GroßkommAktG/Hopt/Roth AktG § 113 Rn. 100.
[42] So Kölner Komm AktG/Mertens/Cahn AktG § 103 Rn. 6; BeckOGK/Spindler AktG § 103 Rn. 17.

S. 1 AktG erbringt.[43] Beide Argumente überzeugen nicht, weil sie die Autonomie der Hauptversammlung bei der Ausgestaltung der Aufsichtsratsvergütung ausblenden. Wenn der Satzungsgeber bewusst eine „nachlaufende" Vergütung vorsieht, ist hiergegen nichts einzuwenden.[44] Vor diesem Hintergrund begegnen auch **satzungsmäßige Abfindungsregelungen** oder **Altersversorgungsbestimmungen für ehemalige Aufsichtsratsmitglieder** keinen prinzipiellen Bedenken. Derartige Hauptversammlungsbeschlüsse werden allerdings dem Angemessenheitsgebot des § 113 Abs. 1 S. 3 AktG nur selten standhalten können. Werden solche Absprachen (nur) mit dem Vorstand oder dem Aufsichtsrat getroffen, sind sie mangels entsprechender Organkompetenz unwirksam.[45]

c) Ehrenmitglieder

Ehrenmitglieder oder Ehrenvorsitzende sind nicht Mitglieder des Aufsichtsrats[46] und somit auch nicht Nutznießer von solchen Vergütungsregelungen, die an die Aufsichtsratsmitgliedschaft anknüpfen.[47] (Dies gilt nicht für die Erstattung von Auslagen, die die hM auch dem Ehrenmitglied ohne weitere Voraussetzungen zubilligt.[48]) Dies wird nicht in Zweifel gezogen, ist aber noch kein Grund dafür, dass es dem Satzungsgeber verwehrt sein sollte, eine Art „Ehrensold" für verdiente ehemalige Aufsichtsratsmitglieder festzusetzen. Anders als bei ausgeschiedenen Mitgliedern wird eine solche Kompetenz des Satzungsgebers – unabhängig von der Frage, welches Organ den Titel verliehen hat – überwiegend bejaht.[49] Weitergehend wird sogar eine Ermächtigung an den Aufsichtsrat anerkannt, derzufolge dieser selbst einen „Ehrensold" beschließen kann.[50] Letzteres ist abzulehnen. Wenn man dem Ehrenmitglied aufgrund seiner früheren Vollmitgliedschaft einen „nachlaufenden" Vergütungsanspruch („Ehrensold") zubilligen will, muss die Kompetenzzuweisung des § 113 AktG zugunsten der Hauptversammlung eingehalten werden. Somit kann diese – und nur diese! – unter Beachtung der Angemessenheitsgrenzen des § 113 Abs. 1 S. 3 AktG einen „Ehrensold" beschließen.

23

---

[43] So Hölters/Weber/Simons AktG § 103 Rn. 18; MüKoAktG/Habersack AktG § 103 Rn. 21; ähnlich MHdB GesR IV/Hoffmann-Becking § 33 Rn. 12; Backhaus/Tielmann/Tielmann AktG § 103 Rn. 26.
[44] Zutr. GroßkommAktG/Hopt/Roth AktG § 113 Rn. 100; Goette/Arnold AR-HdB/Wasmann/Gärtner § 6 Rn. 94; vgl. dazu bereits RGZ 68, 223 (227).
[45] Unstr., vgl. nur GroßkommAktG/Hopt/Roth AktG § 113 Rn. 100; BeckOGK/Spindler AktG § 103 Rn. 17.
[46] OLG Stuttgart AG 2024, 129 (131); MüKoAktG/Habersack AktG § 107 Rn. 73; Koch AktG § 107 Rn. 16.
[47] AllgM; vgl. Semler/v. Schenck/Wilsing AR-HdB/Grau § 13 Rn. 43; Koch AktG § 107 Rn. 17; BeckOGK/Spindler/Mock AktG § 113 Rn. 13.
[48] Vgl. dazu Semler/v. Schenck/Wilsing AR-HdB/Grau § 13 Rn. 43; Bürgers/Körber AktG/Israel AktG § 107 Rn. 11; MüKoAktG/Habersack AktG § 107 Rn. 74; Johannsen-Roth/Kießling NZG 2013, 972 (974).
[49] In diesem Sinne Goette/Arnold AR-HdB/Wasmann/Gärtner § 6 Rn. 103; BeckOGK/Spindler/Walla AktG § 107 Rn. 71; Koch AktG § 107 Rn. 17; GroßkommAktG/Hopt/Roth AktG § 107 Rn. 231; Mohamed/Nitschmann ZIP 2024, 2673 (2684 f.), dort auch zu Angemessenheitsfragen.
[50] So Semler/v. Schenck/Wilsing AR-HdB/Grau § 13 Rn. 43; MüKoAktG/Habersack AktG § 107 Rn. 74; für eine zusätzliche Vorstandskompetenz Siebel FS Peltzer, 2001, 519 (535); noch weitergehend – weil für eine originäre Kompetenz des Aufsichtsrats anstelle der Hauptversammlung – Johannsen-Roth/Kießling NZG 2013, 972 (974).

d) In den Vorstand entsandte Aufsichtsratsmitglieder

24 Nach § 105 Abs. 2 AktG können Aufsichtsratsmitglieder für eine Frist von höchstens einem Jahr zu Stellvertretern verhinderter Vorstandsmitglieder bestellt werden. § 105 Abs. 2 S. 3 AktG bestimmt hierzu, dass die entsandten Aufsichtsratsmitglieder während dieser Zeit keine Tätigkeit als Aufsichtsratsmitglied ausüben können. Hieraus schließt die hM, dass auch eine etwa beschlossene **Aufsichtsratsvergütung auszusetzen ist,** zumal ein temporärer Anspruch auf Vorstandsvergütung besteht.[51] Dem ist zuzustimmen. Nach Ablauf dieser Interimsphase lebt die Mitgliedschaft im Aufsichtsrat[52] und damit auch der Anspruch auf Aufsichtsratsvergütung automatisch wieder auf. Eine etwa gezahlte Abfindung anlässlich des Ausscheidens aus dem Vorstand ist hierauf ebenso wenig anzurechnen wie die Abfindung eines ordentlichen Vorstandsmitglieds beim Wechsel in den Aufsichtsrat.[53]

3. Fixierung der Vergütungsperiode

a) Allgemeines

25 Die Fixierung der Vergütungsperiode im Hauptversammlungsbeschluss muss zweierlei leisten: Zum einen muss sie festlegen, wann die Vergütungspflicht insgesamt einsetzen soll. Dies ist vor allem bei erstmaliger Einführung einer Vergütungspflicht oder bei Änderung der Vergütungsszenarien nicht immer leicht zu entscheiden. Zum andern muss der Beschluss vorsehen, ab wann und bis wann genau ein Aufsichtsratsmitglied in den Genuss der Vergütung kommt. Beide Vorgaben werden in der Praxis häufig vernachlässigt.

b) Inkrafttreten der Vergütungspflicht

26 Wird eine Vergütungsregelung zugunsten der Aufsichtsratsmitglieder – qua Satzung oder durch einfachen Hauptversammlungsbeschluss – erstmalig installiert, so sollte der Beschluss zugleich vorsehen, ab wann die Regelung gelten soll. Als Stichtag bietet sich hierbei der Beginn eines Geschäftsjahres an, wobei wahlweise (rückwirkend) auf den Beginn des bereits laufenden oder den Beginn des nächstfolgenden Geschäftsjahres zurückgegriffen werden kann. Zulässig ist natürlich auch eine unterjährige Anknüpfung, zB an jeden Monatsersten. Ohne jede zeitliche Fixierung im Beschluss wird gelegentlich angenommen, dass die Vergütungspflicht erst **für das auf die Beschlusswirksamkeit folgende Geschäftsjahr** gelten soll.[54] Das überzeugt nicht. Stattdessen ist anzunehmen, dass Vergütungsregelungen ohne explizite zeitliche Anknüpfung mit Beschlussfeststellung (bei einfachem Hauptversammlungsbeschluss) bzw. mit Eintragung in das Handelsregister (bei Einführung einer entsprechenden Satzungsbestim-

---

[51] Vgl. Hölters/Weber/Simons AktG § 105 Rn. 18; MüKoAktG/Habersack AktG § 105 Rn. 35; Beck-OGK/Spindler AktG § 105 Rn. 68; aA Kölner Komm AktG/Mertens/Cahn AktG § 113 Rn. 38, der für eine Anrechnung der Vorstandsvergütung auf die (weiterlaufende) Aufsichtsratsvergütung plädiert.
[52] Zu den Folgen für die Mitgliedschaft in einzelnen Ausschüssen vgl. MüKoAktG/Habersack AktG § 105 Rn. 37.
[53] Vgl. Semler/v. Schenck/Wilsing AR-HdB/Grau § 13 Rn. 42; ebenso Koch AktG § 113 Rn. 3 aE.
[54] So Hölters/Weber/Groß-Bölting/Rabe AktG § 113 Rn. 34 (für Satzungsbestimmung); MüKoAktG/Habersack AktG § 113 Rn. 38.

§ 5. Vergütungsbegründende Hauptversammlungsbeschlüsse § 5

mung) in Kraft treten sollen.[55] Entsprechendes gilt für den Fall, dass eine bereits bestehende Vergütungsregelung durch eine neue Regelung abgelöst werden soll und der Beschluss hierzu keinerlei Stichtagsregelung enthält. In diesem Fall gilt ab Beschlussfeststellung bzw. Handelsregistereintragung die neue Vergütungsregelung mit der Folge, dass die Aufsichtsratsvergütung im betroffenen Geschäftsjahr pro rata temporis auf Grundlage der alten und der neuen Regelung zu ermitteln ist.

Unabhängig vom allgemeinen Inkrafttreten einer Vergütungspflicht stellt sich bei Neuwahlen und bei Ersatzwahlen zum Aufsichtsrat die Frage, ab wann eine bereits bestehende Vergütungsregelung auf die neu hinzugekommenen Aufsichtsratsmitglieder Anwendung finden soll. Sofern der Beschluss hierüber – wie zumeist – schweigt, gilt die Vergütungsregelung mit Beginn der individuellen Amtszeit und endet mit dem Ende derselben. Jahres- oder Monatsbeträge müssen daher zeitanteilig heruntergebrochen werden. 27

c) Rückwirkende Vergütungsentscheidungen

aa) Einführung und Erhöhung von Aufsichtsratsvergütungen. Fraglich ist, ob ein (einfacher oder satzungsändernder Beschluss) eine zeitlich rückwirkende Vergütungsregelung vorsehen darf, die zwar erst mit Beschlusswirksamkeit – dann aber mit rückwirkender Geltungsreichweite – in Kraft tritt. Eine derartige Rückwirkungsmöglichkeit wird überwiegend bejaht.[56] Dem ist für die erstmalige Einführung oder die Erhöhung einer bereits existierenden Regelung zur Aufsichtsratsvergütung zuzustimmen. Richtigerweise wird man jedoch eine Rückwirkung auf solche abgeschlossene Geschäftsjahre ablehnen müssen, deren Jahresabschluss bereits festgestellt wurde. Andernfalls würde das Ergebnisbild früherer Perioden durch rückwirkende Aufsichtsratsvergütungen verfälscht. 28

bb) Herabsetzung von Aufsichtsratsvergütungen. Durch die Streichung des § 113 Abs. 1 S. 4 AktG aF bei Einführung des ARUG II[57] sind lediglich formale Erleichterungen für Herabsetzungsbeschlüsse entfallen. Die materiellen Zulässigkeitsvoraussetzungen sind indessen unverändert geblieben. Sie werden in → § 8 Rn. 1 ff. dargestellt. 29

d) Außerkrafttreten der Vergütungspflicht

Rechtlich unproblematisch ist das Außerkrafttreten der Vergütungspflicht. Zulässig (wenngleich unüblich) ist die Fixierung eines zeitlichen Endes der Aufsichtsratsvergütung bereits im entsprechenden Hauptversammlungsbeschluss. Enthält dieser keinerlei zeitliche Begrenzung, so gilt die (qua Satzung oder durch einfachen Hauptversammlungsbeschluss) bewilligte Aufsichtsratsvergütung ad infinitum, bis die Hauptversammlung einen abweichenden Hauptversammlungsbeschluss fasst.[58] Seit der 30

---

[55] In diese Richtung wohl auch GroßkommAktG/Hopt/Roth AktG § 113 Rn. 120.
[56] So zB von GroßkommAktG/Hopt/Roth AktG § 113 Rn. 120; Hölters/Weber Groß-Bölting/Rabe AktG § 113 Rn. 34; Maser/Göttle NZG 2013, 201 (202).
[57] Gesetz zur Umsetzung der zweiten Aktionärsrechterichtlinie vom 12.12.2019, BGBl. 2019 I 2637.
[58] Ganz hM; vgl. MHdB GesR IV/Hoffmann-Becking § 33 Rn. 23; Kölner Komm AktG/Mertens/Cahn AktG § 113 Rn. 43; K. Schmidt/Lutter/Drygala AktG § 113 Rn. 10; Wellkamp WM 2001, 489 (494).

Einführung des § 113 Abs. 3 AktG nF ist sie spätestens alle vier Jahre mit der jeweils aktuellen Vergütung zu befassen (→ § 12 Rn. 1 ff.).

4. Bestimmung der Vergütungshöhe

31 Dass die Hauptversammlung selbst die Höhe der Aufsichtsratsvergütung bestimmen muss und dies nicht dem Aufsichtsrat oder gar dem Vorstand überlassen darf, wurde bereits ausgeführt (→ § 4 Rn. 10 f.). Zusätzlich muss der vergütungsgewährende Hauptversammlungsbeschluss (ob einfach oder satzungsändernd) hinsichtlich der Vergütungshöhe hinreichend bestimmt oder wenigstens bestimmbar sein.[59] Diesem Erfordernis ist regelmäßig nur durch die Bezifferung eines Geldbetrages (in beliebiger Währung) und/oder der Anwendung eines Multiplikators auf einen bezifferten Geldbetrag Genüge getan. Üblich und empfehlenswert ist die Kombination aus beidem, indem eine fixe Vergütung in Geld und eine Vergütung für weitergehende Aufgaben (in der Regel Vorsitz- oder Ausschussarbeit) mit einem Multiplikator oder einem Prozentsatz hiervon belegt werden. Eine Bandbreite der Vergütung, die nicht ausdrücklich von der Hauptversammlung auszufüllen ist (äußerst unzweckmäßig!), begründet hingegen keinen wirksamen Vergütungsanspruch. Unter dem Aspekt der Bestimmtheit gerade noch hinnehmbar ist die Festsetzung einer Vergütung für das Gesamtorgan. Mangels anderweitiger Vorgaben durch die Hauptversammlung erfolgt die Verteilung unter den Aufsichtsratsmitgliedern im Zweifel nach Köpfen (§ 420 BGB; → § 3 Rn. 11), was einen Abschlag für unterjährige Eintritts- und Ausscheidensfälle nicht ausschließt (→ Rn. 22 mwN). Zum Bestimmtheitsproblem bei einzelnen Konstellationen variabler Vergütung → § 6 Rn. 38).

5. Gleichbehandlungsgebot

a) Allgemeines

32 Die Gewährung der Aufsichtsratsvergütung durch die Hauptversammlung unterliegt – zumindest in der AG und der KGaA (zur GmbH → § 27 Rn. 13) – einem strikten Gleichbehandlungsgebot.[60] Dieses folgt zum einen aus dem Prinzip gleicher Berechtigung und Verantwortung aller Aufsichtsratsmitglieder.[61] Zum andern gebietet auch der Wortlaut des § 113 Abs. 1 S. 1 AktG („Den Aufsichtsratsmitgliedern ...") im Vergleich mit der Parallelvorschrift zur Vorstandsvergütung (§ 87 Abs. 1 AktG) eine strukturelle Gleichbehandlung bei Festsetzung der Aufsichtsratsvergütung.[62] Differenzierungen aus sachlichen Gründen sind dabei nicht nur zulässig; sie sind geradezu

---

[59] So auch E. Vetter ZIP 2008, 1 (2).
[60] AllgM; vgl. Semler/v. Schenck/Wilsing AR-HdB/Grau § 13 Rn. 56; MHdB GesR IV/Hoffmann-Becking § 33 Rn. 27; Lutter/Krieger/Verse Rechte und Pflichten § 12 Rn. 843; Goette/Arnold AR-HdB/Wasmann/Gärtner § 6 Rn. 53; Koch AktG § 113 Rn. 20; MüKoAktG/Habersack AktG § 113 Rn. 44; Hölters/Weber/Groß-Bölting/Rabe AktG § 113 Rn. 17; K. Schmidt/Lutter/Drygala AktG § 113 Rn. 18; Kölner Komm AktG/Mertens/Cahn AktG § 113 Rn. 9; GroßkommAktG/Hopt/Roth AktG § 113 Rn. 92; Kort FS Hüffer, 2010, 483 (486).
[61] MüKoAktG/Habersack AktG § 113 Rn. 44; Kölner Komm AktG/Mertens/Cahn AktG § 113 Rn. 9; GroßkommAktG/Hopt/Roth AktG § 113 Rn. 92.
[62] Zutr. Kölner Komm AktG/Mertens/Cahn AktG § 113 Rn. 10; zust. Semler/v. Schenck/Wilsing AR-HdB/Grau § 13 Rn. 57.

geboten. Dies gilt nach der Empfehlung G.17 DCGK 2020 namentlich für den (stellvertretenden) Vorsitzenden und die Ausschussmitglieder.

b) Zulässige Differenzierungsmerkmale

aa) Vorsitzfunktion. Zu den am häufigsten genannten zulässigen Differenzierungsmerkmalen bei der Aufsichtsratsvergütung gehören die Funktion als **Vorsitzender oder als stellvertretender Vorsitzender** des Aufsichtsrats.[63] Vor allem der Vorsitzende hat mit der Vorbereitung, der Leitung und der Nachbereitung (Niederschrift!) von Aufsichtsratssitzungen gegenüber dem einfachen Organmitglied einen **deutlich erhöhten Zeitaufwand.** Nicht selten wird dieser durch die Suche nach (neuen) Vorstandsmitgliedern und die Verhandlung der dazugehörigen Anstellungsverträge erhöht. Ist die Gesellschaft börsennotiert, kommt häufig noch die Arbeit am Vorstands-Vergütungssystem (vgl. § 87a AktG) hinzu. All das erlaubt nicht nur die Anwendung der jahrelang – und teilweise noch immer[64] – gepflegten Verdoppelung der Vergütung, sondern führt dazu, dass eine klare Tendenz zur Verdreifachung besteht.[65] Angemessen erscheint hier sogar die **Gewährung des Vierfachen** der Vergütung für einzelne Aufsichtsratsmitglieder.[66] Für den stellvertretenden Vorsitzenden sollte der Maßstab hingegen strenger sein, da dieser vom beschriebenen Mehraufwand nur „als Ersatzmann" bedroht ist.[67] Sollte sich hieran durch einen längerfristigen Ausfall des Vorsitzenden (zB aufgrund schwerer Krankheit) etwas ändern, ist sonst eine etwaige Asymmetrie zwischen Arbeitseinsatz und Vergütung beim stellvertretenden Vorsitzenden eher dadurch aufzulösen, dass ein neuer Vorsitzender gewählt wird.

33

bb) Ausschussmitgliedschaft. Auch die Mitgliedschaft in Ausschüssen des Aufsichtsrats ist als zulässiges Differenzierungsmerkmal bei der Vergütung allgemein anerkannt.[68] Dies gilt umso mehr für Vorsitzende eines Ausschusses und hier insbesondere für den **Vorsitzenden des Prüfungsausschusses,** dessen Aufgaben – parallel zu denjenigen des Prüfungsausschusses selbst – in den letzten Jahren signifikant angestiegen sind. Durch die Kombination der Vergütungssteigerung für den (stellvertretenden) Vorsitzenden des Aufsichtsrats einerseits und für die Mitglieder (und erst recht für den Vorsitzenden) der Ausschüsse andererseits kann es leicht zu einer Vervielfachung der Vergütung für einfache Aufsichtsratsmitglieder kommen. Hieraus folgt jedoch **kein Kumulierungsverbot.**[69] Allerdings ist es nicht zu beanstanden, wenn die Hauptversammlung bei der Festlegung von Sitzungsgeldern **taggleiche Ausschusssitzungen** von einer solchen Kumulierung ausdrücklich ausnimmt.

34

---

[63] Vgl. Empfehlung G 17 DCGK 2022 und aus dem Schrifttum statt vieler GroßkommAktG/Hopt/Roth AktG § 113 Rn. 93.
[64] So zB bei Deutsche Post, Deutsche Telekom, Henkel, Infineon.
[65] So etwa Adidas, Allianz, Bayer, Commerzbank, Mercedes Benz Group; einige Unternehmen gehen darüber hinaus, wie Airbus (4,16x); Deutsche Bank (3,16x); SAP (3,63x) und E.ON (3,14x).
[66] Ebenso Lutter ZHR 159 (1995), 287 (308 f.); Hoffmann-Becking ZHR 169 (2005), 155 (174); E. Vetter ZIP 2008, 1 (6).
[67] Ähnlich bereits Geßler DB 1978, 63 (67).
[68] Vgl. auch Empfehlung G 17 DCGK 2020.
[69] So wohl auch GroßkommAktG/Hopt/Roth AktG § 113 Rn. 93 Fn. 487.

c) Unzulässige Differenzierungsmerkmale

35 **aa) Gruppenzugehörigkeit.** Unzulässig ist zunächst eine Vergütungsdifferenzierung zwischen Anteilseigner- und Arbeitnehmervertretern im Aufsichtsrat.[70] Auch die (freiwillige oder unfreiwillige) **Abführung von Vergütungsbestandteilen an Arbeitnehmerorganisationen** rechtfertigt keine Kürzung.[71] Fraglich ist, ob bei Arbeitnehmervertretern eine Fortzahlung des Gehalts auf die Aufsichtsratsvergütung (oder umgekehrt) anzurechnen ist. Dies ist in jedweder Variante schon deshalb abzulehnen, weil die Leistungen als Arbeitnehmer von derjenigen des Aufsichtsrats rechtlich und tatsächlich völlig wesensverschieden sind.

36 **bb) Art der Begründung der Mitgliedschaft.** Die Höhe der Aufsichtsratsvergütung darf nicht davon abhängen, ob ein Mitglied in den Aufsichtsrat gewählt oder entsandt wurde.[72] Eine andere Lesart scheint sich für **gerichtlich bestellte Aufsichtsratsmitglieder** anzubieten, weil diese nicht auf Initiative der Hauptversammlung Mitglied des Aufsichtsrats geworden sind. Allerdings nehmen auch sie am Gleichbehandlungsgebot teil, weil die Begründung der Mitgliedschaft für die Vergütung eben keine Rolle spielen darf.[73]

37 **cc) Persönliche Merkmale.** Auch wenn die Verfechter anglo-amerikanischer Personalkultur gern das Gegenteil behaupten: Ein fortgeschrittenes Lebensalter des Aufsichtsratsmitglieds lässt einen deutlich höheren Erfahrungsschatz als bei den jüngeren Kollegen im Gremium vermuten. Gleichwohl ist „Erfahrung" ebenso wenig ein Positivmerkmal für eine zulässige Differenzierung wie etwa „jugendliche Dynamik". Insgesamt müssen alle persönlichen Merkmale als ungeeignet für eine Aufweichung des Gleichheitsgebots angesehen werden. Dazu gehören auch **Ausbildung, Dienstalter und Qualifikation** einzelner Mitglieder.[74] Erst recht versteht sich dies im Hinblick auf Geschlecht und ethnische Herkunft. Dem ist **im Hinblick auf besondere Kenntnisse und Fähigkeiten** unter Hinweis auf die Varianzen bei der Vorstandsvergütung jüngst entgegengehalten worden, dass die Verletzung des Gleichbehandlungsgebots gerade in der egalitären Vergütung aller Aufsichtsratsmitglieder liege.[75] Indes verschlägt dieser Vergleich nicht. Anders als ein Vorstandsmitglied, das vornehmlich nur für sein Ressort verantwortlich ist, handelt es sich beim Aufsichtsrat um ein Kollegialorgan mit Gesamtverantwortung für alle Unter-

---

[70] MHdB GesR IV/Hoffmann-Becking § 33 Rn. 27; Hölters/Weber/Groß-Bölting/Rabe AktG § 113 Rn. 17; Goette/Arnold AR-HdB/Wasmann/Gärtner § 6 Rn. 53; K. Schmidt/Lutter/Drygala AktG § 113 Rn. 18; GroßkommAktG/Hopt/Roth AktG § 113 Rn. 92; MüKoAktG/Habersack AktG § 113 Rn. 44; Haarmann FS Hüffer, 2010, 243 (244 f.).
[71] Kölner Komm AktG/Mertens/Cahn AktG § 113 Rn. 11 und 58; Semler/v. Schenck/Wilsing AR-HdB/Grau § 13 Rn. 58; MüKoAktG/Habersack AktG § 113 Rn. 44.
[72] Semler/v. Schenck/Wilsing AR-HdB/Grau § 13 Rn. 59; Hölters/Weber/Groß-Bölting/Rabe AktG § 113 Rn. 17; MüKoAktG/Habersack AktG § 113 Rn. 45 aE; GroßkommAktG/Hopt/Roth AktG § 113 Rn. 95.
[73] So auch Kölner Komm AktG/Mertens/Cahn AktG § 113 Rn. 11.
[74] GroßkommAktG/Hopt/Roth AktG § 113 Rn. 95; MüKoAktG/Habersack AktG § 113 Rn. 45; Kölner Komm AktG/Mertens/Cahn AktG § 113 Rn. 10; Goette/Arnold AR-HdB/Wasmann/Gärtner § 6 Rn. 53; Semler/v. Schenck/Wilsing AR-HdB/Grau § 13 Rn. 57; Kort FS Hüffer, 2010, 483 (488); aA Lutter/Krieger/Verse Rechte und Pflichten § 12 Rn. 843; Geßler DB 1978, 63 (66); Lutter AG 1979, 85 (89).
[75] Haarmann FS Hüffer, 2010, 243 (246).

nehmensbelange.[76] Dies muss sich auch in einer gleichmäßigen Vergütung widerspiegeln.

Nicht ganz zweifelsfrei ist die Ausblendung **fehlender deutscher Sprachkenntnisse,** weil hierdurch eine Mehrbelastung des Vorstands (bei der Vorbereitung der Sitzungsunterlagen) und der übrigen Aufsichtsratsmitglieder (durch Verzögerungen bei der Übersetzung oder durch die Benutzung einer Fremdsprache während der Sitzungen) entsteht. Im Ergebnis ist eine hierdurch veranlasste Vergütungsreduktion jedoch abzulehnen. Wer die fehlenden Sprachkenntnisse als Defizit betrachtet, sollte von der Wahl eines derartigen Aufsichtsratsmitglieds gänzlich absehen. Entsprechendes gilt für diejenigen Aufsichtsratsmitglieder, die eine im Gremium präferierte Fremdsprache nicht hinreichend beherrschen. 38

dd) „Marktwert". Gern schmücken sich manche Unternehmen mit der „Akquise" von mehr oder weniger prominenten Personen aus Wirtschaft, Wissenschaft oder Politik für ihren Aufsichtsrat. Umgekehrt ziert sich dieser Personenkreis häufig so lange, bis ihm (oder ihr) anteilseignerseitig eine dem „Marktwert" adäquate Aufsichtsratsvergütung angeboten wird. Eine derartige **Differenzierung** bei der Vergütung ist jedoch **unzulässig.**[77] Sie würde auch das Arbeitsklima innerhalb des Gremiums unnötig belasten. Aus diesem Grunde verstößt auch die Gewährung eines **individuellen Antrittsgeldes** gegen § 113 Abs. 1 AktG.[78] 39

ee) **Individueller Zeitaufwand.** Kein taugliches Kriterium für die Begründung und Bemessung der Aufsichtsratsvergütung soll nach hM der individuelle Zeitaufwand sein; insofern wird eine **Vergütung nach Stunden- oder Tagessätzen** – nicht zuletzt mit dem Hinweis auf fehlende Kontrollmöglichkeiten – mehrheitlich abgelehnt.[79] Dies leuchtet insofern nicht ohne weiteres ein, als der Wortlaut des § 113 Abs. 1 S. 1 AktG eine Vergütung für die „Tätigkeit" der Aufsichtsratsmitglieder vorsieht. Mit einer Bemessung der Aufsichtsratsvergütung nach definierten Arbeitszeit-Einheiten wären auch zahlreiche Probleme aufgrund längerer Krankheit oder permanenter Faulheit einzelner Aufsichtsratsmitglieder gelöst, denen man mit Hilfe anspruchshemmender Einreden beizukommen versucht (→ § 7 Rn. 9 ff.). Letztlich halten die Gegner einer Vergütung nach Zeitaufwand ihren eigenen Standpunkt nicht durch, wenn sie die **Festlegung eines Sitzungsgeldes,** das nicht nur pauschalierter Aufwendungsersatz sein soll (→ § 6 Rn. 6), zulassen. Auch die fehlende Kontrollmöglichkeit ist kein entscheidendes Argument gegen die Zulässigkeit einer zeitabhängigen Vergütung, weil auch Rechtsanwälte, Steuerberater und ähnliche Freiberufler mit zeitabhängiger Abrechnung nicht entscheidend kontrolliert werden können, ohne dass dadurch die 40

---

[76] So auch Kölner Komm AktG/Mertens/Cahn AktG § 113 Rn. 10; ähnlich MüKoAktG/Habersack AktG § 113 Rn. 45.
[77] Semler/v. Schenck/Wilsing AR-HdB/Grau § 13 Rn. 57; Goette/Arnold AR-HdB/Wasmann/Gärtner § 6 Rn. 53; MüKoAktG/Habersack AktG § 113 Rn. 45; Großkomm AktG/Hopt/Roth AktG § 113 Rn. 95; Kölner Komm AktG/Mertens/Cahn AktG § 113 Rn. 10; BeckOGK/Spindler/Mock AktG § 113 Rn. 66; Henssler/Strohn/Henssler AktG § 113 Rn. 5; K. Schmidt/Lutter/Drygala AktG § 113 Rn. 18; Wellkamp WM 2001, 489 (495); Kort FS Hüffer, 2010, 483 (487 f.); aA noch Lutter AG 1979, 85 (89).
[78] BeckOGK/Spindler/Mock AktG § 113 Rn. 43; GroßkommAktG/Hopt/Roth AktG § 113 Rn. 95; Dreher FS K. Schmidt, 2009, 233 (240 ff.).
[79] GroßkommAktG/Hopt/Roth AktG § 113 Rn. 50; MüKoAktG/Habersack AktG § 113 Rn. 16; Mäger BB 1999, 1389 (1391); dagegen Heussen NJW 2001, 708 (710).

Zulässigkeit dieser Abrechnungsmethode in Zweifel gezogen würde. Bedenken bestehen allerdings gegen eine ausschließlich am Zeitaufwand bemessene Vergütung, wie die Aufgabe eines Aufsichtsrats eben nicht nur aus der Abarbeitung definierter Einzelaufgaben, sondern aus einer kontinuierlichen Kontrolle des Vorstands besteht. Aus diesem Grunde sollte eine Vergütung nach Zeitaufwand **nur zusätzlich zu einer festen Grundvergütung** gewährt werden.[80]

41 **ff) Vergütungskumulierung.** Vergütungsabschläge aufgrund anderweitiger (vergüteter) Aufsichtsratsmandate werden, soweit ersichtlich, im Schrifttum zu Recht nicht thematisiert. Die Sachlage ändert sich jedoch, sobald ein Aufsichtsratsmitglied **mehrere Mandate innerhalb eines Konzerns** innehat. Hier kommt es zu einer Kumulierung der Vergütung, die mit der Häufung der Aufgaben insofern nicht deckungsgleich ist, als die Kontrollaufgabe in der Konzernspitze zugleich auch die Leitung der jeweiligen Konzerntöchter umfasst.[81] Mit anderen Worten: Ein Aufsichtsratsmitglied in mehreren Konzerngesellschaften erhält eine mehrfache Vergütung für teilweise gleichgelagerte Aufgaben. Eine irgendwie geartete Anrechnungsklausel im Vergütungsbeschluss wäre gleichwohl unzulässig.[82] Die Verantwortlichkeit eines solchen „Konzern-Multiaufsichtsratsmitglieds" gegenüber der jeweils betroffenen Gesellschaft verringert sich nämlich nicht dadurch, dass die Arbeitsbelastung nur degressiv ansteigt. In der Praxis ist das Problem dadurch entschärft, dass es sich bei den Mitgliedern des Aufsichtsrats einer Tochtergesellschaft häufig um Vorstandsmitglieder oder Führungskräfte der Konzernspitze handelt. Für diese sieht der Anstellungsvertrag mit der Konzernmutter regelmäßig vor, dass die Aufsichtsratstätigkeit in den einzelnen Konzerntöchtern unentgeltlich zu erbringen und mit der Vergütung bei der Konzernmutter abgedeckt ist. Gegen derartige Anrechnungsklauseln in Anstellungsverträgen ist nichts einzuwenden. Dies gilt prinzipiell auch für die (teilweise) **Anrechnung der Vergütung aus konzernexternen Aufsichtsratsmandaten,** zB auf die Vorstandsvergütung. Ohne eine solche Vertragsklausel ist eine derartige Anrechnung hingegen zulässig. Praxisrelevant ist hier vor allem die Frage, ob die Zustimmung zur Übernahme einer vergütungsrelevanten (externen) Aufsichtsratsposition bei Vorstandsmitgliedern wegen § 107 Abs. 3 S. 7 AktG iVm § 87 Abs. 1 AktG dem Aufsichtsratsplenum vorbehalten bleibt oder – wie in der Praxis üblich – dem Aufsichtsratsvorsitzenden zugewiesen werden kann. Da es hier nicht um Vergütungszahlungen der Anstellungsgesellschaft des Vorstandsmitglieds, sondern um eine externe Quelle geht, greift der Plenarvorbehalt des § 107 Abs. 3 S. 7 AktG hier nicht ein.

6. Angemessenheit der Vergütung (§ 113 Abs. 1 S. 3 AktG)

a) Allgemeines

42 Gemäß § 113 Abs. 1 S. 3 AktG soll die Aufsichtsratsvergütung in einem angemessenen Verhältnis zu den Aufgaben der Aufsichtsratsmitglieder und zur Lage der Gesellschaft

---

[80] So iErg auch MHdB GesR IV/Hoffmann-Becking § 33 Rn. 29.
[81] Zur konzerndimensionalen Erstreckung der Aufsichtsratstätigkeit vgl. Lutter/Krieger/Verse Rechte und Pflichten § 4 Rn. 141 ff.
[82] Ähnlich BeckOGK/Spindler/Mock AktG § 113 Rn. 57.

stehen. Mit dieser Regelung zielt der Gesetzgeber auf die (Gesamt-)Höhe der Aufsichtsratsvergütung, nicht aber die Struktur derselben, so dass die Zusammensetzung der einzelnen Vergütungskomponenten nicht an § 113 Abs. 1 S. 3 AktG zu messen ist.[83] Insofern unterliegt die isolierte Höhe des Sitzungsgeldes, sofern diese überhaupt als Vergütungskomponente anzusehen ist (→ § 6 Rn. 6), nicht dem Maßstab des § 113 Abs. 1 S. 3 AktG.[84] Beurteilungsgegenstand ist auch nicht die kumulierte Vergütung des gesamten Aufsichtsrats, sondern die Gesamtvergütung eines jeden einzelnen Mitglieds.[85] Die Hauptversammlung hat hierbei ein gewisses Ermessen; sie kann sich dabei auch für eine höhere Vergütung als der Wettbewerb entscheiden.[86]

Die Vorschrift ist ausschließlich als Obergrenze für die Aufsichtsratsvergütung zu verstehen.[87] Eine Untergrenze soll hierdurch nicht geschaffen werden. Dies leuchtet insofern ein, als die Hauptversammlung auch gar keine Vergütung beschließen könnte, so dass die Aufsichtsratsmitglieder unentgeltlich beschäftigt wären. Die von der Vorschrift somit allein ins Auge gefasste Obergrenze ist allerdings keine absolute; es gibt kein „Cap" für Aufsichtsratsvergütungen.[88] **43**

b) Maßstäbe für die Angemessenheit

§ 113 Abs. 1 S. 3 AktG definiert als Maßstäbe für die Angemessenheit „die Aufgaben der Aufsichtsratsmitglieder" sowie die „Lage der Gesellschaft". Beide Maßstäbe sind kumulativ zu beachten.[89] Damit ist ein Ausgleich von Defiziten bei dem einen Merkmal durch Überhänge bei dem anderen Merkmal möglich. **44**

Beim Kriterium der „Aufgaben der Aufsichtsratsmitglieder" handelt es sich um einen **Schein-Maßstab**. Abgesehen von den zusätzlichen Aufgaben im Falle einer Börsennotierung besteht nämlich für alle Aufsichtsräte deutscher Aktiengesellschaften strukturelle Aufgabenidentität. Die in diesem Zusammenhang gelegentlich genannte Vergleichbarkeit mit anderen Unternehmen[90] betrifft daher in Wahrheit das Merkmal „Lage des Unternehmens". Eine Eigenbedeutung haben „die Aufgaben der Aufsichtsratsmitglieder" als Angemessenheitskriterium nur dort, wo es um die unterschiedliche Vergütung zwischen den einzelnen Aufsichtsratsmitgliedern geht. Hierbei lassen sich die in → Rn. 33 ff. beschriebenen funktionsbezogenen Differenzierungen mit unterschiedlichen Aufgabenstellungen gut begründen. **45**

Als Maßstab für die Angemessenheit der Vergütung von (einfachen) Aufsichtsratsmitgliedern besser geeignet ist die „Lage der Gesellschaft". Hierunter wird gemeinhin die **Vermögenslage** verstanden,[91] die gelegentlich um die „Geschäftsaussichten" **46**

---

[83] Goette/Arnold AR-HdB/Wasmann/Gärtner § 6 Rn. 45; Kort FS Hüffer, 2010, 483 (486); aA Semler/v. Schenck/Wilsing AR-HdB/Grau § 13 Rn. 47; BeckOGK/Spindler/Mock AktG § 113 Rn. 67; Gehling ZIP 2005, 549 (553).
[84] AA Simons AG 2013, 547 (553).
[85] Zutr. Kort FS Hüffer, 2010, 483 (487).
[86] Ebenso Gehling ZIP 2005, 549 (552); Mäger BB 1999, 1389 (1390).
[87] Semler/v. Schenck/Wilsing AR-HdB/Grau § 13 Rn. 44; Goette/Arnold AR-HdB/Wasmann/Gärtner § 6 Rn. 44;; Koch AktG § 113 Rn. 20; MüKoAktG/Habersack AktG § 113 Rn. 47; GroßkommAktG/Hopt/Roth AktG § 113 Rn. 79; Hölters/Weber/Groß-Bölting/Rabe AktG § 113 Rn. 36.
[88] Kort FS Hüffer, 2010, 483 (493 f.).
[89] MüKoAktG/Habersack AktG § 113 Rn. 44.
[90] Vgl. GroßkommAktG/Hopt/Roth AktG § 113 Rn. 79; Kölner Komm AktG/Mertens/Cahn AktG § 113 Rn. 30.
[91] Goette/Arnold AR-HdB/Wasmann/Gärtner § 6 Rn. 45; Kölner Komm AktG/Mertens/Cahn AktG § 113 Rn. 33; MüKoAktG/Habersack AktG § 113 Rn. 46; Wellkamp WM 2001, 489 (494).

angereichert wird.[92] Richtigerweise wird man auch die **Finanzlage** in die Lagebeurteilung einbeziehen müssen, was vor allem bei kleineren Aktiengesellschaften von Bedeutung sein kann. Verfehlt wäre es allerdings, nur bei erstklassiger wirtschaftlicher Performance des Unternehmens eine hohe Aufsichtsratsvergütung mit der „Lage der Gesellschaft" zu rechtfertigen. Gerade in schwierigen wirtschaftlichen Zeiten ist das Amt des Aufsichtsrats mit erhöhter Intensität und gesteigerten Haftungsgefahren auszuüben, was eine höhere Vergütung durchaus zu rechtfertigen vermag.[93]

47 Fraglich ist, ob die gelegentlich herangezogene **Vergleichbarkeit mit anderen Unternehmen**[94] ein zusätzliches (ungeschriebenes) Angemessenheitskriterium bildet. Die Frage ist eindeutig zu verneinen. Das Vergleichbarkeitsargument führt bei der Vorstandsvergütung schon seit vielen Jahren zu kontinuierlichen Steigerungen (gelegentlich auch zu Auswüchsen) vor allem dort, wo der anglo-amerikanische Wirtschaftsraum zum Vorbild erhoben wird. Es wirkt bei der Aufsichtsratsvergütung in gleicher Weise inflationstreibend, weil die Verfechter hoher Aufsichtsratsvergütungen zur Rettung der eigenen Angemessenheit stets auf solche Unternehmen verweisen, deren Aufsichtsratsvergütung ebenfalls zu hoch ist. Ohne einen allgemein anerkannten Durchschnittsmaßstab lässt sich die Angemessenheit nicht durch einen (in der Regel willkürlichen) Quervergleich mit anderen Unternehmen begründen. Dies gilt erst recht für Unternehmen mit monistisch geprägter Verwaltung, die die Rechtsfigur des rein kontrollierenden Aufsichtsrats nicht kennen.

c) Folgen veränderter Angemessenheitsbedingungen

48 Weitgehend ungeklärt ist die Beurteilung der Angemessenheit einer einmal (formell und materiell wirksam) beschlossenen Aufsichtsratsvergütung, wenn sich die Angemessenheitskriterien des § 113 Abs. 1 S. 3 AktG im Laufe der Zeit ändern. Dies betrifft insbesondere die „Lage der Gesellschaft", gelegentlich aber auch die öffentliche Meinung über die „richtige" Bezahlung von Aufsichtsräten. Besonders anfällig sind dabei Gesellschaften mit zeitlich unlimitierten Bewilligungsbeschlüssen, die keinen Eingang in die Satzung gefunden haben und daher außerhalb des § 113 Abs. 3 AktG nF auch keiner ständigen Angemessenheitskontrolle ausgesetzt sind. Hierzu wird vorgeschlagen, die Regeln über die Störung der Geschäftsgrundlage (§ 313 BGB) anzuwenden.[95] Indes fehlt es hierfür bereits an den von § 313 BGB angesprochenen „Parteien"; für die Korrektur eines nachträglich verfehlten Beschlusses bleibt allein die Hauptversammlung zuständig.[96] Da von den Veränderungen im Wesentlichen ergebnisorientierte Vergütungsbestandteile betroffen sind, ist eine Korrektur bei der Ermittlung des für die Vergütung maßgeblichen Ergebnisses anhand des Angemessenheitsgrundsatzes vorzugswürdig. Damit werden „unverdiente" Sondereffekte ausgeschaltet.[97]

---

[92] Vgl. Semler/v. Schenck/Wilsing AR-HdB/Grau § 13 Rn. 51; GroßkommAktG/Hopt/Roth AktG § 113 Rn. 83.
[93] Ebenso GroßkommAktG/Hopt/Roth AktG § 113 Rn. 83; GroßkommAktG/Hopt/Roth AktG § 113 Rn. 51; Kölner Komm AktG/Mertens/Cahn AktG § 113 Rn. 33.
[94] Grds. bejahend Hölters/Weber/Groß-Bölting/Rabe AktG § 113 Rn. 36 aE; GroßkommAktG/Hopt/Roth AktG § 113 Rn. 79; zurückhaltender Semler/v. Schenck/Wilsing AR-HdB/Grau § 13 Rn. 48: gänzlich abl. Gehling ZIP 2005, 549 (552 f.).
[95] So von K. Schmidt/Lutter/Drygala AktG § 113 Rn. 22.
[96] Zutr. Semler/v. Schenck/Wilsing AR-HdB/Grau § 13 Rn. 55.
[97] Vgl. MüKoAktG/Habersack AktG § 113 Rn. 20.

IV. Fehlerhafte Vergütungsbeschlüsse

1. Allgemeines

a) Registerkontrolle

Mangels eigenständiger Rechtsfolgenregelungen in § 113 Abs. 1 AktG gilt für die Beurteilung fehlerhafter Vergütungsbeschlüsse das allgemeine Beschlussmängelrecht. Der Beschluss über die Gewährung der Aufsichtsratsvergütung kann danach entweder nichtig oder anfechtbar sein. Dies gilt sowohl für einfache Bewilligungsbeschlüsse als auch für Vergütungsbeschlüsse auf Satzungsebene. Der Unterschied zwischen beiden liegt darin, dass Satzungsregelungen (Erst-Satzung oder Satzungsänderung) einer Rechtmäßigkeitskontrolle durch das Registergericht unterliegen. Dieses ist verpflichtet, den Eintragungsantrag bei nichtigen Beschlüssen zurückzuweisen. Bei nur anfechtbaren Beschlüssen wird dem Registergericht zwar keine Pflicht, wohl aber – jedenfalls bis zur Unanfechtbarkeit des Beschlusses – das Recht zur Zurückweisung des Eintragungsantrags eingeräumt.[98]

49

b) Befugnis zur Rechtmäßigkeitskontrolle

Schreitet das Registergericht gegen fehlerhafte Vergütungsbeschlüsse nicht ein oder ist es mangels Satzungsqualität hierzu gar nicht berufen, obliegt die Rechtmäßigkeitskontrolle bei nichtigen Beschlüssen jedermann, bei nur anfechtbaren Beschlüssen den Aktionären. Deren Anfechtungsbefugnis richtet sich nach § 245 Nr. 1–3 AktG und unterliegt ebenso wenig irgendwelchen Besonderheiten wie die Anfechtungsbefugnis des Vorstands nach § 245 Nr. 4 AktG, dem auch in Sachen Aufsichtsratsvergütung eine Rechtskontrolle obliegt.[99] Fraglich ist, ob daneben auch eine Anfechtungsbefugnis zugunsten einzelner Mitglieder von Vorstand oder Aufsichtsrat nach § 245 Nr. 5 AktG besteht. Eine solche ist jedenfalls bei **formellen Mängeln** des betroffenen Hauptversammlungsbeschlusses uneingeschränkt zu bejahen. Beispielhaft hierfür stehen Vergütungsbeschlüsse ohne Ankündigung zur Tagesordnung oder die Verweigerung aktionärsseitig geforderter Auskünfte zum erwartbaren Zeitbudget der Aufsichtsratsmitglieder. **Materielle Mängel** des Vergütungsbeschlusses – insbesondere eine unangemessen hohe Vergütung – berechtigen einzelne Vorstands- und Aufsichtsratsmitglieder hingegen nur dann zur Anfechtung, wenn die Ausführung des Beschlusses gegen § 93 Abs. 3 Nr. 7 AktG (ggf. iVm § 116 S. 1 AktG) verstößt. Ausweislich des Normzwecks der genannten Vorschrift, nämlich Schutz der Kapitalgrundlage der Gesellschaft,[100] dürfte dies immer dann – aber auch nur dann – der Fall sein, wenn die beschlossene Aufsichtsratsvergütung entgegen § 113 Abs. 1 S. 3 AktG unangemessen hoch ist.

50

---

[98] Im Detail sehr str., vgl. Goette/Arnold AR-HdB/Wasmann/Gärtner § 6 Rn. 49; GroßkommAktG/Hopt/Roth AktG § 113 Rn. 584; Wellkamp WM 2001, 489 (496); eingehend Koch AktG § 243 Rn. 51 ff.
[99] Vgl. zu diesem Aspekt der Anfechtungsbefugnis BGHZ 206, 143 Rn. 45 = NZG 2015, 1227.
[100] Vgl. dazu BeckOGK/Fleischer AktG § 93 Rn. 317; Koch AktG § 93 Rn. 68; GroßkommAktG/Hopt/Roth AktG § 93 Rn. 326; BeckOGK/Spindler/Veil AktG § 116 Rn. 133; Habersack/Schürnbrand WM 2005, 957 (960).

c) Amtslöschung

51 Gelegentlich wird dem Registergericht die Befugnis zugestanden, nichtige Beschlüsse auch nach deren Eintragung in das Handelsregister nach § 395 FamFG von Amts wegen wieder zu löschen.[101] Dies ist schon deshalb zweifelhaft, weil sich das Registergericht in diesen Fällen ein Urteil über die Angemessenheit der Vergütung anmaßen müsste, das die Hauptversammlung (im Sinne des verfahrensgegenständlichen Beschlussinhalts) bereits gefasst hat. Entscheidend gegen ein Amtslöschungsverfahren spricht jedoch, dass § 398 FamFG als Spezialvorschrift gegenüber § 395 FamFG wirkt.[102]

2. Nichtigkeit des Vergütungsbeschlusses – Nichtigkeitsgründe

52 Vergütungsbeschlüsse nach § 113 AktG unterliegen zunächst den allgemeinen Regeln des § 241 Nrn. 1 und 2 AktG. Danach führt die nicht ordnungsgemäß vorgenommene Einberufung der Hauptversammlung oder die fehlende Beurkundung des (satzungsändernden)[103] Beschlusses regelmäßig zur Nichtigkeit.

53 Nichtigkeitsgründe nach § 241 Nr. 3 AktG sind nicht ersichtlich. Die Aufsichtsratsvergütung rührt weder nach Grund noch nach Modalitäten oder Höhe am „Wesen der Aktiengesellschaft" (§ 241 Nr. 3 Alt. 1 AktG). Auch die beiden anderen Alternativen sind insofern nicht einschlägig, als § 113 AktG nicht überwiegend gläubigerschützenden Charakter hat oder gar dem öffentlichen Interesse dient. § 113 AktG schützt vielmehr gleichermaßen Aktionäre und Gläubiger der Gesellschaft;[104] Verstöße gegen diese Vorschrift eignen sich daher nicht für eine Subsumtion unter § 241 Nr. 3 AktG.

54 Als Nichtigkeitsgrund nach § 241 Nr. 4 AktG wird im Schrifttum eine **deutliche Verfehlung des Angemessenheitsgebotes** in § 113 Abs. 1 S. 3 AktG angesehen.[105] Um die Hürde der Sittenwidrigkeit zu überwinden, genügt allerdings nicht jedwede Unangemessenheit bei der Höhe der Vergütung. Zwar hilft ein Vergleich mit anderen (nach ihrer Vermögenslage vergleichbaren) Gesellschaften nicht bei der Beurteilung der Angemessenheit, wohl aber bei Feststellung der Sittenwidrigkeit (und damit der Nichtigkeit des Vergütungsbeschlusses). Ergibt dieser eine Abweichung von über 100 %, so wird man in Anlehnung an die Kautelarrechtsprechung zu § 138 BGB[106] regelmäßig von einer Beschlussnichtigkeit wegen Sittenverstoßes ausgehen müssen. Bei satzungsändernden Beschlüssen wird die Nichtigkeit allerdings nach Ablauf von

---

[101] Vgl. MüKoAktG/Habersack AktG § 113 Rn. 48; Hölters/Weber/Groß-Bölting/Rabe AktG § 113 Rn. 37; zuvor bereits Lutter AG 1979, 85 (88).
[102] HM; vgl. nur Keidel/Heinemann FamFG, 20. Aufl. 2020, § 398 Rn. 4.
[103] Einfache Bewilligungsbeschlüsse sind beurkundungsfrei; → Rn. 19.
[104] Vgl. Semler/v. Schenck/Wilsing AR-HdB/Grau § 13 Rn. 4; Koch AktG § 113 Rn. 2; BeckOGK/Spindler/Mock AktG § 113 Rn. 3; MüKoAktG/Habersack AktG § 113 Rn. 2; Kölner Komm AktG/Mertens/Cahn AktG § 113 Rn. 3; Lutter AG 1979, 85 (88).
[105] So von GroßkommAktG/Hopt/Roth AktG § 113 Rn. 84; MüKoAktG/Habersack AktG § 113 Rn. 48; Semler/v. Schenck/Wilsing AR-HdB/Grau § 13 Rn. 52; Goette/Arnold AR-HdB/Wasmann/Gärtner § 6 Rn. 47; ähnlich (wenngleich über § 138 BGB) K. Schmidt/Lutter/Drygala AktG § 113 Rn. 21.
[106] Vgl. BGHZ 110, 336 (338) = NJW 1990, 1595 zum Wucherzin); BGHZ 212, 329 = NJW 2017, 1018 (1020); BGH NJW-RR 2012, 416; BGHZ 128, 255 = NJW 1995, 1019; BGH NJW 2004, 3553 (3554); BGHZ 146, 298 (302) = NJW 2001, 1127 (1128); BGH NJW 1987, 183; in diese Richtung bereits (teilweise etwas weniger deutlich) BGH NJW 1986, 2568 f.; BGH NJW 1982, 2433; BGHZ 80, 153 = NJW 1981, 1206.

drei Jahren nach Eintragung des Beschlusses in das Handelsregister geheilt (§ 242 Abs. 2 S. 1 AktG).

3. Anfechtbarkeit des Vergütungsbeschlusses

Die Anfechtbarkeit von Vergütungsbeschlüssen nach § 113 AktG richtet sich nach den allgemeinen Regeln. Anfechtbar sind daher insbesondere formale Fehler bei der Vorbereitung der Hauptversammlung (→ Rn. 9 ff.) oder bei ihrer Abwicklung (zB Verweigerung von nachgefragten Aktionärsinformationen zur bisherigen Aufsichtsratsvergütung). Auch inhaltliche Fehler des Vergütungsbeschlusses können die Anfechtungsklage auslösen. Vor allem Verstöße gegen das Gleichbehandlungsgebot (→ Rn. 32 ff.) führen zur erfolgreichen Beschlussanfechtung. Fraglich ist, ob eine Missachtung des Angemessenheitsgrundsatzes nach § 113 Abs. 1 S. 3 AktG unterhalb der Nichtigkeitsschwelle des § 241 Nr. 4 AktG (→ Rn. 52) die Anfechtbarkeit begründen kann. Dies wird überwiegend bejaht.[107] Die Anerkennung eines derartigen Anfechtungsrechts steht allerdings im Widerspruch zum Charakter der Norm als „Soll-Vorschrift", der auch an anderer Stelle[108] eine Anfechtung verbietet. In der Tat wäre es widersprüchlich, den Aktionären bei ihrer Beschlussformulierung ein breiteres Ermessen als bei strikten Grenzen einzuräumen, um dann einzelnen von ihnen schon bei der geringsten Überschreitung (die objektiv ohnehin schwer feststellbar ist) ein Anfechtungsrecht zuzubilligen.[109] Richtigerweise wird man daher eine Anfechtung der Aufsichtsratsvergütung allein wegen deren Unangemessenheit erst bei Erreichen der in → Rn. 52 ff. beschriebenen Grenzen zulassen dürfen.

Gegen den Beschluss einer unangemessen niedrigen Vergütung gibt es keinen Rechtsbehelf, soweit dem Beschluss nicht andere Fehler anhaften.[110] Ausgehend von dem Grundsatz, dass die Aufsichtsratstätigkeit von Gesetzes wegen vergütungsfrei ist (→ § 4 Rn. 1), kann die Gewährung einer noch so geringen Vergütung nicht fehlerhaft sein.

4. Rechtsfolgen bei Missbilligung des Vergütungssystems

Noch nicht abschließend geklärt sind die Folgen der Nicht-Bestätigung des Vergütungssystems nach § 113 Abs. 3 AktG für den zuletzt gefassten Hauptversammlungsbeschluss über die konkrete Aufsichtsratsvergütung nach § 113 Abs. 1 AktG. Diese Frage wird in → § 12 Rn. 58 f. behandelt.

---

[107] So von LG Mannheim AG 1967, 83 (84); GroßkommAktG/Hopt/Roth AktG § 113 Rn. 84; BeckOGK/Spindler/Mock AktG § 113 Rn. 73; K. Schmidt/Lutter/Drygala AktG § 113 Rn. 21. MüKoAktG/Habersack AktG § 113 Rn. 48; Kölner Komm AktG/Mertens/Cahn AktG § 113 Rn. 49; BeckOGK/Spindler/Mock AktG § 113 Rn. 19; einschr. Hölters/Weber/Groß-Bölting/Rabe AktG § 113 Rn. 37.
[108] Vgl. etwa § 125 Abs. 1 S. 5 Hs. 2 AktG; dazu BeckOGK/Rieckers AktG § 125 Rn. 36.
[109] MüKoAktG/Habersack AktG § 113 Rn. 47.
[110] Zutr. K. Schmidt/Lutter/Drygala AktG § 113 Rn. 23; vgl. auch MüKoAktG/Habersack AktG § 113 Rn. 47.

5. Folgen für den Vergütungsanspruch bei Beschlussmängeln
a) Folgen nichtiger oder angefochtener Beschlüsse

58 Bei nichtigen oder für nichtig erklärten (weil erfolgreich angefochtenen) Hauptversammlungsbeschlüssen richten sich die Rechtsfolgen nach allgemeinem Beschlussmängelrecht. Damit bilden nichtige Beschlüsse zu keinem Zeitpunkt und erfolgreich angefochtene Beschlüsse ab Rechtskraft der Entscheidung keine taugliche Rechtsgrundlage für eine Aufsichtsratsvergütung.[111] Nicht gezahlte Vergütungsbestandteile können von den Aufsichtsratsmitgliedern folglich nicht beansprucht werden. Auf Grundlage des nichtigen bzw. für nichtig erklärten Beschlusses bereits gezahlte Vergütungsbestandteile müssen an die Gesellschaft zurückgezahlt werden. Zu den Einzelheiten → § 11 Rn. 1 ff.

b) Folgen anfechtbarer Beschlüsse

59 Schwieriger ist die Beurteilung von Vergütungszahlungen aufgrund (nur) anfechtbarer – jedoch nicht angefochtener – Hauptversammlungsbeschlüsse, die entweder an formalen Fehlern leiden oder eine unangemessen hohe Vergütung (wenngleich unterhalb der Nichtigkeitsschwelle) begründet haben. Nach den allgemeinen Regeln des Beschlussmängelrechts wird ein solcher Beschluss nach Ablauf der Monatsfrist des § 246 Abs. 1 AktG bestandskräftig. Gleichwohl wird den Aufsichtsratsmitgliedern gelegentlich abverlangt, auf die (anfechtbar) beschlossene Vergütung zu verzichten bzw. bereits erhaltene Vergütungsbestandteile wieder zurückzuzahlen.[112] Dies überzeugt nicht. Ohne Anfechtung ist und bleibt der Vergütungsanspruch nach allgemeinen Regeln rechtlich bindend.[113] Die beschlossene Vergütung – ob angemessen oder nicht – muss gezahlt und kann nicht zurückgefordert werden. Einzige Ausnahme ist die Sittenwidrigkeit des Vergütungsumfangs, die eine Rückzahlungsverpflichtung begründen kann. Hieran ändern auch die § 116 S. 1 AktG iVm § 93 Abs. 3 Nr. 7 AktG nichts. Es kann einem Aufsichtsratsmitglied nämlich nicht zugemutet werden, in eigener (Vergütungs-)Sache primär die Interessen der Gesellschaft zu wahren.[114]

§ 6. Arten der Vergütung

Übersicht

	Rn.
I. Allgemeines	1
II. Festvergütung	5
III. Sitzungsgeld	6
1. Vergütung oder Auslagenersatz?	6

---

[111] HM; vgl. nur Semler/v. Schenck/Wilsing AR-HdB/Grau § 13 Rn. 54.
[112] So GroßkommAktG/Hopt/Roth AktG § 113 Rn. 85.
[113] Hölters/Weber/Groß-Bölting/Rabe AktG § 113 Rn. 37; Kölner Komm AktG/Mertens/Cahn AktG § 113 Rn. 50; Goette/Arnold AR-HdB/Wasmann/Gärtner § 6 Rn. 52; Semler/v. Schenck/Wilsing AR-HdB/Grau § 13 Rn. 54; MüKoAktG/Habersack AktG § 113 Rn. 48; ebenso im Ausgangspunkt GroßkommAktG/Hopt/Roth AktG § 113 Rn. 85.
[114] Zutr. K. Schmidt/Lutter/Drygala AktG § 113 Rn. 21; iErg auch MüKoAktG/Habersack AktG § 113 Rn. 49; aA GroßkommAktG/Hopt/Roth AktG § 113 Rn. 85.

	Rn.
2. Anwendungsbereiche	8
a) Plenarsitzungen	8
b) Ausschusssitzungen	10
c) Taggleiche Mehrfachsitzungen	12
d) Telefon- und Videokonferenzen	13
e) Umlaufbeschlüsse	14
f) Vorstands- und Bewerbergespräche	15
g) Rechtsfolgen unzulässig gezahlter Sitzungsgelder	16
IV. D&O-Versicherung	17
1. Allgemeines	17
2. Vergütungscharakter der D&O-Versicherung	20
a) Traditionelle Auffassung	20
b) Herrschende Auffassung	22
V. Sonstige Festvergütungskomponenten	26
1. Geldleistungen	26
a) Sondervergütung	26
b) Sonstige Geldleistungen	28
2. Sachleistungen	29
a) Sachleistungen ohne Vergütungscharakter	29
b) Sachleistungen mit Vergütungscharakter	30
VI. Variable Vergütungsformen	37
1. Grundlagen	37
2. Historische Entwicklung	40
a) AktG 1965	40
b) KonTraG	41
c) ARUG II	42
d) EU-Recht	43
e) Deutscher Corporate Governance Kodex	44
f) Fortgeltung von Altregelungen	45
3. Vor- und Nachteile variabler Vergütung	46
a) Entwicklung	46
b) Nachteile der Ergebnisorientierung	47
4. Formen variabler Vergütung	48
a) Ergebnisorientierte Vergütung	48
b) Dividendenorientierte Vergütung	50
c) Renditeorientierte Vergütung	51
d) Aktienkursorientierte Vergütung	
e) Aktienkursorientierte Vergütungsmodelle	52
f) Sonstige Variablen	57

I. Allgemeines

§ 113 AktG äußert sich über die Art der Vergütung nicht. Denkbar – und praxisüblich **1** – ist eine **Barvergütung.** Denkbar und zulässig wären stattdessen oder ergänzend auch **Sachvergütungen,** wie zB Fahrzeuge (für Aufsichtsratsmitglieder von Fahrzeugherstellern) oder Urlaubsreisen (für Aufsichtsratsmitglieder von Fluggesellschaften oder Reiseveranstaltern). Ihre Gewährung wäre allerdings nicht sehr zweckmäßig, weil bereits die steuerliche Erfassung auf der Empfängerseite gewisse Bewertungsprobleme mit sich brächte. Ein Sonderfall der Sachvergütung ist **die Gewährung von Aktien des eigenen Unternehmens;** ihre Zulässigkeit wird unter → Rn. 52 behandelt.

2 Der praktische Regelfall der Aufsichtsratsvergütung ist die **Festvergütung.** Sie wird in § 113 AktG jedoch nicht als exklusive Vergütungsform vorgeschrieben und beinhaltet auch keinerlei Anreizwirkung gegenüber den Aufsichtsratsmitgliedern, sich um den – wie auch immer definierten – wirtschaftlichen Erfolg des Unternehmens zu bemühen. Aus diesem Grunde gibt es zahlreiche Formen der **variablen Vergütung,** die in der aktuellen Vergütungspraxis der DAX40-Unternehmen allerdings fast keine Rolle (mehr) spielen.

3 § 113 AktG behandelt nicht jede Art von Vergütung, sondern nur die **Vergütung gerade für die Aufsichtsratstätigkeit.** Hiervon abzugrenzen sind Vergütungen für Dienst- oder Werkleistungen. Sind diese „höherer Art", so fallen sie unter § 114 AktG mit der Folge, dass die dazugehörigen Vereinbarungen zu ihrer Wirksamkeit der Zustimmung des Aufsichtsrats bedürfen. Die Abgrenzung zur Aufsichtsratsvergütung ist nicht immer einfach. Nach der gängigen „Faustformel" fallen nur diejenigen Tätigkeiten unter § 114 AktG, die über die mit der Aufsichtsratsstellung verbundenen Überwachungs- und Beratungspflichten hinausgehen.[1] Dienstverträge, die eine Tätigkeit regeln, die ein Aufsichtsratsmitglied kraft seiner Organfunktion ohnehin zu erbringen hat, sind hingegen als „verkappte Aufsichtsratsvergütung" ohne Zustimmung der Hauptversammlung nichtig. Zu den Einzelheiten → § 15 Rn. 9 ff.

4 Weder unter § 113 AktG noch unter § 114 AktG fallen **gewöhnliche Austauschverträge,** wie zB Kauf- oder Mietverträge.[2] Für derartige Verträge – ob mit Aufsichtsratsmitgliedern oder mit anderen Personen – ist ausschließlich der Vorstand abschlusszuständig. Die wirtschaftliche Gefährdung, die von solchen Verträgen für die Gesellschaft ausgeht, wird allerdings gemeinhin unterschätzt. Der Möglichkeit der Einführung eines **satzungsmäßigen Zustimmungserfordernisses** (§ 111 Abs. 4 S. 2 AktG) stehen dieselben Einwände entgegen, die auch gegenüber der „Kollegenzustimmung" im Rahmen des § 114 AktG erhoben werden. Deutlich effektiver, wenngleich nur mühsam zu entwirren,[3] sind die **„Related-Party-Anforderungen"** der §§ 111a ff. AktG. Hier hat der Gesetzgeber versucht, über eine Kombination aus Zustimmung und Publizität wirtschaftlich bedeutsame Vereinbarungen zwischen der Gesellschaft und ihren Aufsichtsratsmitgliedern zu erfassen. Ob gewollt oder nicht: Das in den §§ 111a ff. AktG enthaltene Konglomerat an legislativen Unklarheiten hat in der Praxis zumindest einen erfreulichen Präventionseffekt bewirkt.

II. Festvergütung

5 Die Festvergütung ist in deutschen Aktiengesellschaften der Normalfall und – soweit ersichtlich – auch dann die maßgebliche Vergütungsbasis, wenn daneben variable Vergütungsbestandteile gewährt werden. Dies entspricht dem Grundsatz 18 DCGK 2022, dessen Formulierung die **Festvergütung als Regel** und andere Vergütungsformen als Ausnahme („dennoch") definiert. Zulässig ist die (bare) Festvergütung in

---

[1] Vgl. statt vieler MüKoAktG/Habersack AktG § 113 Rn. 11.
[2] HM; Vgl. GroßkommAktG/Hopt/Roth AktG § 114 Rn. 22, MüKoAktG/Habersack AktG § 114 Rn. 20.
[3] Deutlicher Koch AktG § 111a Rn. 5: „Sperrige Ausgestaltung".

jeder erdenklichen Währung. Sofern ihr Entstehungszeitpunkt, ihre maßgeblichen Zeiteinheiten und ihre Fälligkeiten sorgfältig formuliert sind (→ § 5 Rn. 20 ff.), bereitet sie in der Praxis die geringsten Probleme.

III. Sitzungsgeld

Schrifttum:
Reichard/Kaubisch, Sitzungsgeld für Telefon- und Videokonferenzen des Aufsichtsrats?, AG 2013, 150; Simons, Aufsichtsratssitzungen-Aufsichtsratsbeschlüsse-Sitzungsgeld, AG 2013, 547.

1. Vergütung oder Auslagenersatz?

Neben (in kleineren Gesellschaften auch: anstelle) der Festvergütung gewähren zahlreiche Unternehmen ihren Aufsichtsratsmitgliedern ein Sitzungsgeld, dessen Höhe zwischen 500 und 3.000 Euro beträgt. Ein solches Sitzungsgeld war insbesondere bei den Arbeitnehmervertretern beliebt, weil die Gewerkschaftsvertreter unter ihnen dieses viele Jahre lang nicht an die Hans-Böckler-Stiftung abführen mussten.[4] Ob es sich bei dem Sitzungsgeld um einen **Vergütungsbestandteil oder um pauschalierten Auslagenersatz** handelt, ist häufig fraglich. Als eine Art „Faustformel" qualifiziert die hM[5] das Sitzungsgeld immer dann als Vergütungsbestandteil, wenn es der Höhe nach nicht eng am Aufwand orientiert ist, was jedenfalls am oberen Rand der Bandbreite der Regelfall sein dürfte. Das mag eine akzeptable Zweifelsregel sein, der jedoch jede besser geeignete Möglichkeit der Auslegung des Hauptversammlungsbeschlusses vorgeht. Hierbei gilt: Sieht der Beschlussinhalt das Sitzungsgeld „zur Abgeltung der mit einer Sitzung verbundenen Auslagen" vor, so ist es (pauschalierter) Auslagenersatz. Gewährt die Hauptversammlung dagegen neben einer Vergütung und/oder neben einem Sitzungsgeld die Erstattung der konkret nachgewiesenen Auslagen, so handelt es sich beim Sitzungsgeld um eine Vergütungskomponente.[6] Dasselbe gilt, falls es neben dem Sitzungsgeld nur variable Vergütungsbestandteile gibt, weil es ansonsten an jeglicher Festvergütung fehlen würde. Unerheblich ist demgegenüber der vorgesehene Abrechnungsmodus; Sitzungsgelder, die erst nach Ablauf eines Geschäftsjahres zur Auszahlung gelangen, sind nicht allein deshalb Teil der Vergütung.[7]

Der praktische Unterschied zwischen Vergütung und Auslagenersatz liegt bei den Sitzungsgeldern in der Strenge des § 113 AktG. Sind diese Teil der Vergütung, muss ihre Festlegung nach Grund und Höhe in der Satzung bzw. im letztgültigen Bewilligungsbeschluss der Hauptversammlung verankert sein. Sind diese (pauschalierter) Auslagenersatz, so kann die Pauschale aus Vereinfachungsgründen oder aus Zweckmäßigkeitserwägungen innerhalb bestimmter Grenzen auch vom Vorstand festgesetzt

---

[4] Vgl. K. Schmidt/Lutter/Drygala AktG § 113 Rn. 13; E. Vetter ZIP 2008, 1 (2 f.); Maser/Göttle NZG 2013 (201 203).
[5] Koch AktG § 113 Rn. 21; GroßkommAktG/Hopt/Roth AktG § 113 Rn. 44; MüKoAktG/Habersack AktG § 113 Rn. 16; Goette/Arnold AR-HdB/Wasmann/Gärtner § 6 Rn. 50; ähnlich Kölner Komm AktG/Mertens/Cahn AktG § 113 Rn. 15; Simons AG 2013, 547 (553 f.).
[6] Zutr. Hölters/Weber/Groß-Bölting/Rabe AktG § 113 Rn. 18; MüKoAktG/Habersack AktG § 113 Rn. 16; GroßkommAktG/Hopt/Roth AktG § 113 Rn. 44.
[7] Ebenso MüKoAktG/Habersack AktG § 113 Rn. 16; GroßkommAktG/Hopt/Roth AktG § 113 Rn. 44.

werden (zu den Einzelheiten→ § 17 Rn. 14). Aus diesem Grund bildet die Regelung des Sitzungsgeldes in einem Hauptversammlungsbeschluss ein Indiz dafür, dass es dabei sich um einen Vergütungsbestandteil handelt.[8]

2. Anwendungsbereiche

a) Plenarsitzungen

8 Ob Vergütung oder Auslagenersatz: Das Sitzungsgeld ist in jedem Fall verdient durch die Teilnahme an einer Sitzung des Aufsichtsrats. Umgekehrt führt die Nicht-Teilnahme dazu, dass das Sitzungsgeld nicht ausgezahlt werden darf.[9] Ob die **Nicht-Teilnahme verschuldet oder unverschuldet** ist, spielt dabei keine Rolle. Da ein Aufsichtsratsmitglied kein Dienstverpflichteter (insbesondere kein Arbeitnehmer) ist, gilt § 616 BGB weder unmittelbar noch analog. Noch nicht geklärt ist die Behandlung einer **nur teilweisen Teilnahme** im Hinblick auf das Sitzungsgeld. Hier wird man danach unterscheiden müssen, ob das Sitzungsgeld als Vergütungsbestandteil oder als Auslagenersatz gewährt wird. Im letztgenannten Fall wird das Sitzungsgeld auch bei nur teilweiser Teilnahme fällig, weil die Aufwendungen für die An- und Abreise sowie die terminliche Disposition beim betroffenen Aufsichtsratsmitglied in jedem Fall entstanden sind. Bei einer Qualifikation des Sitzungsgeldes als pauschale Vergütungskomponente muss der Erdienungstatbestand für die Pauschalzahlung vollständig verwirklicht sein. Dieser liegt in der Teilnahme an einer Aufsichtsratssitzung von deren Eröffnung bis zu deren Schließung und nicht nur in einer vorübergehenden Teilnahme. Kleinere Verspätungen, geringfügig frühere Abgänge oder kurze Telefonpausen eines Aufsichtsratsmitglieds sind dabei zu vernachlässigen.

9 Ob eine Sitzung kurz oder lang ist, spielt für die Erdienung des Sitzungsgeldes keine Rolle. Sein pauschaler Charakter zwingt dazu, die Teilnahme an extrem kurzen oder langen Sitzungen gleichermaßen hiermit abzugelten. Damit ist das Sitzungsgeld auch für die – zumeist sehr kurzen, da regelmäßig im unmittelbaren Anschluss an die Hauptversammlung stattfindenden – **konstituierenden Aufsichtsratssitzungen** zu zahlen. Umgekehrt wird das Sitzungsgeld nur einmal gezahlt, falls sich die Sitzung über viele Stunden erstreckt. Auch eine **zweitägige Sitzung** gilt im Hinblick auf die Vergütung als eine Sitzung. Das Fernbleiben am Folgetag muss daher den vollständigen Wegfall des Anspruchs auf das Sitzungsgeld zur Folge haben.

b) Ausschusssitzungen

10 Eine gut überlegte Beschlussformel zur Aufsichtsratsvergütung wird ausdrücklich auch die Teilnahme an Sitzungen der verschiedenen Ausschüsse des Aufsichtsrats mit einem Sitzungsgeld bedenken. Es gibt allerdings auch ältere Satzungen, die zu einer Zeit entstanden sind, als Aufsichtsratsausschüsse in dem betroffenen Unternehmen noch nicht existierten oder zumindest noch nicht so verbreitet waren. Sehen diese Satzungen ein Sitzungsgeld ausdrücklich (nur) für Aufsichtsratssitzungen vor, so wird man diese Komponente **auf Ausschusssitzungen entsprechend an-**

---

[8] Ebenso Goette/Arnold AR-HdB/Wasmann/Gärtner § 6 Rn. 31.
[9] AA für Sitzungsgeld als Vergütungskomponente Goette/Arnold AR-HdB/Wasmann/Gärtner § 6 Rn. 34.

zuwenden haben.[10] Dabei spielt es keine Rolle, ob das Sitzungsgeld als Vergütungskomponente oder Auslagenpauschale anzusehen ist. Sowohl der Zeiteinsatz (einschließlich Vor- und Nachbereitung) als auch der Aufwand für An- und Abreise fallen gleichermaßen unabhängig davon an, ob das Plenum oder ein Ausschuss des Aufsichtsrats tagt.

Bezugsberechtigt sind in allen Fällen nur die anwesenden Mitglieder der jeweils tagenden Ausschüsse. Sofern – wie in der Praxis durchaus üblich – auch andere Aufsichtsratsmitglieder (jedoch ohne Mitgliedschaft im tagenden Ausschuss) an diesen Sitzungen teilnehmen, bleibt ihnen das Sitzungsgeld hierfür verwehrt.[11]

11

c) Taggleiche Mehrfachsitzungen

Nicht selten kommt es vor, dass einer Aufsichtsratssitzung eine Ausschusssitzung taggleich vor- oder nachgelagert stattfindet. So tagen die Prüfungsausschüsse (bei unkomplizierten Prüfungsverläufen) oder auch die Personalausschüsse (zur Entscheidung über die Vorstandstantiemen) gern im zeitlichen Zusammenhang mit der Bilanzsitzung des Plenums zur Feststellung des Jahresabschlusses. Fallen derartige Mehrfachsitzungen, die jede für sich ein Sitzungsgeld vorsieht, auf denselben Tag, so stellt sich die Frage nach einem Anspruch auf **Mehrfachzahlung des Sitzungsgeldes.** Ob Vergütung oder Auslagenersatz: In beiden Fällen spricht die Zusammenfassung von zeitlichem und monetärem Aufwand auf Seiten der Mitglieder einiges dafür, das Sitzungsgeld pro Tag nur einmal zu gewähren.[12] Indes nötigt der pauschale Charakter des Sitzungsgeldes dazu, dem Aufsichtsratsmitglied, das taggenau an einer weiteren Ausschusssitzung teilnimmt, eine zweifache Auszahlung nicht verweigern zu können. Umso wichtiger ist es, dass die Hauptversammlung diese Frage in ihrem Vergütungsbeschluss ausdrücklich regelt.

12

d) Telefon- und Videokonferenzen

Nach dem gesetzlichen Leitbild absolviert der Aufsichtsrat seine Arbeit, insbesondere seine Beratungen und Beschlussfassungen, im Rahmen von Sitzungen, ohne dass der Gesetzgeber den Sitzungsbegriff irgendwo definiert hätte.[13] Obwohl dieser Grundsatz nicht ausdrücklich normiert ist, ergibt er sich doch aus dem Ausnahmetatbestand des § 108 Abs. 4 AktG, demzufolge die Sitzung als Beschlussfassungsforum unter bestimmten Voraussetzungen durch andere Formen der Beschlussfassung ersetzt werden kann. Nicht erst seit Anbruch der pandemischen Zeiten Anfang 2020 sind die Aufsichtsräte dazu übergegangen, ihre Beratungen und Beschlüsse überwiegend mittels Telefon- oder Videokonferenzen abzuhalten.[14] Unzweifelhaft ist dabei, dass der zeitliche Aufwand für die Teilnahme hieran sowie für die Vor- und Nachbereitung mit

13

---

[10] AA Goette/Arnold AR-HdB/Wasmann/Gärtner § 6 Rn. 35.
[11] So auch Simons AG 2013, 547 (553).
[12] Tendenziell anders wegen des mehrfachen Vor- und Nachbereitungsaufwands Gaul AG 2017, 877 (884); für eine Mehrfachzahlung von Sitzungsgeld als Vergütungskomponente dagegen Goette/Arnold AR-HdB/Wasmann/Gärtner § 6 Rn. 36.
[13] Erwähnt ist die Sitzung als solche lediglich in den § 107 Abs. 2 S. 1 AktG, § 109 Abs. 1 S. 1 AktG, § 110 Abs. 1 S. 2 AktG, § 110 Abs. 3 AktG und § 171 Abs. 2 S. 2 AktG.
[14] Zu den empirischen Daten der verschiedenen Sitzungsformen vgl. Ballof/Stich/Stich DB 2024, 6 ff.

demjenigen für eine Präsenzsitzung weitgehend identisch ist.[15] Zweifelhaft ist jedoch, ob für derartige Zusammenschaltungen ein Sitzungsgeld gezahlt werden darf oder – reziprok – verlangt werden kann. Sofern die Beschlussformel für die Aufsichtsratsvergütung dies ausdrücklich vorsieht[16] oder ausschließt,[17] ist dagegen nichts einzuwenden. Ohne jeden entgegenstehenden Anhaltspunkt ist dagegen die Teilnahme an einer nur virtuellen Zusammenkunft auf digitaler Ebene sitzungsgeldfrei.[18] **Eine Telefon- oder Videokonferenz ist eben keine „Sitzung".**[19] Etwas anderes gilt nur, wenn die Satzung derartige Zusammenkünfte selbst als „Sitzung" bezeichnet, was bei den Regelungen über die Beschlussfassung immer häufiger der Fall ist. Hier gibt es keinen Grund, den Begriff der Sitzung im Rahmen der Aufsichtsratsvergütung anders zu interpretieren, als es die Satzung an anderer Stelle selbst tut.[20]

e) Umlaufbeschlüsse

14 Keinerlei Sitzungscharakter haben sog. Umlaufbeschlüsse. Aus diesem Grunde rechtfertigt der damit verbundene – in der Regel eher geringfügige – Zeitaufwand auch **nicht die Zahlung eines Sitzungsgeldes.** Selbstverständlich kann die Satzung dies anordnen; derartige Satzungsklauseln sind aber nicht bekannt. Dies mutet insofern befremdlich an, als der Vorbereitungsaufwand für Umlaufbeschlüsse keineswegs hinter dem Vorbereitungsaufwand für einen Sitzungsbeschluss zurückbleibt.

f) Vorstands- und Bewerbergespräche

15 Ebenfalls nicht „sitzungsgeldfähig" sind sonstige Gesprächseinsätze von Aufsichtsratsmitgliedern. Dies gilt insbesondere auch für Gespräche mit dem Vorstand und mit Bewerbern für einen Vorstandsposten.[21] Dies ist zwar insofern misslich, als der Zeitaufwand hierfür denjenigen mancher Aufsichtsratssitzungen deutlich übersteigt. Ein Sitzungsgeld darf hierfür gleichwohl nicht gezahlt werden.

---

[15] Simons AG 2013, 547 (554) mit dem zutr. Hinweis, dass die Gewährung von Sitzungsgeld für Telefon- und Videokonferenzen aus diesem Grunde kein Problem der Angemessenheit im Sinne des § 113 Abs. 1 S. 3 AktG darstellt; insoweit einschr. Reichard/Kaubisch AG 2013, 150 (157).

[16] So zB § 19 Abs. 4 S. 2 der Satzung der JENOPTIK AG: „Dies gilt auch für eine Teilnahme per Telefon, per Videokonferenz oder anderen elektronischen Kommunikationsmitteln"; vgl. auch § 15 Abs. 5 S. 1 der Satzung der Commerzbank AG: „Darüber hinaus erhält jedes Aufsichtsratsmitglied ein Sitzungsgeld in Höhe von Euro 1.500,00 je (persönlicher oder virtueller) Teilnahme an einer Sitzung oder Telefonkonferenz des Aufsichtsrats oder eines Aufsichtsratsausschusses"; § 12 Abs. 4 S. 2 der Satzung der Covestro AG: „Als Teilnahme an einer Sitzung gilt auch die Teilnahme per Telefon oder Videokonferenz oder unter Nutzung anderer vergleichbarer gebräuchlicher Telekommunikationsmittel".

[17] So zB § 11 Abs. 3 der Satzung der Allianz SE: „Darüber hinaus erhalten die Mitglieder des Aufsichtsrats für jede persönliche Teilnahme an einer Präsenzsitzung des Aufsichtsrats und seiner Ausschüsse ein Sitzungsgeld von EUR 1.000".

[18] Ebenso Reichard/Kaubisch AG 2013, 150 (157); im Grundsatz auch GroßkommAktG/Hopt/Roth AktG § 113 Rn. 45; Marsch-Barner FS Röhricht, 2005, 401 (415); tendenziell für eine Zahlung von Sitzungsgeld ohne Satzungsklarstellung aufgrund des zeitaufwandsbezogenen Charakters des Sitzungsgeldes dagegen K. Schmidt/Lutter/Drygala AktG § 113 Rn. 13; MüKoAktG/Habersack AktG § 113 Rn. 16; Koch AktG § 108 Rn. 24; Goette/Arnold AR-HdB/Wasmann/Gärtner § 6 Rn. 34; einschr. Semler/v. Schenck/Wilsing AR-HdB/Grau § 13 Rn. 32 („kann gezahlt werden").

[19] Zutr. Reichard/Kaubisch AG 2013, 150 (154ff.); anders durch (nicht überzeugende) Verformung des Sitzungsbegriffs Simons AG 2013, 547 (549f.).

[20] Auch Simons AG 2013, 547 (553 sub 5) will die Gewährung des Sitzungsgeldes – richtigerweise – von der Auslegung der Satzung abhängig machen, was jedoch nach dem von ihm selbst kreierten Sitzungsbegriff gar nicht notwendig wäre.

[21] Semler/v. Schenck/Wilsing AR-HdB/Grau § 13 Rn. 32; K. Schmidt/Lutter/Drygala AktG § 113 Rn. 13.

g) Rechtsfolgen unzulässig gezahlter Sitzungsgelder

Vereinnahmt ein Aufsichtsratsmitglied Sitzungsgeld, obwohl die Voraussetzungen für dessen Zahlung nicht vorliegen, so hat es dieses nach den Regeln über die Erstattung ungerechtfertigt bezogener Aufsichtsratsvergütung (→ § 11 Rn. 2 f.) an die Gesellschaft zurückzuzahlen. Neben dieser zivilrechtlichen Erstattungspflicht droht auch eine **strafrechtliche Verantwortung.** Soweit die (ungerechtfertigte) Zahlung von Sitzungsgeld als Bestandteil der Aufsichtsratsvergütung auf einer Abrechnung des Aufsichtsratsmitglieds beruht, hat der Empfänger bei entsprechendem Vorsatz ungeachtet der Größenordnung der bezogenen Sitzungsgelder den Tatbestand der Untreue (§ 266 StGB) verwirklicht.[22]

16

IV. D&O-Versicherung

Schrifttum:

Armbrüster, Interessenkonflikte in der D&O-Versicherung, NJW 2016, 897; Dreher, Der Abschluss von D&O-Versicherungen und die aktienrechtliche Zuständigkeitsordnung, ZHR 165 (2001), 293; Fassbach/Wettich, Die D&O-Versicherung in der Hauptversammlung, GWR 2016, 199; Kästner, Aktienrechtliche Probleme der D&O-Versicherung, AG 2000, 113; Koch, Einführung eines obligatorischen Selbstbehalts in der D&O-Versicherung durch das VorstAG, AG 2009, 637; Kort, Voraussetzungen der Zulässigkeit einer D&O-Versicherung von Organmitgliedern, DStR 2006, 799; Küppers/Dettmeier/Koch, D&O-Versicherung: Steuerliche Implikationen für versicherte Personen?, DStR 2002, 199; O. Lange, Zulässigkeitsvoraussetzungen einer gesellschaftsfinanzierten Aufsichtsrats-D&O-Versicherung, ZIP 2001, 1524; Mertens, Bedarf der Abschluss einer D&O Versicherung durch die Aktiengesellschaft der Zustimmung der Hauptversammlung?, AG 2000, 447; Notthoff, Rechtliche Fragestellungen im Zusammenhang mit dem Abschluss einer Director's & Officer's-Versicherung, NJW 2003, 1350; Seibt, Deutscher Corporate Governance Kodex und Entsprechens-Erklärung (§ 161 AktG-E), AG 2002, 249; Seibt/Saame, Geschäftsleiterpflichten bei der Entscheidung über D&O-Versicherungsschutz, AG 2006, 901; J. Semler, Verpflichtungen der Gesellschaft durch den Aufsichtsrat und Zahlungen der Gesellschaft an seine Mitglieder, FS Claussen, 1997, 381; E. Vetter, Aktienrechtliche Probleme der D&O Versicherung, AG 2000, 453.

1. Allgemeines

Bei der D&O-Versicherung handelt es sich um eine Vermögensschaden-Haftpflichtversicherung für sämtliche Organmitglieder[23] der Gesellschaft[24]. Der Versicherungsvertrag wird als Gruppenversicherung von der Gesellschaft abgeschlossen, die hierbei vom Vorstand vertreten wird. Die **Gesellschaft ist** somit **Versicherungsnehmer** und Schuldner der Versicherungsprämien. Die einzelnen Mitglieder von Vorstand und Aufsichtsrat sind lediglich versicherte Personen, haben aber materiell-rechtlich einen eigenen Anspruch auf die Versicherungsleistung. Sie sind dabei nicht als namentlich benannte Individuen versichert. Die D&O-Versicherung bietet vielmehr nur den jeweiligen Organmitgliedern für die Dauer ihrer Organmitgliedschaft Versicherungsschutz. Der Versicherungsschutz umfasst in aller Regel Rechtsschutzgewährung und Schadensersatzleistung.

17

---

[22] OLG Braunschweig NJW 2012, 3798 (3800).
[23] Gelegentlich werden auch leitende Mitarbeiter in den Versicherungsschutz einbezogen; vgl. Ziff. 1.2 AVB-D&O Sparkassen Versicherung (August 2014); § 4 Ziff. 2 D&O AVB-Gothaer 2014.
[24] Angeboten wird auch eine Einbeziehung von Organmitgliedern von Konzerngesellschaften; vgl Ziff. A-1 AVB D&O GDV (Mai 2020).

18 Der DCGK 2017 hatte sich zum Abschluss einer D&O-Versicherung noch neutral gehalten, jedoch für den Fall eines solchen Abschlusses für Vorstandsmitglieder **einen mindestens 10%igen Selbstbehalt** bis zur Mindest-Höhe eines eineinhalbfachen Jahresgehaltes gefordert. Ziff. 3.8 DCGK 2017 empfahl bei der Versicherung von Aufsichtsratsmitgliedern einen „entsprechenden Selbstbehalt". Während der Selbstbehalt für Vorstandsmitglieder bereits seit der Einfügung des § 92 Abs. 3 S. 2 AktG durch das VorstAG[25] Gesetzeskraft besaß, hatte der Gesetzgeber diese Bestimmung aus der Haftungsverweisung für den Aufsichtsrat in § 116 AktG ausdrücklich ausgenommen. Dies wertet die hL[26] als Beleg dafür, dass ein **Selbstbehalt zu Lasten der mitversicherten Aufsichtsratsmitglieder nicht mehr verlangt werden kann.** Seit Inkrafttreten des DCGK 2020 verhält sich auch der Kodex zum Thema „Selbstbehalt bei der D&O-Versicherung für Aufsichtsratsmitglieder" einfach nur stillschweigend.

19 Seitens der Gesellschaft besteht gegenüber den Aufsichtsratsmitgliedern **keine Verpflichtung zum Abschluss einer D&O-Versicherung.**[27] Es besteht auch keine Hinweispflicht im Falle einer fehlenden Versicherung. Das Aufsichtsratsmitglied kann – ggf. schon vor Annahme seiner Wahl – die Versicherungssituation mühelos erfragen und von der Antwort hierauf seine Kandidatur abhängig machen. Nimmt er das Amt gleichwohl an, stellt das Fehlen einer D&O-Versicherung keinen Grund für eine vorzeitige Amtsniederlegung dar.[28]

2. Vergütungscharakter der D&O-Versicherung

a) Traditionelle Auffassung

20 Nach traditioneller Auffassung stellt der bloße Abschluss einer D&O-Versicherung durch die Gesellschaft für die begünstigten Aufsichtsratsmitglieder einen **Bestandteil der Aufsichtsratsvergütung** dar.[29] Im Vordergrund der Argumentation steht dabei das persönliche Interesse des Aufsichtsratsmitglieds am Schutz seines Privatvermögens vor den aktienrechtlichen Haftungsgefahren.[30] Daneben wird ins Feld geführt, dass die Deckung aus der D&O-Versicherung auch eine Rechtsschutzkomponente enthalte, die einen Anspruch auf Abwehr von Ansprüchen der Gesellschaft vermittle.[31] Schließlich zeige die Offenbarungspflicht (auch) von Versicherungsentgelten in § 285 Nr. 9 lit. a HGB, dass es sich hierbei um Vergütungsbestandteile handle.[32]

---

[25] Gesetz zur Angemessenheit der Vorstandsvergütung vom 31.7.2009, BGBl. 2009 I 2509; zu den Einzelheiten des Selbstbehalts eingehend Koch AG 2009, 637 (643 ff.).
[26] Vgl. nur BeckOGK/Spindler/Mock AktG § 113 Rn. 54; MüKoAktG/Habersack AktG § 116 Rn. 79; GroßkommAktG/Hopt/Roth AktG § 116 Rn. 291; Semler/v. Schenck/Wilsing AR-HdB/Grau § 13 Rn. 39.
[27] AllgM; vgl. BGH NJW 2004, 2454 Rn. 23 = NZG 2009, 505 = ZIP 2009, 860; ausf. dazu Seibt/Saame AG 2006, 901 (902 ff.).
[28] Dazu Deilmann NZG 2005, 54 (56).
[29] J. Semler FS Claussen, 1997, 381 (400); Kästner AG 2000, 113 (115 ff.); Feddersen AG 2000, 385 (394); Seibt AG 2002, 249 (258); zuletzt wieder Armbrüster NJW 2016, 897 (900); Fassbach/Wettich GWR 2016, 199 (200 f.).
[30] Armbrüster NJW 2016, 897 (900); Fassbach/Wettich GWR 2016, 199 (200).
[31] Armbrüster NJW 2016, 897 (900).
[32] Kästner AG 2000, 113 (116); gegen einen argumentativen Wert dieser Vorschrift K. Schmidt/Lutter/Drygala AktG § 113 Rn. 16: „gesellschaftsrechtlich ohne Belang"; MüKoAktG/Habersack AktG § 113 Rn. 18; Hölters/Weber/Groß-Bölting/Rabe AktG § 113 Rn. 24; Kölner Komm AktG/Mertens/Cahn AktG § 113 Rn. 16; E. Vetter AG 2000, 453 (456); Kort DStR 2006, 799 (802).

Die Qualifizierung als Vergütungsbestandteil zwingt die Verfechter dieser Ansicht 21
zur Kompetenzzuweisung an die Hauptversammlung.[33] Dies führt wiederum zur
Frage, wie konkret der (Vergütungs-)Bewilligungsbeschluss auszugestalten ist. Als
Minimalerfordernis wird hierbei die **Bezifferung der Versicherungssumme** angesehen.[34] Daneben müsste – da den eigentlichen Vergütungsanteil ausmachend – die
auf den Aufsichtsrat entfallende oder zumindest die insgesamt zu zahlende Prämie zum
notwendigen Bestandteil eines Hauptversammlungsbeschlusses erklärt werden.[35] Auf
der Rechtsfolgenseite eines fehlenden oder unzureichenden Hauptversammlungsbeschlusses müsste konsequenterweise auch die **Rückforderung des auf jedes Aufsichtsratsmitglied entfallenden Prämienanteils** stehen. Diese Folgerung wird allerdings, soweit ersichtlich, von niemandem gezogen.[36]

b) Herrschende Auffassung

Die heute herrschende Auffassung lehnt eine Qualifizierung der D&O-Versicherung 22
als Vergütungsbestandteil für Aufsichtsratsmitglieder – jedenfalls in der Form der
Gruppenversicherung[37] – ab.[38] Die D&O-Versicherung diene in erster Linie den Vermögensinteressen der Gesellschaft; im Rahmen der Abwehr der Außenhaftung von
Organmitgliedern sei sie somit Bilanzschutz.[39] Parallel hierzu sichere sie bei der Gesellschaft auch die Durchsetzung ihrer Regressforderungen, weil Ansprüche gegen das
haftende Aufsichtsratsmitglied mit Hilfe der Versicherung überhaupt erst einbringlich
würden.[40] Sie sei Bestandteil der korporationsrechtlichen Fürsorge und somit auch ein
Ausgleich für das amtsbezogene Haftungsrisiko.[41] Mittelbar erleichtere die D&O-Versicherung dem Unternehmen die Gewinnung qualifizierter Aufsichtsratsmitglieder, die
ansonsten nicht zur Übernahme des Amtes bereit wären.[42] Ob und ggf. wie hoch ein

---

[33] So auch Armbrüster NJW 2016, 897 (900); aA K. Schmidt/Lutter/Drygala AktG § 113 Rn. 16.
[34] Vgl. Armbrüster NJW 2016, 897 (901); BeckOGK/Spindler/Mock AktG § 113 Rn. 53; Koch AktG § 113 Rn. 6.
[35] Dagegen Koch AktG § 113 Rn. 6; MüKoAktG/Habersack AktG § 113 Rn. 18; Armbrüster NJW 2016, 897 (901).
[36] Zur Unzulänglichkeit einer Prämienerstattung durch das Aufsichtsratsmitglied vgl. Kästner AG 2000, 113 (117).
[37] Hierauf ausdrücklich beschränkend BeckOGK/Spindler/Mock AktG § 113 Rn. 51; MüKoAktG/Habersack AktG § 113 Rn. 16.
[38] Vgl. Lutter/Krieger/Verse Rechte und Pflichten § 13 Rn. 1038; Semler/v. Schenck/Wilsing AR-HdB/Grau § 13 Rn. 37; Goette/Arnold AR-HdB/Wasmann/Gärtner § 6 Rn. 40; Kölner Komm AktG/Mertens/Cahn AktG § 113 Rn. 16; Koch AktG § 113 Rn. 5; Hölters/Weber/Groß-Bölting/Rabe AktG § 113 Rn. 23; MHdB GesR IV/Hoffmann-Becking § 33 Rn. 21; E. Vetter AG 2000, 453 (456 ff.); Dreher ZHR 165 (2001), 293 (322); O. Lange ZIP 2001, 1524 (1526); Notthoff NJW 2003, 1350 (1353 f.); Kort DStR 2006, 799 (802); v. Schenck NZG 2015, 494 (497); Gaul AG 2017, 877 (884 f.); einschl. GroßkommAktG/Hopt/Roth AktG § 113 Rn. 73 ff. (nur bei Einräumung eines Selbstbehalts).
[39] Küppers/Dettmeier/Koch DStR 2002, 199 (204); Kölner Komm AktG/Mertens/Cahn AktG § 113 Rn. 16; Mertens AG 2000, 447 (451); ähnlich v. Schenck NZG 2015, 494 (497).
[40] So auch Kölner Komm AktG/Mertens/Cahn AktG § 113 Rn. 16; Lutter/Krieger/Verse Rechte und Pflichten § 13 Rn. 1038; Semler/v. Schenck/Wilsing AR-HdB/Grau § 13 Rn. 37; Goette/Arnold AR-HdB/Wasmann/Gärtner § 6 Rn. 40; Koch AktG § 113 Rn. 5; Hölters/Weber/Groß-Bölting/Rabe AktG § 113 Rn. 23; MüKoAktG/Habersack AktG § 113 Rn. 18; MHdB GesR IV/Hoffmann-Becking § 33 Rn. 21; Mertens AG 2000, 447 (451); Dreher ZHR 165 (2001), 293 (313); Kort DStR 2006, 799 (802); Gaul AG 2017, 877 (884 f.).
[41] So auch Semler/v. Schenck/Wilsing AR-HdB/Grau § 13 Rn. 37, MüKoAktG/Habersack AktG § 113 Rn. 18.
[42] Kölner Komm AktG/Mertens/Cahn AktG § 113 Rn. 16; Semler/v. Schenck/Wilsing AR-HdB/Grau § 13 Rn. 37; Goette/Arnold AR-HdB/Wasmann/Gärtner § 6 Rn. 40; Dreher ZHR 165 (2001), 293 (310); Notthoff NJW 2003, 1350 (1354).

Selbstbehalt ist, spiele für die (Nicht-)Einordnung als Vergütungsbestandteil keine Rolle.[43]

23 Der hM ist zuzustimmen. Die Gesamtschau der Argumente zeigt, dass die D&O-Versicherung überwiegend im Interesse des Unternehmens abgeschlossen wird. In der Form der Gruppenversicherung kommt hinzu, dass das einzelne Aufsichtsratsmitglied häufig nicht einmal von der Existenz und schon gar nicht von Inhalt und Umfang der Versicherung Kenntnis hat. Es könnte sich nicht einmal gegen den Abschluss einer solchen Versicherung unter Einschluss seiner Person wehren, sodass die Annahme eines Vergütungscharakters zur Abschöpfung einer aufgedrängten Bereicherung führen würde. Will man die D&O-Versicherung dagegen in einen friktionsfreien Rechtsrahmen zwischen der Gesellschaft und ihren Aufsichtsratsmitgliedern einordnen, so bietet sich hierfür die Kategorie des **„dienstlichen Fürsorgeaufwands"**[44] an, die auch an andere Stelle eine Rolle spielt (→ Rn. 29). Prägend hierfür ist die Alleinkompetenz des Vorstands, der für den Abschluss der D&O-Versicherung ohnehin zuständig ist.

24 Die hM gegen einen Vergütungscharakter der D&O-Versicherung hat zwischenzeitlich auch die Finanzverwaltung nachvollzogen. Nach einem BMF-Schreiben vom 24.1.2002[45] ist der Abschluss einer solchen Versicherung für die betroffenen Aufsichtsratsmitglieder **weder lohn- noch einkommensteuerpflichtig.** In der Konsequenz sind die von der Gesellschaft gezahlten Prämien dann auch keine Betriebsausgaben des Aufsichtsratsmitglieds.[46]

25 Der BGH hat die Frage der Einstufung der D&O-Versicherung als Vergütungskomponente bislang ausdrücklich offengelassen.[47] Gleichwohl ist es für die Praxis wenig hilfreich, wenn allein aus vorauseilendem Pessimismus die Aufnahme des D&O-Versicherungsschutzes in einen Hauptversammlungsbeschluss empfohlen wird.[48] Dies kann immer noch erfolgen, falls der BGH – wider Erwarten – einen Vergütungscharakter annehmen sollte. Der Versicherungsschutz der einzelnen Aufsichtsratsmitglieder würde dadurch jedenfalls nicht gefährdet. Angesichts der deutlich verfestigten Meinung im Schrifttum ist die Gefahr einer **Haftung des Vorstands für kompetenzwidrig eingedeckte D&O-Versicherungen** – auch im Falle einer künftigen Vergütungseinordnung durch die höchstrichterliche Rechtsprechung – äußerst unwahrscheinlich.[49]

---

[43] Ebenso MüKoAktG/Habersack AktG § 113 Rn. 18; K. Schmidt/Lutter/Drygala AktG § 113 Rn. 16; Gaul AG 2017, 877 (884 f.); aA GroßkommAktG/Hopt/Roth AktG § 113 Rn. 73.
[44] Begriffsprägend Mertens AG 2000, 447 (449 ff.); zust. O. Lange ZIP 2001, 1524 (1526); ebenso Semler/v. Schenck/Wilsing AR-HdB/Grau § 13 Rn. 37; Goette/Arnold AR-HdB/Wasmann/Gärtner § 6 Rn. 40; krit. dazu Dreher ZHR 165 (2001), 293 (308).
[45] Geschäftszeichen IV C 5 – S 2332-8/02, AG 2002, 287; dazu Küppers/Dettmeier/Koch DStR 2002, 199 ff.; Loritz/Wagner DStR 2012, 2205 (2209 f.); vgl. auch FG München BeckRS 2002, 21011999; EFG 2002, 1524 zum Parallelfall der D&O-Versicherung für Arbeitnehmer.
[46] FinMin. Niedersachsen Erlass 25.1.2002 – S 2332- 61-35, S 2245-21-31 2, DStR 2002, 678.
[47] BGH NJW 2004, 2454 Rn. 23 = NZG 2009, 505 = ZIP 2009, 860.
[48] So Semler/v. Schenck/Wilsing AR-HdB/Grau § 13 Rn. 38; Goette/Arnold AR-HdB/Wasmann/Gärtner § 6 Rn. 41; Koch AktG § 113 Rn. 6; Gaul AG 2017, 877 (884 f.); krit. zu dieser Empfehlung dagegen Fassbach/Wettich GWR 2016, 199 (200).
[49] AA Fassbach/Wettich GWR 2016, 199 (200).

V. Sonstige Festvergütungskomponenten

1. Geldleistungen

a) Sondervergütung

Anders als bei Vorstandsmitgliedern ist eine Zahlung von Sondervergütungen bei Aufsichtsratsmitgliedern in der Praxis nur selten zu beobachten. Ihre grundsätzliche Zulässigkeit steht jedoch außer Zweifel. Sondervergütungen kann die Hauptversammlung sowohl für besondere (Mehr-)Leistungen einzelner Organmitglieder als auch für alle Mitglieder des Aufsichtsrats in gleicher Höhe beschließen. Insbesondere kann eine **Sondervergütung** durch Hauptversammlungsbeschluss auch **für zeitlich zurückliegende Ereignisse** gewährt werden.[50] Wie § 58 Abs. 3 S. 2 AktG zeigt, kann diese bei entsprechender Satzungsermächtigung auch in einer Gewinnbeteiligung anlässlich der Gewinnverwendungsentscheidung des Jahresabschlusses bestehen.[51] Mit einer variablen Vergütung hat eine derartige Sondervergütung nichts zu tun, da ihre Gewährung rein willkürlich erfolgt. In allen Fällen findet der Beschluss zur Zahlung einer Sondervergütung allerdings seine Grenzen im **Gleichbehandlungsgebot** sowie im **Angemessenheitsgrundsatz** nach § 113 Abs. 1 S. 3 AktG.

26

Wenn im Schrifttum über die Zulässigkeit von Sondervergütungen diskutiert wird, geht es hierbei zumeist um Kompetenzfragen. Insbesondere geht es dabei um die **Befugnis des Aufsichtsrats, Sonderaufträge zu bewilligen.**[52] Eine derartige Befugnis ist im Aufgabenkreis originärer Aufsichtsratstätigkeit ausnahmslos abzulehnen.[53] Sie wäre mit dem grundsätzlichen Delegationsverbot im Rahmen des § 113 AktG (→ § 4 Rn. 9 ff.) nicht zu vereinbaren.

27

b) Sonstige Geldleistungen

Sonstige Geldleistungen mit Vergütungscharakter sind ausgesprochen selten. Zu nennen sind hier vor allem **Abfindungs- und Ruhegeldzahlungen.**[54] Diese sind allerdings mit einem zeitgemäßen Verständnis von Funktion und Tätigkeit eines Aufsichtsrats nur noch schwer vereinbar. Im Übrigen dürfte das Angemessenheitsgebot des § 113 Abs. 1 S. 3 AktG derartigen Zusagen regelmäßig entgegenstehen.

28

2. Sachleistungen

a) Sachleistungen ohne Vergütungscharakter

Die Arbeit eines Überwachungs- und Beratungsgremiums findet nicht im Universum statt. Vielmehr benötigt auch ein Aufsichtsrat ein räumliches und sachliches Umfeld,

29

---

[50] Eine solche nachträgliche Belohnung ist nicht zu verwechseln mit der rückwirkenden Geltung von Vergütungsentscheidungen durch die Hauptversammlung (→ § 5 Rn. 28).
[51] Vgl. Kölner Komm AktG/Mertens/Cahn AktG § 113 Rn. 46; GroßkommAktG/Hopt/Roth AktG § 113 Rn. 142.
[52] Vgl. dazu ausf. GroßkommAktG/Hopt/Roth AktG § 113 Rn. 138 ff.
[53] Ebenso K. Schmidt/Lutter/Drygala AktG § 113 Rn. 17; GroßkommAktG/Hopt/Roth AktG § 113 Rn. 141; anders noch Lehmann DB 1966, 1757 (1758).
[54] Vgl. GroßkommAktG/Hopt/Roth AktG § 113 Rn. 51, der dies nur im Ausnahmefall für hauptamtliche Aufsichtsräte für sinnvoll erachtet.

in dem es seine gesetzliche Aufgabe sachgerecht wahrnehmen kann. Dazu gehören zunächst **geeignete räumliche Verhältnisse,** dh ein Tagungsraum von geeigneter Größe mit entsprechender Belüftung und Beleuchtung. Weiterhin zählt zu dieser Kategorie – vor allem bei längeren Sitzungen – eine **angemessene Verpflegung,** ggf. auch die Bereitstellung einer Unterkunft für Aufsichtsratsmitglieder mit langen Reisewegen. In besonderen Fällen kann auch die **Abholung durch einen Fahrer** oder die **Gestellung eines Personenschutzes** hierunter fallen. Schließlich gehört auch **die D&O-Gruppenversicherung** dazu. Den geschilderten Beispielen ist gemeinsam, dass die Leistungen zwar von der Gesellschaft gegenüber einem Aufsichtsratsmitglied erbracht werden, sie aber durchweg durch das Unternehmen(und nicht etwa privat) veranlasst sind. Da die Aufsichtsratsmitglieder hierbei keine baren Auslagen zu tragen haben, gehören derartige Sachleistungen nicht in die Kategorie des Aufwendungsersatzes. Mangels jeglichen Synallagmas zur Aufsichtsratstätigkeit liegt hierin auch **keine Vergütung.**[55] Man kann diese Sachleistungen im Anschluss an Mertens[56] am trefflichsten mit dem Begriff des **dienstlichen Fürsorgeaufwands** bezeichnen. Sie liegen außerhalb des § 113 AktG und sind für die Empfänger steuerfrei. Ihre Veranlassung erfolgt als Ausfluss der Geschäftsführungstätigkeit durch den Vorstand, dem hierbei allerdings größtmögliche Zurückhaltung zu empfehlen ist.

b) Sachleistungen mit Vergütungscharakter

30 In der Praxis eher ein „Auslaufmodell", aber durchaus nicht völlig verschwunden, ist die **Gestellung eines Dienstwagens auch zur privaten Nutzung** durch die Gesellschaft. Hierbei handelt es sich um einen Vergütungsbestandteil, der zu seiner Wirksamkeit eines Hauptversammlungsbeschlusses bedarf.[57] Genau genommen hat in diesen Fällen nur die Möglichkeit der Privatnutzung Vergütungscharakter; die bloße Fahrzeugnutzung zu dienstlichen Fahrten gehört demgegenüber noch zum dienstlichen Fürsorgeaufwand (→ Rn. 29).[58] Da schon die Trennung des dienstlichen vom privaten Aufwand für ein Fahrzeug Schwierigkeiten bereitet, empfiehlt sich eine derartige Form der Sachleistung nicht.

31 Eindeutig in die Vergütungskategorie gehört die **Gewährung eigener Aktien** des Unternehmens **unterhalb des Marktpreises.** Ihre Zulässigkeit ist im Grundsatz unbestritten[59] und auch unbestreitbar, weil die Hauptversammlung anstelle der Gewährung von Aktien genauso gut deren Einziehung nebst anschließender Barvergütung an die Aufsichtsratsmitglieder beschließen könnte. Zulässig ist es auch, die Bezugsparameter (Volumen und/oder Preis) an bestimmte Erfolgsziele zu koppeln, sofern der Hauptversammlungsbeschluss diese Eckdaten eindeutig festlegt. Unzulässig ist hingegen eine **Kopplung der Bezugsbedingungen an die Aktienkursentwick-**

---

[55] Dazu Mertens AG 2000, 447 (449 f.).
[56] AG 2000, 447 (449 f.); zust. O. Lange ZIP 2001, 1524 (1526).
[57] Vgl. Semler/v. Schenck/Wilsing AR-HdB/Grau § 13 Rn. 33; MüKoAktG/Habersack AktG § 113 Rn. 17; BeckOGK/Spindler/Mock AktG § 113 Rn. 49; GroßkommAktG/Hopt/Roth AktG § 113 Rn. 49.
[58] So wohl auch Gaul AG 2017, 877 (884).
[59] Ebenso Goette/Arnold AR-HdB/Wasmann/Gärtner § 6 Rn. 29; Marsch-Barner FS Röhricht, 2005, 401 (417); Kort FS Hüffer, 2010, 483 (499); Gehling ZIP 2005, 549 (557); zurückhaltend Lutter/Krieger/Verse Rechte und Pflichten § 12 Rn. 852 f.; eingehend zu den Gestaltungsmöglichkeiten Dörrwächter NZG 2020, 370 (374 ff.).

lung, weil auf diese Weise ein – höchstrichterlich abgelehntes[60] – Aktienoptionsprogramm mit Hilfe des gesellschaftseigenen Aktienbestands geschaffen würde.[61] Rechtlich nicht erforderlich, aber wirtschaftlich sinnvoll, ist die Verknüpfung einer solchen (Sach-)Leistung durch die Gesellschaft mit einer Barkomponente, um den begünstigten Aufsichtsratsmitgliedern die mit dem Preisnachlass ggf. verbundenen Steuerzahlungen zu ermöglichen.[62]

Vergütungsbestandteil ist zweifellos auch eine **Altersversorgung von Aufsichts-** 32 **ratsratsmitgliedern.** Aufgrund zahlreicher Zweifelsfragen rund um den Widerruf derselben und um die Geltungsreichweite des § 87 Abs. 2 S. 2 AktG sowie des BetrAVG ist von einer solchen Zusage gegenüber Aufsichtsratsmitgliedern unbedingt abzuraten.[63]

Die Bandbreite **sonstiger Nebenleistungen mit Vergütungscharakter**[64] ist na- 33 hezu unendlich. Aus der (oftmals früher geübten) Praxis sind dabei Deputate oder Rabatte für solche Produkte zu nennen, die die Gesellschaft selbst herstellt. Auch eine Kostenübernahme für (Wohn-)Gebäudeunterhaltung oder Gartenpflege hat Vergütungscharakter. Nimmt man den Geltungsanspruch des § 113 AktG für diese Fälle ernst (und das sollte man unbedingt tun!), so haben sich derartige Nebenleistungen schon aufgrund komplizierter Beschlussformeln für die Praxis disqualifiziert.

Auf der Grenzlinie zwischen (Sach-)Vergütung und dienstlichem Fürsorgeaufwand 34 liegt die **Gestellung von Büroraum und/oder Personal.** Beides mag für besonders aktive Aufsichtsratsvorsitzende sinnvoll sein, zumal hiermit häufig eine wünschenswerte räumliche Nähe zum Unternehmen verbunden ist. Ob darin eine besondere Form des dienstlichen Fürsorgeaufwands (→ Rn. 29) oder ein (hauptversammlungspflichtiger) Vergütungsbestandteil zu sehen ist, bedarf einer Einzelfallbetrachtung. Bei „nur" einfachen Aufsichtsratsmitgliedern dürfte regelmäßig von einer Vergütungskomponente auszugehen sein.

Ein besonderes praktisches Problemfeld der Aufsichtsratsvergütung stellen sog. 35 **„Rahmenprogramme"** (auch **„Damenprogramme"** genannt). Gedanklicher Ausgangspunkt derselben ist die – in der Vergangenheit oftmals zutreffende – Tatsache, dass die Aufsichtsratsvergütung einen überobligatorischen Zeiteinsatz nicht rechtfertigt. Erstreckt sich ein solcher Zeiteinsatz auch noch über mehrere Tage oder gar über das Wochenende, so wird gelegentlich versucht, derartige „Zumutungen" für die betroffenen Organmitglieder – aber auch für deren Ehepartner – durch großzügige Rahmenprogramme abzumildern. Das Angebotsspektrum reicht dabei vom Aufenthalt in Spitzenhotels über üppige Mahlzeiten bis zu touristischen Führungen und kulturellen Spitzenveranstaltungen, bei denen der Vorstand allzu gern als großzügiger Gastgeber auftritt. Hauptversammlungsbeschlüsse, die ein derart ausladendes Gastgebertum rechtfertigen könnten, existieren ausnahmslos nicht. Der Vorstand (als initiierendes Geschäftsführungsorgan) und sämtliche Aufsichtsratsmitglieder (als Empfänger der Leistungen) sind daher gut beraten, von allen Annehmlichkeiten, die über den dienst-

---

[60] Vgl. BGHZ 158, 122 = AG 2004, 265 = NJW 2004, 1109 = NZG 2004, 376 = ZIP 2004, 613 – MobilCom.
[61] Marsch-Barner FS Röhricht, 2005, 401 (417 f.); folgend MüKoAktG/Habersack AktG § 113 Rn. 15.
[62] Zutr. Marsch-Barner FS Röhricht, 2005, 401 (418).
[63] So auch GroßkommAktG/Hopt/Roth AktG § 113 Rn. 51; tendenziell auch Gaul AG 2017, 877 (884).
[64] Vgl. dazu Kölner Komm AktG/Mertens/Cahn AktG § 113 Rn. 14; Semler/v. Schenck/Wilsing ARHdB/Grau § 13 Rn. 33; MüKoAktG/Habersack AktG § 113 Rn. 15; GroßkommAktG/Hopt/Roth AktG § 113 Rn. 49; Gaul AG 2017, 877 (884).

lichen Fürsorgeaufwand (→ Rn. 29) hinausgehen, abzusehen. Dies gilt natürlich erst recht für alle Leistungen, die gegenüber Lebens- und Ehepartnern der Aufsichtsratsmitglieder angeboten werden. Stellt sich der notwendige Zeitaufwand im Verhältnis zur Vergütung wirklich als „Zumutung" dar, so liegt die richtige Lösung im Vorschlag einer Vergütungsanpassung an die Hauptversammlung oder in einer Amtsniederlegung.

36 Eine Steigerung der – juristisch ohnehin schon bedenklichen – Rahmenprogramme ist der sog. **Aufsichtsratstourismus.** Zusammengefasst lässt sich dieses Phänomen als Abhaltung von Aufsichtsratssitzungen an besonders attraktiven Plätzen dieser Welt beschreiben, ohne dass die Sitzungsinhalte einen besonderen Bezug zum Tagungsort hätten. In der Regel rundet auch noch ein opulentes „Rahmenprogramm" derartige Sitzungstage ab. Bekannt geworden ist diese Unsitte durch ausufernde Aufsichtsratsreisen von Organmitgliedern eines Fahrzeugherstellers in Brasilien.[65] Das Phänomen gibt es jedoch, wenngleich weniger spektakulär, auch in anderen Unternehmensgrößen. Es handelt sich bei einem Großteil der gewährten Leistungen rechtlich um Aufsichtsratsvergütung und – sofern jeglicher inhaltlicher Bezug zur eigentlichen Tätigkeit als Aufsichtsrat fehlt – auch um einen **Fall strafrechtlicher Untreue der handelnden Personen** (§ 266 StGB).[66] Mit dieser Einschätzung soll nicht verhehlt werden, dass eine Besichtigung unternehmensrelevanter ausländischer Standorte (vornehmlich für Entwicklung oder Produktion) durch einige oder alle Aufsichtsratsmitglieder durchaus sinnvoll sein kann. Die damit notwendigerweise verbundenen Kosten für Reise, Aufenthalt und Verpflegung sind dann dienstlicher Fürsorgeaufwand (→ Rn. 29) und haben somit keinerlei Vergütungscharakter. Anders ist dies jedoch, wenn Aufsichtsratssitzungen ohne jede inhaltliche Verbindung zum Tagungsort zum „touristischen Alibi" erhoben werden. Die hierbei entstehenden (erst recht die auf Ehe- und Lebenspartner entfallenden) Kosten sind Vergütungsbestandteil und ohne Hauptversammlungsbeschluss erstattungspflichtig.

VI. Variable Vergütungsformen

Schrifttum:

Bischof, Zweckmäßigkeit erfolgsunabhängiger Aufsichtsratsvergütung, BB 2006, 2627; Bredol/Schäfer, Die erfolgsabhängige Vergütung von Aufsichtsratsmitgliedern nach Ziffer 5.4.6 DCGK – Verbot einer gemischten Vergütungsstruktur?, BB 2013, 652; Gehling, Erfolgsorientierte Vergütung des Aufsichtsrats, ZIP 2005, 549; Habersack, Der Aufsichtsrat im Visier der Kommission, ZHR 168 (2004), 373; Hoffmann-Becking, Gestaltungsmöglichkeiten bei Anreizsystemen, NZG 1999, 797; Hoffmann-Becking, Rechtliche Anmerkungen zur Vorstands- und Aufsichtsratsvergütung, ZHR 169 (2005), 155; Kramarsch, Organvergütung, ZHR 169 (2005), 112; Krieger, Gewinnabhängige Aufsichtsratsvergütungen, FS Röhricht, 2005, 349; Marsch-Barner, Aktuelle Rechtsfragen zur Vergütung von Vorstands- und Aufsichtsratsmitgliedern einer AG, FS Röhricht, 2005, 401; Oehlrich, Vorstands- und Aufsichtsratsvergütung im Lichte der Principal-Agent- und Kapitalmarkttheorie, NZG 2019, 1049; Reimsbach, Fehlanreize der erfolgsabhängigen Aufsichtsratsvergütung nach DCGK 5.4.6, BB 2011, 940; E. Vetter, Aufsichtsratsvergütung und Verträge mit Aufsichtsratsmitgliedern, ZIP 2008, 1;

---

[65] Vgl. https://www.faz.net/aktuell/wirtschaft/unternehmen/volkswagen-schunk-in-lustreisen-affaere-verwickelt-1300156.html (zuletzt abgerufen am 9.1.2025).
[66] Zu den steuerlichen Konsequenzen vgl. Thüsing/Veil AG 2008, 359 (360).

Wellkamp, Rechtliche Zulässigkeit einer aktienorientierten Vergütung von Aufsichtsratsmitgliedern, WM 2001, 489.
Schrifttum speziell zum EU-Recht siehe vor → Rn. 43.
Schrifttum speziell zur aktienkursorientierten Vergütung siehe vor → Rn. 52.

1. Grundlagen

Im Gegensatz zur Festvergütung versteht man unter einer variablen Vergütung eine **37** Vergütungsform, bei der die Vergütungshöhe **zum Zeitpunkt der Beschlussfassung in der Hauptversammlung noch nicht feststeht.** Die variable Vergütung ist also dadurch gekennzeichnet, dass sich ihre endgültige Höhe aus einer oder mehreren variablen Größen ergibt. Dies kann beispielsweise eine Umsatzgröße, eine Ergebniskennziffer oder auch der Kurs der Unternehmensaktie – jeweils in einem definierten Zeitraum oder zu einem definierten Zeitpunkt – sein. Die so definierten Variablen können wiederum das eigene Unternehmen oder den Konzern (oder beide) betreffen, dem die Aktiengesellschaft angehört. Genauso wie die Festvergütung steht auch die variable Vergütung unter dem Vorbehalt der Angemessenheit nach § 113 Abs. 1 S. 3 AktG. Zu den weiteren Selbstverständlichkeiten einer adäquaten variablen Vergütung des Aufsichtsrats gehört es, dass diese im Vergütungsbeschluss selbst – und nicht durch Verteilungsentscheidungen des Vorstands – ermittelt wird. Im Übrigen sollte die Festvergütung im Vergleich zur variablen Vergütung immer im Vordergrund stehen.[67]

Grundsätzliche Zweifel an der Zulässigkeit[68] einer variablen Vergütung werden auch **38** nach der Streichung des § 113 Abs. 3 AktG aF nicht geäußert.[69] Allerdings muss die variable Vergütung zur Entstehung eines rechtwirksamen Vergütungsanspruchs durch die Hauptversammlung beschlossen werden. Dies kann nach § 113 Abs. 1 S. 2 AktG, ebenso wie bei der Festvergütung, durch satzungsändernden oder durch einfachen Beschluss erfolgen. Deutlich schwieriger als bei der Festvergütung ist hier im Rahmen der Beschlussformel die **rechtssichere Bestimmung bzw. Bestimmbarkeit** (→ § 5 Rn. 31). Diese obliegt der Hauptversammlung selbst; eine Delegation der Entscheidung über das (Nicht-)Vorliegen einzelner oder gar aller Faktoren auf den Vorstand oder den Aufsichtsrat ist nicht zulässig.

Neben den formellen Rechtmäßigkeitsanforderungen an eine variable Aufsichtsrats- **39** vergütung sind auch materiell-rechtliche Kriterien zu beachten. Unabhängig von der Bezugsgröße für eine variable Vergütung gehören hierzu die **Beachtung der Maßstäbe des § 87 Abs. 1 AktG** (insbesondere S. 2),[70] nicht aber das bisweilen ausgesprochene **Verbot gleichlaufender Vergütungsanreize bei Vorstand und Aufsichtsrat.**[71]

---

[67] Ebenso Semler/v. Schenck/Wilsing AR-HdB/Grau § 13 Rn. 25; Goette/Arnold AR-HdB/Wasmann/Gärtner § 6 Rn. 23; Kort FS Hüffer, 2010, 483 (498); Dörrwächter NZG 2020, 370 (371); weitergehend gegen eine reine Festvergütung Kramarsch ZHR 169 (2005), 112 (118).
[68] Zur (Un-)Zweckmäßigkeit variabler Vergütungskomponenten Bischof BB 2006, 2627 (2632); Reimsbach BB 2011, 940 (941 ff.).
[69] Vgl. Semler/v. Schenck/Wilsing AR-HdB/Grau § 13 Rn. 23; BeckOGK/Spindler/Mock AktG § 113 Rn. 29; Dörrwächter NZG 2020, 370; vgl. auch Begr. RegE ARUG II BT-Drs. 19/9739, 91.
[70] § 87 AktG gilt unmittelbar nur für die Vorstandsvergütung, wird jedoch auch bei der Fixierung der (jedenfalls variablen) Vergütung als verbindliche Vorgabe angesehen, vgl. dazu BeckOGK/Spindler/Mock AktG § 113 Rn. 30.
[71] Für ein solches Verbot jedoch Habersack ZGR 2004, 721 (733); MüKoAktG/Habersack AktG § 113 Rn. 19; K. Schmidt/Lutter/Drygala AktG § 113 Rn. 38; plastisch Röhricht in VGR (Hrsg.), Gesellschaftsrecht in der Diskussion, Band 9 (2004), S. 9: „wenn ... Kontrollierter und Kontrolleur aus einer

2. Historische Entwicklung

a) AktG 1965

40 Mit dem § 113 Abs. 3 AktG aF hatte der Gesetzgeber erstmals die Möglichkeit geschaffen, die Aufsichtsratsmitglieder am Gewinn zu beteiligen. Sofern die Hauptversammlung dies beschloss, erhielt der Aufsichtsrat zwingend den beschlossenen Anteil am Bilanzgewinn abzüglich einer Vorab-Verzinsung der Aktionärseinlagen in Höhe von mindestens 4 % auf deren Nennbetrag. Mit dieser Vorschrift wollte der Gesetzgeber sicherstellen, dass die Aktionäre im Vergleich zu den Aufsichtsratsmitgliedern nicht benachteiligt werden.[72] Die Regelung war nach § 113 Abs. 3 S. 2 AktG aF insofern zwingend, als jedwede Form der Ergebnisbeteiligung des Aufsichtsrats nur unter Berücksichtigung der vorbeschriebenen Aktionärsinteressen oder gar nicht gewährt werden durfte.[73] Sie blieb allerdings über fünf Jahrzehnte hinweg **ohne nennenswerte praktische Bedeutung.** Hauptkritikpunkt war ihre starre Fixierung auf den Bilanzgewinn ohne Rücksicht auf dessen Entstehung und damit auch ohne Rücksicht auf außerordentliche Einflussgrößen. Dahinter schwang stets der Vorwurf mit, der Aufsichtsrat könne seine Tantieme allzu sehr selbst beeinflussen.[74]

b) KonTraG

41 Ein wichtiger Meilenstein in der Entwicklung der variablen Vergütung war die Erweiterung des Kreises bezugsberechtigter Personen bei der **Gewährung von Aktienoptionen** auf Organmitglieder durch das KonTraG.[75] Während der Referentenentwurf noch die Mitglieder des Aufsichtsrats in den begünstigten Personenkreis einbezogen hatte,[76] wurden diese im Lauf des Gesetzgebungsverfahrens mit dem Argument wieder ausgeschlossen, dass der Aufsichtsrat ansonsten die weiteren Bedingungen (wie zB Mindesthaltefristen, Organisation von Depotsperren) für sich selbst festlegen müsste.[77] Eine entsprechende Restriktion für die Bedienung von Aktienoptionsprogrammen über eigene Aktien der Gesellschaft war im KonTraG nur unvollkommen ausgeschlossen worden, diese erfolgte erst durch die MobilCom-Entscheidung des BGH im Jahr 2004 (→ Rn. 52).[78] Stattdessen konzentrierte sich der Gesetzgeber des KonTraG auf die Einbeziehung von Vorstandsmitgliedern mit einer Begründungskette, die ebenso gut für den Aufsichtsrat gepasst hätte. Danach soll das Management durch die Aktienoptionen zu einer an der langfristigen Wertsteigerung orientierten Unternehmensstrategie motiviert werden.[79] Damit können die Interessen

---

Quelle trinken"; zurückhaltend GroßkommAktG/Hopt/Roth AktG § 113 Rn. 65; E. Vetter AG 2004, 234 (236); aA Hoffmann-Becking ZHR 169 (2005), 155 (179): Gehling ZIP 2005, 549 (553 f.); Marsch-Barner FS Röhricht, 2005, 401 (416); Oehlrich NZG 2019, 1049 (1053).

[72] Vgl. Kropff Begr. RegE AktG 1965 S. 157; Baumbach/Hueck AktG, 13. Aufl. 1968, AktG § 113 Rn. 6.
[73] Vgl. statt vieler Grigoleit/Tomasic, 1. Aufl. 2013, § 113 Rn. 11 f.; Hölters/Hambloch-Gsinn/Gsinn, 3. Aufl. 2017, AktG § 113 Rn. 42 f.
[74] Vgl. Begr. RegE ARUG II BT-Drs. 19/9739, 91.
[75] Gesetz zur Kontrolle und Transparenz im Unternehmensbereich vom 27.4.1998, BGBl. 1998 I 786.
[76] Vgl. RefE KonTraG ZIP 1996, 2129 (2137).
[77] So Begr. RegE KonTraG BT-Drs. 13/9712, 24; zust. DAV-Handelsrechtsausschuss ZIP 1997, 163 (173); Hüffer ZHR 161 (1997), 214 (244); Hoff WM 2003, 910 (912); krit. dagegen Claussen DB 1998, 177 (185); Zimmer NJW 1998, 3521 (3530).
[78] BGHZ 158, 122 = AG 2004, 265 = NJW 2004, 1109 = NZG 2004, 376 = ZIP 2004, 613.
[79] Begr. RegE KonTraG BT-Drs. 13/9712, 23.

der Begünstigten und der Aktionäre mit dem Ziel einer für alle Beteiligten positiven Entwicklung der Gesellschaft zusammengeführt werden.[80] Beides erwies sich als Irrtum. Gerade in der Hochzeit des Neuen Marktes zwischen 1996 und 2001 wollten weder die Aktionäre noch das Management etwas von „langfristiger Wertsteigerung" wissen; stattdessen stand die tägliche Kursentwicklung im Fokus. Und auch ein Interessengleichlauf mit den (übrigen) Aktionären wurde von zahlreichen Vorstandsmitgliedern bei der Definition ihrer Vergütungsparameter gern ausgeschaltet.

c) ARUG II

Obwohl die Parallelvorschrift zu § 113 Abs. 3 AktG aF für die Vorstandsvergütung (§ 86 AktG aF) schon mit Inkrafttreten des TransPuG[81] **ersatzlos aufgehoben** wurde, fristete diese variable Vergütungsvorschrift für den Aufsichtsrat lange Jahre ein eher unauffälliges Dasein. Immerhin diente sie bis zu ihrer (materiell ersatzlosen) Aufhebung durch das ARUG II[82] als Beleg dafür, dass variable Aufsichtsratsvergütungen generell zulässig sind.[83] Der Gesetzgeber begründete die Streichung durch das ARUG II mit den Adjektiven „überflüssig" (da in der Praxis kaum verbreitet) und „überholt" (da ausschließlich an den Bilanzgewinn anknüpfend und somit vom Aufsichtsrat beeinflussbar).[84] Der Wegfall der Norm wurde im Schrifttum einhellig begrüßt. Eine Änderung der (Un-)Zulässigkeit variabler Vergütungsformen ist jedoch weder mit der Streichung des § 113 Abs. 3 AktG aF noch mit der Einfügung des § 113 Abs. 3 S. 3 AktG nF iVm § 87a Abs. 1 S. 2 AktG verbunden.[85] 42

d) EU-Recht

Schrifttum:
Habersack, Europäisches Gesellschaftsrecht im Wandel – Bemerkungen zum Aktionsplan der EG-Kommission betreffend die Modernisierung des Gesellschaftsrechts und die Verbesserung der Corporate Governance in der Europäischen Union –, NZG 2004, 1; Spindler, Die Empfehlungen der EU für den Aufsichtsrat und ihre deutsche Umsetzung im Corporate Governance Kodex, ZIP 2005, 2033.

Auf europäischer Ebene spielte die Behandlung einer variablen Vergütung stets eine untergeordnete Rolle. In mehreren Kommissionsempfehlungen wurde stattdessen – neben einer hinreichenden Publizität – immer wieder die Einbeziehung der Aktionäre in die Vergütungsentscheidung angemahnt, was wegen der Zuständigkeitszuweisung in § 113 AktG für deutsche Unternehmen gegenstandslos war. Lediglich bei der Auslegung der Kommissionsempfehlung vom 15.2.2005[86] wurde die Gewährung von Aktienoptionen und von „sonstigen erfolgsbezogenen Vergütungen" als **unerwünschte zusätzliche Vergütung** eingestuft. Die jüngste Empfehlung der EU- 43

---

[80] Begr. RegE KonTraG BT-Drs. 13/9712, 23.
[81] Gesetz zur weiteren Reform des Aktien- und Bilanzrechts, zu Transparenz und Publizität vom 19.7.2002 (BGBl. 2002 I 2681).
[82] Gesetz zur Umsetzung der zweiten Aktionärsrechterichtlinie vom 12.12.2019, BGBl. 2019 I 2637.
[83] Vgl. aus der jüngeren Vergangenheit nur MüKoAktG/Habersack AktG § 113 Rn. 17.
[84] So Begr. RegE ARUG II BT-Drs. 19/9739, 91.
[85] Ebenso BeckOGK/Spindler/Mock AktG § 113 Rn. 29; Dörrwächter NZG 2020, 370.
[86] Vgl. Anh. II Ziff. 1 lit. c der Empfehlung der Kommission vom 15.2.2005, 2005/162/EG, ABl. 2005 L 52, 51.

Kommission beschränkt sich dagegen auf die Ablehnung der Ausgabe von Aktienoptionen.[87]

e) Deutscher Corporate Governance Kodex

44 Der erste DCGK aus dem Jahre 2002 beinhaltete in Ziff. 5.4.5 DCGK 2002 als Empfehlung neben der Festvergütung auch die Gewährung einer am langfristigen Unternehmenserfolg orientierten variablen Vergütung. Diese Empfehlung ist erstmals im DCGK 2012 entfallen.[88] Ziff. 5.4.6 DCGK 2012 empfiehlt stattdessen eine an der langfristigen Unternehmensentwicklung orientierten Vergütung, *wenn* eine solche überhaupt gewährt wird. Mit Blick auf den – inzwischen aufgehobenen – § 113 Abs. 3 AktG aF muss eine solche **Kodex-Empfehlung unter Übergehung des Gesetzes** im Hinblick auf die Erklärungspflicht nach § 162 AktG als problematisch bezeichnet werden.[89] Der DCGK 2022 enthält dagegen nur noch eine Anregung, derzufolge eine **erfolgsorientierte Vergütung** nurmehr die **Ausnahme** darstellen soll. Der Sinneswandel der Kodex-Verfasser zur variablen Vergütung hat sich also innerhalb der letzten 20 Jahre um fast 180 Grad gedreht – von ergebnisorientiert bis möglichst gar nicht.

f) Fortgeltung von Altregelungen

45 Obgleich in der Praxis selten verbreitet, stellt sich durch die Aufhebung des § 113 Abs. 3 Abs. 3 AktG aF die Frage nach einer Fortgeltung von Altregelungen, die (mit oder ohne Satzungscharakter) zuvor durch die Hauptversammlung beschlossen wurden. Klar ist hierbei, dass die Streichung des § 113 Abs. 3 AktG aF grundsätzlich nicht auch zum automatischen Auslauf der Altregelungen führt. Dies gilt nicht nur für solche Vergütungsregelungen, die mit der entfallenen Norm konform gingen. Vielmehr muss die Aufhebung des § 113 Abs. 3 AktG aF auch und gerade dazu führen, dass **ehemals gesetzeswidrige variable Vergütungsregelungen** (zB solche ohne Berücksichtigung des Aktionärs-Vorab) nunmehr ohne das Verdikt des Rechtsverstoßes weitergelten.

3. Vor- und Nachteile variabler Vergütung

a) Entwicklung

46 Die Partizipation der Aufsichtsratsmitglieder am Gewinn des Unternehmens war bereits das treibende Motiv für die Einführung des § 98 Abs. 4 AktG 1937. Diese wurde in § 113 Abs. 3 AktG 1965 (mit Nuancen zugunsten der Aktionärsrendite) fortgeführt. Sie ist – vorbehaltlich einer passenden Definition der entscheidenden Ergebnismesszahl – nach wie vor **ein geeignetes Instrument zur Herstellung eines Interessengleichlaufs** zwischen Anteilseignern und Aufsichtsratsmitgliedern, sofern es gelingt, kurzfristige Ergebniseffekte aus der Vergütungsformel zu eliminieren. Die Abkehr des DCGK von einer ergebnisorientierten variablen Vergütung ist daher nicht ohne weiteres nachvollziehbar.

---

[87] Vgl. Ziffer 4.4 der Empfehlung der Kommission vom 30.4.2009, 2009/385/EG, ABl. 2009 L 20, 128.
[88] Dazu Bredol/Schäfer BB 2013, 652 ff.
[89] Ähnlich MHdB GesR IV/Hoffmann-Becking § 33 Rn. 36; krit. auch DAV-Handelsrechtsausschuss NZG 2012, 335 (339); Bürgers/Lieder AktG/Israel AktG § 113 Rn. 10.

b) Nachteile der Ergebnisorientierung

Die Kritiker ergebnisorientierter Vergütungsmodelle führen im Wesentlichen drei Aspekte ins Feld. Zum einen ist der **Aufsichtsrat kein Geschäftsführungsorgan**, das auf das Ergebnis überhaupt unmittelbar einwirken kann.[90] Der Aufsichtsrat wird bei Gewährung einer Ergebnistantieme in seiner Überwachungsfunktion beeinträchtigt, weil er einer übermäßigen – ergebnisgetriebenen – **Risikobereitschaft des Vorstands** nicht hinreichend entgegenwirkt.[91] Trifft die ergebnisabhängige Vergütung des Aufsichtsrats außerdem noch mit einer solchen des Vorstands zusammen, so besteht die Gefahr, dass sämtliche Organmitglieder ihre gemeinsamen persönlichen Interessen über diejenigen des Unternehmens stellen.[92] Alle Einwände sind per se zutreffend, sprechen aber einer erfolgsabhängigen Vergütung nicht ihre Rechtmäßigkeit ab.[93] Entscheidend ist bei allem letztlich die konkrete Ausgestaltung durch den Satzungsgeber.[94]

47

4. Formen variabler Vergütung

a) Ergebnisorientierte Vergütung

aa) Geeignete Kennzahlen. Ergebnisorientierte Vergütungsmodelle für den Aufsichtsrat orientieren sich an den verschiedensten Messgrößen für den Unternehmenserfolg. Im Vordergrund stehen dabei Beteiligungen an den Kennziffern EBITDA, EBIT, Jahresüberschuss oder auch eine Beteiligung am Cash Flow. Auch eine **Beteiligung der Aufsichtsratsmitglieder am Bilanzgewinn** kann trotz Streichung des § 113 Abs. 3 AktG aF nach wie vor durch die Hauptversammlung – mit und ohne Vorabverzinsung der Aktionärseinlagen – wirksam beschlossen werden, wenngleich die hieran geäußerte Kritik[95] – insbesondere hinsichtlich der Manipulationsanfälligkeit dieser Kennziffer – ernst genommen werden sollte. Ebenso ist es zulässig und sogar wünschenswert, wenn nicht nur das **Ergebnis eines einzigen Geschäftsjahres**, sondern dasjenige einer Mehrjahresbetrachtung für die variable (Zusatz-)Vergütung des Aufsichtsrats zugrunde gelegt würde.[96] Auf diese Weise würden nicht nur konjunkturelle Schwankungen, sondern auch außergewöhnliche Ergebniseffekte aus der Aufsichtsratsvergütung eliminiert. Die Regelung in § 13 Abs. 2 der Satzung der *Fresenius SE & Co. KGaA* reflektiert dies (wenngleich am Unternehmenswachstum ausgerichtet) vorbildlich.

48

---

[90] Kölner Komm AktG/Mertens/Cahn AktG § 113 Rn. 18; ähnlich Koch AktG § 113 Rn. 11.
[91] Kölner Komm AktG/Mertens/Cahn AktG § 113 Rn. 18; sympathisierend K. Schmidt/Lutter/Drygala AktG § 113 Rn. 32.
[92] Kölner Komm AktG/Mertens/Cahn AktG § 113 Rn. 18; ähnlich MüKoAktG/Habersack AktG § 113 Rn. 19.
[93] K. Schmidt/Lutter/Drygala AktG § 113 Rn. 33; Habersack ZHR 168 (2004), 373 (379 f.); Dörrwächter NGZ 2020, 370 (371).
[94] So auch Semler/v. Schenck/Wilsing AR-HdB/Grau § 13 Rn. 24.
[95] Kramarsch ZHR 169 (2005), 112 (120); eingehend Oehlrich NZG 2019, 1049 (1052 f.); zu § 113 Abs. 3 AktG aF bereits ausf. Krieger FS Röhricht, 2005, 349 ff.
[96] Semler/v. Schenck/Wilsing AR-HdB/Grau § 13 Rn. 26; Backhaus/Tielmann/Findeisen AktG § 113 Rn. 46; Koch AktG § 113 Rn. 16; BeckOGK/Spindler/Mock AktG § 113 Rn. 34; Hoffmann-Becking ZHR 169 (2005), 155 (177).

49 **bb) Zweifelhafte Kennzahlen.** Nicht ganz zweifelsfrei ist die Bemessung ergebnisbasierter Aufsichtsratsvergütung an anderen Ergebnissen als demjenigen des eigenen Unternehmens. Bei derart abweichenden Bezugspunkten fehlt es nämlich regelmäßig am Interessengleichlauf zwischen Aufsichtsrat und Aktionariat. Im Vordergrund steht hier eine **Beteiligung am Konzernergebnis** (EBITDA, EBIT, Jahresüberschuss oder Cash-Flow). Eine Bemessung der variablen Aufsichtsratsvergütung an derart konzerndimensionalen Bezugsgrößen ist im Ergebnis – zumindest für den Aufsichtsrat der Konzernobergesellschaft – **rechtlich unbedenklich** und ökonomisch häufig sinnvoll.[97] Dasselbe gilt für die **Bezugnahme auf Ergebnisse einzelner Unternehmenssparten.**

b) Dividendenorientierte Vergütung

50 Vor allem bei kleineren Aktiengesellschaften ist immer noch eine Ankoppelung der variablen Vergütung an die Zahlung einer Dividende zu beobachten. Derartige Satzungsklauseln haben in der Praxis eine auffällig lange Überlebensdauer, obwohl Vorstand und Aufsichtsrat bei Feststellung des Jahresabschlusses nicht nur die Rücklagenbildung dominieren (vgl. § 58 AktG), sondern mit ihren Beschlussvorschlägen an die Hauptversammlung (vgl. § 124 Abs. 3 AktG) häufig auch das Ausschüttungsverhalten präjudizieren können.[98] Die einstmals gegen § 113 Abs. 3 AktG aF erhobenen Einwände gelten insofern auch für die Dividende als Bemessungsgrundlage, soweit sie nicht gegen die zwingende Vorab-Rendite für die Aktionäre gerichtet war. Trotz des bemerkenswerten Einflusses des Aufsichtsrats bei der Entstehung seiner eigenen Vergütung sind **rechtliche Bedenken gegen die Dividende als Bemessungsgrundlage** für die variable Aufsichtsratsvergütung **nicht ersichtlich.** Sie wären letztendlich auch nicht angebracht, weil hier ein lupenreiner Gleichlauf zwischen Aktionärs- und Aufsichtsratsentlohnung vorliegt.[99] Rechtlich grenzwertig (gemessen an der rigorosen MobilCom-Entscheidung des BGH), aber ökonomisch sinnvoll ist hingegen eine Kombination aus Aktienkurssteigerung und ausgeschütteter Dividende *(Total Shareholder Return).*[100]

c) Renditeorientierte Vergütung

51 Nur eine Variante der ergebnisorientierten Vergütung ist die renditeorientierte Vergütung des Aufsichtsrats, gemessen am ROE *(Return of Equity)* oder am ROI *(Return of Investment).* Da sie im Gegensatz zur reinen Ergebnisorientierung den Einsatz des investierten Kapitals berücksichtigt, bestehen gegen die Zulässigkeit der Anknüpfung variabler Aufsichtsratsvergütung an derartige Kennzahlen keine Einwände. Zulässig und ökonomisch sinnvoll ist auch eine Kombination aus ergebnis- und renditeorientierten Bezugsgrößen.[101]

---

[97] Ebenso Hoffmann-Becking ZHR 169 (2005), 155 (177); BeckOGK/Spindler/Mock AktG § 113 Rn. 30; Krieger FS Röhricht, 2005, 349 (359 f.); relativierend Koch AktG § 113 Rn. 14.
[98] Vgl. dazu Lutter/Krieger/Verse Rechte und Pflichten § 12 Rn. 855; Kramarsch ZHR 169 (2005), 112 (120).
[99] Kölner Komm AktG/Mertens/Cahn AktG § 113 Rn. 22; Hoffmann-Becking NZG 1999, 797 (800).
[100] Befürwortend Kramarsch ZHR 169 (2005), 112 (122), wohl auch Koch AktG § 113 Rn. 15.
[101] Lutter/Krieger/Verse Rechte und Pflichten § 12 Rn. 856.

d) Aktienkursorientierte Vergütung

Schrifttum:

Bürgers, Keine Aktienoptionen für Aufsichtsräte – Hindernis für die Professionalisierung des Aufsichtsrats?, NJW 2004, 3022; Dörrwächter, Aktien für den Aufsichtsrat, NZG 2020, 370; Habersack, Die erfolgsabhängige Vergütung des Aufsichtsrats und ihre Grenzen – Zugleich Besprechung der Entscheidung BGH ZIP 2004, 613 (MobilCom), ZGR 2004, 721; Meyer/Ludwig, Aktienoptionen für Aufsichtsräte ade?, ZIP 2004, 940; Paefgen, Börsenpreisorientierte Vergütung und Überwachungsaufgabe des Aufsichtsrats, WM 2004, 1169; E. Vetter, Stock Options für Aufsichtsräte – ein Widerspruch, AG 2004, 234.

e) Aktienkursorientierte Vergütungsmodelle

aa) Stand der Rechtsprechung. Nach der Begründung des Gesetzgebers zum KonTraG[102] soll das Management durch die Gewährung von Aktienoptionen zu einer an der langfristigen Wertsteigerung orientierten Unternehmensstrategie motiviert werden.[103] Dadurch könnten zudem die Interessen der Begünstigten und der Aktionäre mit dem Ziel einer für alle Beteiligten positiven Entwicklung der Gesellschaft zusammengeführt werden.[104] Trotz dieser Zielsetzungen wurde der Aufsichtsrat „in letzter Sekunde" (→ Rn. 41) aus dem Kreis der Begünstigten in § 192 Abs. 2 Nr. 3 AktG herausgenommen. Der BGH ging in seiner MobilCom-Entscheidung[105] allerdings noch drei Schritte weiter: *Erstens* begrenzte der BGH den Ausschluss von Aufsichtsratsmitgliedern aus Aktienoptionsprogrammen nicht nur auf **Optionen, die mit bedingtem Kapital hinterlegt** sind; sondern wandte diesen Ausschluss gleichermaßen auf **Optionen mit Einlösungsmöglichkeit aus eigenem Aktienbestand** (vgl. § 71 Abs. 1 Nr. 8 S. 5 AktG) an.[106] *Zweitens* zog der Senat die Erreichung dieses Ziels mit Hilfe des Umwegs über Wandelschuldverschreibungen ernsthaft in Zweifel.[107] *Drittens* bezweifelte der BGH, ob Aktienoptionen per se überhaupt ein zuverlässiger Maßstab für Wert und langfristigen Unternehmenserfolg sind und – falls ja –, ob die Kontrollfunktion des Aufsichtsrats eine Teilhabe des Aufsichtsrats parallel zu einer solchen des Vorstands erlaubt.[108] Die erste These des BGH ist richtig und weitgehend unbestritten. Die zweite These ist im Nachgang durch die Neufassung des § 221 Abs. 4 S. 2 AktG durch das UMAG[109] Gesetz geworden. Zwar hat der Wortlaut der Vorschrift – entgegen der gesetzgeberischen Begründung[110] – keine Klarheit gebracht, weil die Norm ausschließlich auf die Schöpfung bedingten Kapitals abstellt und sich zur Bedienung mit eigenen Aktien ausschweigt. Gleichwohl wird die Gewährung von Wandel- oder Optionsanleihen

---
[102] Gesetz zur Kontrolle und Transparenz im Unternehmensbereich vom 27.4.1998, BGBl. 1998 I 786.
[103] Begr. RegE KonTraG BT-Drs. 13/9712, 23.
[104] Begr. RegE KonTraG BT-Drs. 13/9712, 23.
[105] BGHZ 158, 122 = AG 2004, 265 = NJW 2004, 1109 = NZG 2004, 376 = ZIP 2004, 613.
[106] BGHZ 158, 122 (128) = AG 2004, 265 f. = NJW 2004, 1109 (1110) = NZG 2004, 376 (377) = ZIP 2004, 613 (615) sub II.2.c.aa.
[107] BGHZ 158, 122 (129) = AG 2004, 265 (266) = NJW 2004, 1109 (1110) = NZG 2004, 376 (377) = ZIP 2004, 613 (615) sub II.3.
[108] BGHZ 158, 122 (127) = AG 2004, 265 = NJW 2004, 1109 (1110) = NZG 2004, 376 (377) = ZIP 2004, 613 (614) sub II.2.a.
[109] Gesetz zur Unternehmensintegrität und Modernisierung des Aktienrechts vom 22.9.2005 (BGBl. 2005 I 2802).
[110] Vgl. Begr. RegE UMAG BT-Drs. 15/5092, 25; krit. dazu Hoffmann-Becking ZHR 169 (2005), 155 (180); vgl. auch Habersack ZGR 2004, 721 (729): „nur auf den zweiten Blick zu entnehmen".

heute überwiegend als unzulässig angesehen,[111] so dass sich die hieran zunächst geübte Kritik für die Praxis erledigt hat. Die dritte These des BGH ist hingegen Gegenstand einer umfangreichen wissenschaftlichen Auseinandersetzung, die bis heute anhält und andere Formen der aktienkursorientierten Aufsichtsratsvergütung infiziert hat (→ Rn. 53 ff.).

53 **bb) Meinungsstand im Schrifttum.** Spätestens seit der MobilCom-Entscheidung des BGH[112] wird im Schrifttum die Frage diskutiert, ob eine aktienkursorientierte Vergütung des Aufsichtsrats rechtmäßig und ökonomisch zweckmäßig ist. Zwar ist die Entscheidung des Gesetzgebers gegen die **Gewährung von Aktienoptionen** (vgl. § 192 Abs. 2 Nr. 3 AktG) und **hierauf gerichtete Wandelanleihen** (vgl. § 221 Abs. 4 S. 2 AktG) getroffen; sie gilt auch für solche Aufsichtsratsmitglieder, die ihre Optionen zuvor als Vorstandsmitglieder erworben haben,[113] nicht aber für Aufsichtsratsmitglieder, die in ihrer Eigenschaft als Arbeitnehmer bezugsberechtigt sind.[114] Offen ist jedoch die **Übertragbarkeit auf andere aktienkursorientierte Vergütungsmodelle,** bei denen der Aktienkurs des Unternehmens eine Rolle spielt.

54 Die ersten **Reaktionen im Schrifttum** auf die MobilCom-Entscheidung des BGH[115] waren überwiegend positiv. Begrüßt wurde nicht nur die Verweigerung der Aktienoptionen[116] für den Aufsichtsrat, sondern auch die Verwehrung von Wandelanleihen.[117] Es gab allerdings auch Kritik.[118] Diese richtete sich vornehmlich gegen die „unglücklich formulierte"[119] und „Verwirrung stiftende"[120] General-Absage an jedwede Form aktienkursorientierter Aufsichtsratsvergütung. Hier wurde „das Kind mit dem Bade ausgeschüttet".[121]

55 **cc) Insbesondere: Phantom Stocks.** Für die Praxis ungeklärt ist weiterhin die **Übertragbarkeit der Argumentation** des BGH auf sog. **Phantom Stocks** (*Stock Appreciation Rights*). Hierbei handelt es sich um schuldrechtliche Gestaltungsformen, die auf einer Fiktion des Aktienbesitzes durch Organmitglieder beruhen und diesen im Wege einer vertraglich vorgesehenen (baren) Abrechnung simulieren. Überwiegend wird eine solche Gestaltung im Hinblick auf die – für den konkreten Fall nicht entscheidungserhebliche – strikte Ablehnung aktienkursorientierter Aufsichtsratsver-

---

[111] Ebenso Lutter/Krieger/Verse Rechte und Pflichten Rn. 850; Semler/v. Schenck/Wilsing AR-HdB/ Grau § 13 Rn. 28; Goette/Arnold AR-HdB/Wasmann/Gärtner § 6 Rn. 25; Henssler/Strohn/Henssler AktG § 113 Rn. 6; Habersack ZGR 2004, 721 (728 ff.); dagegen GroßkommAktG/Hopt/Roth AktG § 113 Rn. 60 ff.; krit. auch Meyer/Ludwig ZIP 2004, 940 (943).
[112] BGHZ 158, 122 = AG 2004, 265 = NJW 2004, 1109 = NZG 2004, 376 = ZIP 2004, 613.
[113] Habersack ZGR 2004, 721 (727); MüKoAktG/Habersack AktG § 113 Rn. 231; Hölters/Weber/Großbölting/Rabe AktG § 113 Rn. 21; BeckOGK/Spindler/Mock AktG § 113 Rn. 39.
[114] Semler/v. Schenck Aufsichtsrat/v. Schenck AktG § 113 Rn. 74; BeckOGK/Spindler/Mock AktG § 113 Rn. 39; aA Goette/Arnold AR-HdB/Wasmann/Gärtner § 6 Rn. 28; Habersack ZGR 2004, 721 (727).
[115] BGHZ 158, 122 = AG 2004, 265 = NJW 2004, 1109 = NZG 2004, 376 = ZIP 2004, 613.
[116] So von Meyer/Ludwig ZIP 2004, 940 (942); Habersack ZGR 2004, 721 (724 ff.); E. Vetter AG 2004, 234 (236); Marsch-Barner FS Röhricht, 2005, 401 (416); ebenso Kölner Komm AktG/Mertens/Cahn AktG/Hopt/Roth AktG § 113 Rn. 58.
[117] So von Meyer/Ludwig ZIP 2004, 940 (943 f.); Kölner Komm AktG/Mertens/Cahn AktG § 113 Rn. 25, 28; aA Marsch-Barner FS Röhricht, 2005, 401 (416).
[118] Vgl. Paefgen WM 2004, 1169 (1170 ff.); E. Vetter AG 2004, 234 (235 ff.); Bürgers NJW 2004, 3022 (3025); Richter BB 2004, 949 (956); Kort FS Hüffer, 2020, 483 (499 f.).
[119] So Kramarsch ZHR 169 (2005), 112 (121).
[120] So Hoffmann-Becking ZHR 169 (2005), 155 (177).
[121] So Hoffmann-Becking ZHR 169 (2005), 155 (178); ähnlich Kort FS Hüffer, 2020, 483 (499).

§ 6. Arten der Vergütung   § 6

gütung durch den *II. Zivilsenat* ebenfalls abgelehnt.[122] Es gibt allerdings auch kritische Stimmen. Diese richteten sich vornehmlich gegen die Skepsis des BGH an der grundsätzlichen Eignung von Aktienoptionen als tauglicher Vergütungsmaßstab, nachdem sich der Gesetzgeber des KonTraG[123] anlässlich der Einführung von Aktienoptionen für Vorstandsmitglieder hierzu gegensätzlich geäußert hatte.[124]

dd) Stellungnahme. Die Argumente für eine Zulässigkeit von Stock Options für Aufsichtsratsmitglieder überwiegen die allzu unkonturierte Skepsis des BGH gegen aktienkursorientierte Vergütungsmodelle. Zunächst einmal ist nicht ersichtlich, weshalb die Bewertung von (gesetzlich ausdrücklich vorgesehenen, vgl. § 87 Abs. 1 S. 1 AktG) Aktienoptionen für den Vorstand einerseits und den Aufsichtsrat andererseits unterschiedlich ausfallen muss.[125] Insbesondere die **Überwachungsfunktion des Aufsichtsrats** rechtfertigt eine solche Differenzierung nicht.[126] Auch die – bisweilen geradezu als „Todsünde" – eingestufte **Parallelität der Anreize für Vorstands- und Aufsichtsratsvergütung** (→ Rn. 47 mwN) rechtfertigt ein Verbot von Phantom Stocks solange nicht, wie diese nicht zu Lasten der Aktionäre wirkt. Entscheidend sind dagegen Aspekte der Langfristigkeit und Nachhaltigkeit in den Anreizprogrammen.[127] In jedem Fall unterliegen auch schuldrechtliche Gestaltungen ausnahmslos dem § 113 AktG, so dass die Hauptversammlung zwingend mit den Details befasst werden muss.[128] 56

f) Sonstige Variablen

Die Aufzählung von Bezugsgrößen für eine variable Aufsichtsratsvergütung lässt sich beliebig fortsetzen. Anzutreffen ist dabei eine Bemessung am **Umsatz** (ökonomisch uU sinnvoll bei reinen Handels- oder Dienstleistungsunternehmen) sowie an den **(Miss-)Erfolgen einer bestimmten Peer Group**. Rechtliche Bedenken sind hier nicht angebracht, sofern und soweit die Aktionäre über die zwingende Mitwirkung der Hauptversammlung an der Ausgestaltung der variablen Vergütung selbst beteiligt sind. Selbstverständlich gilt für alle Gestaltungsformen das Angemessenheitsgebot des § 113 Abs. 1 S. 3 AktG. 57

---

[122] So von Goette/Arnold AR-HdB/Wasmann/Gärtner § 6 Rn. 26; Meyer/Ludwig ZIP 2004, 940 (944 f.); Habersack ZGR 2004, 721 (731 f.); Kölner Komm AktG/Mertens/Cahn AktG § 113 Rn. 25, 29; Hölters/Weber/Groß-Bölting/Rabe AktG § 113 Rn. 22; MüKoAktG/Habersack AktG § 113 Rn. 24; K. Schmidt/Lutter/Drygala AktG § 113 Rn. 38; dagegen eingehend BeckOGK/Spindler/Mock AktG § 113 Rn. 41.
[123] Vgl. Begr. RegE KonTraG BT-Drs. 13/9712, 23.
[124] Krit. zB Meyer/Ludwig ZIP 2004, 940 (942 f.); Hoffmann-Becking ZHR 169 (2005), 155 (178); Dörrwächter NZG 2020, 370 (373).
[125] So Paefgen WM 2004, 1169 (1173); Dörrwächter NZG 2020, 370 (373).
[126] So Paefgen WM 2004, 1169 (1173 f.); Kort FS Hüffer, 2020, 483 (499); Dörrwächter NZG 2020, 370 (372 f.); BeckOGK/Spindler/Mock AktG § 113 Rn. 64; Koch AktG § 113 Rn. 15.
[127] So auch Dörrwächter NZG 2020, 370 (373).
[128] Zutr. Paefgen WM 2004, 1169 (1174); BeckOGK/Spindler/Mock AktG § 113 Rn. 41 aE.

§ 7. Entstehung, Fälligkeit und Durchsetzbarkeit des Vergütungsanspruchs

Übersicht

	Rn.
I. Entstehung des Vergütungsanspruchs	1
1. Allgemeines	1
2. Festvergütung	2
3. Variable Vergütung	3
4. Vergütung bei unwirksamer Aufsichtsratswahl	4
II. Fälligkeit der Vergütung	5
III. Durchsetzung des Vergütungsanspruchs	7
1. Gerichtliche Zuständigkeiten	7
2. Prozessparteien	8
3. Einwendungen gegen den Vergütungsanspruch	9
4. Verjährung	12
5. Behandlung von Schiedsklauseln	13
IV. Der Vergütungsanspruch bei Strukturänderungen der Gesellschaft	14
1. Liquidation	14
2. Unternehmensvertragliche Einbindung	15
3. Umwandlungsfälle	16
a) Rechtsformumwandlung	16
b) Verschmelzung	17
c) Spaltung	19
4. Insolvenz	20
V. Verzicht auf die Vergütung	21

I. Entstehung des Vergütungsanspruchs

1. Allgemeines

1 Bei der Frage nach der Entstehung des Vergütungsanspruchs geht es um die Fixierung des Zeitpunkts, zu dem ein Aufsichtsratsmitglied seinen (korporationsrechtlichen) Anspruch gegen die Gesellschaft erstmals erwirbt. Dieser Zeitpunkt ist nicht zwangsläufig identisch mit dem Inkrafttreten der Vergütungspflicht (→ § 4 Rn. 26 f.). Letztere regelt den Beginn der Vergütungspflicht der Gesellschaft gegenüber den Mitgliedern des Aufsichtsrats in toto. Die Entstehung des individuellen Vergütungsanspruchs kann jedoch zeitlich durchaus anders anknüpfen – zumal dann, wenn es sich um einen **unterjährigen Wechsel im Aufsichtsrat** handelt. Der Vergütungsanspruch entsteht stets in der Person des Aufsichtsratsmitglieds; eine **Abtretung oder Verpfändung** des Anspruchs bleibt jedoch möglich. Im Falle einer **Fusion** richtet sich der ausstehende Vergütungsanspruch für Aufsichtsratsmitglieder des übertragenden Rechtsträgers aufgrund der Gesamtrechtsnachfolge des übernehmenden Rechtsträgers gegen diesen.

2. Festvergütung

2 Die Entstehung des Anspruchs auf Festvergütung ist primär dem Inhalt des Hauptversammlungsbeschlusses zu entnehmen. Ein gut formulierter Hauptversammlungs-

beschluss beinhaltet selbst den Tag der Entstehung der Vergütungspflicht (→ § 4 Rn. 20, → § 4 Rn. 26), der dann auch für die Entstehung des Individualanspruchs maßgeblich ist. Ohne eine solche zeitliche Fixierung wird überwiegend angenommen, der Vergütungsanspruch entstehe „mit Beginn des Geschäftsjahres",[1] wobei im Unklaren bleibt, ob damit das laufende oder das kommende Geschäftsjahr gemeint ist. Beides ist nicht sachgerecht. Ohne jede zeitliche Vorgabe im Beschluss ist vielmehr anzunehmen, dass die beschlossene Vergütungsregelung **mit Beschlussfeststellung** (bei einfachem Hauptversammlungsbeschluss) bzw. **mit Eintragung in das Handelsregister** (bei Einführung einer entsprechenden Satzungsbestimmung) in Kraft tritt;[2] und dass der individuelle Vergütungsanspruch amtierender Aufsichtsratsmitglieder ebenfalls zu diesem Zeitpunkt entsteht. Lautet die beschlossene Vergütung auf Geschäftsjahre, so wird das bei Entstehung des Anspruchs bereits laufende Geschäftsjahr pro rata temporis vergütet. Zu rückwirkenden Vergütungsentscheidungen der Hauptversammlung → § 4 Rn. 28 ff.

3. Variable Vergütung

Auch für die Entstehung des Anspruchs auf variable Vergütung gilt vorrangig der Beschlussinhalt. Schweigt dieser zur Frage der Anspruchsentstehung, so hängt die Frage der Anspruchsentstehung von der gewählten Vergütungsvariablen ab. Für die am häufigsten anzutreffenden **ergebnis- oder dividendenorientierten Vergütungsvarianten** ist für die Entstehung des Anspruchs auf vollständige Geschäftsjahre abzustellen. Dabei ist klar, dass nur die Aufsichtsratstätigkeit für ein volles Geschäftsjahr ergebnis- oder dividendenorientiert vergütet werden kann; zeitanteilige Berechnungen, wie bei der Festvergütung (→ Rn. 2), müssen hier ausscheiden. Um die beschlossene variable Bezugsgröße (Jahresüberschuss, EBIT, EBITDA, Cash Flow etc) nicht zur Farce verkommen zu lassen, kann zwar ohne deren Bemessung kein Anspruch spezifiziert werden. Das bedeutet jedoch nicht, dass der Anspruch auch erst mit der Feststellung der Bemessungsgröße entsteht.[3] Der Vergütungsanspruch gegen die Gesellschaft **entsteht** in diesen Fällen vielmehr **bereits mit Beginn des Geschäftsjahres, jedoch aufschiebend bedingt durch den Eintritt des variablen Ereignisses.**[4] Die Meinungsdifferenz hat durchaus praktische Folgen, weil ein – dem Grunde nach – rechtlich bereits entstandener Vergütungsanspruch durch die Hauptversammlung rückwirkend nicht mehr beseitigt werden kann (→ § 8 Rn. 3).

3

4. Vergütung bei unwirksamer Aufsichtsratswahl

Sieht die Satzung oder der Bewilligungsbeschluss der Hauptversammlung eine Vergütung für die „Aufsichtsratsmitglieder" vor, so sind damit die wirklichen Organmit-

4

---

[1] So LG München I NZG 2012, 1310 (1312) = ZIP 2012, 2209 (2211 aE) = AG 2013, 138 (140); Semler/v. Schenck/Wilsing AR-HdB/Grau § 13 Rn. 61; Hölters/Weber/Groß-Bölting/Rabe AktG § 113 Rn. 13; Kölner Komm AktG/Mertens/Cahn AktG § 113 Rn. 34; Koch AktG § 113 Rn. 24; MüKoAktG/Habersack AktG § 113 Rn. 50; GroßkommAktG/Hopt/Roth AktG § 113 Rn. 105.
[2] In diese Richtung wohl auch GroßkommAktG/Hopt/Roth AktG § 113 Rn. 120.
[3] So aber Kölner Komm AktG/Mertens/Cahn AktG § 113 Rn. 34; Semler/v. Schenck/Wilsing AR-HdB/Grau § 13 Rn. 61; GroßkommAktG/Hopt/Roth AktG § 113 Rn. 105.
[4] Zutr. MüKoAktG/Habersack AktG § 113 Rn. 50; Hölters/Weber/Groß-Bölting/Rabe AktG § 113 Rn. 13; ähnlich Goette/Arnold AR-HdB/Wasmann/Gärtner § 6 Rn. 78.

glieder gemeint. Damit stellt sich die Frage nach der vergütungsrechtlichen Behandlung derjenigen Aufsichtsratsmitglieder, deren Wahl später durch gerichtliche Entscheidung wieder kassiert wird. Sie ist genauso wie hinsichtlich der übrigen Rechte und Pflichten eines fehlerhaft gewählten Aufsichtsratsmitglieds zu beantworten. Deshalb lässt eine **fehlerhafte Bestellung eines Aufsichtsratsmitglieds** dessen Vergütungsanspruch so lange unberührt, bis die Wahl erfolgreich angefochten oder für nichtig erklärt wird.[5] Die erfolgreiche Beschlussanfechtung lässt den Vergütungsanspruch mithin nur für die Zukunft entfallen.

II. Fälligkeit der Vergütung

5 Keinerlei rechtliche Probleme bereitet die Fixierung der Fälligkeit des Vergütungsanspruchs. Eine **nach Zeitabschnitten bemessene Festvergütung** ist mit Beendigung des definierten Zeitabschnitts fällig; also eine Jahresvergütung mit Ende des (Geschäfts-)Jahres und ein Sitzungsgeld mit dem Ende der Sitzung. Variable Vergütungen werden zu demjenigen Zeitpunkt fällig, zu dem die Höhe der Variablen feststeht. Dies ist bei ergebnisorientierten Variablen die Feststellung des Jahresabschlusses und bei dividendenorientierten Vergütungen die Gewinnverwendungsentscheidung der Hauptversammlung. Dies alles entspricht der ganz herrschenden Auffassung.[6] Unbestritten ist auch, dass die Satzung oder der Vergütungsbeschluss der Hauptversammlung hiervon abweichen kann.[7] Zu den gelegentlichen Einwänden aus der Praxis gehört die Weigerung des Vorstands, die Aufsichtsratsvergütung vor dem Aufsichtsratsbeschluss über die eigene Tantieme auszuzahlen. Mit dem deutschen Recht hat dies allerdings ebenso wenig gemein wie das Verlangen nach **Ausstellung einer förmlichen Rechnung.**

6 Zahlt die Gesellschaft die Vergütung bei Fälligkeit nicht, so gerät sie in **Verzug**. Einer besonderen Mahnung bedarf es nicht. Vielmehr ergibt sich der Verzugsbeginn aus einer Analogie zu § 286 Abs. 2 Nr. 1 BGB, indem der Hauptversammlungsbeschluss mit seiner Fälligkeitsbestimmung an die Stelle einer rechtsgeschäftlichen Regelung tritt. Für die Dauer des Verzuges schuldet die Gesellschaft einen **Verzugszins in Höhe von 5 % p. a. über dem Basiszins** (§ 288 Abs. 1 S. 2 BGB). Da die Aufsichtsratsvergütung nicht auf Rechtsgeschäft beruht und dem einzelnen Aufsichtsratsmitglied auch eine Verbrauchereigenschaft nicht a priori abzusprechen ist, kommt der höhere Zinssatz nach § 288 Abs. 2 BGB nicht in Betracht.

---

[5] Vgl. BGHZ 168, 188 Rn. 14 = NZG 2006, 712; BGHZ 196, 195 Rn. 19 = NJW 2013, 1535; OLG Düsseldorf BeckRS 2012, 25021; MüKoAktG/Habersack AktG § 101 Rn. 69; GroßkommAktG/Hopt/Roth AktG § 101 Rn. 277.
[6] Vgl. statt vieler Semler/v. Schenck/Wilsing AR-HdB/Grau § 13 Rn. 64 mwN.
[7] Vgl. Goette/Arnold AR-HdB/Wasmann/Gärtner § 6 Rn. 79; GroßkommAktG/Hopt/Roth AktG § 113 Rn. 107; MüKoAktG/Habersack AktG § 113 Rn. 50; BeckOGK/Spindler/Mock AktG § 113 Rn. 14; Hölters/Weber/Groß-Bölting/Rabe AktG § 113 Rn. 15.

III. Durchsetzung des Vergütungsanspruchs

1. Gerichtliche Zuständigkeiten

Ist das Aufsichtsratsmitglied auf gerichtliche Hilfe bei der Durchsetzung seines Vergütungsanspruchs angewiesen, so ist hierfür die **ordentliche Gerichtsbarkeit** zuständig. In aller Regel, dh bei Vergütungsklagen oberhalb von 5.000 Euro, ist dabei das Landgericht erstinstanzlich berufen. Örtlich zuständig ist das Landgericht am Sitz der Gesellschaft. Dies liegt allerdings nicht an § 246 Abs. 3 S. 1 AktG (der hier nicht einschlägig ist), sondern an § 17 Abs. 1 ZPO, der im Zweifel die Anschrift der Verwaltung als Sitz fingiert. Funktional dürfte dabei die **Kammer für Handelssachen** zuständig sein.[8] Zwar gehören Streitigkeiten zwischen Aufsichtsratsmitgliedern und der Gesellschaft nicht zu den in § 95 Abs. 1 GVG aufgeführten Rechtsverhältnissen. Jedoch ergibt sich die funktionale Zuständigkeit der Kammer für Handelssachen aus einer Analogie zu § 95 Abs. 1 Nr. 4 lit. a GVG, weil insofern kein relevanter Unterschied zu den Streitigkeiten mit Vorstandsmitgliedern auszumachen ist. Vorstehendes gilt für Rückforderungsansprüche der Gesellschaft gegen ihre Aufsichtsratsmitglieder entsprechend. Das Gericht hat im Verlauf des Verfahrens von einer Inzidentprüfung des Vergütungsbeschlusses abzusehen; etwaige Fehlerfolgen sind dem Anfechtungsprozess vorbehalten. Dies gilt nicht im Falle der Beschlussnichtigkeit, die von jedermann zu beachten ist.

2. Prozessparteien

Die Vergütungsklage eines Aufsichtsratsmitglieds richtet sich ausnahmslos gegen die Gesellschaft, auch wenn die Zahlungsverweigerung maßgeblich auf der Weigerung eines Vorstandsmitglieds oder eines (Mehrheits-)Aktionärs beruht. Hierbei wird die Gesellschaft **vom Vorstand vertreten**. Die nähere Ausgestaltung der Vertretungsmacht (Einzel- oder Gesamtvertretung) ergibt sich aus der Satzung. Aufgrund der ausschließlichen Hauptversammlungskompetenz nach § 113 AktG ist allerdings die organschaftliche Befugnis des Vorstands, sich über einen (vermeintlichen) Vergütungsanspruch zu vergleichen oder diesen anzuerkennen, stark beschränkt. Im Umfang dieser Beschränkung sind auch prozessuale Geständniswirkungen (etwa nach §§ 288, 331 Abs. 1 S. 1 ZPO) nicht anzuerkennen. **Anerkenntnis** und **Vergleich** sind vielmehr nur dort zulässig und wirksam, wo es um Auslegungsfragen im Zusammenhang mit einem – unzweifelhaft vorhandenen – Hauptversammlungsbeschluss geht. Unzulässig ist auch jedwede Parteidisposition über die Beschluss(un)wirksamkeit.

3. Einwendungen gegen den Vergütungsanspruch

Zweifelhaft ist, ob die Gesellschaft dem Vergütungsanspruch Einwendungen entgegenhalten kann oder gar muss. Dies betrifft insbesondere den **Einwand der Untätigkeit**. Rechtstechnisch bietet sich hierfür eine Analogie zu §§ 273, 320 BGB an.

---

[8] Ebenso OLG München NZG 2010, 668 f.; Thomas/Putzo/Hüßtege GVG § 95 Rn. 4; Zöller/Lückemann GVG § 95 Rn. 8.

Allerdings erhält ein Aufsichtsratsmitglied seine Vergütung nicht für den Einsatz eines bestimmten Zeitkontingents, so dass hierin von vornherein kein tauglicher Maßstab liegt. Somit verbleibt als geeigneter Anknüpfungspunkt für eine Zurückhaltung der Aufsichtsratsvergütung nur die Nichtteilnahme an Sitzungen des Plenums oder der Ausschüsse, dem das untätige Mitglied angehört, wobei hier auch eine zeitanteilige Kürzung der Vergütung in Betracht kommt.[9] Einer besonderen Aufforderung durch die Gesellschaft bedarf es dabei nicht.[10] Der Untätigkeitseinwand betrifft auch nicht etwa nur die Fälle eines unentschuldigten Fernbleibens.[11] Einmalige Fehlzeiten sollte man eher mit einer Analogie zu § 616 BGB überwinden. In jedem Fall bedarf es für die Zurückhaltung der (zeitanteiligen) Vergütung keines besonderen Aufsichtsratsbeschlusses.[12]

10 Ungeklärt ist die Frage, ob die Aufsichtsratsvergütung auch wegen **Schlechtleistung** zurückgehalten werden kann. Solche Fälle werden ohnehin selten praktisch relevant und stellen zudem ein Nachweisproblem dar.[13] Im Übrigen sind Pflichtverletzungen (mit Ausnahme derjenigen nach § 111 Abs. 2 S. 2 AktG) regelmäßig solche des Gesamtorgans, so dass diese den individuellen Vergütungsanspruch nicht in Frage stellen können.[14]

11 Liegt ein Fall nachhaltiger Untätigkeit vor, so **muss** der Vorstand **die Vergütung** (ggf. zeitanteilig) **zurückbehalten.** Es obliegt nämlich nicht dem Vorstand, darüber zu entscheiden, ob eine von der Hauptversammlung beschlossene Vergütung auch ohne Vorliegen der dafür zugrunde gelegten Voraussetzungen gezahlt wird. Insofern verhält es sich wie bei Zahlung einer Vergütung, die die Hauptversammlung überhaupt nicht beschlossen hat. Im Falle einer gerichtlichen Geltendmachung ist es dem Vorstand daher auch verwehrt, den Klageanspruch anzuerkennen (→ Rn. 8).

4. Verjährung

12 Der Vergütungsanspruch unterliegt der **Regelverjährung** von drei Jahren (§ 195 BGB).[15] Soweit er (wie zumeist) auf einen Geldbetrag gerichtet ist, kann er im Wege des gerichtlichen Mahnverfahrens geltend gemacht werden.

---

[9] Ebenso MüKoAktG/Habersack AktG § 113 Rn. 51.
[10] Anders noch RGZ 75, 308 (311); wie hier GroßkommAktG/Hopt/Roth AktG § 113 Rn. 108; Semler/v. Schenck/Wilsing AR-HdB/Grau § 13 Rn. 67; Kölner Komm AktG/Mertens/Cahn AktG § 113 Rn. 32; MüKoAktG/Habersack AktG § 113 Rn. 51; K. Schmidt/Lutter/Drygala AktG § 113 Rn. 24; Backhaus/Tielmann/Findeisen AktG § 113 Rn. 34.
[11] So aber Kölner Komm AktG/Mertens/Cahn AktG § 113 Rn. 32; wohl auch Hölters/Weber/Groß-Bölting/Rabe AktG § 113 Rn. 16; MüKoAktG/Habersack AktG § 113 Rn. 51; GroßkommAktG/Hopt/Roth AktG § 113 Rn. 108; relativierend Semler/v. Schenck/Wilsing AR-HdB/Grau § 13 Rn. 67.
[12] GroßkommAktG/Hopt/Roth AktG § 113 Rn. 110; MüKoAktG/Habersack AktG § 113 Rn. 51; Semler/v. Schenck/Wilsing AR-HdB/Grau § 13 Rn. 67.
[13] Hierauf weisen zu Recht GroßkommAktG/Hopt/Roth AktG § 113 Rn. 109 hin.
[14] So auch MüKoAktG/Habersack AktG § 113 Rn. 51; Hölters/Weber/Groß-Bölting/Rabe AktG § 113 Rn. 16; Backhaus/Tielmann/Findeisen AktG § 113 Rn. 34.
[15] Semler/v. Schenck/Wilsing AR-HdB/Grau § 13 Rn. 66; Kölner Komm AktG/Mertens/Cahn AktG § 113 Rn. 36; Backhaus/Tielmann/Findeisen AktG § 113 Rn. 35; GroßkommAktG/Hopt/Roth AktG § 113 Rn. 112.

5. Behandlung von Schiedsklauseln

Fraglich ist die Bedeutung von **Schiedsklauseln in der Satzung**. Auf den ersten Blick sind derartige Klauseln für Aufsichtsratsmitglieder bei der klageweisen Durchsetzung ihrer Vergütung nicht bindend, weil es sich hierbei nicht um ein Rechtsverhältnis unter Gesellschaftern handelt. Auf der anderen Seite ist die Aufsichtsratsvergütung ein zulässiger Gegenstand statutarischer Bindung, so dass auch für ihre gerichtliche Durchsetzung eine satzungsmäßige Schiedsklausel zulässig sein dürfte. Insoweit ist eine Schiedsfähigkeit des Vergütungsanspruchs zu bejahen.[16] 13

IV. Der Vergütungsanspruch bei Strukturänderungen der Gesellschaft

1. Liquidation

Keine Besonderheiten für die Aufsichtsratsvergütung bestehen während der Liquidationsphase. Da die Liquidation an den Aufgaben des Aufsichtsrats per se nichts ändert, wirkt sich die Auflösung nicht auf die Vergütung aus.[17] Dies gilt zunächst unzweifelhaft für die Festvergütung. Auch die variable Vergütung endet nicht automatisch, sondern nur dann, wenn sie ergebnisorientiert ist, da ein Gewinn während der Liquidation nicht (mehr) erwirtschaftet wird. Will die Aktionärsmehrheit den Aufsichtsrat am Liquidationsüberschuss partizipieren lassen, muss sie dies per Hauptversammlungsbeschluss eindeutig regeln.[18] Mit der **Löschung der Gesellschaft im Handelsregister** entfällt auch deren Vergütungspflicht gegenüber dem Aufsichtsrat; bis dahin erworbene Ansprüche sind zeitanteilig zu erfüllen. 14

2. Unternehmensvertragliche Einbindung

Einbindungen der Gesellschaft in einen Unternehmensvertrag, namentlich in einen Ergebnisabführungsvertrag, bleiben hinsichtlich der Festvergütung ohne Einfluss. Dies ist bei einer **gewinnorientierten variablen Vergütung** insofern anders, als die abhängige Gesellschaft per definitionem gar keinen Gewinn ausweist. In diesen Fällen wird man qua Auslegung der Beschlussformel zugunsten der Aufsichtsratsmitglieder der abhängigen Gesellschaft denjenigen Gewinn – nach Berücksichtigung von Gewinn- und Verlustvorträgen – fingieren müssen, der ohne die Abführungspflicht aus dem Unternehmensvertrag entstanden wäre.[19] Im Falle einer **dividendenorientierten Vergütungsvariablen** ist dies ähnlich; hierbei wird man auf den durchschnittlichen 15

---

[16] Ebenso Schlüter, Schiedsbindung von Organmitgliedern, 2017, S. 80, 216; zur generellen Ablehnung von Schiedsklauseln in AG-Satzungen Hommelhoff ZHR 143 (1979), 288 (312f.); K. Schmidt ZGR 1988, 523 (537f.); K. Schmidt AG 1995, 551 (553); K. Schmidt ZHR 162 (1998), 265 (282); GroßkommAktG/Kort AktG § 84 Rn. 589f.; Zweifel an der Zulässigkeit auch bei Musielak/Voit/Voit ZPO § 1066 Rn. 8; Reichert FS Ulmer, 2003, 511 (531).
[17] Ganz hM; vgl. nur Koch AktG § 264 Rn. 17.
[18] Vgl. GroßkommAktG/Hopt/Roth AktG § 113 Rn. 103; MüKoAktG/Habersack AktG § 113 Rn. 54; Backhaus/Tielmann/Findeisen AktG § 113 Rn. 33.
[19] Ebenso Semler/v. Schenck/Wilsing AR-HdB/Grau § 13 Rn. 70; Goette/Arnold AR-HdB/Wasmann/Gärtner § 6 Rn. 102; Kölner Komm AktG/Mertens/Cahn AktG § 113 Rn. 41; MüKoAktG/Habersack AktG § 113 Rn. 55.

Ausschüttungsquotienten der Geschäftsjahre vor Inkrafttreten des Ergebnisabführungsvertrages abstellen müssen.[20]

3. Umwandlungsfälle

a) Rechtsformumwandlung

16 Im Falle einer Rechtsformumwandlung hängt die Vergütungskontinuität vom Fortbestand des Aufsichtsrats ab. Dieser entscheidet sich gem. § 203 S. 1 UmWG danach, ob der formwechselnde Rechtsträger auch in der neuen Rechtsform kraft Gesetzes[21] einen – nach Funktion und Zusammensetzung – gleichen Aufsichtsrat zu bilden hat. Dies ist beim Rechtsformwechsel einer AG in die KGaA (oder umgekehrt) der Fall. Dasselbe gilt für den Rechtsformwechsel einer mitbestimmungspflichtigen in eine andere mitbestimmungspflichtige Kapitalgesellschaft. In allen genannten Fällen bleibt auch die **vor der Rechtsformumwandlung geltende Vergütungsregelung** – sowohl hinsichtlich der Festvergütung als auch einer etwaigen variablen Vergütung – grundsätzlich **unberührt**. Allerdings muss sich die fortbestehende Vergütungsregelung sowohl an der neuen Gesetzeslage als auch am neuen Satzungsregime messen lassen.[22] Dies kann beispielsweise dazu führen, dass eine allzu üppig dotierte Aufsichtsratstätigkeit in der GmbH nach Rechtsformumwandlung in die AG an § 113 Abs. 1 S. 3 AktG scheitert. Findet dagegen nach § 203 S. 1 UmwG erst gar keine Aufsichtsratskontinuität statt, so erlischt das Amt und damit auch der Vergütungsanspruch mit Wirkung auf den Tag der Eintragung der Rechtsformumwandlung in das Handelsregister[23] bzw. auf den Abschluss des Statusverfahrens.[24] Zur Frage, ob die Vergütung des neu gebildeten Aufsichtsrats dem § 113 Abs. 2 AktG unterfällt, → § 10 Rn. 2.

b) Verschmelzung

17 **aa) Vergütungsschuldner als übernehmender Rechtsträger.** Ist die Gesellschaft im Rahmen einer Verschmelzung **übernehmender Rechtsträger,** so besteht hinsichtlich des Aufsichtsrats Amts- und Vergütungskontinuität. Irgendwelche Besonderheiten sind hier nicht zu beachten.

18 **bb) Vergütungsschuldner als übertragender Rechtsträger.** Ist die Gesellschaft im Rahmen einer Verschmelzung **übertragender Rechtsträger,** so erlischt der Aufsichtsrat mit Wirksamwerden der Verschmelzung (vgl. § 20 Abs. 1 Nr. 2 UmwG). Zu diesem Zeitpunkt entfällt auch die Festvergütung des Aufsichtsrats, die bis dahin zeitanteilig zu gewähren ist und vom übernehmenden Rechtsträger kraft Gesamtrechtsnachfolge geschuldet wird.[25] Eine variable Vergütung soll demgegenüber (vor-

---

[20] Ähnlich Kölner Komm AktG/Mertens/Cahn AktG § 113 Rn. 41; MüKoAktG/Habersack AktG § 113 Rn. 55 (Anpassung nach § 242 BGB).
[21] Funktionsgleichheit kraft Satzung genügt hier nicht; vgl. Semler/Stengel/Leonard/Simon, UmwG, 5. Aufl. 2021, UmwG § 203 Rn. 3.
[22] Vgl. MüKoAktG/Habersack AktG § 113 Rn. 55; GroßkommAktG/Hopt/Roth AktG § 113 Rn. 104; Kölner Komm AktG/Mertens/Cahn AktG § 113 Rn. 41; Semler/v. Schenck/Wilsing AR-HdB/Grau § 13 Rn. 69.
[23] Vgl. Semler/v. Schenck/Wilsing AR-HdB/Grau § 13 Rn. 69.
[24] Vgl. GroßkommAktG/Hopt/Roth AktG § 113 Rn. 104.
[25] Insoweit unstr.; vgl. nur MüKoAktG/Habersack AktG § 113 Rn. 55.

behaltlich anderweitiger Regelungen im Verschmelzungsbeschluss) vollständig entfallen.[26] Richtigerweise wird man ergebnisabhängige Vergütungsbestandteile ausnahmsweise insoweit anerkennen (und auszahlen) müssen, als deren Grundlagen in einem vor Wirksamwerden der Verschmelzung erstellten Zwischenabschluss ausgewiesen sind.[27]

c) Spaltung

Die zu → Rn. 17 f. skizzierten Grundsätze gelten für Spaltungsfälle entsprechend. 19

4. Insolvenz

Mit der Insolvenzeröffnung über das Vermögen der Gesellschaft wird der bis dahin verdiente Vergütungsanspruch zur **nicht-bevorrechtigten Insolvenzforderung** (§ 38 InsO). Ein Nachrang nach § 39 Abs. 1 Nr. 5 InsO ist auch dann nicht angezeigt, wenn es sich bei dem Aufsichtsratsmitglied um einen (maßgeblichen) Aktionär handelt. Hinsichtlich der Amtsperiode nach Insolvenzeröffnung geht die hM[28] von einem völligen Verlust des Vergütungsanspruchs aus, weil der Insolvenzverwalter als Geschäftsführungsorgan keiner Überwachung mehr bedarf. Etwas anderes gilt für den Anspruch auf Aufwendungsersatz.[29] Sowohl die vor Insolvenzeröffnung ausgezahlte Vergütung als auch die erfolgte Erstattung von Aufwendungen sind **anfechtungsresistent**. 20

V. Verzicht auf die Vergütung

Schrifttum:
Wettich, (Teil-)Verzicht eines Aufsichtsratsmitglieds auf die ihm zustehende Aufsichtsratsvergütung, NZG 2009, 852.

Wie bei jedem Anspruch kann auch das Aufsichtsratsmitglied auf seine bereits entstandene (feste oder variable) Vergütung ganz oder teilweise verzichten. Die Anlässe hierfür sind vielfältig; praktisch relevant ist vor allem der Verzicht des Großaktionärs auf seine Vergütung als Aufsichtsratsmitglied. Eines irgendwie gearteten Aufsichtsratsbeschlusses bedarf es für einen solchen Verzicht nicht. Umgekehrt kann der Aufsichtsrat nicht per Beschluss über den Vergütungsanspruch seiner Mitglieder disponieren.[30] Entsprechend der allgemeinen Vorschriften ist zur Erreichung der Verzichtswirkung **ein Erlassvertrag zwischen dem Aufsichtsratsmitglied und der Gesellschaft** erforderlich und ausreichend. Da die Gesellschaft durch einen solchen Erlassvertrag ausschließlich begünstigt wird, bedarf es keiner Mitwirkung der Hauptversammlung 21

---

[26] So Kölner Komm AktG/Mertens/Cahn AktG § 113 Rn. 40; GroßkommAktG/Hopt/Roth AktG § 113 Rn. 104.
[27] Zutr. MüKoAktG/Habersack AktG § 113 Rn. 55.
[28] Vgl. RGZ 81, 332 (338 f.); Goette/Arnold AR-HdB/Wasmann/Gärtner § 6 Rn. 98; Semler/v. Schenck/Wilsing AR-HdB/Grau § 13 Rn. 68; GroßkommAktG/Hopt/Roth AktG § 113 Rn. 102; MüKoAktG/Habersack AktG § 103 Rn. 57; BeckOGK/Spindler/Mock AktG § 113 Rn. 17.
[29] MüKoAktG/Habersack AktG § 103 Rn. 57; eingehend Oechsler AG 2006, 606 (608 ff.).
[30] Unstr.; vgl. nur MHdB GesR IV/Hoffmann-Becking § 33 Rn. 31.

gem. § 113 Abs. 1 S. 2 AktG. Vielmehr wird die Gesellschaft beim Abschluss des Erlassvertrages durch den Vorstand vertreten.[31] Der Erlassvertrag bedarf keiner besonderen Form.[32] Soll die Verzichtswirkung bei der Gesellschaft noch im Abschluss des laufenden Geschäftsjahres (ergebniswirksam) berücksichtigt werden, muss der Erlassvertrag vor dem Bilanzstichtag abgeschlossen werden.[33]

§ 8. Herabsetzung der Vergütung

Schrifttum:
Buckel, Die unterjährige Herabsetzung der Aufsichtsratsvergütung, AG 2013, 451.

I. Allgemeines

1 Die Streichung des § 113 Abs. 1 S. 4 AktG aF bei Einführung des ARUG II[1] hat lediglich zum Wegfall der formalen Erleichterungen beim Beschluss über eine Herabsetzung der Aufsichtsratsvergütung geführt, ohne an den materiellen Zulässigkeitsvoraussetzungen etwas zu ändern. Danach kann die Hauptversammlung, ähnlich wie bei der Herabsetzung bereits beschlossener Dividenden, immer nur insoweit eine Herabsetzung der Aufsichtsratsvergütung beschließen, wie diese nicht in unentziehbare Rechtspositionen der Aufsichtsratsmitglieder eingreift. Dies gilt zumindest für alle bereits abgelaufenen Geschäftsjahre unabhängig davon, ob der Jahresabschluss bereits aufgestellt oder gar festgestellt ist.[2] Die Beurteilung der Herabsetzung von Vergütungen für das laufende Geschäftsjahr hängt dagegen von der jeweils gewählten Vergütungsform ab.

II. Herabsetzung der Festvergütung

2 Der Anspruch des Aufsichtsratsmitglieds entsteht **mit Beschlussfeststellung** (bei einfachem Hauptversammlungsbeschluss) bzw. **mit Eintragung in das Handelsregister** (bei Einführung einer entsprechenden Satzungsbestimmung). Dies kann durchaus ein unterjähriger Termin sein, insbesondere dann, wenn ein Wechsel im Aufsichtsrat erfolgt ist. Insofern ist die These der wohl hM,[3] derzufolge eine **Herab-

---

[31] Koch AktG § 113 Rn. 18; Semler/v. Schenck/Wilsing AR-HdB/Grau § 13 Rn. 66; MHdB GesR IV/Hoffmann-Becking § 33 Rn. 31; Goette/Arnold AR-HdB/Wasmann/Gärtner § 6 Rn. 84; MüKoAktG/Habersack AktG § 103 Rn. 59; BeckOGK/Spindler/Mock AktG § 113 Rn. 18.
[32] Wettich NZG 2009, 852 (853).
[33] Wettich NZG 2009, 852 (854).
[1] Gesetz zur Umsetzung der zweiten Aktionärsrechterichtlinie vom 12.12.2019, BGBl. 2019 I 2637.
[2] Vgl. GroßkommAktG/Hopt/Roth AktG § 113 Rn. 130; Hölters/Weber/Groß-Bölting/Rabe AktG § 113 Rn. 39; MüKoAktG/Habersack AktG § 113 Rn. 40; Buckel AG 2013, 451 (452).
[3] Vgl. LG München I NZG 2012, 1310 (1312) = ZIP 2012, 2209 (2211 f.) = AG 2013, 138 (140); MHdB GesR IV/Hoffmann-Becking § 33 Rn. 32; Goette/Arnold AR-HdB/Wasmann/Gärtner § 6 Rn. 91; Koch AktG § 113 Rn. 24; K. Schmidt/Lutter/Drygala AktG § 113 Rn. 26; Hölters/Weber/Groß-Bölting/Rabe AktG § 113 Rn. 39; Kölner Komm AktG/Mertens/Cahn AktG § 113 Rn. 52.

setzung der Vergütung für das laufende Geschäftsjahr durchweg abzulehnen ist, zu relativieren. An einer unentziehbaren Rechtsposition fehlt es bei der Festvergütung zunächst bei allen zeitlichen Maßeinheiten, die noch gar nicht angelaufen sind, wie zB für Sitzungsgelder, die künftige Sitzungen des laufenden Geschäftsjahres betreffen. Angesicht der Möglichkeit einer unterjährigen Abberufung (mit sofortigem Vergütungsverlust) muss dasselbe auch für denjenigen Teil einer (festen) Jahresvergütung gelten, der durch Zeitablauf noch gar nicht verdient ist; insoweit besteht kein Vertrauensschutz. Die Hauptversammlung kann hier durchaus eine Herabsetzung beschließen.[4] Damit reduziert sich das Verbot einer rückwirkenden Herabsetzung bei der Festvergütung auf alle Formen einer echten Rückwirkung, mithin auf zurückliegende Zeiträume. Gegebenenfalls ist bei der Festvergütung eine **Abschichtung der ausstehenden Vergütung pro rata temporis** vorzunehmen. Somit kann eine Herabsetzung zwar frühestens mit Eintritt der Beschlusswirksamkeit – dann aber durchaus auch mit Wirkung für den noch verbleibenden Teil des Geschäftsjahres – eintreten.[5] Selbstverständlich begründet eine solche Herabsetzung das Recht eines jeden betroffenen Aufsichtsratsmitglieds zur sofortigen Amtsniederlegung.[6]

III. Herabsetzung der variablen Vergütung

Das für fixe Vergütungskomponenten bestehende Verbot einer rückwirkenden Herabsetzung durch die Hauptversammlung wird in gleicher Weise für variable Vergütungsbestandteile diskutiert. Anders als bei der Festvergütung können allerdings variable Vergütungsbestandteile unterjährig nicht abgeschichtet werden, weil deren Höhe bei Beschlussfassung durch die Hauptversammlung häufig nicht einmal ansatzweise quantifizierbar ist. Damit kann eine rückwirkende Herabsetzung der variablen Vergütung im laufenden Geschäftsjahr nur ganz oder gar nicht gestattet sein. Richtigerweise wird man letzteres annehmen müssen.[7] Zwar ist eine variable Vergütung erst dann endgültig verdient, wenn die Variablen zu einer fixen Größe geworden sind. Erst in diesem Augenblick verwandelt sich nämlich die Erwartungshaltung in eine quantitativ gesicherte „Anwartschaftsposition" des Vergütungsempfängers.[8] In der Konsequenz wäre dann nichts dagegen einzuwenden, wenn die Hauptversammlung die Parameter für eine variable Aufsichtsratsvergütung mit „unechter Rückwirkung"[9] für das laufende Geschäftsjahr noch ändert. Indes entsteht der Vergütungsanspruch bereits zu Beginn der Referenzperiode (→ § 7 Rn. 3). Er ist lediglich aufschiebend bedingt durch das Erreichen der im Hauptversammlungsbeschluss definierten variablen Größe. Ein Ein-

3

---

[4] Zutr. Buckel AG 2013, 451 (454).
[5] Wie hier auch GroßkommAktG/Hopt/Roth AktG § 113 Rn. 131 f.; Kort FS Hüffer, 2010, 492 f.; Maser/Göttle NZG 2013, 201 (202).
[6] Koch AktG § 113 Rn. 24; GroßkommAktG/Hopt/Roth AktG § 113 Rn. 132; Wilsing BB 2013, 398.
[7] Ebenso Kölner Komm AktG/Mertens/Cahn AktG § 113 Rn. 52; MüKoAktG/Habersack AktG § 113 Rn. 40; GroßkommAktG/Hopt/Roth AktG § 113 Rn. 132; Koch AktG § 113 Rn. 24; Maser/Göttle NZG 2013, 201 (202); hinsichtlich der Bemessungsfaktoren auch Buckel AG 2013, 451 (455).
[8] Vgl. LG München I NZG 2013, 182 (183 f.) = AG 2013, 474 (475); MHdB GesR IV/Hoffmann-Becking § 33 Rn. 32; K. Schmidt/Lutter/Drygala AktG § 113 Rn. 26.
[9] Die „echte" Rechtswirkung des Beschlusses stellt sich natürlich erst mit dessen Feststellung und bei Satzungsänderungen sogar erst mit dessen Eintragung in das Handelsregister (vgl. § 181 Abs. 3 AktG) ein.

griff in diese (aufschiebend bedingte) Rechtsposition muss der Hauptversammlung in **Analogie zu § 161 Abs. 1 BGB** folglich verwehrt bleiben. Dies gilt unabhängig davon, ob unmittelbar die Höhe der variablen Vergütung oder eines von mehreren Parametern zu deren Ermittlung unterjährig geändert wird.

4 Der zu Rn. 3 beschriebene Grundsatz gilt nicht nur für den Fall der Herabsetzung einer individuellen (variablen) Vergütung. Er gilt auch für den Fall, dass eine Variable durch mehr Köpfe geteilt werden muss als zu Beginn des Geschäftsjahres vorgesehen, namentlich also für **eine unterjährige Erweiterung des Aufsichtsrats**. Da die Vergütung nicht dem Aufsichtsrat, sondern ausweislich des Wortlauts des § 113 Abs. 1 S. 1 AktG den einzelnen Aufsichtsratsmitgliedern gewährt wird, liegt in der „Reduzierung des gemeinsamen Kuchens" immer zugleich auch eine Herabsetzung der individuellen Vergütung.

5 Keinen Fall der Herabsetzung einer variablen Vergütung bildet der Hauptversammlungsbeschluss über die **Ausschüttung** (oder vice versa über die Thesaurierung) **des Bilanzgewinns.** Ist die variable Vergütung dividendenorientiert, so besteht keine gesicherte Rechtsposition mit dem Inhalt, dass der Bilanzgewinn auch (ganz oder teilweise) ausgeschüttet werden muss. Die Hauptversammlung ist daher in ihrer Gewinnverwendungsentscheidung völlig frei, ohne dass hierin eine unzulässige Herabsetzung von variablen Vergütungsbestandteilen liegen würde. Dasselbe gilt für den seltenen Fall einer – von der Aufstellung durch den Vorstand – **abweichenden Feststellung des Jahresabschlusses durch die Hauptversammlung** nach § 173 AktG.

§ 9. Vergütung an und durch Dritte

Übersicht

	Rn.
I. Vergütung an Dritte	1
1. Abführungspflichten der Arbeitnehmervertreter	4
2. Abführungspflichten von Vertretern der öffentlichen Hand	12
II. Vergütung durch Dritte	14
1. Allgemeines	14
2. Zulässigkeit	15
3. Anwendung des § 113 AktG	17
4. Publizitäts- und Informationspflichten	18

I. Vergütung an Dritte

1 Von Gesetzes wegen besteht hinsichtlich der Aufsichtsratsvergütung **kein Verfügungsschutz.** Somit kann jedes Aufsichtsratsmitglied über seine (aktuelle oder künftige) Vergütung frei verfügen, dh diese abtreten oder auch verpfänden.[1] Hierfür gelten die allgemeinen Regeln für die Verfügung über Forderungen, namentlich auch

---

[1] AllgM; vgl. nur Kölner Komm AktG/Mertens/Cahn AktG § 113 Rn. 58.

die schuldnerschützenden Anzeigeobliegenheiten nach §§ 406 f. BGB. Irgendwelche aktienrechtlichen Besonderheiten bestehen insoweit nicht.

Gelegentlich stellt sich in der Vergütungspraxis der Wunsch einzelner Aufsichtsrats- 2
mitglieder, die auf sie entfallende Vergütung unmittelbar an einen Dritten auszuzahlen. Überwiegend handelt es sich hierbei um Gesellschaften im Mehrheits- oder gar Alleinbesitz des betreffenden Aufsichtsratsmitglieds. Sofern sich ein solcher Wunsch erst nach Festsetzung der Vergütung durch die Hauptversammlung manifestiert, liegt entweder ein Abtretungsfall oder eine bloße Zahlungsanweisung an die Gesellschaft vor. Fraglich ist dagegen, ob die **Zuweisung der Vergütung an einen** (benannten oder zu benennenden) **Dritten bereits im Hauptversammlungsbeschluss** verankert werden kann. Praktikabel ist dies jedenfalls schon deshalb nicht, weil eine nachträgliche Störung in der (Rechts-)Beziehung zwischen dem Aufsichtsratsmitglied und „seinem" Dritten zu Verwerfungen auch im Verhältnis zur Aktiengesellschaft führen kann. Gravierende rechtliche Hinderungsgründe sind indes nicht ersichtlich, solange die Regularien des § 113 AktG eingehalten werden.[2] Es muss lediglich klargestellt werden, dass es sich um eine Aufsichtsratvergütung handelt und der Dritte aus dem Vergütungsbeschluss keinen eigenen Anspruch gegen die Gesellschaft erwirbt, den diese bei Untätigkeit oder Schlechtleistung (→ § 7 Rn. 9 ff.) nicht kürzen könnte. Insofern sind nur Dritt-Vergütungsklauseln unbedenklich, die eine **reine Liberationswirkung zugunsten der Gesellschaft** beinhalten.

Nur einen Sonderfall der zu → Rn. 2 geschilderten Konstellationen stellt die **Ver-** 3
gütungsanrechnung im Konzern dar. Hiervon betroffen sind regelmäßig Vorstandsmitglieder – manchmal auch leitende Angestellte – des Mutterunternehmens in ihrer Eigenschaft als Aufsichtsratsmitglied einer Tochtergesellschaft. Um bei diesem Personenkreis eine Vergütungskumulation zu vermeiden, werden in der Praxis verschiedene Wege beschritten. Zum einen ist es möglich (und zweifelsfrei zulässig), die genannten Personen von vornherein aus dem Vergütungsbeschluss der Tochter-Hauptversammlung (namentlich oder durch Funktionsbeschreibung) herauszunehmen. Häufiger verbreitet, weil flexibler, ist hingegen eine anstellungsvertraglich vereinbarte Abführungs- oder Verzichtsverpflichtung auf Ebene der Muttergesellschaft. Auch hiergegen ist nichts einzuwenden; allerdings wird dem Abführungsschuldner hier ertragsteuerlich die volle Vergütung (mit der Möglichkeit des Betriebsausgabenabzugs im Umfang der Abführung) zugerechnet. Zulässig ist schließlich auch ein Festsetzungsbeschluss, der der Konzernspitze die Vergütung für konzernanhängige Aufsichtsratsmitglieder mit entsprechender Erfüllungswirkung zugunsten der zahlenden Tochtergesellschaft unmittelbar zuweist. Alle drei Wege sind selbstverständlich auch einer Aufteilung der Vergütung zwischen Aufsichtsratsmitglied und Konzernspitze zugänglich.

1. Abführungspflichten der Arbeitnehmervertreter

Schrifttum:
Habersack, Vorstands- und Aufsichtsratsvergütung – Grundsatz- und Anwendungsfragen im Lichte der Aktionärsrechterichtlinie, NZG 2018, 127; Hanau, Die Verpflichtung zur Abführung von Aufsichts-

---
[2] Vgl. MüKoAktG/Habersack AktG § 113 Rn. 14.

ratsvergütungen an die Hans-Böckler-Stiftung, Arbeitspapier 254 der Hans-Böckler-Stiftung, 2012; Krieger, Abführung der Aufsichtsratsvergütung durch Gewerkschaftsmitglieder, FS E. Vetter, 2019, 363; Rieble, Sonderbezahlung von Arbeitnehmervertretern im Aufsichtsrat, AG 2016, 315; Sagan, Die satzungsmäßige Abführung der Aufsichtsratsvergütung von Gewerkschaftsmitgliedern, ZGR 2020, 889; Schäfer/Bachmaier, Neues zur Abführungspflicht von Aufsichtsratvergütungen an die Hans-Böckler-Stiftung, ZIP 2018, 2141; Schönhöft/Oelze, Arbeitnehmervertreter im Aufsichtsrat, NZA 2016, 145; Seifert, Abführungspflichten von Arbeitnehmervertretern im Aufsichtsrat, BB 2019, 1784; Thüsing/Forst, Abführung von Aufsichtsratsvergütung an gewerkschaftliche Bildungseinrichtungen, FS Graf von Westphalen, 2010, 693; Uffmann, Vergütung der Aufsichtsräte und Betriebsräte, ZfA 2018, 225; Uffmann, Auf dem Governance-Prüfstand: Sitzgarantie von Gewerkschaftsvertretern und Abführungspflicht, AG 2020, 567.

4 Ein weiterer Sonderfall ist die Abführung der Vergütung – nicht aber des Auslagenersatzes – durch Arbeitnehmervertreter im Aufsichtsrat, die gleichzeitig Mitglieder einer Gewerkschaft sind; insbesondere die in § 7 Abs. 2 MitbestG vorgesehenen Gewerkschaftsvertreter. Der Deutsche Gewerkschaftsbund (DGB) hatte bereits 1962 beschlossen, dass angehörige Gewerkschaften zu regeln haben, dass diese nur solche Kandidaten für Aufsichts- und Verwaltungsräte aufstellen und unterstützen, die sich verpflichten, einen Teil ihrer Vergütung abzuführen.[3] Hintergrund dieser Regelung war offiziell die **Verwendung der Aufsichtsratantiemen für gewerkschaftliche Zwecke.** Kurz darauf wurde daneben auch regelmäßig angeführt, dass verhindert werden müsse, dass durch hohe Vergütungen ein Misstrauen der Arbeitnehmer gegenüber ihren Vertretern im Aufsichtsrat gesät wird. Insbesondere sollte der Eindruck vermieden werden, diese übten ihre Mandate nicht zugunsten der Interessenvertretung, sondern allein für eigene finanzielle Interessen aus.

5 Die Abführungspflicht wurde bis heute beibehalten, die **Abführungsquote** von ursprünglich maximal 50 % seitdem jedoch deutlich erhöht. Nunmehr ist die erhaltene Vergütung nach folgender Maßgabe an die Hans-Böckler-Stiftung oder eine ähnliche Stiftung[4] abzuführen: Für jedes Mandat ist die Vergütung bis zu einem Betrag von 5.000 Euro zu 10 %, darüber hinausgehende Beträge zu 90 % abzuführen. Für Aufsichtsratsvorsitzende wird die Abführungsgrenze bei 10.000 Euro gesetzt und für deren Stellvertreter bei 7.500 Euro angesetzt. Diese Grenzen erhöhen sich für jede Mitgliedschaft in einem Ausschuss, der nicht Vermittlungsausschuss ist, um 2.500 Euro.[5] Sitzungsgelder mit Vergütungscharakter bis zu 2.000 Euro jährlich sind abführungsfrei; von den übersteigenden Beträgen sind 10 % – jenseits von 4.000 Euro sogar 90 % – abzuführen. Ein **Abzug von Aufwendungen** – etwa zur Erlangung des Amtes – ist nicht vorgesehen. Dies gilt auch für sonstige Erleichterung wie zB eine Haftungsfreistellung.

6 Rechtliche Bedenken gegen die Abführungspflichten beziehen sich in der Regel auf das Rechtsverhältnis zwischen Gewerkschaft und dem betreffenden Aufsichtsratsmitglied. So wurde teilweise ein Verstoß der Gewerkschaftssatzung gegen das Benachteiligungsverbot aus § 26 MitbestG[6] oder gegen §§ 242, 315 BGB[7] angenommen. Für

---

[3] Vgl. Hanau, Arbeitspapier 254 der Hans-Böckler-Stiftung, S. 7.
[4] Voraussetzung dabei ist, dass der DGB-Bundesvorstand zuvor die „Unterstützungswürdigkeit" der Stiftung festgestellt hat.
[5] DGB-Bundesvorstandsbeschluss vom 7.6.2016: Abführungsregelung für Arbeitnehmervertreterinnen und -vertreter in Unternehmen europäischer und ausländischer Rechtsform.
[6] Rieble AG 2016, 315 (316); Schäfer/Bachmaier ZIP 2018, 2141 (2148); Sura EWiR 2018, 555 (556).
[7] Schäfer/Bachmaier ZIP 2018, 2141 (2144 ff.).

unwirksam wurde es auch erachtet, wenn eine Gewerkschaftssatzung dynamisch und uneingeschränkt auf Beschlüsse des Vorstandes der Gewerkschaft oder des DGB verweisen, da die Regelung vollständig in die Satzung aufgenommen werden müsse.[8] Bei einzelvertraglicher Vereinbarung wurde teilweise eine formnichtige Schenkung zu Gunsten der betroffenen Gewerkschaft angenommen.[9] Aus aktienrechtlicher Sicht wird vorgebracht, dass die Vergütung des Aufsichtsrates auch eine Anreizfunktion habe, die mit der Abführung ausgehebelt werde. Diese Anreizfunktion sei nicht nur rechtspolitisch, sondern auch rechtsdogmatisch zwingend einzuhalten und dürfe nicht von Dritten zum Nachteil der Gesellschaft umgangen werden.[10] Zudem werde durch die Abführungspflicht gegen das **Verbot der Gegnerfinanzierung** verstoßen, da die Gesellschaft damit die Gewerkschaft mittelbar finanziere;[11] wobei umstritten ist, ob durch das Verbot die Unabhängigkeit der Gewerkschaft[12] gesichert werden soll oder dies dem Schutz der negativen Koalitionsfreiheit des Arbeitgebers[13] dient. Zuletzt wurde gar argumentiert, dass in der Abführungspflicht ein deliktischer Eingriff in das Recht des eingerichteten und ausgeübten Gewerbebetriebs liege.[14]

Durchgreifende aktienrechtliche Bedenken bestehen nach diesseitiger Auffassung im Ergebnis nicht.[15] Zum einen besteht schon von Gesetzes wegen kein Anspruch des Aufsichtsratsmitgliedes auf (angemessene) Vergütung. Zum anderen besteht der Anspruch auf eine beschlossene Vergütung nur gegenüber der Gesellschaft und nicht gegenüber der Gewerkschaft; alles andere würde im Widerspruch zur Dispositionsfreiheit des Vergütungsanspruchs (→ Rn. 1 f.) stehen. 7

Für die Praxis ist die Zulässigkeit der Abführung aufgrund der Rechtsprechung, welche die Zulässigkeit durchgehend bejaht,[16] vorerst geklärt. Eine andere Bewertung ergibt sich auch nicht aus den Änderungen durch das ARUG II, da die grundsätzliche **Dispositionsfreiheit über den Vergütungsanspruch** vollständig erhalten geblieben ist.[17] Für den Regelfall, dass ein Mitglied über eine Gewerkschaftsliste gewählt wird und sich im Voraus für den Fall der Wahl verpflichtet hat, die Vergütung in dem genannten Umfang abzuführen, bestehen folglich keine durchgreifenden Bedenken. Dies gilt nach der Rechtsprechung auch dann, wenn eine solche Verpflichtung nicht 8

---

[8] Thüsing/Forst FS Graf von Westphalen, 2010, 693 (714 f.); Schäfer/Bachmaier ZIP 2018, 2141 (2146 f.); so auch der Hinweisbeschluss in BGH NZA 2020, 134; großzügiger hingegen BAG ZIP 2015, 2186 Rn. 38, wonach die „Einzelheiten" in einer Richtlinie bestimmt werden können.
[9] Thüsing/Forst FS Graf von Westphalen, 2010, 693 (696 ff.).
[10] Thüsing/Forst FS Graf von Westphalen, 2010, 693 (713 f.); Schäfer/Bachmaier ZIP 2018, 2141 (2147 f.); krit. daher auch Sünner AG 2012, 265 (273); Uffmann ZfA 2018, 225 (240 f.) wegen der Änderungen durch das ARUG II.
[11] Thüsing/Forst FS Graf von Westphalen, 2010, 693 (711 f.); Sagan ZGR 2020, 888 (889); MHdB ArbR/Uffmann § 376 Rn. 15.
[12] So BAG AP BetrVG 1972 § 40 Nr. 17; Tendenz bei BAG AP BetrVG 1975 § 40 Nr. 11; wohl auch Däubler/Peter/Rödl TVG § 2 Rn. 13 f.
[13] So Richardi/Thüsing BetrVG § 40 Rn. 36; wohl auch Fitting/Schmidt/Trebinger/Linsenmaier/Schelz BetrVG § 40 Rn. 78.
[14] Krieger FS E. Vetter, 2010, 363 (367 ff.).
[15] So auch Kölner Komm AktG/Mertens/Cahn AktG § 113 Rn. 58; GroßkommAktG/Hopt/Roth AktG § 113 Rn. 13 und 25; BeckOGK/Spindler/Mock § 113 Rn. 9; MüKoAktG/Habersack AktG § 113 Rn. 5; Habersack FS Hopt, 2020, 333 (384); Hoffmann-Becking FS Havermann, 1995, 229 (245); Hanau, Arbeitspapier 254 der Hans-Böckler-Stiftung, S. 40 f.; krit. Sünner AG 2012, 265 (273).
[16] BAG AG 2016, 39 = ZIP 2015, 2186; OLG Frankfurt a. M. NZG 2019, 945; NZG 2018, 870; OLG Stuttgart BeckRS 2008, 3407; LAG Berlin-Brandenburg BeckRS 2015, 71601; LAG Niedersachsen BeckRS 2014, 73602; bei vorheriger Einwilligung auch LG München NZG 2005, 522 (523).
[17] Habersack FS Hopt, 2020, 333 (348).

wirksam eingegangen wurde, aber aufgrund des gewerkschaftlichen Mitgliedschaftsverhältnisses eine Abführungspflicht besteht. Dies ist im Einzelfall durch Auslegung der Satzung zu ermitteln, wobei die Rechtsprechung in den bisher entschiedenen Fällen von einer solchen Pflicht ausgegangen ist – und zwar auch dann, wenn keine gesonderte Verpflichtungserklärung abgegeben wurde.[18] Nach der Rechtsprechung das BAG ist es zumindest nicht unbillig, wenn sich das Mitglied entscheidet, mit Unterstützung der Gewerkschaft ein Mandat anzustreben und im Gegenzug die dazu aufgestellten Regelungen beachten muss.[19]

9   Am weitesten geht ein Urteil des OLG Frankfurt,[20] demzufolge ein Gewerkschaftsmitglied auch dann zur Abführung seiner Vergütung verpflichtet sein soll, wenn es keine Verpflichtung eingegangen ist und das Mandat weder über eine Liste der Gewerkschaft noch durch sonstige Unterstützung der Gewerkschaft erlangt hat. Grundlage für die Entscheidung war die Satzung der IG Metall, deren Auslegung ergeben soll, dass eine Abführungspflicht auch in derartigen Fällen besteht. Die Regelung in § 3 Nr. 11 der Satzung lautet: *„Das Mitglied hat Einkünfte aus Mitbestimmungsfunktionen entsprechend den vom Vorstand auf der Grundlage eines Gewerkschaftstagsbeschlusses ergangenen Richtlinien abzuführen."* Ein solcher Beschluss sei auf dem 16. Ordentlichen Gewerkschaftstag 1989 unter TOP 256 gefasst worden. Eine Beschränkung auf unterstützte Mitglieder sei darin nicht vorgesehen gewesen. Demnach existiere neben der Mitgliedschaft keine weitergehende Voraussetzung für die Abführungspflicht. Die Nichtzulassungsbeschwerde wurde durch den BGH zurückgewiesen.[21]

10 Während die Auslegung der Gewerkschaftsatzung eine Frage des Einzelfalles ist, ist deren rechtlich mögliche Reichweite genereller Art. So wird teilweise angenommen, dass bereits eine **Inhaltskontrolle am Maßstab von § 242 BGB** dazu führt, dass ohne Unterstützung der Gewerkschaft kaum ein Anspruch entstehen kann. Die Interessen des Aufsichtsratsmitgliedes würden dabei zugunsten der Gewerkschaft vollkommen unberücksichtigt bleiben, was gegen Treu und Glauben verstoße.[22] In diese Richtung ging auch die Argumentation des LG München I, wonach ein Mitglied durch seinen Beitritt der Gewerkschaft keine Befugnis erteile, über sein Vermögen zu verfügen.[23] Eine solche Inhaltskontrolle hat das OLG Frankfurt auf die Feststellung beschränkt, dass im Prozess dazu nichts vorgetragen wurde und die grundrechtliche Position der Gewerkschaft eine gewichtige Position darstelle.[24]

11 Neben den rechtlichen Fragen wiegen die **rechtspolitischen Bedenken** gegen eine Abführungspflicht schwerer. Berechtigte Forderungen nach höherer Vergütung werden durch korrelierende Abführungspflichten von vornherein konterkariert. Das Aufsichtsratsamt wird durch die Abführungspflicht von außen in eine Art von „Ehrenamt"[25] umgestaltet, was dem Ziel einer Professionalisierung[26] und einer Anreizwir-

---

[18] Vgl. BAG ZIP 2015, 2186 Rn. 34 ff.; OLG Stuttgart BeckRS 2008, 3407 Rn. 13; OLG Frankfurt a. M. NZA-RR 2002, 531 (533); aA nur LG München NJW 2005, 1724 (1725) nrkr (ein Urteil für die Revision findet sich nicht; vermutlich ein Vergleich).
[19] BAGE 151, 367 Rn. 45.
[20] OLG Frankfurt ZIP 2018, 1290 = NZG 2018, 870 = AG 2018, 948.
[21] BGH 19.3.2019 – II ZR 22/18, BeckRS 2019, 69015.
[22] Sagan ZGR 2020, 889 (907); Schäfer/Bachmaier ZIP 2018, 2141 (2148).
[23] LG München I NZG 2005, 522 (522 f.) für einen Fall der Umwandlung.
[24] OLG Frankfurt ZIP 2018, 1290 (1291).
[25] Krieger FS Vetter, 2019, 363 (369); s. auch Rieble AG 2016, 315 (316).
[26] Kritisch zu diesem Argument wegen fehlender empirischer Belege Thüsing ZIP 2020, 2500 (2503).

kung[27] entgegensteht. Dies alles geht zu Lasten der Arbeitnehmervertreter, die dennoch alleinig und vollständig für etwaige Pflichtverletzungen haften, ohne den jeweiligen Abführungsempfänger dafür angemessen in Regress nehmen zu können. Nicht belegt erscheint hingegen das Argument, demzufolge sich die Mehrheit der Aktionäre abhalten lässt, eine angemessene Vergütung zu beschließen, da sie dadurch eine Förderung der Gewerkschaften fürchtet. Die Aktionäre sollten genügend Anreiz darin sehen, durch eine angemessene Vergütung qualifizierte Organträger zu finden, und nicht die Verwendung der Vergütung durch diese – bzw. die Arbeitnehmervertreter – in den Vordergrund stellen.

2. Abführungspflichten von Vertretern der öffentlichen Hand

Schrifttum:

Meier, Wahrnehmung von Gremientätigkeiten in kommunalen Beteiligungsgesellschaften – Hauptamt oder Nebenamt?, NZG 2002, 459.

Weniger problematisch sind Abführungspflichten von Aufsichtsratsmitgliedern, die diese Position aufgrund einer Beteiligung durch eine juristische Person des öffentlichen Rechts innehaben. Bundesbeamte etwa unterliegen einer Abführungspflicht nach der BNV, die auf der Grundlage des § 104 Abs. 2 Nr. 2 BBG eine Abführung (nur) der Vergütung vorsieht,[28] soweit ein bestimmter Betrag – abhängig von der Besoldungsgruppe – nach § 6 Abs 2 S. 1 BNV überschritten wird. Eine Abführungspflicht besteht allerdings nur, wenn der Beamte im öffentlichen Dienst tätig ist oder er das Mandat auf Verlangen, Vorschlag oder Veranlassung seines Dienstvorgesetzten ausübt (§ 6 Abs. 3 S. 1 BNV).[29] Zudem kann der Beamte Aufwendungen abziehen, welche die Gesellschaft nicht erstattet hat. **12**

In allen diesen Fällen basiert die Verpflichtung auf einer gesetzlichen Grundlage[30] und lässt das Aufsichtsratsmitglied im Gegenzug etwa nach § 102 BBG in den **Genuss einer Haftungsbeschränkung** kommen.[31] Danach kann sich das Organmitglied über einen Rückgriff schadlos halten, solange es nicht vorsätzlich oder grob fahrlässig gehandelt hat. Auch bei Vorsatz und grober Fahrlässigkeit besteht ein Rückgriffsanspruch, wenn das haftungsauslösende Verhalten auf einer Weisung beruhte.[32] **13**

II. Vergütung durch Dritte

Schrifttum:

Kiem, Drittvergütung von Aufsichtsratsmitgliedern, FS Stilz, 2014, 329; Neuhaus/Gellißen, Drittvergütungen für Aufsichtsratsmitglieder, NZG 2011, 1361; Selzner, Drittvergütungen in der Übernahme, AG 2013, 818.

---

[27] Vgl. MüKoAktG/Habersack AktG § 113 Rn. 5; GroßkommAktG/Hopt/Roth AktG § 113 Rn. 13 und 25.
[28] Für Gemeinden bislang etwa § 125 Abs. 1 S. 7 HGO, § 71 Abs. 5 KV M-V, § 138 Abs. 7 NKomVG.
[29] Abführungspflicht im saarländischen Recht nach BVerwG NZA 1998, 1304 auch für Ehrenbeamte.
[30] OVG Münster BeckRS 2020, 17593.
[31] Für Gemeinden § 125 Abs. 3 HGO (Hessen), § 71 Abs. 3 KV M-V (Mecklenburg-Vorpommern), § 138 Abs. 6 NKomVG (Niedersachsen), § 113 Abs. 7 GO NRW, § 88 Abs. 6 GO RhPf, § 114 Abs. 5 SaarKSVG, § 98 Abs. 4 SächsGemO, § 131 Abs. 4 KVG LSA, § 25 Abs. 3 SHGO, § 74 Abs. 3 ThürKO, Art. 93 Abs. 3 GO Bayern.
[32] Für Gemeinden Hoppe/Uechtritz/Reck KommunalUnternehmen-HdB/Oebbecke § 9 Rn. 59.

1. Allgemeines

14 Vergütungszahlungen an Aufsichtsratsmitglieder müssen nicht zwingend durch die Gesellschaft selbst erfolgen. Denkbar und bisweilen auch praxiserprobt sind Zahlungen durch einschlägig engagierte Investoren oder durch Mehrheitsaktionäre, namentlich durch die Muttergesellschaft.[33] In derartigen Fällen gilt § 113 AktG weder in der Muttergesellschaft (es geht nicht um deren eigenen Aufsichtsrat) noch in der Tochtergesellschaft (diese zahlt selbst nichts). Die Vergütung von Aufsichtsratsmitgliedern durch Dritte wird folglich dadurch zum Rechtsproblem, dass sie **gerade für die Aufsichtsratstätigkeit** ohne Beachtung der Regularien des § 113 AktG gewährt wird.[34] Auszuscheiden sind dabei alle Zahlungen aus anderem Rechtsgrund, insbesondere auch solche für die Erbringung von Dienstverträgen „höherer Art" nach § 114 AktG.

2. Zulässigkeit

15 Anders als beim Vorstand gilt das Wettbewerbsverbot des § 88 AktG nicht. Aus diesem Grunde spricht a priori nichts gegen die generelle[35] Zulässigkeit von Drittvergütungen.[36] Hiergegen wird eingewandt, dass eine solche Drittvergütung – anders als beispielsweise die vom Aufsichtsrat gebilligten Nebeneinkünfte eines Vorstandsmitglieds – praktisch keinerlei Kontrolle unterliegt und daher mit dem heutigen Verständnis einer am Unternehmensinteresse ausgerichteten Aufsichtsratsarbeit nicht vereinbar sei.[37] Dieser Einwand ist nicht ganz von der Hand zu weisen; er setzt jedoch an falscher Stelle an. Nicht erst die Vergütungszahlung, sondern bereits die zugrunde liegende Verstrickung in unternehmensfremde Interessen lässt einen **Interessenkonflikt bei fremdvergüteten Aufsichtsratsmitgliedern** besorgen. Diesen – und nicht erst dessen Verstetigung durch kontinuierliche Zahlungen – gilt es zu vermeiden.[38]

16 Gelegentlich wird versucht, aus Art. 9a ARRL II[39] eine **Unzulässigkeit von Drittvergütungen** wenigstens **für börsennotierte Gesellschaften** herzuleiten.[40] Indes bietet weder die ARRL II selbst noch deren Umsetzung durch das ARUG II[41] einen greifbaren Anhaltspunkt, Vergütungszahlungen durch Dritte einzuschränken. Im Gegenteil streitet der Erwägungsgrund 35 ARRL II eher für die Zulässigkeit von Drittzahlungen, da er die Veröffentlichung von Zahlungen der Konzernspitze anmahnt, was deren Zulässigkeit voraussetzt.[42]

---

[33] Diese Fälle dürften durchgängig zum Verlust der Unabhängigkeit im Sinne der Empfehlung C.6 des DCGK 2022 führen.
[34] Vgl. Neuhaus/Gelißen NZG 2011, 1361.
[35] Für Übernahmesachverhalte gilt hier die Spezialvorschrift des § 33 WpÜG; dazu eingehend Selzner AG 2013, 818 ff.
[36] Ebenso Goette/Arnold AR-HdB/Wasmann/Gärtner § 6 Rn. 11; Koch AktG § 113 Rn. 19; GroßkommAktG/Hopt/Roth AktG § 113 Rn. 78; Neuhaus/Gelißen NZG 2011, 1361 f.; Selzner AG 2013, 818 (823 f.); Kiem FS Stilz, 2014, 329 (333 ff.).
[37] So K. Schmidt/Lutter/Drygala AktG § 113 Rn. 11.
[38] Zutr. Semler/v. Schenck/Wilsing AR-HdB/Grau § 13 Rn. 41; ebenso Goette/Arnold AR-HdB/Wasmann/Gärtner § 6 Rn. 1; Koch AktG § 113 Rn. 19; Kiem FS Stilz, 2014, 329 (338 ff.); einschr. Selzner AG 2013, 818 (824 f.), der Interessenkonflikte (auch) auf der Vergütungsebene lösen will.
[39] RL (EU) 2017/828 vom 17.5.2017 im Hinblick auf die Förderung der langfristigen Mitwirkung der Aktionäre, ABl. EU 2017 L 132, 1.
[40] Vgl. MüKoAktG/Habersack AktG § 113 Rn. 14; Habersack FS Hopt, 2020, 333 (349 f.).
[41] Gesetz zur Umsetzung der zweiten Aktionärsrechterichtlinie vom 12.12.2019, BGBl. 2019 I 2637.
[42] So auch Koch AktG § 113 Rn. 19.

3. Anwendung des § 113 AktG

Zweifelhaft ist, ob und inwieweit § 113 Abs. 1 AktG auf die Zahlung von Drittvergütungen Anwendung findet. Soweit es um die Alleinzuständigkeit der Hauptversammlung bei der Gesellschaft geht, deren Aufsichtsratsmitglied vergütet wird, ist die Anwendung dieser Vorschrift zu verneinen, denn die finanzielle Mäßigung von Aufsichtsratsmitgliedern zu Gunsten Dritter gehört nicht zum Schutzrechtsumfang der Norm. Auch das **Angemessenheitsgebot** des § 113 Abs. 1 S. 3 AktG gilt nicht für Drittvergütungen.[43] Die Angemessenheit im Sinne dieser Vorschrift wird auch nicht bei der Frage bedeutsam, ob die von der Gesellschaft selbst gewährte Vergütung möglicherweise dadurch unangemessen hoch wird, dass noch eine Drittvergütung hinzukommt.[44] Ebenso wenig ist das **Gebot der Gleichbehandlung** bei der Gewährung einer Aufsichtsratsvergütung durch Dritte einschlägig.[45] Selbst die unter § 113 AktG unzulässige Koppelung einer variablen Vergütung an den Börsenkurs ist bei Drittvergütungen nicht zu beanstanden.[46]

17

4. Publizitäts- und Informationspflichten

§ 285 Nr. 9 lit. a S. 1 HGB verpflichtet die Gesellschaft zur Publizität aller im Geschäftsjahr gewährten Aufsichtsratsbezüge. Allerdings ordnet § 285 Nr. 9 lit. a S. 7 HGB die Offenlegung von Drittvergütungen ausdrücklich nur für Vorstandsmitglieder an. Hieraus folgt die hM[47] im Gegenschluss – zu Recht –, dass Aufsichtsratsvergütungen durch Dritte **nicht nach § 285 Nr. 9 HGB offenzulegen** sind. Dasselbe gilt nach § 314 Abs. 1 Nr. 6 lit. a HGB für den Konzernabschluss. Mit demselben Umkehrschlussargument (vgl. § 162 Abs. 2 Nr. 1 AktG) ist auch eine Erwähnung von Drittvergütungen des Aufsichtsrats im **Vergütungsbericht** nicht obligatorisch.[48] Anders steht es hingegen um die **Offenlegungspflicht gegenüber der Hauptversammlung**. Nach der Empfehlung C.13 DCGK 2022 sind anlässlich einer Aufsichtsratswahl geschäftliche Beziehungen eines Aufsichtsratskandidaten zu einem wesentlich beteiligten Aktionär offenzulegen. Zu derartigen geschäftlichen Beziehungen gehört auch eine (aktuell gezahlte oder für den Fall der Wahl vereinbarte) Vergütungszahlung durch ebendiesen Aktionär.[49] Hiervon unabhängig ist das **individuelle Auskunftsrecht der Aktionäre** nach § 131 AktG. Dieses umfasst sowohl anlässlich der Entlastungsentscheidung als auch anlässlich der Wiederwahl alle Arten von Drittvergütungen unter Einschluss von Höhe und genauer Herkunft.[50]

18

---

[43] Vgl. Goette/Arnold AR-HdB/Wasmann/Gärtner § 6 Rn. 12; Neuhaus/Gelißen NZG 2011, 1361 (1362 f.); krit. K. Schmidt/Lutter/Drygala AktG § 113 Rn. 11.
[44] Zutr. Kiem FS Stilz, 2014, 329 (334 f.).
[45] Neuhaus/Gelißen NZG 2011, 1361 (1363); Kiem FS Stilz, 2014, 329 (335).
[46] Vgl. Koch AktG § 113 Rn. 19; Kiem FS Stilz, 2014, 329 (336 f.).
[47] Vgl. Kiem FS Stilz, 2014, 329 (341 f.); zuvor bereits Neuhaus/Gelißen NZG 2011, 1361 (1364 f.).
[48] Ebenso Semler/v. Schenck/Wilsing AR-HdB/Grau § 13 Rn. 41 Fn. 109; aA Goette/Arnold AR-HdB/Wasmann/Gärtner § 6 Rn. 14.
[49] IErg ebenso Semler/v. Schenck/Wilsing AR-HdB/Grau § 13 Rn. 41; Kiem FS Stilz, 2014, 329 (342 f.).
[50] Vgl. Kiem FS Stilz, 2014, 329 (342 f.).

§ 10. Vergütung des ersten Aufsichtsrats (§ 113 Abs. 2 AktG)

1 Nach § 113 Abs. 2 S. 1 AktG kann den Mitgliedern des ersten Aufsichtsrats für ihre Tätigkeit (gemeint ist eine **Tätigkeit als Aufsichtsratsmitglied** und nicht auch eine etwaige Beratertätigkeit im Sinne des § 114 AktG) nur die Hauptversammlung eine Vergütung gewähren. Die Vorschrift bezweckt, den Sondereinfluss der Gründer zu eliminieren, indem sie ihnen von vornherein die Vergütungskompetenz entzieht.[1] Die Gründer können somit den Mitgliedern des ersten Aufsichtsrats lediglich **Sondervorteile** zukommen lassen, die allerdings nach § 26 AktG in der Satzung festgesetzt und nach §§ 32 ff. AktG zum Gegenstand der Gründungsprüfung gemacht werden müssen.

2 Regelungssubjekte des § 113 Abs. 2 S. 1 AktG sind die **Mitglieder des ersten Aufsichtsrats.** Gemeint ist der erste Aufsichtsrat nach Gründung der Gesellschaft im Sinne der §§ 30, 31 AktG. Damit gehören gewählte „Zweitmitglieder", die anstelle vorzeitig ausgeschiedener Mitglieder noch vor Ablauf der ersten Amtsperiode in den Aufsichtsrat gewählt (oder gerichtlich bestellt) werden, nicht mehr zum Kreis der von der Vergütung ausgeschlossenen Personen.[2] Zwar gelten auch anlässlich einer **formwechselnden Umwandlung** nach § 197 S. 1 UmwG die für die neue Rechtsform einschlägigen Gründungsvorschriften. Hiervon ausgenommen sind jedoch die §§ 30, 31 AktG, auf die (nur) § 113 Abs. 2 S. 1 AktG verweist.[3] Ob der Aufsichtsrat nach einem solchen Formwechsel gem. § 203 UmwG personell unverändert fortbesteht oder nicht, ist für die Unanwendbarkeit des § 113 Abs. 2 S. 1 AktG ohne Bedeutung. Die Organ- und Mitgliederkontinuität führt lediglich dazu, dass die bisherige Vergütung unverändert fortgilt (→ § 7 Rn. 16). Die wichtigste Konsequenz der Unanwendbarkeit des § 113 Abs. 2 S. 1 AktG auf Umwandlungsfälle besteht darin, dass – anders als bei einer Neugründung – bereits die Gründungssatzung des neuen Rechtsträgers die Aufsichtsratsvergütung wirksam regeln kann.[4]

3 Die Bewilligungskompetenz für Vergütungsfragen fällt nach § 113 Abs. 2 S. 2 AktG der ersten Hauptversammlung zu, die über die Entlastung der Mitglieder des ersten Aufsichtsrats beschließt. Dies ist nach der zwingenden Anordnung des § 30 Abs. 3 S. 1 AktG der Tag der Entlastungsentscheidung **nach Ablauf des ersten Voll- oder Rumpfgeschäftsjahres;** bei Anwendung des § 120 Abs. 1 S. 1 AktG mithin spätestens 20 Monate nach Gründung. Ob die Hauptversammlung dabei den ersten Aufsichtsrat entlastet oder ihm die Entlastung verweigert, spielt dabei keine Rolle.[5] Sollte die Hauptversammlung innerhalb der geschilderten Frist entweder gar nicht stattfinden oder sich – aus welchen Gründen auch immer – mit der Entlastung

---

[1] MHdB GesR IV/Hoffmann-Becking § 33 Rn. 32; Semler/v. Schenck/Wilsing AR-HdB/Grau § 13 Rn. 100; Goette/Arnold AR-HdB/Wasmann/Gärtner § 6 Rn. 95; Kölner Komm AktG/Mertens/Cahn AktG § 113 Rn. 4; Koch AktG § 113 Rn. 27; K. Schmidt/Lutter/Drygala AktG § 113 Rn. 31; GroßkommAktG/Hopt/Roth AktG § 113 Rn. 151; MüKoAktG/Habersack AktG § 113 Rn. 60.
[2] Zutr. Semler/v. Schenck/Wilsing AR-HdB/Grau § 13 Rn. 102.
[3] MüKoAktG/Habersack AktG § 113 Rn. 61; GroßkommAktG/Hopt/Roth AktG § 113 Rn. 154 (anders Rn. 152 aE); Hoffmann-Becking AG 1980, 269 ff.
[4] MüKoAktG/Habersack AktG § 113 Rn. 61.
[5] Vgl. Semler/v. Schenck/Wilsing AR-HdB/Grau § 13 Rn. 101; Kölner Komm AktG/Mertens/Cahn AktG § 113 Rn. 45; MüKoAktG/Habersack AktG § 113 Rn. 60.

des (ersten) Aufsichtsrats gar nicht befassen, so ist das vom BGH[6] zu § 102 AktG proklamierte Amtsende auch auf die Amtszeit nach § 30 Abs. 3 S. 1 AktG anzuwenden.[7]

Die Hauptversammlung ist nicht verpflichtet, anlässlich der Entlastung des ersten Aufsichtsrats eine Vergütung zu bewilligen. Fasst sie gleichwohl einen solchen Vergütungsbeschluss, kann dieser auch die zurückliegende Amtszeit des Aufsichtsrats seit Gründung abdecken.[8] Sie kann einen solchen Beschluss vielmehr durch Satzungsänderung oder durch einfachen Bewilligungsbeschluss **jederzeit nachholen**.[9] Zieht die Hauptversammlung den Entlastungsbeschluss hingegen auf einen Zeitpunkt vor Ablauf des ersten Voll- oder Rumpfgeschäftsjahres vor, ist ihr eine Vergütungsentscheidung durch § 113 Abs. 2 S. 2 AktG verwehrt. 4

Setzt die Hauptversammlung vor Ablauf der ersten Amtszeit entgegen § 113 Abs. 2 S. 2 AktG eine Vergütung fest, so ist dieser Beschluss nicht nur anfechtbar, sondern nach § 241 Nr. 3 AktG nichtig.[10] Nichtig sind auch etwaige vertragliche Absprachen zwischen Gründern und Aufsichtsratsmitgliedern.[11] Kommt es gleichwohl zu einer Vergütungszahlung entgegen § 113 Abs. 2 AktG, so haben die empfangenden Aufsichtsratsmitglieder die erhaltenen Beträge ohne die Möglichkeit der Berufung auf § 817 Abs. 2 BGB zurückzugewähren.[12] Daneben besteht eine inhaltsgleiche Haftung von Vorstand und Aufsichtsrat nach § 93 Abs. 3 Nr. 7 AktG, § 116 S. 1 AktG.[13] 5

§ 11. Rechtsfolgen unrechtmäßiger Vergütungsgewährung

Übersicht

	Rn.
I. Rückforderungsanspruch	1
1. Allgemeines	1
2. Anspruchsgrundlagen	2
a) Ungerechtfertigte Bereicherung	2
b) § 114 Abs. 2 AktG	3
3. Anspruchsinhaber	4
4. Anspruchsgegner	5
5. Verjährung, Verfristung und Aufrechnung	6

---

[6] Vgl. BGH AG 2002, 676 (677) = NZG 2002, 916; folgend OLG München AG 2010, 87 = NZG 2009, 1430 (1431).
[7] HM; vgl. nur MüKoAktG/Pentz AktG § 30 Rn. 24 mwN.
[8] Zutr. GroßkommAktG/Hopt/Roth AktG § 113 Rn. 152.
[9] So auch Semler/v. Schenck/Wilsing AR-HdB/Grau § 13 Rn. 100; Kölner Komm AktG/Mertens/Cahn AktG § 113 Rn. 45; MüKoAktG/Habersack AktG § 113 Rn. 58; GroßkommAktG/Hopt/Roth AktG § 113 Rn. 152.
[10] Kölner Komm AktG/Mertens/Cahn AktG § 113 Rn. 45; MüKoAktG/Habersack AktG § 113 Rn. 60; K. Schmidt/Lutter/Drygala AktG § 113 Rn. 31; GroßkommAktG/Hopt/Roth AktG § 113 Rn. 151; Semler/v. Schenck/Wilsing AR-HdB/Grau § 13 Rn. 98; Goette/Arnold AR-HdB/Wasmann/Gärtner § 6 Rn. 96.
[11] GroßkommAktG/Hopt/Roth AktG § 113 Rn. 151; Kölner Komm AktG/Mertens/Cahn AktG § 113 Rn. 45; MüKoAktG/Habersack AktG § 113 Rn. 60.
[12] Vgl. Semler/v. Schenck/Wilsing AR-HdB/Grau § 13 Rn. 104; GroßkommAktG/Hopt/Roth AktG § 113 Rn. 153.
[13] Semler/v. Schenck/Wilsing AR-HdB/Grau § 13 Rn. 104; GroßkommAktG/Hopt/Roth AktG § 113 Rn. 153.

	Rn.
II. Schadensersatzhaftung	7
1. Haftung des Vorstands	7
2. Haftung der Aufsichtsratsmitglieder	9
III. Strafrechtliche Verantwortung	11

I. Rückforderungsanspruch

1. Allgemeines

1 Die Ursachen unrechtmäßiger Vergütungsgewährungen sind vielfältig. Den „Prototyp" bilden schlichte Zahlungen an Aufsichtsratsmitglieder ohne jeden Hauptversammlungsbeschluss. Dieser Fall ist nur noch selten – vorwiegend bei inhabergeführten Familiengesellschaften – zu beobachten. In der forensischen Praxis ebenfalls spärlich sichtbar sind nichtige oder für nichtig erklärte Vergütungsansprüche. Den häufigsten Erscheinungsfall bilden Vergütungsentscheidungen der Hauptversammlung, die zwar formell oder materiell fehlerhaft sind, aber weder einem Anfechtungsverfahren noch einer Nichtigkeitsfeststellungsklage unterzogen werden. Im ersten Fall bleibt der Vergütungsbeschluss der Hauptversammlung wirksam und bindend mit der Folge, dass **keine Rückforderungsmöglichkeit** besteht (→ § 4 Rn. 59). In allen anderen vorbeschriebenen Konstellationen fehlt es an einem wirksamen Vergütungsanspruch. Dies hindert nicht nur eine Geltendmachung der Vergütung gegenüber der Gesellschaft (→ § 4 Rn. 9), sondern begründet hinsichtlich der bereits gezahlten Vergütungsbestandteile auch einen Rückgewähranspruch der Gesellschaft.

2. Anspruchsgrundlagen

a) Ungerechtfertigte Bereicherung

2 Ein wirksamer (einfacher oder satzungsändernder) Hauptversammlungsbeschluss bildet den (korporationsrechtlichen) Rechtsgrund für die Gewährung einer Vergütung an die Aufsichtsratsmitglieder (→ § 4 Rn. 9). Hierzu gehören auch fehlerhafte – jedoch nicht angefochtene – und nichtige – jedoch aufgrund Zeitablaufs nach § 242 Abs. 2 AktG geheilte – Festsetzungsbeschlüsse. Das Fehlen oder die Unwirksamkeit eines Festsetzungsbeschlusses begründet hingegen einen Rückforderungsanspruch der Gesellschaft aus § 812 Abs. 1 BGB (ohne die Möglichkeit des Einwands nach § 817 Abs. 2 BGB[1]). Dies ist im Grundsatz unstreitig, wenngleich selten deutlich ausgesprochen.[2] Ob der Rückforderungsanspruch aufgrund eines fehlenden oder nichtigen Hauptversammlungsbeschlusses von vornherein fehlt oder durch erfolgreiche Anfechtungsklage später wegfällt, ist unerheblich. Im erstgenannten Fall ist § 812 Abs. 1 S. 1 BGB, im letztgenannten Fall ist § 812 Abs. 1 S. 2 BGB einschlägig. Auch bei erfolgreicher (nachträglicher) Beschlussanfechtung wirkt die gerichtliche Nichtigerklärung gem. § 248 Abs. 1 S. 1 AktG gegen alle Aufsichtsratsmitglieder, so dass auch hier die

---

[1] So BGH AG 2007, 484 Rn. 20 = NZG 2007, 516 Rn. 20.
[2] Deutlich jedoch Semler/v. Schenck/Wilsing AR-HdB/Grau § 13 Rn. 54; Goette/Arnold AR-HdB/Wasmann/Gärtner § 6 Rn. 104; GroßkommAktG/Hopt/Roth AktG § 113 Rn. 148; MüKoAktG/Habersack AktG § 113 Rn. 56; vgl. auch BeckOGK/Spindler/Mock AktG § 113 Rn. 72.

gesamte bis dahin erlangte Vergütung (allerdings nur die eigene!) zurückzuzahlen ist. Der **Einwand der Entreicherung** nach § 818 Abs. 3 BGB verschlägt hier nicht, weil in den genannten Fällen durchgängig § 819 Abs. 2 BGB einschlägig sein dürfte.[3]

b) § 114 Abs. 2 AktG

In Rechtsprechung[4] und Schrifttum wird der Rückforderungsanspruch der Gesellschaft bisweilen zusätzlich[5] oder sogar ausschließlich[6] auf eine (analoge) Anwendung des § 114 Abs. 2 AktG gestützt. Dem ist mit der Maßgabe zuzustimmen dass § 114 Abs. 2 AktG eine konkurrierende Anspruchsgrundlage darstellt. Zwar fehlt es für eine Analogie an einer ausfüllungsbedürftigen Regelungslücke; hier bietet das Bereicherungsrecht der Gesellschaft (scheinbar) ausreichend Schutz. Indes würde eine Verneinung der Anwendung des § 114 Abs. 2 AktG dazu führen, dass ein zustimmungsfähiger Vertrag im Sinne des § 114 Abs. 1 AktG bei verweigerter Zustimmung in den Genuss des § 114 Abs. 2 S. 2 AktG käme, während die Gesellschaft auf das Bereicherungsrecht beschränkt wäre, wenn der Vertrag aufgrund seines Inhalts von vornherein nicht genehmigungsfähig war. Der hierin liegende „Doppelfehler" würde somit im Rahmen des § 113 AktG eine minderwertigere Rechtsfolge auslösen, die der Gesetzgeber so nicht gesehen hat.[7]

3. Anspruchsinhaber

Inhaber des Rückforderungsanspruchs ist die Gesellschaft. Diese wird hierbei durch den Vorstand vertreten. Dieser hat wegen § 93 Abs. 3 Nr. 7 AktG **kein Entscheidungsermessen** bei der Frage, ob er die Rückforderung durchsetzen oder hierauf lieber verzichten sollte. Selbst die daraus möglicherweise resultierenden Reputationsschäden für das Unternehmen sind kein akzeptabler Hinderungsgrund; die zur Durchsetzung von Haftungsansprüchen entwickelten Ausnahmetatbestände[8] finden hier keine Anwendung. Insofern kann sich der Vorstand im gerichtlichen Rückforderungsprozess auch nicht aus eigener Kompetenz vergleichen. Da ein Vergleich allerdings häufig sinnvoll ist, muss hierfür die Zustimmung der Hauptversammlung eingeholt werden.

4. Anspruchsgegner

Schuldner der Rückzahlungsverpflichtung ist jedes einzelne Aufsichtsratsmitglied, dem zu Unrecht eine Vergütung gewährt wurde. Allerdings haftet jedes Aufsichtsratsmitglied nur in Höhe des selbst empfangenen Betrages; eine irgendwie geartete **Gesamtschuld unter mehreren Aufsichtsratsmitgliedern** besteht nicht. Dagegen haftet das Aufsichtsratsmitglied gesamtschuldnerisch mit dem Empfänger der Vergütung, wenn die Vergütung festsetzungsgemäß an einen Dritten gezahlt wurde (→ § 9 Rn. 2).

---

[3] So auch Goette/Arnold AR-HdB/Wasmann/Gärtner § 6 Rn. 104; anders wohl GroßkommAktG/Hopt/Roth AktG § 113 Rn. 148.
[4] Vgl. BGHZ 168, 188 Rn. 20 = NZG 2006, 712; BGHZ 170, 60 Rn. 16 = NZG 2007, 103; BGHZ 230, 190 Rn. 33 = NZG 2021, 1311.
[5] So MüKoAktG/Habersack AktG § 113 Rn. 56; GroßkommAktG/Hopt/Roth § 113 Rn. 149 aE.
[6] So Lutter/Krieger/Verse Rechte und Pflichten Rn. 844.
[7] BGHZ 168, 188 Rn. 20 = NZG 2006, 712.
[8] Vgl. dazu BGHZ 135, 244 (253 ff.) = NJW 1997, 1926 (1928); bestätigend BGHZ 219, 356 Rn. 31, 37 = NJW 2019, 596.

Selbstverständlich hindert auch ein zwischenzeitliches Ausscheiden die Gesellschaft nicht daran, das ehemalige Aufsichtsratsmitglied auf Rückzahlung empfangener Vergütung in Anspruch zu nehmen.

5. Verjährung, Verfristung und Aufrechnung

6 Der Rückforderungsanspruch der Gesellschaft unterliegt der dreijährigen Regelverjährung nach § 195 BGB. Die Verjährung beginnt nach § 199 Abs. 1 Nr. 2 BGB mit der Kenntnis des Vorstands von der Unwirksamkeit der Vergütungsgewährung, was bei erfolgreichen Anfechtungsklagen mit Verkündung des rechtskräftigen Urteils der Fall ist. Daneben erfahren nichtige satzungsändernde Vergütungsbeschlüsse nach § 242 Abs. 2 AktG eine Heilung, sobald diese drei Jahre lang im Handelsregister eingetragen sind. In allen genannten Fällen ist der Vorstand berechtigt und verpflichtet, später fällig werdende Vergütungszahlungen nach § 215 BGB **mit ausstehenden Rückzahlungen zu verrechnen.** Unabhängig davon kann die Hauptversammlung für alle Perioden, für die noch kein Jahresabschluss festgestellt wurde (vgl. → § 5 Rn. 28), nachträglich einen wirksamen Hauptversammlungsbeschluss über die Gewährung einer – insoweit auch rückwirkenden – Aufsichtsratsvergütung fassen, der dem Rückforderungsanspruch der Gesellschaft die rechtliche Grundlage entzieht.

II. Schadensersatzhaftung

1. Haftung des Vorstands

7 Vergütungszahlungen ohne jeglichen oder ohne wirksamen Vergütungsbeschluss begründen nach § 93 Abs. 3 Nr. 7 AktG die gesamtschuldnerische Ersatzpflicht aller Vorstandsmitglieder ohne die Möglichkeit der Exkulpation nach § 93 Abs. 1 S. 2 AktG. Rechtlich bedeutsam ist hier allenfalls ein **unverschuldeter Rechtsirrtum.** Um sich hierauf berufen zu können, muss der Vorstand vorab einen – idealerweise schriftlichen – Rechtsrat von einem sorgfältig ausgewählten Berater eingeholt haben, der die Rechtmäßigkeit der Vergütungszahlung zumindest als vertretbar klassifiziert hat.[9] Nicht enthaftend wirkt hingegen ein schlichtes Votum gegen die Vergütungszahlung bei Abstimmungen im Vorstand.[10] Das überstimmte Vorstandsmitglied muss vielmehr zusätzliche Aktivitäten zur Verhinderung der Beschlussausführung entfalten. Wie in anderen Fällen, genügt auch hier die Unterrichtung des Aufsichtsrats (oder zumindest des Aufsichtsratsvorsitzenden) über die dissentierende Rechtsansicht.

8 Die Rechtsfolge unrechtmäßiger Vergütungsgewährung ist relativ einfach zu handhaben. Die in § 93 Abs. 3 Nr. 7 AktG angeordnete Schadensersatzpflicht umfasst die **Summe aller unrechtmäßig geleisteten Vergütungszahlungen.**

---

[9] Vgl. BGH NZG 2011, 1271 = AG 2011, 876 Rn. 18 = ZIP 2011, 2097 Rn. 18 = NJW-RR 2011, 1670 – ISION (nicht in BGHZ aufgenommen); BGH AG 2015, 535 (537) = NZG 2015, 792 Rn. 28; eingehend dazu Krieger ZGR 2012, 496.
[10] MüKoAktG/Spindler AktG § 93 Rn. 204.

2. Haftung der Aufsichtsratsmitglieder

Fraglich ist, ob auch die Aufsichtsratsmitglieder selbst gegenüber der Gesellschaft qua Verweisung in § 116 S. 1 AktG nach § 93 Abs. 3 Nr. 7 AktG ersatzpflichtig sind. Diese Frage wird in der Literatur zu Recht bejaht.[11] Das Privileg, bei bloßer Anfechtbarkeit des Vergütungsbeschlusses seine Vergütung behalten zu dürfen (→ § 5 Rn. 59), schlägt auf nichtige oder gar völlig fehlende Hauptversammlungsbeschlüsse nicht durch. Insofern ist jedes Aufsichtsratsmitglied gegenüber der Gesellschaft ersatzpflichtig. Anders als beim Rückforderungsanspruch nach Bereicherungsrecht (→ Rn. 2) umfasst die Ersatzpflicht aus § 116 S. 1 AktG, § 93 Abs. 3 Nr. 7 AktG die insgesamt an alle Aufsichtsratsmitglieder geleisteten Zahlungen; insofern besteht unter den Aufsichtsratsmitgliedern **Gesamtschuld**. Ausgenommen hiervon sind diejenigen Aufsichtsratsmitglieder, die aufgrund abweichender Rechtsansicht von vornherein keine Vergütung angenommen oder diese unverzüglich zurücküberwiesen haben. Hier wäre es nicht sachgerecht, die rechtstreuen Organmitglieder für die rechtswidrige Erlangung von Vergütungen anderer in Anspruch zu nehmen.

9

Sofern einzelne Aufsichtsratsmitglieder zusätzlich Aktionäre der Gesellschaft sind, sind diese wegen Verstoßes gegen § 57 AktG der Gesellschaft gem. § 62 AktG bei einem fehlenden oder unwirksamen Festsetzungsbeschluss zur Rückzahlung der empfangenen Vergütung verpflichtet.[12] Die Verpflichtung ist im Falle der Existenz mehrerer rückzahlungspflichtiger Aufsichtsratsmitglieder eine gesamtschuldnerische und beschränkt sich nicht auf die selbst (fehlerhaft) bezogenen Vergütungszahlungen.[13] Ein Entreicherungseinwand nach § 818 BGB ist ausgeschlossen.

10

III. Strafrechtliche Verantwortung

Neben der zivilrechtlichen Verantwortung kann den Vorstand bei der Gewährung unrechtmäßiger Aufsichtsratsvergütungen auch eine strafrechtliche Verantwortung treffen. In Betracht kommt hierbei vor allem der Straftatbestand der Untreue (§ 266 StGB).[14] In praxi betrifft dies allerdings weniger formell geleistete Vergütungszahlungen als vielmehr ungerechtfertigte – zumeist verdeckte – Sachleistungen (→ § 6 Rn. 35 f.).

11

---

[11] So von K. Schmidt/Lutter/Drygala AktG § 113 Rn. 4; MüKoAktG/Habersack AktG § 113 Rn. 56; GroßkommAktG/Hopt/Roth AktG § 113 Rn. 148.
[12] Unstr.; vgl. nur Goette/Arnold AR-HdB/Wasmann/Gärtner § 6 Rn. 104.
[13] BGHZ 173, 1 Rn. 12 = NZG 2007, 704 zu § 31 GmbHG.
[14] Vgl. OLG Braunschweig NJW 2012, 3798 (3800).

§ 12. Vergütungsvotum (§ 113 Abs. 3 AktG nF)

Übersicht

	Rn.
I. Grundlagen	1
II. Einheitsmodell oder Beschlussmehrheit?	4
III. Beschlussfrequenz (Abs. 3 S. 1)	10
IV. Bestätigungsbeschluss (Abs. 3 S. 2 Hs. 1)	11
V. Beschlussqualität und -mehrheiten (Abs. 3 S. 2 Hs. 1)	12
VI. Inhaltliche Beschlussanforderungen (Abs. 3 S. 3)	14
1. Allgemeines	14
2. Kritik	16
3. Erforderliche Angaben	17
a) Mindestangaben	17
b) Form	19
c) Inbezugnahme	21
d) Ausnahmen bei Geheimhaltungsinteresse	24
4. Einzelheiten	25
a) Festlegung einer Maximalvergütung (§ 87a Abs. 1 S. 2 Nr. 1 AktG)	25
b) Beitrag zur Förderung der Geschäftsstrategie (§ 87a Abs. 1 S. 2 Nr. 2 AktG)	27
c) Relation von fester und variabler Vergütung (§ 87a Abs. 1 S. 2 Nr. 3 AktG)	30
d) Leistungskriterien (§ 87a Abs. 1 S. 2 Nr. 4 AktG)	35
e) Aufschubzeiten (§ 87a Abs. 1 S. 2 Nr. 5 AktG)	36
f) Rückforderungsmöglichkeiten (§ 87a Abs. 1 S. 2 Nr. 6 AktG)	37
g) Aktienbasierte Vergütung (§ 87a Abs. 1 S. 2 Nr. 7 AktG)	38
h) Vergütungsbezogene Rechtsgeschäfte (§ 87a Abs. 1 S. 2 Nr. 8 AktG)	39
i) Vergütungs- und Beschäftigungsbedingungen der Arbeitnehmer (§ 87a Abs. 1 S. 2 Nr. 9 AktG)	40
j) Darstellung des Verfahrens (§ 87a Abs. 1 S. 2 Nr. 10 AktG)	42
k) Wiedervorlage (§ 87a Abs. 1 S. 2 Nr. 11 AktG)	45
VII. Beschlussvorbereitungen	47
VIII. Vergütungsregelung auf Satzungsebene (Abs. 3 S. 4)	49
IX. Anfechtungsausschluss (Abs. 3 S. 5)	50
X. Publizität (§ 113 Abs. 3 S. 6 AktG nF iVm § 120a Abs. 2 AktG)	53
XI. Ablehnende Beschlüsse (§ 113 Abs. 3 S. 6 AktG nF iVm § 120a Abs. 3 AktG)	59

Schrifttum:

Anzinger, Vorstands- und Aufsichtsratsvergütung: Kompetenzverteilung und Offenlegung nach der zweiten Aktionärsrechterichtlinie, ZGR 2019, 39; Arnold/Herzberg/Zeh, Das Vergütungssystem börsennotierter Gesellschaften nach § 87a AktG, AG 2020, 313; Bachmann/Pauschinger, Die Neuregelung der Vorstands- und Aufsichtsratsvergütung durch das ARUG II, ZIP 2019, 1; Bayer, Die Vergütung von Vorstands- und Aufsichtsratsmitgliedern börsennotierter Gesellschaften nach dem RefE für das ARUG II, DB 2018, 3034; Behme, Die Vergütung der Mitglieder von Vorstand und Aufsichtsrat – gesellschaftsrechtliche Rahmenbedingungen und Haftungsrisiken, BB 2019, 451; Böcking/Bundle, Die Umsetzung der zweiten Aktionärsrechterichtlinie (ARUG II) – Implikationen der neuen Vergütungsregelungen für die Corporate Governance in Deutschland –, Der Konzern 2020, 15; Bungert/Berger, Say on Pay and Related Party Transactions: Der RefE des Gesetzes zur Umsetzung der zweiten Aktionärsrechterichtlinie (Teil 1), DB 2018, 2801; Bungert/Wansleben, Umsetzung der überarbeiteten Aktionärsrechterichtlinie in das deutsche Recht: Say on Pay und Related Party Transactions, DB 2017, 1190; Bungert/Wansleben, ARUG II: Say on Pay und Related Party Transaction im

Regierungsentwurf aus Sicht der Praxis, DB 2019, 1026; DAV-Handelsrechtsausschuss, Stellungnahme zum Referentenentwurf eines Gesetzes zur Umsetzung der zweiten Aktionärsrechterichtlinie (ARUG II), NZG 2019, 12; Diekmann, Say on Pay – Umsetzung ins deutsche Recht nach dem ARUG II-Referentenentwurf, BB 2018, 3010; Florstedt, Die neuen Aktionärsvoten zur Organvergütung, ZGR 2019, 630; Florstedt, Die wesentlichen Änderungen des ARUG II nach den Empfehlungen des Rechtsausschusses, ZIP 2020, 1; Gaul, Das Vergütungsvotum der Hauptversammlung nach § 120 Abs. 4 AktG im Lichte der Reform der Aktionärsrechte-Richtlinie, AG 2017, 178; Goslar, Organvergütung nach ARUG II und dem neuen DCGK, DB 2020, 937; Habersack, Vorstands- und Aufsichtsratsvergütung – Grundsatz- und Anwendungsfragen im Lichte der Aktionärsrechterichtlinie, NZG 2018, 127; Habersack, Aufsichtsratsvergütung nach ARUG II, FS Hopt, 2020, 333; Heldt, „Say on Pay" und „Related Party Transactions" im Referentenentwurf des ARUG II aus gesellschaftsrechtspolitischer Sicht, AG 2018, 905; Herrler, Das Vergütungsvotum der Hauptversammlung, ZHR 184 (2020), 408; Hommelhoff, Aktuelle Impulse aus dem europäischen Unternehmensrecht: Eine Herausforderung für Deutschland, NZG 2015, 1329; Inci, Diskussionsbericht zum Berliner Kreis für Gesellschaftsrecht: Die reformierte Aktionärsrechte-Richtlinie und ihre Umsetzbarkeit ins deutsche Recht, NZG 2017, 579; Leuering, Vorstands- und Aufsichtsratsvergütung in der geänderten Aktionärsrechterichtlinie, NZG 2017, 646; Löbbe/Fischbach, Die Neuregelungen des ARUG II zur Vergütung von Vorstand und Aufsichtsrat börsennotierter Gesellschaften, AG 2020, 373; Paschos/Goslar, Der Referentenentwurf des Gesetzes zur Umsetzung der zweiten Aktionärsrechterichtlinie (ARUG II) aus Sicht der Praxis, AG 2018, 857; J. Schmidt, Die Umsetzung der Aktionärsrichtlinie 2017: der Referentenentwurf für das ARUG II, NZG 2018, 1201; Seulen, RefE für das ARUG II – Umsetzung der zweiten Aktionärsrechterichtlinie, DB 2018, 2915; Seibt, Richtlinienvorschlag zur Weiterentwicklung des europäischen Corporate Governance-Rahmens, DB 2014, 1910; Spindler, Die Neuregelung der Vorstands- und Aufsichtsratsvergütung im ARUG II, AG 2020, 61; Spindler, Die Neuregelung der Aufsichtsratsvergütung im Rahmen des Vergütungssystems nach ARUG II, FS Krieger, 2020, 951; Stöber, Neuerungen im Aktienrecht durch das ARUG II, DStR 2020, 391; Velte, Say on Pay-Regulierung nach der Neufassung der Richtlinien 2007/36/EU und 2013/34/EU, NZG 2017, 368; Velte, Quo vadis, Vergütungsberichterstattung – Stellungnahme zur Transformation der modifizierten EU-Aktionärsrechterichtlinie 2017/828, DStR 2018, 208; Velte, Der Vergütungsbericht und die Vergütungsvoten nach dem ARUG II- RefE, DStR 2018, 2445; Wandt/Vossen, Die Übergangsbestimmungen für das Vergütungssystem des Vorstands, AG 2020, 705; Zetsche, Langfristigkeit im Aktienrecht? – Der Vorschlag der Europäischen Kommission zur Reform der Aktionärsrechterichtlinie, NZG 2014, 1121.

I. Grundlagen

§ 113 Abs. 3 AktG nF ist das Ergebnis der Umsetzung von Art. 9a ARRL II[1] durch das ARUG II[2] und gilt daher von vornherein **nur für börsennotierte Aktiengesellschaften.** Die Vorschrift gilt nach § 26j Abs. 1 EGAktG für alle ordentlichen Hauptversammlungen ab dem 1.1.2021; eine zeitlich frühere Befassung war selbstverständlich zulässig.[3] Der Vollzugsumfang anlässlich der Richtlinien-Umsetzung ist allerdings deutlich hinter dem Regelungsumfang der Richtlinie zurückgeblieben, weil diese – für Deutschland insoweit bedeutungslos – die Zuständigkeit der Hauptversammlung für die Vergütung des Aufsichtsrats anordnet. Verblieben ist damit nur die regelmäßige Befassung der Hauptversammlung mit den **Leitlinien der Vergütungspolitik.** Gleichzeitig ist nach über 50jähriger Geltungsdauer das wissenschaftlich ungeliebte

1

---

[1] RL (EU) 2017/828 vom 17.5.2017 im Hinblick auf die Förderung der langfristigen Mitwirkung der Aktionäre, ABl. EU 2017 L 132, 1.
[2] Gesetz zur Umsetzung der zweiten Aktionärsrechterichtlinie vom 12.12.2019, BGBl. 2019 I 2637.
[3] Vgl. Begr. RegE ARUG II BT-Drs. 19/9739, 117; MüKoAktG/Habersack AktG § 113 Rn. 65; Koch AktG § 113 Rn. 29.

und praktisch nahezu bedeutungslose § 113 Abs. 3 AktG aF außer Kraft getreten, der die Teilhabe der Aufsichtsratsmitglieder am Gewinn der Gesellschaft regelte.

2 Schon vor Inkrafttreten des § 113 Abs. 3 AktG nF wurde gelegentlich die Ansicht vertreten, dass eine Umsetzung der ARRL II im Bereich der Aufsichtsratsvergütung gar nicht erforderlich sei, da die Anforderungen auch bei **Beibehaltung der alten Regelung** eingehalten worden wären.[4] Es stelle sogar eine überschießende Regelung des deutschen Gesetzgebers dar, wenn die Hauptversammlung daneben auch die konkrete Vergütung festlegt.[5] Dies ist zwar zutreffend; jedoch erschöpft sich die ARRL II nicht in der reinen Beschlussanordnung. Vielmehr wurde durch die Richtlinie auch die Angabe bestimmter Informationen, erweiterte Publizitätspflichten und ein vierjähriger Abstimmungsturnus vorgegeben.[6] Diese Erfordernisse wurden mit der Umsetzung eingehalten, wenn auch die Integration nicht ohne Friktionen erfolgt ist.

3 § 113 Abs. 3 AktG nF beinhaltet **keinerlei materielle Vorgaben für die Aufsichtsratsvergütung** und greift auch nicht unmittelbar in bestehende Vergütungsstrukturen ein. Insbesondere bleibt eine vergütungslose Aufsichtsratstätigkeit weiterhin zulässig.[7] Allerdings entbindet die Vergütungslosigkeit nicht von der Pflicht zur turnusmäßigen Beschlussfassung nach § 113 Abs. 3 AktG.[8]

II. Einheitsmodell oder Beschlussmehrheit?

4 Durch die historisch bereits bestehende Alleinzuständigkeit der Hauptversammlung für die **Festsetzung der konkreten Vergütung** einerseits und die durch § 113 Abs. 3 AktG nF angeordnete turnusmäßige **Überprüfung der abstrakten Vergütungsgrundsätze** andererseits kommt es naturgemäß zu Redundanzen.[9] Um diese zu vermeiden und inhaltliche Widersprüche zwischen konkreter Vergütung und abstrakten Leitlinien auszuschließen, hat der Gesetzgeber in § 113 Abs. 3 S. 3 AktG nF eine kombinierte **einheitliche Beschlussfassung** beabsichtigt.[10] Die Gesetzesbegründung spricht davon, dass bei der Aufsichtsratsvergütung das Abstrakte als Grundlage für das Konkrete mitbeschlossen wird und dass das Vergütungssystem als Beschlussteil zu verstehen ist.[11] Dies entspricht einem praktischen Bedürfnis und wird inzwischen auch von der hM[12] anerkannt. Im Ergebnis folgt hieraus, dass in jeder konkreten Ver-

---

[4] So Bungert/Wansleben DB 2017, 1190 (1192); Stöber DStR 2020, 391 (395); DAV-Handelsrechtsausschuss NZG 2019, 12 Rn. 81; zuvor bereits Seibt DB 2014, 1910 (1912): „entbehrlich"; aA Leuering NZG 2017, 646 (648 f.); Heldt AG 2018, 905 (907), die eine Umsetzung zwar für sinnentleert, aber rechtlich notwendig erachtet.
[5] Florstedt ZGR 2019, 630 (654).
[6] Zutreffend J. Schmidt NZG 2018, 1201 (1205); Bachmann/Pauschinger ZIP 2019, 1 (10).
[7] Begr. RegE ARUG II BT-Drs. 19/9739, 89; Goette/Arnold AR-HdB/Wasmann/Gärtner § 6 Rn. 60; Koch AktG § 113 Rn. 29; MüKoAktG/Habersack AktG § 113 Rn. 67.
[8] Begr. RegE ARUG II BT-Drs. 19/9739 S. 89; Semler/v. Schenck/Wilsing AR-HdB/Grau § 13 Rn. 11; MüKoAktG/Habersack AktG § 113 Rn. 67; Florstedt ZGR 2019, 630 (653).
[9] Anschaulich Begr. RegE ARUG II BT-Drs. 19/9739, 88: „teilweise sinnentleert".
[10] Begr. RegE ARUG II BT-Drs. 19/9739, 88.
[11] Vgl. Begr. RegE ARUG II BT-Drs. 19/9739, 88.
[12] Vgl. Henssler/Strohn/Henssler AktG § 113 Rn. 14; Koch AktG § 113 Rn. 28; MüKoAktG/Habersack AktG § 113 Rn. 62; BeckOGK/Spindler/Mock AktG § 113 Rn. 75; Löbbe/Fischbach AG 2019, 373 (382); eingehend zur Historie Florstedt ZGR 2019, 630 (653 ff.).

§ 12. Vergütungsvotum (§ 113 Abs. 3 AktG nF)   § 12

gütungsfestsetzung zugleich die abstrakte Vergütungspolitik mit enthalten ist.[13] Mit Art. 9a ARRL II steht dies im Einklang.[14]

Das Erfordernis einheitlicher Beschlussfassung wirft vier grundsätzliche Fragen auf: 5

Erstens: Ist eine **getrennte Beschlussfassung** über die konkrete Vergütungsfest- 6
setzung einerseits und die Billigung der abstrakten Vergütungspolitik andererseits überhaupt noch zulässig? Dies wird von einem Teil der Literatur[15] angenommen, von der hM[16] jedoch zurecht verneint. Folge einer möglichen Trennung sind damit einhergehende unnötige Praxisprobleme,[17] die der Gesetzgeber gerade vermeiden wollte.[18] Ein rechtsverbindliches Vergütungssystem ist als Abstimmungsgegenstand im Gesetz nicht vorgesehen und könnte daher keine eigenen Rechtswirkungen entfalten, die das Gesetz nicht ohnehin schon vorsieht. Ein nur empfehlender Beschluss der Hauptversammlung wäre hingegen sinnentleert und auch nach dem Zweck der Regelung nicht angebracht. Zudem würde das Gesetz dann ein umfassendes System für die Rechtsfolgen des beschlossenen Vergütungssystems vorsehen müssen, wie es bei dem Vergütungssystem für die Vorstandsvergütung der Fall ist. Auch aus europarechtlichen Erwägungen ergibt sich kein anderes Ergebnis. Das von der Richtlinie verfolgte Ziel, demzufolge die Aktionäre an der Vergütung der Organe mitwirken, wird schon mit der Abstimmung über die konkrete Aufsichtsratsvergütung erreicht und bedarf darüber hinaus keiner vorherigen abstrakten Festlegung. Unbenommen bleibt es der Hauptversammlung zwar, einen Beschluss über eine Empfehlung zur Aufsichtsratsvergütung zur künftigen Orientierung der Anteilseigner zu fassen. Rechtsverbindlich kann ein solcher Beschluss ohne Regelungsanordnung indes nicht sein; folglich kann er auch den Entscheidungsspielraum der Hauptversammlung für die Zukunft nicht beschränken, sodass hiervon nur abgeraten werden kann.[19]

Zweitens: Muss die Hauptversammlung aufgrund des gesetzlichen Vier-Jahres-Tur- 7
nus wegen des Einheitsmodells auch dann über die konkrete Vergütungsfestsetzung entscheiden, obwohl sie diese gar nicht ändern will? Diese Frage ist eindeutig zu bejahen.[20] Schließlich soll der Vier-Jahres-Turnus die Aktionäre gerade dazu anhalten, die Angemessenheit der zuletzt beschlossenen Aufsichtsratsvergütung regelmäßig zu reflektieren.

Drittens: Wie sollen unterschiedliche Mehrheitsanforderungen an eine Satzungsrege- 8
lung zur Aufsichtsratsvergütung einerseits und einem inhaltlich hiervon abweichenden

---

[13] So auch Begr. RegE ARUG II BT-Drs. 19/9739, 88; zust. MüKoAktG/Habersack AktG § 113 Rn. 63.
[14] Vgl. MüKoAktG/Habersack AktG § 113 Rn. 63; Bachmann/Pauschinger ZIP 2019, 1 (9); eingehend dazu Florstedt ZGR 2019, 630 (653 ff.).
[15] Vgl. K. Schmidt/Lutter/Drygala AktG § 113 Rn. 29; Bachmann/Pauschinger ZIP 2019, 1 (9); Paschos/Goslar AG 2018, 857 (864); MüKoAktG/Habersack AktG § 113 Rn. 63; Habersack FS Hopt, 2020, 333 (339); krit., wenngleich unklar Hölters/Weber/Groß-Bölting/Rabe AktG § 113 Rn. 49.
[16] Goette/Arnold AR-HdB/Wasmann/Gärtner § 6 Rn. 58; BeckOGK/Spindler/Mock AktG § 113 Rn. 75; Grigoleit/Grigoleit/Tomasic/Kochendörfer AktG § 113 Rn. 13; Henssler/Strohn/Henssler AktG § 113 Rn. 14; Paschos/Goslar AG 2019, 365 (369); Löbbe/Fischbach AG 2019, 373 (382); J. Schmidt NZG 2018, 1201 (1205); Diekmann, BB 2018, 3010 (3012); Seulen DB 2018, 2915 (2916); wohl auch Florstedt ZGR 2019, 630 (654).
[17] Dazu Habersack FS Hopt, 2020, 333 (340 f.).
[18] Vgl. Begr. RegE ARUG II BT-Drs. 19/9739, 88: „stets sichergestellt, dass die konkrete Vergütung dem abstrakten System entspricht, da sie in einem Akt einheitlich beschlossen werden".
[19] Ähnlich Koch AktG § 113 Rn. 29; Hölters/Weber/Groß-Bölting/Rabe AktG § 113 Rn. 49.
[20] Ebenso MüKoAktG/Habersack AktG § 113 Rn. 62; Habersack NZG 2018, 127 (132).

Billigungsbeschluss nach § 113 Abs. 3 AktG nF gehandhabt werden? Diese Frage wird in → Rn. 12 beantwortet.

9 *Viertens:* Wie wirken sich inhaltliche Verstöße gegen die Vorgaben des § 87a Abs. 1 S. 2 AktG aus, die sich im parallel gefassten Bewilligungsbeschluss fortsetzen? Diese Frage wird in → Rn. 49 ff. behandelt.

III. Beschlussfrequenz (Abs. 3 S. 1)

10 Anders als beispielsweise der Jahresabschluss oder der Vergütungsbericht nach § 162 AktG ist die Hauptversammlung mit der Aufsichtsratsvergütung nach § 113 Abs. 3 AktG nicht jährlich zu befassen. Die erstmalige Behandlung des Vergütungssystems hat nach § 26j Abs. 1 S. 1 EGAktG spätestens in der ersten ordentlichen Hauptversammlung des Jahres 2021 zu erfolgen. Danach sieht das Gesetz für die Wiedervorlage in der Hauptversammlung einen **Vier-Jahres-Takt** vor. Selbstverständlich bleibt es der Hauptversammlung überlassen, kürzere Zeiträume zu wählen („*mindestens* alle vier Jahre"), was insbesondere bei einer Änderung der Aufsichtsratsvergütung geboten ist.[21] Die Vier-Jahres-Frist beginnt erstmalig mit der Erstbefassung durch diejenige Hauptversammlung, in der das Vergütungssystem zur förmlichen Billigung vorgelegt wird (in aller Regel in der ordentlichen Hauptversammlung des Jahres 2021). Danach knüpft die Frist an den jeweils zeitlich letzten Beschluss der Hauptversammlung zur Aufsichtsratsvergütung an – auch wenn dieser vorfristig gefasst wurde. Missverständlich formuliert ist hingegen die Berechnung der Frist und somit das **Fristende.** Ein Umkehrschluss zu § 102 Abs. 1 S. 1 AktG verführt dazu, die Frist am vierten Jahrestag der Vorbefassung durch die Hauptversammlung enden zu lassen. Indes würden die Gesellschaften somit gezwungen, den Hauptversammlungstermin ohne Not genau hiervon abhängig machen zu müssen. Insofern ist es sachgerecht, den Ablauf des vierten Geschäftsjahres nach der Vorbefassung als Fristende für eine Wiederholung anzusehen.[22] Findet allerdings in diesem vierten Geschäftsjahr eine ordentliche Hauptversammlung statt, so ist die Befassung auch für diese vorzusehen; eine weitere Verschiebung auf eine außerordentliche Hauptversammlung ist dagegen unstatthaft.[23] Eine **Fristüberschreitung** macht den (verspäteten) Wiederholungsbeschluss nicht unwirksam, weil der Anfechtungsausschluss nach § 113 Abs. 1 S. 5 AktG auch hierfür gilt.

IV. Bestätigungsbeschluss (Abs. 3 S. 2 Hs. 1)

11 § 113 Abs. 3 AktG nF zwingt die Gesellschaften weder dazu, ihren Aufsichtsräten überhaupt eine Vergütung zu zahlen (→ § 4 Rn. 1) noch eine zuvor bewilligte Vergütung zu ändern. Will die Hauptversammlung an der zuletzt beschlossenen Ver-

---

[21] Vgl. MüKoAktG/Habersack AktG § 113 Rn. 66.
[22] Ebenso die hM zur Parallelvorschrift des § 120a AktG; vgl. Koch AktG § 120a Rn. 4; MüKoAktG/Kubis AktG § 120a Rn. 11; BeckOGK/Hoffmann AktG § 120a Rn. 30; Paschos/Goslar AG 2018, 857 (862); Heldt AG 2018, 905 (908).
[23] Zutr. Herrler ZHR 184 (2020), 408 (415 f.) zu § 120a AktG.

gütung festhalten, wäre es eine unnötige (und mit der Gefahr inhaltlicher Widersprüche belastete) Formalität, alle vier Jahre über eine komplett ausformulierte Vergütungsentscheidung ohne sachliche Änderung gegenüber dem Status Quo zu beschließen. Ein solcher Wille zur Vergütungskontinuität bewirkt zwar keinen Dispens vom Vier-Jahres-Turnus. § 113 Abs. 3 S. 2 Hs. 1 AktG lässt es aber zu, dass der Beschluss als **reine Bestätigung des zuletzt beschlossenen Vergütungsmodells** ausgestaltet wird.[24] Dies erscheint unter Transparenzaspekten zumindest problematisch, weil der informationsbedürftige Leser bei unveränderter Aufsichtsratsvergütung eines Tages womöglich eine Kette von Bestätigungsbeschlüssen bis in das Jahr 2021 zurückverfolgen muss, um deren Inhalt zu erfahren. Unzulässig ist ein Bestätigungsbeschluss, wenn es darum geht, eine vorangegangene Missbilligung der Hauptversammlung zu perpetuieren.

V. Beschlussqualität und -mehrheiten (Abs. 3 S. 2 Hs. 1)

Die Neufassung des § 113 Abs. 3 AktG hat nichts an der Tatsache geändert, dass die 12 Aufsichtsratsvergütung wahlweise in der Satzung festgelegt oder durch einfachen Hauptversammlungsbeschluss bewilligt werden kann (→ § 4 Rn. 3 ff.). § 113 Abs. 3 S. 2 Hs. 2 AktG erstreckt die insoweit einschlägige Vorschrift des § 113 Abs. 1 S. 2 AktG ausdrücklich auch auf das Vergütungssystem.[25] Die Alternativität der Beschlussqualität gilt nicht nur bei **Erstfestsetzung** der Aufsichtsratsvergütung, sondern auch bei deren **nachträglicher Änderung**.[26]

§ 113 Abs. 3 AktG nF äußert sich nicht zu den erforderlichen Mehrheiten – weder 13 für den Beschluss über die konkrete Festsetzung der Vergütung noch über darin enthaltenen Vergütungskriterien. Es gelten daher die allgemeinen Regeln, denenzufolge eine einfache Stimmenmehrheit nach § 133 Abs. 1 AktG erforderlich und ausreichend ist. Will die Hauptversammlung die Vergütung dagegen in der Satzung festsetzen, so bedarf es hierzu nach der (satzungsdispositiven[27]) Regelung des § 179 Abs. 2 S. 1 AktG einer Drei-Viertel-Kapitalmehrheit. Dasselbe gilt für eine Änderung der satzungsmäßig fixierten Aufsichtsratsvergütung. Unabhängig von der Regelungsstufe, auf der die Vergütung bewilligt wurde, ist **für eine reine Bestätigung** nach § 113 Abs. 3 S. 2 Hs. 1 AktG die **einfache Stimmenmehrheit stets ausreichend**.[28] Dies ist bei der Beschlussfassung über eine Bestätigung bzw. Änderung von Vergütungsstrukturen, die durch einfachen Hauptversammlungsbeschluss aufgestellt wurden, völlig unproblematisch. Schwieriger gestaltet sich dagegen die Rechtsfolge eines Beschlusses, mit dem die Änderung einer existierenden Vergütungsregelung auf Satzungsebene zwar eine einfache Stimmenmehrheit – nicht aber die notwendige sat-

---

[24] Vgl. Begr. RegE ARUG II BT-Drs. 19/9739, 89; BeckOGK/Spindler/Mock AktG § 113 Rn. 79; Henssler/Strohn/Henssler AktG § 113 Rn. 15.
[25] Sprachlich verwirrend ist die Einleitung des 2. Hs. mit „im Übrigen", weil der 1. Hs etwas gänzlich anderes – nämlich die inhaltliche Verkürzung auf einen zuvor gefassten Beschluss – regelt.
[26] Koch AktG § 113 Rn. 30.
[27] Vgl. § 179 Abs. 2 S. 2 AktG.
[28] Begr. RegE ARUG II BT-Drs. 19/9739, 89; Koch AktG § 113 Rn. 30; Henssler/Strohn/Henssler AktG § 113 Rn. 15; Goette/Arnold AR-HdB/Wasmann/Gärtner § 6 Rn. 67; BeckOGK/Spindler/Mock AktG § 113 Rn. 78; Habersack FS Hopt, 2020, 333 (341).

zungsändernde Mehrheit – findet. Hier muss die beantragte Änderung mit der Folge als abgelehnt angesehen werden, dass **die bisherige Regelung unverändert fortgilt.**[29] Dieses Ergebnis resultiert allerdings nicht aus der Einführung des § 113 Abs. 3 AktG nF, sondern galt auch schon unter der früheren Rechtslage. Neu ist allerdings, dass die Verwaltung gem. § 113 Abs. 3 S. 6 AktG iVm § 120a Abs. 3 AktG bereits **der nächstfolgenden Hauptversammlung ein überprüftes Vergütungssystem** vorlegen muss.[30]

VI. Inhaltliche Beschlussanforderungen (Abs. 3 S. 3)

1. Allgemeines

14   Nach § 113 Abs. 3 S. 3 AktG nF sind die nach § 87a Abs. 1 S. 2 AktG erforderlichen Angaben **in klarer und verständlicher Form** zu machen oder in Bezug zu nehmen. Verwiesen wird damit auf die **Vorgaben für das Vergütungssystem des Vorstandes.** Dabei ist zu beachten, dass das Vergütungssystem für den Aufsichtsrat in der Regel deutlich weniger komplex ist und viele Vergütungsbestandteile dem Aufsichtsrat gar nicht gewährt werden.[31]

15   Bezugspunkt der Angaben nach § 87a AktG ist dabei nur die Vergütung, die gerade für die Aufsichtsratstätigkeit gewährt wird,[32] da die Kompetenz der Hauptversammlung nicht erweitert werden soll. Eine **Vergütung für sonstige Tätigkeiten** ist nicht in den Beschluss mit aufzunehmen. Dies gilt auch für Arbeitnehmervertreter, insbesondere für deren Arbeitsentgelt und andere auf das Arbeitsverhältnis bezogene Leistungen. Ebenso sind Verträge nach § 114 AktG nicht in das System einzubeziehen. Für beides war die Hauptversammlung schon bislang nicht zuständig; § 113 Abs. 3 AktG nF will hieran nichts ändern.

2. Kritik

16   Nach den ersten Hauptversammlungen unter der Ägide des § 113 Abs. 3 AktG nF stellt sich die Frage, ob die Bezugnahme auf das Vergütungssystem des Vorstands nach § 87a AktG wirklich einen Mehrwert stiftet. Für die Vergütung des Vorstands bedeutet die Implementierung eines Vergütungssystems, dass der Hauptversammlung eine – zuvor nicht existente – Mitwirkung in der Vergütungsfrage zukommt. Für das System der Aufsichtsratsvergütung ist das Verfahren aufgrund ehedem bestehender Hauptversammlungskompetenz hingegen **unnötig formalisiert und kompliziert** geworden. Zwar sind einige wenige Transparenzangaben, wie etwa die Bezugnahme auf die Beschäftigtenbedingungen, hinzugekommen. Indes waren schon bisher die materiell wesentlichen Vergütungsbestandteile für den Aufsichtsrat anzugeben.[33] Eine Abstimmung der Hauptversammlung über die Vergütung ohne jegliche Benennung der Ver-

---

[29] Ebenso Begr. RegE ARUG II BT-Drs. 19/9739, 89; MüKoAktG/Habersack AktG § 113 Rn. 70.
[30] MüKoAktG/Habersack AktG § 113 Rn. 70; vgl. auch Heldt AG 2018, 905 (910).
[31] Goette/Arnold AR-HdB/Wasmann/Gärtner § 6 Rn. 64; Löbbe/Fischbach AG 2019, 373 (382).
[32] Für § 113 AktG unstr.; vgl. MüKoAktG/Habersack AktG § 113 Rn. 74.
[33] Begr. RegE ARUG II BT-Drs. 19/9739, 90; Goette/Arnold AR-HdB/Wasmann/Gärtner § 6 Rn. 64.

gütungsbestandteile war somit bereits bisher denklogisch ausgeschlossen. Eine substantielle Mehrinformation geht mit der vermeintlich klareren Einteilung durch das Gesetz etwa in finanzielle und nichtfinanzielle Kriterien ebenfalls nicht einher. Mit dem Abstellen auf das Vergütungssystem des Vorstandes ist vor allem **Rechtsunsicherheit** eingekehrt, die im Zweifel lediglich mit höheren Kosten (wirtschaftlich zu Lasten der Aktionäre) für eine Beratung der Unternehmen verbunden ist. Überdies wird die Komplexität der Materie nicht-institutionelle Aktionäre eher davon abhalten, eigene Vorschläge zur Vergütung zu unterbreiten – ein Ergebnis, das die ARRL II nicht beabsichtigt hat.

3. Erforderliche Angaben

a) Mindestangaben

Der Verweis in § 113 Abs. 3 S. 3 AktG nF auf § 87a Abs. 1 S. 2 AktG erfordert nur solche Angaben, die als Bestandteil der Vergütung tatsächlich vorgesehen sind. Eine Angabe darüber, dass eine Vergütungsform nicht gewährt wird – also eine **Fehlanzeige** –, ist bei Angaben über Vergütungsbestandteile nach Nr. 3–8 **nicht erforderlich**,[34] kann aber im Einzelfall zur Klarheit beitragen. Bei den anderen Informationen (Nr. 1, 2 und Nr. 9–11)[35] hat eine Fehlanzeige zu erfolgen, sofern diese keine Vergütungsbestandteile betreffen; dies gilt etwa für die Berücksichtigung der Arbeitnehmerbedingungen. Anders als beim Vergütungssystem für den Vorstand[36] sind die Angaben zudem zu konkretisieren. Aufgrund des Einheitsbeschlusses (→ Rn. 6) ist es nicht zulässig, nur einen Rahmen vorzugeben, der dann in verschiedene Richtungen ausgefüllt werden kann. Vielmehr ist die konkrete Vergütung zu benennen.[37]

Gefordert sind nur Mindestangaben, so dass **ergänzende Angaben** zulässig bleiben. Diese dürfen den Bericht jedoch nicht derart überfrachten oder aus anderen Gründen dazu führen, dass das **Gebot der Klarheit und Verständlichkeit** nicht mehr eingehalten wird.[38] Der Praxis wird daher von ergänzenden Angaben abzuraten sein. Sind solche Angaben aus anderen Gründen angedacht, sollte eine klare Trennung erfolgen. Dementsprechend sollte auch erwogen werden, für die zusätzlichen Angaben nach G.1 DCGK 2022 einen eigenen Gliederungspunkt vorzusehen, um nicht die gesetzlich erforderlichen Angaben mit wechselnden Empfehlungen des Kodexgebers aufzublähen.

---

[34] Vgl. Begr. RegE ARUG II BT-Drs. 19/9739, 90; BeckOGK/Fleischer AktG § 87a Rn. 13; MüKo-AktG/Spindler AktG § 87a Rn. 14; Grigoleit/Grigoleit/Kochendörfer AktG § 87a Rn. 27; Koch AktG § 87a Rn. 4; MHdB GesR IV/Wentrup § 21 Rn. 56; Hölters/Weber/Weber AktG § 87a Rn. 9; Goslar DB 2020, 937; Löbbe/Fischbach AG 2019, 373 (382); aA BeckOGK/Spindler/Mock AktG § 113 Rn. 82; Spindler AG 2020, 61 Rn. 42; Florstedt ZGR 2019, 630 (646); unklar Leuering NZG 2017, 646 (647).
[35] BT-Drs. 19/15153, 63; Grigoleit/Grigoleit/Kochendörfer AktG § 87a Rn. 27; MüKoAktG/Spindler AktG § 87a Rn. 14; Hölters/Weber/Weber AktG § 87a Rn. 10.
[36] Vgl. zum Rahmen bei der Vorstandsvergütung BeckOGK/Fleischer AktG § 87a Rn. 9; Spindler AG 2020, 61 Rn. 9; Vetter/Lauterbach AG 2021, 89 (98); Bachmann/Pauschinger ZIP 2019, 1 (5): „Öffnungsklauseln".
[37] So auch Grigoleit/Grigoleit/Tomasic/Kochendörfer AktG § 113 Rn. 16.
[38] Grigoleit/Grigoleit/Kochendörfer AktG § 87a Rn. 25, 28.

b) Form

19 Die in § 113 Abs. 3 AktG nF geforderte **Klarheit und Verständlichkeit** geht dabei ebenso wie in § 87a Abs. 1 S. 1 AktG vom Empfängerhorizont eines durchschnittlich informierten, situationsadäquat aufmerksamen und verständigen Aktionärs aus.[39] Ein solcher muss das Vergütungssystem verstehen und nachvollziehen können und diesem muss eine informierte Entscheidung ermöglicht werden.[40] Von dem zuvor vorgeschlagenen und in Ziff. 4.2.5 DCGK 2017noch enthaltenen Maßstab der Allgemeinverständlichkeit wurde Abstand genommen, da eine Verständlichkeit für jedermann nicht gefordert und auch kaum erreicht werden kann.[41] Verständlichkeit ist nur für den einschlägig befassten Personenkreis geboten und erforderlich.[42]

20 Durch die Neuregelung soll die materiell-rechtliche Rechtslage nicht verändert werden, sodass im Grundsatz **hochkomplexe Vergütungsregelungen nicht ausgeschlossen werden.** In diesen Fällen fordert § 113 Abs. 3 AktG nF jedoch einen erhöhten Aufwand, um die Klarheit einzuhalten. Nach der Gesetzesbegründung dürfen keine überzogenen Anforderungen gestellt werden. Namentlich sind **langwierige und weitgehend technische Ausführungen** zu vermeiden,[43] insbesondere wenn stattdessen Schaubilder und Bilder zum besseren Verständnis beitragen können. Damit soll die Verwendung unnötiger Fachbegriffe sowie eine eher verklärende Detailtiefe verhindert werden.[44] Soweit die konkrete Vergütung des Aufsichtsrats geändert werden soll, sind derartige Erleichterungen hingegen unzulässig.[45]

c) Inbezugnahme

21 Die Angaben nach § 87a Abs. 1 S. 2 AktG sind in den Beschluss (und dementsprechend auch in die Beschlussvorschläge) aufzunehmen oder aber in Bezug zu nehmen. Eine Aufnahme in den Beschluss erfordert die **vollständige Wiedergabe der erforderlichen Angaben.** Eine Inbezugnahme ist in der Gesetzesbegründung hingegen vor allem für diejenigen Fälle gedacht, in denen das Vergütungssystem bereits in einem früheren Beschluss erfasst wurde.[46] Eine solche Erleichterung darf nicht darüber hinwegtäuschen, dass möglicherweise eine Aktualisierung erforderlich ist. Dies gilt etwa für die Angaben zu den Arbeitnehmerbedingungen. Erfolgt die Berücksichtigung der Arbeitnehmerbedingungen mit Stand bei der letzten Abstimmung, ist auch dies kenntlich zu machen. Fehlt eine solche Angabe, darf ein Aktionär davon ausgehen, dass sich die Ausführungen auf die Beschäftigungsbedingungen des kürzlich abgelaufenen Geschäftsjahres beziehen.

22 Die Inbezugnahme selbst muss ebenfalls klar und verständlich sein. Der Verweis muss so gefasst sein, dass die Angaben für den betreffenden Adressatenkreis **möglichst**

---

[39] Vgl. Begr. RegE ARUG II BT-Drs. 19/9739, 72 f.
[40] BeckOGK/Fleischer AktG § 87a Rn. 10; Koch AktG § 87a Rn. 3.
[41] Begr. RegE ARUG II BT-Drs. 19/9739, 72 f.; in diese Richtung bereits Florstedt ZGR 2019, 630 (640 f.).
[42] Goette/Arnold AR-HdB/C. Arnold § 4 Rn. 1347.
[43] Begr. RegE ARUG II BT-Drs. 19/9739, 73.
[44] Goette/Arnold AR-HdB/C. Arnold § 4 Rn. 1347; Florstedt ZGR 2019, 630 (641); Spindler AG 2020, 61 Rn. 10; Arnold/Herzberg/Zeh AG 2020, 313 (314); einschr. Grigoleit/Grigoleit/Kochendörfer AktG § 87a Rn. 25: eher Programmsätze und keine justitiablen Anforderungen.
[45] Zutr. MüKoAktG/Habersack AktG § 113 Rn. 72.
[46] Begr. RegE ARUG II BT-Drs. 19/9739, 90.

einfach einsehbar sind.⁴⁷ Nur so kann die europarechtliche Forderung nach Klarheit und Erforderlichkeit eingehalten werden. Es dürfen keine unnötigen Hürden aufgebaut werden, auch wenn diese überwindbar wären. Zudem geht die herrschende Meinung aufgrund der Gesetzesbegründung davon aus, dass sich die Bezugnahme auf den Inhalt vergangener Beschlüsse beschränkt.⁴⁸ Eine solche Einschränkung lässt sich jedoch weder dem Gesetz entnehmen, noch ist diese geboten. Wenn eine Bezugnahme auf frühere Beschlüsse, die bis zu vier Jahre zurückliegen, zulässig ist, muss dies erst recht für die Verweisung auf eine besser einsehbare Anlage gelten.

Offen ist, ob eine **Kombination aus Aufnahme und Bezugnahme** zulässig ist. 23 So wird etwa die Angabe der Vergütungsbestandteile ohnehin in den Beschluss aufgenommen werden, wohingegen eine Ausgliederung verschiedener Erläuterungen angemessen erscheint, um den Beschluss nicht zu überladen. Zwar erscheint es zunächst naheliegend und sachgerecht, dass nur einzelne Angaben ausgegliedert werden können. Wenn nämlich nicht alle Angaben aufgenommen werden müssen, dann sollte dies im Wege des Erst-recht-Schlusses für einen Teil der Angaben gelten. Gleichwohl kann die Dualität von Aufnahme und Inbezugnahme zu einem Auseinanderreißen der Angaben führen, sodass für eine vollständige Erfassung ein wechselseitiges Lesen erforderlich wird. Je nach Länge ist dies ohnehin erforderlich, sodass die Frage im Einzelfall an dem **Kriterium der Klarheit und Verständlichkeit** zu entscheiden ist. Es ist dabei eine Vorgehensweise zu wählen, die diesen Erfordernissen am ehesten gerecht wird. Eindeutig unzulässig ist hingegen die Aufteilung innerhalb einer relevanten Angabe dergestalt, dass ein Teil derselben im Beschluss und ein anderer Teil an anderer Stelle aufgeführt wird.

d) Ausnahmen bei Geheimhaltungsinteresse

Geheimnisschutzerwägungen greifen im Bereich der Aufsichtsratsvergütung nicht, da 24 die Angaben für die Behandlung derselben in der Hauptversammlung ohnehin nach § 124a S. 1 AktG umfänglich öffentlich zugänglich zu machen sind. Auch ein Ausweichen auf abstrakte Angaben zu Diskretionszwecken ist nicht zulässig. Auf der Basis von Geheimhaltungsinteressen beruhende Einschränkungen der Veröffentlichungspflichten gelten daher nur für die Vergütung des Vorstandes.⁴⁹

4. Einzelheiten

a) Festlegung einer Maximalvergütung (§ 87a Abs. 1 S. 2 Nr. 1 AktG)

Die für das Vergütungssystem des Vorstands erforderliche Angabe einer Maximalver- 25 gütung ist nach allgemeiner Ansicht **für den Aufsichtsrat entbehrlich**.⁵⁰ Zur Be-

---

⁴⁷ Vgl. Begr. RegE ARUG II BT-Drs. 19/9739, 90; BeckOGK/Spindler/Mock AktG § 113 Rn. 80; Koch AktG § 113 Rn. 32.
⁴⁸ Habersack FS Hopt, 2020, 333 (342); Spindler FS Krieger, 2020, 951 (954); BeckOGK/Spindler/Mock AktG § 113 Rn. 80; Hölters/Weber/Groß-Bölting/Rabe AktG § 113 Rn. 51; Spindler AG 2020, 61 Rn. 40; Grigoleit/Grigoleit/Tomasic/Kochendörfer AktG § 113 Rn. 14, die zudem konsequent den Verweis auf die Satzung zulassen, wenn der Satzungstext das Vergütungssystem beinhaltet.
⁴⁹ Vgl. dazu MüKoAktG/Spindler AktG § 87a Rn. 20.
⁵⁰ Koch AktG § 113 Rn. 31; BeckOGK/Spindler/Mock AktG § 113 Rn. 81; MüKoAktG/Habersack AktG § 113 Rn. 74; Hölters/Weber/Groß-Bölting/Rabe AktG § 113 Rn. 51; Henssler/Strohn/Henssler AktG § 113 Rn. 16; Goette/Arnold AR-HdB/Wasmann/Gärtner § 6 Rn. 64; Habersack FS Hopt, 2020,

gründung wird auf die Erwägungen in der Gesetzesbegründung[51] oder den Wortlaut von § 87a Abs. 1 S. 2 Nr. 1 AktG verwiesen,[52] der von einer Maximalvergütung der *Vorstands*mitglieder spricht. Das Wortlautargument verfängt nicht, da der Verweis in § 113 Abs. 3 S. 3 AktG nF a priori nur sinngemäß und nicht wörtlich erfolgt. Gleichwohl ist die Festlegung einer Maximalvergütung nach ihrem Sinn und Zweck auf den Aufsichtsrat nicht anzuwenden. Die Maximalvergütung dient nämlich dem Schutz der Aktionäre und soll diesen auch im Bereich der Vorstandsvergütung eine Mitwirkungsbefugnis zuweisen. Dieser Schutz greift im Bereich der Aufsichtsratsvergütung jedoch nicht, da die Hauptversammlung hier ohnehin die alleinige Kontrolle innehat. Es besteht daher keine Verpflichtung, eine Maximalvergütung vorzusehen.

26 Selbstverständlich kann eine Maximalvergütung **auf freiwilliger Basis** vorgesehen werden. Es bleibt der Hauptversammlung auch unbenommen, bei einer variablen Vergütung einen Cap vorzusehen. Dieser ist dann auch in den Vergütungsbeschluss aufzunehmen. Eine solche Limitierung kann sogar zur Pflicht werden, wenn ohne eine derartige Begrenzung eine unangemessene Vergütung zu besorgen wäre. In diesem Fall folgt die Verpflichtung aber nicht aus § 87a AktG, sondern allein aus § 113 Abs. 1 S. 3 AktG. Üblich sind zudem Beschränkungen hinsichtlich einzelner Vergütungsbestandteile, etwa für den Fall, dass ein Aufsichtsratsmitglied in einer Vielzahl von Ausschüssen sitzt.

b) Beitrag zur Förderung der Geschäftsstrategie (§ 87a Abs. 1 S. 2 Nr. 2 AktG)

27 Mit § 87a Abs. 1 S. 2 Nr. 2 AktG sollen die Unternehmen dazu bewogen werden, ihre Vergütung für Vorstand und Aufsichtsrat nachhaltig auszugestalten. Für den Vorstand ist das Erfordernis passend, da es mit der Anforderung an die Vergütung nach § 87 Abs. 1 S. 2 AktG übereinstimmt und der Vorstand eine Geschäftsstrategie festlegt, an der er sich messen lassen muss. Für den Aufsichtsrat genügt hingegen eine **pauschale Bezugnahme auf den Beitrag zur langfristigen Entwicklung.**[53] Bei der üblichen Festvergütung liegt die Nachhaltigkeit gerade darin, dass der Aufsichtsrat eher motiviert werden soll, die Risikobereitschaft des Vorstands angemessen zu bremsen und seiner Überwachungstätigkeit nachzukommen.[54] Dabei kann es auf die konkrete Höhe der Festvergütung kaum ankommen, denn die Angemessenheit der Vergütung des Aufsichtsrates wird in § 113 Abs. 1 S. 3 AktG auch nicht an der Nachhaltigkeit, sondern an dem angemessenen Verhältnis zu den Aufgaben und der Lage der Gesellschaft gemessen.

28 Die Aufnahme der Geschäftsstrategie als Bezugspunkt für die Vergütung führt nicht zu einer **Kompetenzverlagerung** auf den Aufsichtsrat.[55]

29 Für den **Fall einer variablen Vergütung** sollten an dieser Stelle unterstützende Erläuterungen erfolgen, die das zumindest umstrittene Verhältnis von Überwachungs-

---

333; Spindler FS Krieger, 2020, 951 (954); Spindler AG 2020, 61 Rn. 42; unklar Grigoleit/Grigoleit/Tomasic/Kochendörfer AktG § 113 Rn. 15.
[51] Vgl. Ausschussbericht ARUG II, BT-Drs. 19/15153, 56.
[52] So etwa Goette/Arnold AR-HdB/Wasmann/Gärtner § 6 Rn. 64.
[53] HM; vgl. nur BeckOGK/Spindler/Mock AktG § 113 Rn. 82.
[54] Begr. RegE ARUG II BT-Drs. 19/9739, 90; Koch Rn. 31.
[55] MüKoAktG/Spindler AktG § 87a Rn. 18; dabei wird jedoch teilweise eine stärkere Mitwirkung des AR gefordert, vgl. BeckOGK/Fleischer AktG § 87a Rn. 18; Florstedt ZGR 2019, 630 (643).

tätigkeit und eventuell erhöhter Risikobereitschaft aufhellen. In denjenigen Fällen, in denen die Leistungskriterien mit den Leistungskriterien für den Vorstand übereinstimmen, wird der Begründungsaufwand entsprechend höher ausfallen.

c) Relation von fester und variabler Vergütung (§ 87a Abs. 1 S. 2 Nr. 3 AktG)

Anzugeben sind nach § 87a Abs. 1 S. 2 Nr. 3 AktG alle festen und variablen Vergütungsbestandteile sowie deren jeweiliger relativer Anteil an der Gesamtvergütung. Nicht anzugeben ist **Aufwendungsersatz,** welcher im Voraus ohnehin nicht absehbar ist. Nach Art. 9a Abs. 6 UAbs. 1 S. 2 ARRL II ist zudem eine „Beschreibung" erforderlich. Damit ist lediglich gemeint, dass **rein zahlenmäßige Angaben** und Berechnungsformeln **nicht ausreichend** sind, sondern die Vergütungsbestandteile konkreter zu bezeichnen sind, sodass eine Zuordnung zu einer bestimmten Leistung erfolgen kann. Eine tiefergehende Erläuterung ist nicht erforderlich. Für den Bereich der Aufsichtsratsvergütung ergibt sich das Erfordernis einer konkreten Bezeichnung bereits aus der erforderlichen Bestimmtheit des Beschlussinhaltes. 30

Anzugeben sind die jeweiligen Bestandteile, sodass eine **Aufschlüsselung der Vergütung** zu erfolgen hat.[56] Im Bereich der Aufsichtsratsvergütung werden dies jeweils die Grundvergütung sowie etwaige Ausschussvergütungen und/oder Sitzungsgelder sein. Ob die erhöhte Kompensation für den Aufsichtsratsvorsitzenden und eventuell dessen Stellvertreter eine erhöhte Grundvergütung[57] oder einen zusätzlichen Vergütungsbestandteil[58] darstellt, hängt von der konkreten Ausgestaltung ab, bei der die Hauptversammlung frei ist. Beide Formen sind unproblematisch klar und verständlich darstellbar. Auch bei der Frage, wie die jeweiligen Vergütungsbestandteile aufgeschlüsselt oder benannt werden, besteht ein Ermessen. Die Klarheit und Verständlichkeit müssen jedoch gewahrt bleiben, so dass verwirrende Benennungen nicht zulässig sind. 31

Zu den **festen Vergütungsbestandteilen** gehören neben der typischen Festvergütung auch atypische Vergütungsbestandteile, wie ein Dienstwagen oder sonstige Sachleistungen (→ § 5 Rn. 29 ff.).[59] Deren Beschreibung muss alle wichtigen Details umfassen, was allerdings auch schon aus dem Gebot der Bestimmtheit für vergütungsgewährende Hauptversammlungsbeschlüsse folgt. 32

Zur **variablen Vergütung** gehört jeder variable Vergütungsbestandteil, unabhängig davon, ob dieser kurz-, mittel- oder langfristig orientiert ist. Da diese Vergütungsform beim Aufsichtsrat immer seltener wird, ist in der Regel keine Angabe erforderlich. Auch eine explizite Angabe, dass keine variable Vergütung gewährt wird, ist nicht erforderlich (→ Rn. 16 mwN.). 33

Anzugeben ist schließlich der **relative Anteil der festen und variablen Vergütung** an der Gesamtvergütung. Aus dem Wortlaut ergibt sich nicht, ob für jeden einzelnen Bestandteil der Anteil an der Gesamtvergütung[60] oder jeweils die Gesamt- 34

---

[56] MüKoAktG/Spindler AktG § 87a Rn. 19; K. Schmidt/Lutter/Seibt AktG § 87a Rn. 11; Henssler/Strohn/Dauner-Lieb AktG § 87a Rn. 6; Florstedt ZGR 2019, 630 (646).
[57] So etwa nach § 12 Abs. 2 Satzung der Bayer AG vom 31.5.2021.
[58] So etwa nach § 10 Abs. 2 Satzung der Daimler Truck AG vom Dezember 2021.
[59] Florstedt ZGR 2019, 630 (646).
[60] In diese Richtung etwa BeckOGK/Fleischer AktG § 87a Rn. 20; MüKoAktG/Spindler AktG § 87a Rn. 19; Koch AktG § 87a Rn. 6; Goette/Arnold AR-HdB/C. Arnold § 4 Rn. 1355; MHdB GesR IV/Wentrup § 21 Rn. 55; Grigoleit/Grigoleit/Kochendörfer AktG § 87a Rn. 46 aE; Hölters/Weber/Weber AktG § 87a Rn. 18.

beträge der festen und variablen Vergütung dargestellt werden müssen; überzeugender ist ersteres. Sofern eine variable Vergütung gewährt wird, ist eine konkrete Angabe über deren Anteil im Voraus naturgemäß gar nicht möglich, da die konkrete Höhe erst nach Ablauf des Bemessungszeitraumes ermittelt werden kann, um dann in ein Verhältnis zur Gesamtvergütung gesetzt zu werden. Bei der Angabe eines Bezugspunktes wird ein weiter Ermessensspielraum zugestanden, wobei sich die **Zielvergütung als Bezugspunkt** anbietet, da die Aktionäre so am besten über die mögliche Gesamtbelastung informiert werden. Dagegen ist es wenig sinnvoll, die variable Vergütung bei Null anzusetzen, auch wenn dieser Fall theoretisch denkbar ist. Sofern dies zur Klarheit erforderlich ist, sind mehrere Bezugspunkte in die Relation aufzunehmen und für jeden dieser Bezugspunkte der relative Anteil anzugeben. Sofern – was die Regel sein wird – mehrere variable Vergütungsbestandteile bestehen, sollte jeweils nur ein Bezugspunkt (in der Regel die Zielvergütung) gewählt werden. Der gewählte Bezugspunkt muss auf jeden Fall benannt werden.[61]

d) Leistungskriterien (§ 87a Abs. 1 S. 2 Nr. 4 AktG)

35 Nach § 87a Abs. 1 S. 2 Nr. 4 AktG sind alle finanziellen und nichtfinanziellen Leistungskriterien anzugeben, einschließlich einer Erläuterung, wie diese zu den Zielen nach Nr. 2 beitragen (lit. a), und einer Darstellung der Methoden, wie die Erreichung der Ziele festgestellt wird (lit. b). Auch hier gilt, dass die materielle Rechtslage nicht geändert werden soll, sodass die Einführung nichtfinanzieller Leistungskriterien für die Aufsichtsratsvergütung nicht vorgeschrieben wird. Anzugeben sind nur diejenigen Leistungskriterien, von denen die variable Vergütung abhängt. Bei der Angabe kommt es nicht darauf an, ob die Kriterien für die kurz-, mittel- oder langfristige Vergütung herangezogen werden. Für die Praxis ist diese **Vorschrift** aus zwei Gründen **von geringer Bedeutung:** Zum einen sind variable Aufsichtsratsvergütungen nach wie vor rückläufig; zum andern werden diese in der Regel nicht an Leistungskriterien (sondern an Erfolgsmaßstäben des Unternehmens) festgemacht.

e) Aufschubzeiten (§ 87a Abs. 1 S. 2 Nr. 5 AktG)

36 Anzugeben sind zudem Aufschubzeiten für die Auszahlung von Vergütungsbestandteilen. Für den Vorstand sind dabei vor allem Cash-Deferral-Regelungen gemeint.[62] Dabei ist der Begriff keineswegs klar. So kann etwa auch eine Vergütung, die bereits zu Jahresbeginn verdient wird, aber erst zum Jahresende ausgezahlt wird, nach dem reinen Wortlaut darunterfallen. Dementsprechend wird angenommen, dass Aufschubzeit nur die **Verschiebung der Fälligkeit** ist, die nicht mehr als übliches Zahlungsziel verstanden werden kann.[63] Theoretisch kann auch eine Aufsichtsratsvergütung so ausgestaltet werden. Beispiele hierfür sind aus der Praxis jedoch nicht bekannt.

---

[61] Vgl. Begr. RegE ARUG II BT-Drs. 19/9739, 73.
[62] BeckOGK/Fleischer AktG § 87a Rn. 23; MüKoAktG/Spindler AktG § 87a Rn. 26; Koch AktG § 87a Rn. 7; Stenzel BB 2020, 970 (972); Arnold/Herzberg/Zeh AG 2020, 313 Rn. 30.
[63] Grigoleit/Grigoleit/Kochendörfer AktG § 87a Rn. 57.

f) Rückforderungsmöglichkeiten (§ 87a Abs. 1 S. 2 Nr. 6 AktG)

Vorgesehen ist nach § 87a Abs. 1 S. 2 Nr. 6 AktG auch die Angabe von Rückforderungsmöglichkeiten der Gesellschaft (sog. Clawbacks). Diese haben in jüngerer Zeit in Bezug auf die Vorstandsvergütung Bekanntheit erlangt. Hintergrund ist vor allem die Zugrundelegung einer langfristigen Bemessungsgrundlage, sodass durch Clawbacks eine frühzeitige Auszahlung möglich ist und zuviel gezahlte Beträge später zurückgefordert werden können. Clawbacks als Vertragsstrafen, etwa in der Form, dass bei Verstößen Beträge zurückzuzahlen sind, werden als unzulässig angesehen. Nicht anzugeben sind gesetzliche Rückforderungsmöglichkeiten, etwa nach §§ 812 ff. BGB, da diese für jedermann ersichtlich sein sollten und die Angaben keine „allgemein rechtsberatende Tendenz" verfolgen.[64] Somit bleibt für die Aufsichtsratsvergütung **kein ersichtlicher praktischer Anwendungsbereich.** 37

g) Aktienbasierte Vergütung (§ 87a Abs. 1 S. 2 Nr. 7 AktG)

Da eine aktienbasierte Aufsichtsratsvergütung nach überwiegender Meinung nicht zulässig sein soll (→ § 6 Rn. 52 ff.), sind auch diesbezügliche Detaildarstellungen für den Aufsichtsrat nach § 87a Abs. 1 S. 2 Nr. 7 AktG nicht angezeigt. 38

h) Vergütungsbezogene Rechtsgeschäfte (§ 87a Abs. 1 S. 2 Nr. 8 AktG)

Die Vergütung des Aufsichtsrats hat keinerlei rechtsgeschäftliche Basis (→ § 4 Rn. 12). Lediglich mit Blick auf die Bestellungsdauer der Aufsichtsratsmitglieder stellt sich somit die Frage, ob hierin ein vergütungsbezogenes Rechtsgeschäft im Sinne des § 87a Abs. 1 S. 2 Nr. 8 AktG liegt. Für den Vorstand gilt, dass die Laufzeiten der Dienstverträge anzugeben sind.[65] Die Transparenz wäre für den Fall einer hierzu fehlenden Angabe bei Aufsichtsräten nicht gegeben und demnach die Richtlinie teilweise ausgehöhlt, wenn die Bestellungsdauer verschwiegen würde. Indes legt die Hauptversammlung die Amtszeit aller Aufsichtsräte selbst fest, indem sie diese entweder definiert oder – mangels jeglicher Angabe über die Bestellungsdauer – die Maximaldauer nach § 102 Abs. 1 AktG beschließt. Insofern sind diesbezügliche Angaben nach § 87a Abs. 1 S. 2 Nr. 8 AktG eine **reine Förmelei.** 39

i) Vergütungs- und Beschäftigungsbedingungen der Arbeitnehmer (§ 87a Abs. 1 S. 2 Nr. 9 AktG)

Als echter sozialer Faktor ist nach § 87a Abs. 1 S. 2 Nr. 9 AktG anzugeben, wie die Vergütungs- und Beschäftigungsbedingungen der Arbeitnehmer bei der Festsetzung berücksichtigt wurden. Auch dieses Kriterium eignet sich nur für das Vergütungssystem des Vorstands. Bei der Aufsichtsratsvergütung dürfe die Vorschrift nur „in seltenen Fällen Anlass zu Ausführungen geben".[66] Dies folgt bereits daraus, dass die Aktionäre als „Herren der Aufsichtsratsvergütung" über aktuelle Vergütungsstrukturen bei der Belegschaft gar nicht informiert sind. 40

---

[64] So Grigoleit/Grigoleit/Kochendörfer AktG § 87a Rn. 61.
[65] Vgl. etwa BeckOGK/Fleischer AktG § 87a Rn. 26.
[66] So Begr. RegE ARUG II BT-Drs. 19/9739, 90.

41 Erfolgt ausnahmsweise eine Berücksichtigung, ist nach § 87a Abs. 1 S. 2 Nr. 9 AktG zudem zu erläutern, **welcher Kreis von Arbeitnehmern** berücksichtigt wurde, wobei in der Praxis für den Vorstand in der Regel auf die Führungsebene unmittelbar unterhalb des Vorstandes abgestellt wird. Mit der Formulierung ist allerdings auch die Möglichkeit verbunden, den Kreis anders zu definieren, auch wenn Art. 9a ARRL II noch von sämtlichen Arbeitnehmern der Gesellschaft ausgegangen ist.[67]

j) Darstellung des Verfahrens (§ 87a Abs. 1 S. 2 Nr. 10 AktG)

42 Nach § 87a Abs. 1 S. 2 Nr. 10 AktG ist zudem das Verfahren zur Fest-, Umsetzung sowie zur Überprüfung des Vergütungssystems darzustellen. Darzustellen ist auch die Rolle eventuell betroffener Ausschüsse und der Maßnahmen zur Vermeidung und zur Behandlung von Interessenkonflikten.

43 Vorsorglich sollte auch in Bezug auf die Aufsichtsratsvergütung zunächst das gesetzliche Verfahren der **Festsetzung durch die Hauptversammlung** angegeben werden, was durch die Ankündigung eines konkreten Beschlussvorschlags an die Hauptversammlung regelmäßig erfüllt ist. Fraglich ist, ob darüber hinaus auch das Verfahren, das den Beschlussvorschlägen an die Hauptversammlung vorausgeht, dargestellt werden muss. Für die Verwaltung würde eine solche Transparenzpflicht bedeuten, dass diese offenlegen müsste, wie der Beschlussvorschlag in seiner konkreten Ausgestaltung zustande kam. Dies ist im Hinblick auf die notwendige Diskretion bei organinterner Willensbildung abzulehnen.

44 Ein **Interessenkonflikt,** der einer besonderen Berücksichtigung bedarf, ist im Zusammenhang mit der Aufsichtsratsvergütung nicht erkennbar. Der im Gesetz systematisch angelegte Interessenkonflikt, demzufolge die Aufsichtsräte ihre eigene Vergütung vorschlagen, bedarf keiner besonderen Berücksichtigung. Für Interessenkonflikte gelten im Rahmen der Hauptversammlung nur die gesetzlichen Stimmverbote nach § 136 AktG, sodass dahingehend auch kein besonderer Hinweis erfolgen muss. Ein besonderes Stimmverbot für die Vergütung des Aufsichtsrates existiert in der Aktiengesellschaft nicht – auch nicht in Bezug auf die Aktionäre die Mitglieder des Aufsichtsorgans (→ § 5 Rn. 16).

k) Wiedervorlage (§ 87a Abs. 1 S. 2 Nr. 11 AktG)

45 Schließlich fordert § 87a Abs. 1 S. 2 Nr. 11 AktG Angaben im Zusammenhang mit einer Wiedervorlage des Vergütungssystems nach § 120a Abs. 3 AktG. Da § 113 Abs. 3 S. 6 AktG ebenfalls auf § 120a Abs. 3 AktG verweist, ist § 87a Abs. 1 S. 2 Nr. 11 AktG **für die Aufsichtsratsvergütung redundant,** aber unschädlich.

46 Für den Fall einer Wiedervorlage hat eine **Erläuterung aller wesentlichen Änderungen** im Vergleich zur abgelehnten bzw. nicht bestätigten Vergütung zu erfolgen. Darüber hinaus ist eine Übersicht beizufügen, aus der hervorgeht, wie die Abstimmung und die Äußerungen der Aktionäre in Bezug auf die Vergütung und in Bezug auf den Vergütungsbericht berücksichtigt wurden. Da aus einer Abstimmung

---

[67] Zur ARRL II Lutter/Bayer/J. Schmidt EurUnternehmensR § 29 Rn. 145; zu § 162 I 2 Nr. 2 AktG Anzinger ZGR 2019, 39 (86, 89); J. Schmidt NZG 2018, 1201 (1206 f.); aus rechtspolitischer Sicht Bachmann/Pauschinger ZIP 2019, 1 (3).

keine konkrete Kritik hervorgeht, ist an erster Stelle von den Äußerungen aus dem Kreis der Aktionäre auszugehen, wobei die Organe darauf angewiesen sind, dass solche überhaupt erfolgen. Dabei ist im Zweifel auch davon auszugehen, dass die geäußerte Kritik einiger weniger Aktionäre von den restlichen Aktionären geteilt wird, sofern diese sich nicht abweichend geäußert haben.

VII. Beschlussvorbereitungen

Für die Beschlussvorschläge über die Vergütungspolitik nach § 113 Abs. 3 AktG nF sind nach § 124 Abs. 3 S. 1 AktG **Vorstand und Aufsichtsrat gemeinsam zuständig.**[68] Damit bezweckt der Gesetzgeber eine gegenseitige Kontrolle der Organe.[69] Trotz dieser gemeinsamen Zuständigkeit ist eine Ausarbeitung durch den Aufsichtsrat insofern zweckmäßiger, als dieser inhaltsgleich auch mit der Ausarbeitung der Vorstandsvergütung befasst ist. Damit ist allerdings keine inhaltliche Abweichung von der gemeinsamen Verantwortung verbunden.[70] Die Organe haben den Vorschlag weiterhin vollumfänglich gemeinsam zu verantworten und dürfen ggf. auch voneinander abweichende Vorschläge unterbreiten. Hierbei ist es in der Regel erforderlich und ausreichend, dass die Verweisungen nach § 87a Abs. 1 S. 2 AktG (vgl. → Rn. 20 f.) in den Beschlussvorschlag der Verwaltung aufgenommen werden. Für die Bekanntmachung des eigentlichen Vergütungsvotums genügt dessen Darstellung auf der Internetseite der Gesellschaft (§ 124a Nr. 4 AktG). 47

Anders als das nur beratende Votum der Hauptversammlung nach § 120a AktG ist der Beschluss nach § 113 Abs. 3 AktG nF **uneingeschränkt gegenantragsfähig.**[71] Den Aktionären ist es also möglich, Opposition nach § 126 AktG zu artikulieren oder in der Versammlung selbst vollständig ausformulierte Alternativanträge zu stellen. Unter der Voraussetzung der Erfüllung entsprechender Quoren kann eine Aktionärsminderheit die Aufsichtsratsvergütung auch nach § 122 AktG jederzeit (dh ohne eine Bindung an den Vier-Jahres-Turnus) in der Hauptversammlung zum Beschlussgegenstand erheben. 48

VIII. Vergütungsregelung auf Satzungsebene (Abs. 3 S. 4)

Für den Fall, dass die **Vergütungsregelung unmittelbar in der Satzung verankert** ist, sieht § 113 Abs. 3 S. 4 AktG nF vor, dass die zusätzlichen Angaben nach § 87a Abs. 1 S. 2 AktG weder in den Satzungstext aufgenommen werden noch eine Inbe- 49

---

[68] Begr. RegE ARUG II BT-Drs. 19/9739, 90; Goette/Arnold AR-HdB/Wasmann/Gärtner § 6 Rn. 61; MüKoAktG/Habersack AktG § 113 Rn. 71; Bürgers/Körber/Lieder/Bürgers/Fischer AktG § 113 Rn. 22; Spindler AG 2020, 61 Rn. 39; Paschos/Goslar AG 2019, 365 (369); Löbbe/Fischbach AG 2019, 373 (382).
[69] Begr. RegE ARUG II BT-Drs. 19/9739, 90.
[70] Ebenso Grigoleit/Grigoleit/Tomasic/Kochendörfer AktG § 113 Rn. 11; MüKoAktG/Habersack AktG § 113 Rn. 71.
[71] Goette/Arnold AR-HdB/Wasmann/Gärtner § 6 Rn. 62; Henssler/Strohn/Henssler AktG § 113 Rn. 15; Koch AktG § 113 Rn. 33; MüKoAktG/Habersack AktG § 113 Rn. 71; Löbbe/Fischbach AG 2019, 373 (382); Spindler AG 2020, 61 Rn. 39.

zugnahme erfolgen muss. Damit unterstreicht der Gesetzgeber, dass der Vergütungsbeschluss nach § 113 Abs. 3 AktG nF keine Selbstbindungskraft entfaltet.[72] Lediglich bei einem satzungsändernden Beschluss ist die Auf- oder Inbezugnahme der zusätzlichen Angaben nach § 87a Abs. 1 S. 2 AktG erforderlich.[73]

IX. Anfechtungsausschluss (Abs. 3 S. 5)

50 Nach § 113 Abs. 3 S. 5 AktG nF führt ein Verstoß gegen die zusätzlichen Angabepflichten des S. 3 nicht zur Anfechtbarkeit des Beschlusses. Diese Entscheidung des Gesetzgebers wird allgemein begrüßt.[74] Durch die **fehlende Anfechtbarkeit** wird angezeigt, dass die zusätzlichen Angaben aus Sicht des Gesetzgebers nicht unbedingt erforderlich sind, um die Aktionäre für eine informierte Stimmabgabe hinreichend zu informieren. Der Anfechtungsausschluss umfasst daher nicht nur solche Fälle, in denen die konkrete Vergütungsentscheidung den Angaben zum Vergütungssystem widerspricht.[75] In der Konsequenz müssen vielmehr auch solche Beschlüsse von der Anfechtung ausgenommen werden, in denen Angaben zum Vergütungssystem völlig fehlen.[76]

51 Ausgeschlossen ist durch § 113 Abs. 3 S. 5 AktG nF lediglich die Anfechtbarkeit wegen des Fehlens der Angaben nach § 87a Abs. 1 S. 2 AktG, nicht aber eine Anfechtung aus sonstigen Gründen.[77] Insbesondere Verstöße gegen das Auskunftsrecht der Aktionäre nach § 131 AktG können eine Beschlussanfechtung begründen. Damit wird mittelbar eine **Teilung des Beschlusses** in Angaben, die eine Anfechtbarkeit begründen, und solche ohne Anfechtungsmöglichkeit erreicht.[78] Allerdings bedeutet dies nicht, dass bei einer Anfechtung nur ein Teil des Beschlusses angefochten wird und der restliche Teil bestehen bleibt. Ist eine Anfechtungsklage erfolgreich, so umfasst sie regelmäßig den gesamten Vergütungsbeschluss.

52 § 113 Abs. 3 S. 5 AktG nF wirft die Frage nach einem **Anfechtungsausschluss bei einem reinen Bestätigungsbeschluss** auf. Durch die Notwendigkeit eines Einheitsbeschlusses (→ Rn. 4) bezieht sich die Bestätigung nicht allein auf das Vergütungssystem, sondern auf die Aufsichtsratsvergütung insgesamt. Da sich der Anfechtungsausschluss jedoch allein auf die (zusätzlichen) Angaben zum Vergütungssystem bezieht, kann sich § 113 Abs. 3 S. 5 AktG nF auch im Rahmen der Bestätigung nur hierauf erstrecken. Dies führt dazu, dass der Bestätigungsbeschluss wegen Verstoßes gegen § 113 Abs. 1 AktG oder anderer formeller Verstöße durchaus anfechtbar sein kann. Im Falle einer erfolgreichen Anfechtung muss der Bestätigungsbeschluss neu

---

[72] Vgl. Begr. RegE ARUG II BT-Drs. 19/9739, 90.
[73] Koch AktG § 113 Rn. 32; MüKoAktG/Habersack AktG § 113 Rn. 73 aE.
[74] Grigoleit/Grigoleit/Tomasic/Kochendörfer AktG § 113 Rn. 17; MüKoAktG/Habersack AktG § 113 Rn. 75; Goette/Arnold AR-HdB/Wasmann/Gärtner § 6 Rn. 70; Löbbe/Fischbach AG 2019, 373 (383); zurückhaltender Florstedt ZGR 2019, 630 (655): Ausschluss erwägenswert.
[75] Vgl. Diekmann BB 2018, 3010 (3011); Löbbe/Fischbach AG 2019, 373 (383); Spindler AG 2020, 61 Rn. 43.
[76] Ebenso Henssler/Strohn/Henssler AktG § 113 Rn. 17; MüKoAktG/Habersack AktG § 113 Rn. 75; Löbbe/Fischbach AG 2019, 373 (383); Spindler AG 2020, 61 Rn. 43; einschr. Florstedt ZGR 2019, 630 (656).
[77] Henssler/Strohn/Henssler AktG § 113 Rn. 17; Löbbe/Fischbach AG 2019, 373 (382 f.).
[78] Vgl. Begr. RegE ARUG II BT-Drs. 19/9739, 91; Henssler/Strohn/Henssler AktG § 113 Rn. 17.

gefasst werden, da hierdurch eben keine Billigung nach § 120a Abs. 3 AktG iVm § 113 Abs. 3 S. 6 AktG nF erfolgt ist.

X. Publizität (§ 113 Abs. 3 S. 6 AktG nF iVm § 120a Abs. 2 AktG)

Durch den Verweis in § 113 Abs. 3 S. 6 AktG nF auf § 120a Abs. 2 AktG besteht für die Verwaltung die Verpflichtung, den Beschluss und das Vergütungssystem für die Dauer der Gültigkeit – mindestens jedoch zehn Jahre – **auf der Internetseite der Gesellschaft** zu veröffentlichen und kostenfrei öffentlich zugänglich zu halten. Da § 113 Abs. 3 AktG nF den Beschluss über die Vergütung und über das Vergütungssystem zusammenfasst, sind die Angaben auch gemeinsam auf der Internetseite zu veröffentlichen; die Veröffentlichungspflicht beschränkt sich somit nicht nur auf die Angaben nach § 87a Abs. 1 S. 2 AktG. Anzugeben ist dabei grundsätzlich auch das **Beschlussergebnis,** unabhängig davon, ob dieses positiv oder negativ ausgefallen ist,[79] sowie das **Beschlussdatum.** 53

Für **ablehnende Beschlüsse** nach § 113 AktG stellt sich insoweit die Frage nach einer Veröffentlichungspflicht, als der Beschluss in diesem Fall keine Rechtswirkung entfaltet. Ebenfalls nicht veröffentlichungspflichtig sind solche Beschlussvorschläge, die sich dadurch erledigen, dass eine andersartige Vergütung, die in der Abstimmungsreihenfolge vorher angesetzt war, mehrheitlich angenommen wurde.[80] 54

Die Veröffentlichung hat **unverzüglich** zu erfolgen, wobei die Frist mit dem Ende der Versammlung beginnt. Hierbei soll die Frist des § 130 Abs. 6 AktG zur Anwendung kommen, wonach die Veröffentlichung **innerhalb von sieben Tagen** nach der Versammlung erfolgen muss.[81] Die Veröffentlichung hat auf der Internetseite der betroffenen Gesellschaft zu erfolgen; die Veröffentlichung auf einer externen Seite oder der Internetseite einer Konzernobergesellschaft ist nicht ausreichend. Dabei muss eine **einfache Auffindbarkeit** durch die übersichtliche Gestaltung der Webseite abgesichert sein. Muss erst eine Vielzahl von Untermenüs geöffnet werden, liegt keine leichte Auffindbarkeit mehr vor. Durchgesetzt hat sich in der Praxis ein Reiter auf der Startseite mit der Bezeichnung „Investor Relations" oder „Aktionäre". Zudem ist **freie Zugänglichkeit** erforderlich, sodass eine Absicherung durch Passwörter nicht zulässig ist. Auch eine Beschränkung der Zugänglichkeit auf Aktionäre – gleich in welcher Form – ist nicht zulässig. 55

Eine unmittelbare Ansicht über die Webseite ist nicht zwingend erforderlich. Vielmehr ist es zulässig, eine Datei zum **Download** bereitzustellen, sofern es sich um ein Format handelt, das mit kostenlosen Programmen zur Ansicht geöffnet werden kann. Nicht ausreichend ist hingegen der **Verweis auf die Veröffentlichungen** nach §§ 124 Abs. 2 S. 3 iVm 124a S. 1 Nr. 1 AktG und § 130 Abs. 6 AktG. Dies gilt nicht nur dann, wenn Änderungen im Rahmen der Versammlung vorgenommen werden, 56

---

[79] Vgl. BeckOGK/Hoffmann AktG § 120a Rn. 41.
[80] Zur automatischen Erledigung nachfolgender inhaltlich unvereinbarer Anträge MüKoAktG/Kubis AktG § 119 Rn. 157.
[81] Vgl. Begr. RegE ARUG II BT-Drs. 19/9739, 93 f.; folgend MüKoAktG/Kubis AktG § 120a Rn. 20; K. Schmidt/Lutter/Spindler AktG § 87a Rn. 9; Koch AktG § 87a Rn. 8; Bachmann/Pauschinger ZIP 2019, 1 (6); Goette/Arnold AR-HdB/C. Arnold § 4 Rn. 1582.

sondern generell. Sowohl der Wortlaut als auch die ARRL II verlangen eine eigene und gemeinsame Veröffentlichung auf der Webseite, sodass eine bloße Verlinkung auf die Einberufungsunterlagen nicht ausreichend sein dürfte. Zudem müssen die beiden Angaben (Vergütungspolitik und Beschluss) **zusammengefasst** werden und dürfen nicht auf verschiedene Dokumente aufgeteilt werden.

57 Die nach § 113 AktG aktuell gültige Vergütung sollte als derzeit gültige Regelung **gesondert kenntlich gemacht** werden. Dagegen sollten ausgelaufene oder zu keinem Zeitpunkt wirksame Vergütungsregelungen jeweils mit Datum und einem Hinweis auf ihre (Un-)Gültigkeit angegeben werden. Durch eine Vielzahl von Vergütungsregelungen darf die Webseite nicht unlesbar werden. Sobald die Menge der Informationen dies erfordert, sind zusätzliche Maßnahmen erforderlich, um eine übersichtliche Darstellung zu gewährleisten. Überdies gebietet die Anordnung der Veröffentlichung in § 120a Abs. 2 AktG, die nach dieser Vorschrift zu veröffentlichenden Angaben von denjenigen nach anderen Vorschriften, wie etwa § 124a AktG, deutlich zu trennen. Dies kann dadurch geschehen, dass ein eigener Reiter innerhalb der Startseite des Aktionärsbereichs eingerichtet wird, damit die Information besonders einfach und schnellstmöglich abrufbar ist.

58 Der Beschluss, sowie die jeweilige Vergütung, sind **für die Dauer der Gültigkeit,** aber mindestens für zehn Jahre nach der Veröffentlichung auf der Internetseite zugänglich zu halten. Damit ist die Angabe nach dem Ablauf von taggenau zehn Jahren nicht mehr erforderlich, wenn die Vergütungsregelung keine Gültigkeit mehr hat. Ist diese noch gültig, ist sie bis zum Ende der Gültigkeit zugänglich zu halten und kann erst mit Beschluss einer neuen Vergütungsstruktur entfernt werden.[82] Damit geht der deutsche Gesetzgeber über die ARRL II insoweit hinaus, als danach nur eine Veröffentlichung für die Dauer der Gültigkeit erforderlich gewesen wäre.

XI. Ablehnende Beschlüsse
(§ 113 Abs. 3 S. 6 AktG nF iVm § 120a Abs. 3 AktG)

59 Folge eines ablehnenden Beschlusses[83] ist über den Verweis in § 113 Abs. 3 S. 6 AktG nF auf § 120a Abs. 3 AktG, dass in der nächsten ordentlichen Hauptversammlung **ein neuer Beschlussvorschlag** vorgelegt werden muss, wobei die Einberufung einer vorzeitigen außerordentlichen Hauptversammlung ebenfalls zulässig ist.[84] Dabei erfolgt der Verweis nur „sinngemäß". Demnach ist kein überprüftes Vergütungssystem, sondern ein überprüfter Beschlussvorschlag Gegenstand der folgenden Hauptversammlung; eine inhaltliche Identität scheint dadurch nicht ausgeschlossen zu sein.[85] Indes ist diese Sichtweise nicht mit der ARRL II[86] vereinbar, deren Art. 9a Abs. 2 UAbs. 2

---

[82] Vgl. MüKoAktG/Kubis AktG § 120a Rn. 20.
[83] Ein solcher liegt nicht vor, wenn ein Gegenantrag aus dem Aktionärskreis die erforderliche Mehrheit findet; vgl. MüKoAktG/Habersack AktG § 113 Rn. 76.
[84] Ebenso Koch AktG § 120a Rn. 9.
[85] In diesem Sinne auch Begr. RegE ARUG II BT-Drs. 19/9739, 94; Bayer DB 2018, 3034 (3038); Bachmann/Pauschinger ZIP 2019, 1 (6); Wandt/Vossen AG 2020, 705 Rn. 12 unter Hinweis auf den bloß empfehlenden Charakter des § 120a AktG auch Löbbe/Fischbach AG 2019, 373 (378 f.).
[86] RL (EU) 2017/828 vom 17.5.2017 im Hinblick auf die Förderung der langfristigen Mitwirkung der Aktionäre, ABl. EU 2017 L 132, 1.

eine „überarbeitete" Vergütungspolitik verlangt. Insofern muss der Hauptversammlung ein inhaltlich – und nicht nur kosmetisch – revidiertes Vergütungssystem vorgelegt werden. Genau genommen ist der Verweis auf die Regelung über das Vergütungssystem in § 120a AktG unpassend, weil im Rahmen des § 113 Abs. 3 AktG – anders als nach § 120a AktG – auch Gegenanträge möglich sind und reine Beschlussvorlagen keine Änderung der Rechtslage herbeiführen; an den geschilderten Rechtsfolgen ändert das nichts.

Die Verpflichtung zur Wiederholung entbindet Vorstand und Aufsichtsrat nicht **60** davon, Verstöße gegen § 113 Abs. 3 AktG nF ihrerseits zu beheben und zu diesem Zweck unabhängig von jedweder gesetzlichen Anordnung der nächsterreichbaren Hauptversammlung einen gesetzeskonformen Beschlussvorschlag vorzulegen.[87]

§ 13. Vergütungsbericht (§ 162 AktG)

Übersicht

	Rn.
I. Geltungsumfang	1
II. Erstellung des Vergütungsberichts	3
III. Inhalt des Vergütungsberichts	6
1. Allgemeines	6
a) Erfasster Personenkreis	6
b) Klarheitsgebot	8
c) Vergütung durch die Gesellschaft	9
d) Vergütung durch Konzernunternehmen	10
e) Gewährte und geschuldete Vergütung	11
f) Art der Darstellung	15
2. Einzelne Angaben	16
a) Allgemeines	16
b) Vergütungsbestandteile und Gesamtvergütung (Abs. 1 S. 2 Nr. 1)	17
c) Vergütungsentwicklung und Vergleiche (Abs. 1 S. 2 Nr. 2)	22
d) Aktien und Aktienoptionen (Abs. 1 S. 2 Nr. 3)	32
e) Rückforderung variabler Vergütungsbestandteile (Abs. 1 S. 2 Nr. 4)	33
f) Abweichungen vom Vergütungssystem (Abs. 1 S. 2 Nr. 5)	36
g) Berücksichtigung von Hauptversammlungsbeschlüssen (Abs. 1 S. 2 Nr. 6)	37
h) Einhaltung der Maximalvergütung (Abs. 1 S. 2 Nr. 7)	39
i) Angaben nach § 162 Abs. 2 AktG	40
IV. Datenschutzerwägungen (§ 162 Abs. 5 AktG)	41
1. Besondere personenbezogene Daten	41
2. Alte Vergütungsberichte	43
3. Langjährig ausgeschiedene Organmitglieder	45
V. Geheimnisschutzerwägungen (§ 162 Abs. 6 AktG)	46
VI. Prüfung des Vergütungsberichts (§ 162 Abs. 3 AktG)	48
VII. Befassung der Hauptversammlung (§ 120a Abs. 4 oder Abs. 5 AktG)	49
VIII. Publizität (§ 162 Abs. 4 AktG)	53
IX. Fehlerfolgen	56
1. Strafrechtliche Folgen	56
2. Zivilrechtliche Folgen	57

---

[87] Begr. RegE ARUG II BT-Drs. 19/9739, 91; folgend MüKoAktG/Habersack AktG § 113 Rn. 76.

Schrifttum:

Anzinger, Vorstands- und Aufsichtsratsvergütung: Kompetenzverteilung und Offenlegung nach der zweiten Aktionärsrechterichtlinie, ZGR 2019, 39; Arnold/Hofer/Dolde, Der Vergütungsbericht börsennotierter Aktiengesellschaften nach § 162 AktG, AG 2021, 813; Needham/Müller, Umsetzung der Aktionärsrechte-Richtlinie II: Auswirkungen auf die Unternehmensberichterstattung und Abschlussprüfung, IRZ 2019, 79; Needham, Weiterentwicklung der Corporate Governance durch das ARUG II Update zur Umsetzung der neugefassten Aktionärsrechterichtlinie, ZCG 2020, 22; Orth/Oser/Philippsen/Sultana, ARUG II: Zum neuen aktienrechtlichen Vergütungsbericht und sonstigen Änderungen im HGB, DB 2019, 2814; Rimmelspacher/Kliem, Konzernaspekte beim Vergütungsbericht nach § 162 AktG, Der Konzern 2021, 358; Suchan/Gerdes, Änderung der Aktionärsrechterichtlinie, WPg 2017, 1034; Velte, Ausweis und Prüfung des neuen Vergütungsberichts nach § 162 AktG-E, NZG 2019, 335; Velte, Der Vergütungsbericht und die Vergütungsvoten nach dem ARUG II-RefE, DStR 2018, 2445; E. Vetter, Der Vergütungsbericht nach § 162 AktG als gemeinsames Corporate Governance Reporting von Vorstand und Aufsichtsrat, FS Krieger, 2020, 1045.

I. Geltungsumfang

1 § 162 AktG ist das Ergebnis der Umsetzung von Art. 9b ARRL II[1] durch das ARUG II[2] und gilt daher von vornherein **nur für börsennotierte Aktiengesellschaften.** Mit Einführung des § 162 AktG sind zudem weitere Empfehlungen aus dem DCGK herausgefallen, welcher sich nunmehr unter Grundsatz 25 DCGK 2022 darauf beschränkt, dass der Bericht überhaupt zu erstellen ist.

2 Nach § 26j Abs. 2 S. 1 EGAktG besteht die Berichtspflicht erstmalig für das nach dem 31.12.2020 beginnende Geschäftsjahr, sodass eine Abstimmung über den Vergütungsbericht bei Gesellschaften, bei denen das Geschäftsjahr das Kalenderjahr ist, erstmalig im Jahr 2022 erfolgt. Darüber hinaus wird für die ersten fünf Berichtsjahre die Verpflichtung der vergleichenden Darstellung nach § 162 Abs. 1 S. 2 Nr. 2 AktG für die **durchschnittliche Arbeitnehmervergütung** modifiziert. Da die Daten bisher nicht erhoben wurden, soll erst die durchschnittliche Arbeitnehmervergütung für das nach dem 31.12.2020 beginnende Geschäftsjahr berücksichtigt werden.[3] Für die Angabe der jährlichen Veränderung sind jedoch mindestens zwei Angaben notwendig. Da auch eine absolute Angabe nicht erforderlich ist, wird für den ersten Vergütungsbericht eine Vergleichsangabe entbehrlich sein.[4] Erst im zweiten Vergütungsbericht ist demnach eine Veränderung der durchschnittlichen Arbeitnehmervergütung anzugeben.

II. Erstellung des Vergütungsberichts

3 Zur Erstellung verpflichtet sind nach § 162 Abs. 1 S. 1 AktG Vorstand und Aufsichtsrat der betreffenden Gesellschaft, so dass eine **Doppelkompetenz** vorliegt, um eine gegenseitige Kontrolle zu gewährleisten, wie dies auch bei der Entsprechenserklärung

---

[1] RL (EU) 2017/828 vom 17.5.2017 im Hinblick auf die Förderung der langfristigen Mitwirkung der Aktionäre, ABl. EU 2017 L 132, 1.
[2] Gesetz zur Umsetzung der zweiten Aktionärsrechterichtlinie vom 12.12.2019, BGBl. 2019 I 2637.
[3] Dabei ist es höchst zweifelhaft, ob eine Erhebung tatsächlich unmöglich ist.
[4] So auch BeckOGK/Bayer/Scholz AktG § 162 Rn. 176.

nach § 161 Abs. 1 S. 1 AktG der Fall ist.[5] Dabei wird **kein neues Gremium aus Vorstand und Aufsichtsrat** geschaffen, sondern es verbleibt bei den allgemeinen Regelungen.[6] Auch soll eine Delegation verhindert werden.[7] Gleichwohl wird gelegentlich vertreten, dass **eine Delegation auf einen Aufsichtsratsausschuss** möglich sei.[8] Zutreffend daran ist die Tatsache, dass die Vorschrift nicht in den Katalog des § 107 Abs. 3 S. 7 AktG aufgenommen wurde, wobei im Rahmen des ARUG II insgesamt keine Erweiterung des Kataloges erfolgt ist.[9] Nach Art. 9b Abs. 5 UAbs. 2 ARRL haben die Mitgliedstaaten jedoch sicherzustellen, dass der Vergütungsbericht gemeinsam von den Mitgliedern der Unternehmensleitung erstellt wird. Dabei erfolgt ausdrücklich keine Zuweisung an ein konkretes Organ, aber dennoch an alle zuständigen Mitglieder desselben. Demnach ist jedes einzelne Mitglied an der Beschlussfassung zu beteiligen und eine Delegation unzulässig. Eine Delegation der bloßen Vorbereitung ist hingegen zulässig.[10]

Anders als bei der Entsprechenserklärung nach § 161 AktG ist es erforderlich, dass 4 beide Organe **inhaltlich übereinstimmende Beschlüsse** fassen.[11] Sofern hinsichtlich einer Angabe ein Ermessensspielraum besteht, ist dasjenige Organ zuständig, welches auch für die hiervon betroffene Vergütung zuständig ist.[12] Ist demnach die Vergütung des Vorstandes betroffen, ist der Aufsichtsrat für die Ausübung des Ermessens zuständig und der Vorstand auf eine Rechtmäßigkeitskontrolle beschränkt. Für den Fall, dass in einem Punkt für beide Organe ein Ermessensspielraum besteht, weil er die Vergütung des Aufsichtsrates oder beider Organe betrifft, besteht ein **materieller Einigungszwang**.[13]

Die deutsche Umsetzung der ARRL II schreibt in § 162 Abs. 1 S. 1 AktG qua 5 **innergesellschaftlicher Kompetenzanordnung**[14] eine Erstellung des Berichtes durch Vorstand und Aufsichtsrat vor. Daraus wird teilweise der Schluss gezogen, dass der Bericht dann auch im Namen dieser beiden Organe abzugeben ist.[15] Anders als bei der Erklärung zum Corporate Governance Kodex ist jedoch nur die Erstellung – nicht

---

[5] Koch AktG § 162 Rn. 2; BeckOGK/Bayer/Scholz AktG § 162 Rn. 16f.; GroßkommAktG/E. Vetter AktG § 162 Rn. 36; MüKoAktG/Spindler AktG § 162 Rn. 14; K. Schmidt/Lutter/Seibt AktG § 162 Rn. 4; Grigoleit/Rachlitz AktG § 162 Rn. 23; zum Entwurf bereits Bayer DB 2018, 3034 (3040); Schmidt NZG 2018, 1201 (1205); zur Richtlinie Leuering NZG 2017, 646 (649); Hirte/Heidel Neues AktR/Kell Sammelkommentierung ARRL II Rn. 97.

[6] Koch AktG § 162 Rn. 2; BeckOGK/Bayer/Scholz AktG § 162 Rn. 18f.; GroßkommAktG/E. Vetter AktG § 162 Rn. 37; MüKoAktG/Spindler AktG § 162 Rn. 14; K. Schmidt/Lutter/Seibt AktG § 162 Rn. 5; Grigoleit/Rachlitz AktG § 162 Rn. 24.

[7] Begr. RegE ARUG II BT-Drs. 19/9739, 109; Grigoleit/Rachlitz AktG § 162 Rn. 22 ff.

[8] E. Vetter FS Krieger, 2020, 1045 (1056); GroßkommAktG/E. Vetter AktG § 162 Rn. 38; Henssler/Strohn/E. Vetter AktG § 162 Rn. 7; dagegen BeckOGK/Bayer/Scholz AktG § 162 Rn. 20; MüKoAktG/Spindler AktG § 162 Rn. 13; wohl ablehnend auch Grigoleit/Rachlitz AktG § 162 Rn. 24.

[9] Etwas kritisch zur fehlenden Aufnahme des § 87a AktG Bachmann/Pauschinger ZIP 2019, 1 (2); von einem ungeschriebenen Delegationsverbot ausgehend Grigoleit/Grigoleit/Kochendörfer AktG § 87a Rn. 23; GroßkommAktG/E. Vetter AktG § 162 Rn. 38.

[10] Grigoleit/Rachlitz AktG § 162 Rn. 25; Koch AktG § 162 Rn. 2.

[11] BeckOGK/Bayer/Scholz AktG § 162 Rn. 20: „Formeller Einigungszwang"; Koch AktG § 162 Rn. 2; K. Schmidt/Lutter/Seibt AktG § 162 Rn. 4; Grigoleit/Rachlitz AktG § 162 Rn. 23.

[12] BeckOGK/Bayer/Scholz AktG § 162 Rn. 25; MüKoAktG/Spindler AktG § 162 Rn. 15; K. Schmidt/Lutter/Seibt AktG § 162 Rn. 5.

[13] BeckOGK/Bayer/Scholz AktG § 162 Rn. 24; für primäre Verantwortung des Vorstands bei der AR-Vergütung dagegen K. Schmidt/Lutter/Seibt AktG § 162 Rn. 5.

[14] Vgl. dazu BeckOGK/Bayer/Scholz AktG § 161 Rn. 17; Bürgers/Körber/Lieder AktG/Schulz AktG § 162 Rn. 12; Bachmann/Pauschinger ZIP 2019, 1 (7); wohl auch Needham/Müller IRZ 2019, 79 (80); zur Richtlinie vermutlich auch Habersack NZG 2018, 127 (133).

[15] K. Schmidt/Lutter/Seibt AktG § 162 Rn. 4.

aber die Erklärung – den Organen zugewiesen.[16] Die **Erstellung** hat somit **keine unmittelbare Außenwirkung,** diese kommt vielmehr erst durch die Vorlage oder Veröffentlichung des Berichts zustande. Auch steht das Recht, bestimmte Informationen aus dem Bericht zu nehmen, der Gesellschaft und nicht den Organen zu. Ferner ist auch in den Gesetzgebungsmaterialien von einem Bericht der Gesellschaft die Rede.[17] Der deutsche Gesetzgeber hat mit der Vorschrift eine Verantwortlichkeit der beiden Organe beabsichtigt, da ohne Klarstellung der Vorstand als Geschäftsführungsorgan allein zur Abgabe verpflichtet wäre, wie zB den Berichtspflichten nach HGB.[18] Durch die interne Zuordnung ist es möglich, bei Verstößen, die Mitglieder beider Organe unmittelbar zur Haftung heranzuziehen.[19] Ziel war auch, die Einheitlichkeit der Berichterstellung sicherzustellen, was sonst durch § 124 Abs. 3 S. 1 AktG unterlaufen werden könnte.[20]

III. Inhalt des Vergütungsberichts

1. Allgemeines

a) Erfasster Personenkreis

6 Der maßgebliche Personenkreis umfasst alle gegenwärtigen und ehemaligen[21] Aufsichtsrats- und Vorstandsmitglieder.[22] Aufgrund der Zielrichtung über eine vollumfängliche Information der Aktionäre gilt dies auch für Personen, denen eine Vergütung im Hinblick auf eine nur vermeintliche Aufsichtsrats- oder Vorstandstätigkeit gewährt wurde, obwohl eine Bestellung nichtig war und auch nicht als wirksam fingiert wird.[23]

7 Nach einer Auffassung sollen darüber hinaus **frühere Mitglieder des Aufsichtsrats und des Vorstandes** erfasst sein, die vor der Börsennotierung dem Organ angehörten oder die Mitglied eines Verwaltungs-, Leitungs- oder Aufsichtsorgans einer Gesellschaft waren, die nach einem Formwechsel berichtspflichtig wurde oder durch Vermögensübertragung im Wege der Gesamtrechtsnachfolge auf eine berichtspflichtige Gesellschaft übergegangen ist.[24] Der Wortlaut der Richtlinie spricht jedoch nur von einem Überblick der „gemäß der in Artikel 9a genannten Vergütungspolitik" gewährten oder geschuldeten Vergütung. Somit ist bei Fehlen einer Vergütungspolitik gerade kein Vergütungsbericht zu erstellen, anhand dessen die Vergütungspolitik überprüft werden soll. Lediglich Personen, deren Vergütung vom Anwendungsbereich der § 285

---

[16] So bereits BeckOGK/Bayer/Scholz AktG § 162 Rn. 17.
[17] Begr. RegE ARUG II BT-Drs. 19/9739, 110 („von der börsennotierten Gesellschaft selbst").
[18] Vgl. Paschos/Goslar AG 2018, 857 (864); MüKoHGB/Reiner HGB § 264 Rn. 19; Baumbach/Hopt/Merkt HGB § 264 Rn. 8.
[19] In der Regel wird es jedoch an einem Schaden fehlen.
[20] Begr. RegE ARUG II 19/9739, 109; Grigoleit/Rachlitz AktG § 162 Rn. 23; Koch AktG § 162 Rn. 2; K. Schmidt/Lutter/Seibt AktG § 162 Rn. 4.
[21] Zur zeitlichen Grenze der Berichtspflicht unten → Rn. 43.
[22] BeckOGK/Bayer/Scholz AktG § 162 Rn. 30–62; Anzinger ZGR 2019, 39 (84 f.); zur Richtlinie Lutter/Bayer/Schmidt EurUnternehmensR Rn. 29.115; Jung/Krebs/Stiegler GesR-HdB/Jung/Stiegler § 30 Rn. 220.
[23] Zur Lehre vom fehlerhaften Bestellungsverhältnis Bayer/Lieder NZG 2012, 1.
[24] BeckOGK/Bayer/Scholz AktG § 162 Rn. 42.

Nr. 9 lit. a HGB, § 314 Nr. 6 lit. a HGB aF erfasst war, sind einzubeziehen; anderenfalls würde durch die Umsetzung der ARRL II die damit beabsichtigte Transparenz abnehmen.

b) Klarheitsgebot

Nach § 162 Abs. 1 S. 1 AktG hat der Vergütungsbericht klar und verständlich zu sein. **8** Der Bericht muss für einen durchschnittlich informierten, situationsadäquat aufmerksamen und verständigen Aktionär lesbar sein.[25] Die Anforderung einer „allgemeine[n] Verständlichkeit", wie sie noch im Referentenentwurf zum ARUG II vorgesehen war, wurde verworfen.[26]

c) Vergütung durch die Gesellschaft

Berichtsgegenstand nach § 162 Abs. 1 S. 1 AktG ist ausschließlich die Vergütung **9** durch die Gesellschaft im jeweils vorangegangenen Geschäftsjahr. Die Regierungsbegründung zu § 162 Abs. 1 AktG verweist für den Begriff der Vergütung auf § 285 Nr. 9 lit. a S. 1–3 HGB, § 314 Abs. 1 Nr. 6 lit. a S. 1–3 HGB.[27] Anzugeben sind daher zunächst alle Leistungen, die die Gesellschaft im Rahmen der § 87 AktG und § 113 AktG gewährt hat. Erfasst sind aber auch sonstige Vorteile, die **für die Funktion als Organmitglied** gewährt werden.[28] Ob die Leistungen in Geld- oder als Sachleistungen erbracht wurden, ist für den Vergütungsbegriff unerheblich. Der reine **Auslagenersatz** fällt hingegen aus der Berichtspflicht heraus, weil er keine Vergütung darstellt.[29] Ebenfalls nicht berichtspflichtig sind Leistungen der Gesellschaft, die nicht aufgrund der Organfunktion, sondern auf vertraglicher Basis (insbesondere Leistungen im Sinne des § 114 AktG) erbracht wurden.

d) Vergütung durch Konzernunternehmen

Unstreitig nicht berichtspflichtig nach § 162 Abs. 1 S. 1 AktG sind **Zahlungen** an **10** Organmitglieder **durch Dritte**.[30] Hiervon ausdrücklich ausgenommen sind Vergütungsleistungen von Unternehmen desselben Konzerns im Sinne des § 290 Abs. 1 S. 1 HGB. Fraglich ist, ob dabei eine inländische Kapitalgesellschaft oder haftungsbeschränkte Personengesellschaft (§ 264a Abs. 1 HGB) als vergütungsgewährendes Unternehmen erforderlich ist. Art. 9b Abs. 1 UAbs. 2 lit. c ARRL II verweist hierzu auf Art. 2 Nr. 11 Bilanz-RL, wobei der Anwendungsbereich der Bilanz-RL nach Art. 1 Bilanz-RL auch Kapitalgesellschaften und haftungsbeschränkte Personengesellschaften umfasst, welche ihren **Sitz in einem anderen Mitgliedsstaat** haben. Insofern ist der Verweis unionsrechtskonform dahingehend auszulegen, dass auch auslän-

---

[25] Begr. RegE ARUG II BT-Drs. 19/9739, 109; Grigoleit/Rachlitz AktG § 162 Rn. 17.
[26] Dazu auch Spindler AG 2020, 61 (64); Florstedt ZGR 2019, 630 (641); Löbbe/Fischbach AG 2019, 373 (383).
[27] Begr. RegE ARUG II BT-Drs. 19/9739, 111.
[28] Vgl. Koch AktG § 162 Rn. 3; BeckOGK/Bayer/Scholz AktG § 162 Rn. 32ff.; GroßkommAktG/E. Vetter AktG § 162 Rn. 52; MüKoAktG/Spindler AktG § 162 Rn. 25; Hirte/Heidel Neues AktienR/Lochner/Beneke AktG § 162 Rn. 6; zur Richtlinie Lutter/Bayer/Schmidt EurUnternehmensR Rn. 29.141.
[29] BeckOGK/Bayer/Scholz AktG § 162 Rn. 34.
[30] Vgl. MüKoAktG/Spindler AktG § 162 Rn. 27; Koch AktG § 162 Rn. 3a; Rimmelspacher/Kliem Der Konzern 2021, 358 (360).

e) Gewährte und geschuldete Vergütung

11 Anzugeben ist nach § 162 Abs. 1 S. 1 AktG die gewährte und geschuldete Vergütung. Gewährt meint dabei die Vergütung, die unabhängig von ihrer Rechtmäßigkeit faktisch zugeflossen ist.[33] Geschuldet meint hingegen eine fällige, aber noch nicht ausgezahlte Vergütung.[34] Dass ein Verzug hinsichtlich geschuldeter Vergütung besteht, ist nicht erforderlich.[35]

12 Nicht geregelt hat der Gesetzgeber die maßgebliche Berichtperiode für solche Vergütungen, die schon mit Ablauf des Geschäftsjahrs fällig (also geschuldet), aber erst (zeitnah) im folgenden (Geschäfts-)Jahr gewährt werden. Hier erfolgt die Gewährung mithin nicht im Entstehungszeitraum. In diesen Fällen ist für die **zeitliche Zuordnung die Entstehung der Vergütung maßgeblich;** ihre Auszahlung wird später nicht mehr als „Gewährung" berücksichtigt,[36] da diese Beträge ansonsten mehrfach aufgeführt werden müssten, was wiederum der Klarheit des Berichts entgegensteht. Insbesondere wäre die doppelte Aufführung ohne Informationsmehrwert und zudem von einem zumeist eher zufälligen Auszahlungszeitpunkt abhängig.

13 Bei einer **variablen Vergütung** ist in zeitlicher Hinsicht ebenfalls primär darauf abzustellen, wann die Vergütung bezifferbar geworden ist; eine spätere Auszahlung ist hingegen unerheblich.[37] **Abschlagszahlungen** hierauf sind dagegen im Jahr des Zuflusses berichtspflichtig.[38] Eine Rückzahlung ist als Negativbeitrag zu berücksichtigen; das bloße Bestehen eines Rückzahlungsanspruchs reicht dafür allerdings nicht aus.[39]

14 **Zahlungen an Dritte,** durch die die Organmitglieder einen Anspruch erwerben, stellen unabhängig von der Fälligkeit des erworbenen Anspruchs eine gewährte Vergütung dar.[40] Der „Prototyp" dieser Berichtskategorie sind Leistungen des Unternehmens an einen Versicherer zur Sicherung der Altersversorgung von Organmitgliedern. Ordnet man entgegen der hM[41] die D&O-Versicherung als Vergütung ein, wäre auch diese als gewährte Vergütung einzubeziehen. Dabei ist nicht auf den Wert des

---

[31] BeckOGK/Bayer/Scholz AktG § 162 Rn. 36.
[32] Vgl. ARRL II Erwägungsgrund 35, wo kontrollierte Unternehmen in Bezug genommen werden.
[33] Begr. RegE ARUG II BT-Drs. 19/9739, 111; Koch AktG § 162 Rn. 3; BeckOGK/Bayer/Scholz AktG § 162 Rn. 44; GroßkommAktG/E. Vetter AktG § 162 Rn. 58; MüKoAktG/Spindler AktG § 162 Rn. 16; Grigoleit/Rachlitz AktG § 162 Rn. 32; Schmidt/Lutter/Seibt AktG § 162 Rn. 7; Böcking/Bundle Der Konzern 2020, 15; Orth/Oser/Philippsen/Sultana DB 2019, 1011 (1012) unter Bezugnahme auf § 245 Abs. 1 S. 1 HGB.
[34] Begr. RegE ARUG II BT-Drs. 19/9739, 111; BeckOGK/Bayer/Scholz AktG § 162 Rn. 45; Grigoleit/Rachlitz AktG § 162 Rn. 33; unklar dazu Arnold/Hofer/Dolde AG 2021, 813 Rn. 9.
[35] Arnold/Hofer/Dolde AG 2021, 813 Rn. 9.
[36] Näher BeckOGK/Bayer/Scholz AktG § 162 Rn. 49; MüKoAktG/Spindler AktG § 162 Rn. 18 f.; krit. Koch AktG § 162 Rn. 3.
[37] Näher mit Beispielen BeckOGK/Bayer/Scholz AktG § 162 Rn. 50 ff.
[38] BeckOGK/Bayer/Scholz AktG § 162 Rn. 52.
[39] BeckOGK/Bayer/Scholz AktG § 162 Rn. 53.
[40] Vgl. BeckOGK/Bayer/Scholz AktG § 162 Rn. 61.
[41] Vgl. GroßkommAktG/E. Vetter AktG § 162 Rn. 54; Arnold/Hofer/Dolde AG 2021, 813 Rn. 6; aA MüKoAktG/Spindler AktG § 162 Rn. 18: Angabe bei individueller Versicherung; BeckOGK/Bayer/Scholz AktG § 162 Rn. 33: Einbeziehung in jedem Fall (trotz fehlenden Vergütungscharakters); wohl auch Koch AktG § 162 Rn. 3.

erworbenen Anspruchs, sondern auf die Zahlung als Vermögensabfluss der Gesellschaft abzustellen.

f) Art der Darstellung

Die Darstellung hat klar und verständlich zu erfolgen. Die Darstellung erfolgt zudem **individualisiert** und unter Nennung des vollen Namens des Organmitgliedes. Dabei wird zwischen Angaben und Erläuterungen unterschieden,[42] wobei Angaben nur die wesentliche Information enthalten und Erläuterungen diese näher und narrativ umschreiben. Eine **Negativmeldung** über Umstände ist dabei grundsätzlich nicht erforderlich (arg. e § 162 Abs. 1 S. 2 AktG).[43] Die Vergütung ist im Bericht nicht zwischen gewährt und geschuldet aufzuteilen, vielmehr genügt eine **einheitliche Darstellung**.[44]

15

2. Einzelne Angaben
a) Allgemeines

§ 162 Abs. 1 S. 2 AktG verlangt die unter Nr. 1–6 für den Aufsichtsrat relevanten Angaben, „soweit sie inhaltlich tatsächlich vorliegen". Was nicht vorliegt, braucht auch nicht berichtet zu werden. Mit Ausnahme der Nr. 4 ist auch **keine Fehlanzeige erforderlich**.[45]

16

b) Vergütungsbestandteile und Gesamtvergütung (Abs. 1 S. 2 Nr. 1)

Nach § 162 Abs. 1 S. 2 Nr. 1 AktG sind alle festen und variablen Bestandteile mit ihrem jeweiligen Anteil an der Gesamtvergütung anzugeben. Bei der Angabe ist die **konkrete Höhe in Zahlen** zu benennen. Der in der Gesetzesbegründung genannte Fall, dass die variable Vergütung bei Berichtserstellung möglicherweise noch nicht feststeht,[46] ist schwer vorstellbar. Eine Fälligkeit tritt im Regelfall nämlich erst ein, wenn die Höhe bezifferbar ist; bis dahin liegt schon keine „geschuldete" Vergütung vor.[47] Eine Ausnahme von der Verpflichtung zur bezifferten Angabe sind mehrjährig angelegte Bemessungsgrundlagen; hier kann und muss ein anderer geeigneter Bezugspunkt gewählt werden.[48]

17

Die Vorschrift des § 162 Abs. 1 S. 2 Nr. 1 AktG ist ein anschauliches Beispiel für sprachliche Defizite bei der Gesetzesformulierung.[49] Ausgangspunkt der Vorschrift ist **die Gesamtvergütung pro Organmitglied**. Letzteres hat der Gesetzeswortlaut zwar unterdrückt, so dass auch ebenso gut die Gesamtvergütung des Organs Aufsichtsrat gemeint sein könnte. Die hier proklamierte Lesart wird jedoch durch § 162 Abs. 1

18

---
[42] BeckOGK/Bayer/Scholz AktG § 162 Rn. 159.
[43] Vgl. Begr. RegE ARUG II BT-Drs. 19/9739, 109; Koch AktG § 162 Rn. 3; BeckOGK/Bayer/Scholz AktG § 162 Rn. 63; Grigoleit/Rachlitz AktG § 162 Rn. 19; zur Richtlinie Anzinger ZGR 2019, 39 (85); Lutter/Bayer/Schmidt EurUnternehmensR Rn. 29.142.
[44] Bereits BeckOGK/Bayer/Scholz AktG § 162 Rn. 62.
[45] BeckOGK/Bayer/Scholz AktG § 162 Rn. 63, 66.
[46] Begr. RegE. ARUG II, BT-Drs. 19/9739, 111, so auch Grigoleit/Rachlitz AktG § 162 Rn. 38.
[47] So auch BeckOGK/Bayer/Scholz AktG § 162 Rn. 52.1.
[48] Vgl. Begr. RegE ARUG II BT-Drs. 19/9739, 112; Schmidt/Lutter/Seibt AktG § 162 Rn. 12; Koch AktG § 162 Rn. 5.
[49] Ähnlich BeckOGK/Bayer/Scholz AktG § 162 Rn. 67: „sperrige Formulierung".

S. 1 AktG („jedem einzelnen … Mitglied") gestützt und entspricht im Übrigen Art. 9b Abs. 1 UAbs. 2 lit. a ARRL II.

19 Der Gesamtbetrag ist für jedes Organmitglied in **feste und variable Vergütungsbestandteile** aufzugliedern, wobei die Kategorisierung anhand der Bestandteile zu erfolgen hat, wie sie im Vergütungsbeschluss nach § 113 Abs. 3 S. 3 AktG iVm § 87a AktG enthalten sind. Fraglich ist, ob darüber hinaus eine **weitergehende Untergliederung** erforderlich oder wenigstens zulässig ist.[50] Ein solches Erfordernis wird man allenfalls bei Vergütungsbestandteilen ohne Zielrichtung der Erfüllung eines bestimmten Bestandteils des Vergütungssystems annehmen müssen; hier ist eine eigene Kategorie zu eröffnen. Ansonsten steht es der Berichterstattung frei, weitere Untergliederungen vorzunehmen, solange nur die Zuordnung zu festen und variablen Bestandteilen gewahrt bleibt. Anschließend sind alle festen und alle variablen Vergütungsbestandteile jeweils zusammenzurechnen und ins Verhältnis zur Gesamtvergütung eines jeden Aufsichtsratsmitglieds zu stellen.[51] Das Verhältnis der einzelnen Bestandteile zueinander ist eher nicht zu ermitteln,[52] sollte aus Gründen der Übersichtlichkeit aber dennoch angegeben werden.

20 Darüber hinaus ist eine Erläuterung aufzunehmen, welche individuell erklärt, wie die Gesamtvergütung dem Vergütungssystem entspricht, wobei dabei auf die einzelnen Vergütungsbestandteile einzugehen ist. Rechtswidrige Abweichungen vom Vergütungssystem sind ebenso anzugeben, wenn auch zeitnah rückgängig zu machen. Die Erläuterung hat die Frage einzuschließen, wie die konkrete Gesamtvergütung die **langfristige Entwicklung der Gesellschaft**[53] fördert. Unionsrechtskonform genügt es zu erklären, wie das Leistungsniveau durch die Vergütung gehalten wird. Die Erläuterung hat zwar individuell zu erfolgen; jedoch ist es übersichtlicher, einzelne Erklärungen auf mehrere Personen zu beziehen, um den Bericht nicht unnötig zu verlängern.[54] Insbesondere für den Aufsichtsrat wird in der Regel auf dessen Beitrag zum langfristigen Erhalt durch Überwachung abgestellt werden können. Dabei wird in der Regel auf die Ausführungen im Vergütungsbeschluss gem. § 113 Abs. 3 AktG abgestellt werden können.

21 Schließlich sind **Angaben zur Anwendung der Leistungskriterien** zu machen.[55] Diese dienen der Darstellung, wie die variable Vergütung konkret zustande kommt. Die Einzelheiten der Darstellung ergeben sich aus den im Vergütungssystem festgelegten Angaben zu den Leistungskriterien. Das Vergütungssystem ist dabei nicht darzustellen, sondern lediglich dessen Anwendung. Daher sind abstrakte Angaben über die Vergütung wie Höchstsummen etc. nicht darzustellen, wenn diese bei der Vergütung nicht relevant waren. In den Fällen einer variablen Vergütung für den Aufsichtsrat bestimmt sich diese nicht anhand individueller Leistung, sondern anhand

---

[50] Großzügiger BeckOGK/Bayer/Scholz AktG § 162 Rn. 72, denen zufolge ein weiter Beurteilungsspielraum bezüglich der Gruppierung besteht.
[51] BeckOGK/Bayer/Scholz AktG § 162 Rn. 73; zur entsprechenden Richtlinienvorschrift Lutter/Bayer/Schmidt EurUnternehmensR Rn. 29.143; Anzinger ZGR 2019, 39 (85).
[52] BeckOGK/Bayer/Scholz AktG § 162 Rn. 73.
[53] Der deutsche Wortlaut spricht von langfristiger Entwicklung, der Wortlaut der Richtlinie nur von langfristiger Leistung (vgl. Art. 9b Abs. 1 UAbs. 2 lit. a ARRL II).
[54] BeckOGK/Bayer/Scholz AktG § 162 Rn. 77.
[55] BeckOGK/Bayer/Scholz AktG § 162 Rn. 78; zur Richtlinie Lutter/Bayer/J. Schmidt Rn. 29.143.

objektiver Kriterien, wie der beschlossenen Dividende oder dem Aktienkurs. In diesen Fällen ist eine knappe Darlegung der Berechnung ausreichend.

c) Vergütungsentwicklung und Vergleiche (Abs. 1 S. 2 Nr. 2)

§ 162 Abs. 1 S. 2 Nr. 2 AktG beinhaltet die Verpflichtung einer vergleichenden Darstellung der Entwicklung von Vergütung, Ertragsentwicklung und durchschnittlicher Vergütung von Arbeitnehmern auf Vollzeitäquivalenzbasis. Hierfür ist eine vergleichende Darstellung zu wählen. Von Teilen der Literatur und dem Leitlinienentwurf der Kommission wird eine **tabellarische Darstellung** als ausreichend erachtet.[56] Dabei ist die Entwicklung der letzten fünf Geschäftsjahre mit Vergleich zum Vorjahr in Prozentzahlen anzugeben.[57] Bei ausschließlich absoluten Angaben ist eine Vergleichbarkeit der verschiedenen Entwicklungen durch die Darstellung nicht ausreichend gewährleistet. 22

Die Darstellung hat die **Entwicklung der letzten fünf Jahre**[58] darzustellen, wobei mit „Jahr" das Geschäftsjahr der Gesellschaft gemeint ist, auch wenn sich das Geschäftsjahr unmittelbar nur auf die Arbeitnehmervergütung bezieht.[59] Eine Darstellung, welche unterschiedliche Zeiträume betrachtet, wäre hingegen unverständlich und nicht vergleichend, da zwei Parameter geändert würden. Dabei ist die Entwicklung innerhalb eines Geschäftsjahres darzustellen, sodass eine monatliche Darstellung weder ausreichend noch erforderlich ist. 23

Bei der **Vergütungsentwicklung** im Sinne der Nr. 2 ist die Gesamtvergütung des einzelnen Organmitgliedes anzugeben, mithin die feste und variable Vergütung sowie bei ausgeschiedenen Organmitgliedern etwaige Versorgungsbezüge. Bei Rückzahlungsforderungen der Gesellschaft sind die Rückforderungsansprüche in demjenigen Geschäftsjahr zu berücksichtigen, in dem die Rückzahlung erfolgt. Stets ist die Vergütung nicht in absoluten Zahlen, sondern nur die Entwicklung, also die jährliche (prozentuale) Veränderung, anzugeben.[60] Dabei ist die jährliche Veränderung für jedes Organmitglied einzeln zu berichten.[61] Hingegen ist es nicht erforderlich, die **durchschnittliche Vergütungsentwicklung aller Organmitglieder** anzugeben.[62] Insbesondere bei neuen Organmitgliedern ist in diesen Fällen demnach gar keine Angabe zu machen. De lege ferenda wäre die Darstellung der Gesamtentwicklung je Organ insbesondere für den Aufsichtsrat sinnvoll, da die Vergütungsfestsetzung für den Auf- 24

---

[56] BeckOGK/Bayer/Scholz AktG § 162 Rn. 91; https://www.corporategovernancecommittee.be/en/whats-new/interesting-developments/draft-guidelines-standardised-presentation-remuneration-report, S. 19 (zuletzt abgerufen am 9.1.2025).
[57] BeckOGK/Bayer/Scholz AktG § 162 Rn. 93; aA Grigoleit/Rachlitz AktG § 162 Rn. 44; vgl. zur Richtlinie Lutter/Bayer/Schmidt EurUnternehmensR Rn. 29.144.
[58] Obwohl sich der Fünf-Jahres-Zeitraum nach dem Gesetzeswortlaut nur auf die Arbeitnehmervergütung bezieht, ist er als Referenzzeitraum für alle Parameter in Nr. 2 anzuwenden; vgl. BeckOGK/Bayer/Scholz AktG § 162 Rn. 84.
[59] BeckOGK/Bayer/Scholz AktG § 162 Rn. 84; K. Schmidt/Lutter/Seibt AktG § 162 Rn. 13; anders wohl Koch AktG § 162 Rn. 6, der am Wortlaut festzuhalten scheint.
[60] Unklar MüKoAktG/Spindler AktG § 162 Rn. 50; BeckOGK/Bayer/Scholz AktG § 162 Rn. 86.
[61] So wohl auch COMMUNICATION FROM THE COMMISSION Guidelines on the standardised presentation of the remuneration report under Directive 2007/36/EC, as amended by Directive (EU) 2017/828 as regards the encouragement of long-term shareholder engagement S. 16; BeckOGK/Bayer/Scholz AktG § 162 Rn. 85; aA, da von einem Spielraum ausgehend, Grigoleit/Rachlitz AktG § 162 Rn. 45.
[62] MüKoAktG/Spindler AktG § 162 Rn. 50; BeckOGK/Bayer/Scholz AktG § 162 Rn. 85; aA Grigoleit/Rachlitz AktG § 162 Rn. 45: Ermessen, welche Angabe erfolgt.

25 Die Entwicklung des **Ertrages** stellt nach deutschem Begriffsverständnis auf den **Jahresüberschuss bzw.** auf den **Jahresfehlbetrag** ab.[63] Aus Aktionärssicht erscheint dies angebracht, da die Aktionäre an dem Jahresüberschuss beteiligt werden, so dass bei wachsendem Jahresüberschuss für diese eine wachsende Vergütung des Aufsichtsrats akzeptabel erscheint. Nach dem deutschen Wortlaut von Art. 9b Abs. 1 UAbs. 2 lit. b ARRL II[64] war lediglich die „Veränderung der Leistung" anzugeben.[65] Von „Leistung" sprechen auch 16 weitere Sprachfassungen der ARRL II.[66] Hingegen gehen sieben Sprachfassungen von dem Begriff des „Ergebnisses" aus.[67] Dabei ist jede Sprachfassung in der EU gleichwertig.[68] Um alle Sprachfassungen gleichermaßen zu berücksichtigen, ist an den Begriff des Unternehmensergebnisses anzuknüpfen, da dieser auch mit dem Begriff der Leistung vereinbar ist.[69]

26 Schließlich soll nach § 162 Abs. 1 S. 2 Nr. 2 AktG die durchschnittliche **Arbeitnehmervergütung auf Vollzeitäquivalenzbasis** berücksichtigt werden. Der Begriff der Vergütung ist dabei ebenso weit zu fassen wie bei den Organmitgliedern, so dass auch arbeitgeberseitige Sozialversicherungsbeiträge und sonstige tatsächliche Vorteile wie zB Dienstfahrzeuge[70] einzuberechnen sind. Die Darstellung der Vergütungsentwicklung der Arbeitnehmer ist ein rein sozialer Aspekt (vgl. Erwägungsgründe 14, 29 ARRL II). Sie ist isoliert betrachtet kein Faktor für Nachhaltigkeit und steht mit dem Erfordernis der Berichtspflicht zur Ertragsentwicklung inhaltlich sogar in Konflikt.

27 Nach der Gesetzesbegründung soll für die persönliche Reichweite der Nr. 2 der **mitbestimmungsrechtliche Arbeitnehmerbegriff** zu Grunde gelegt werden, der auch in § 96 AktG zur Anwendung kommt, so dass insbesondere auch leitende Angestellte nach § 3 Abs. 1 S. 2 Nr. 2 MitbestG erfasst sind.[71] In der Literatur ist weitgehend anerkannt, dass Vorstand und Aufsichtsrat bei Aufstellung der Gruppe **einen weiten Ermessensspielraum** haben, zumal nach § 162 Abs. 1 S. 2 Nr. 2 AktG eine Erläuterung erforderlich ist, „welcher Kreis von Arbeitnehmern einbezogen wurde".[72] Eine solche Erläuterung wäre bei einem gesetzlich vordefinierten festgelegten Personenkreis überflüssig. Bei der Festlegung könne innerhalb des Ermessensspielraums auch darüber entschieden werden, ob nur bestimmte Branchenzweige

---

[63] BeckOGK/Bayer/Scholz AktG § 162 Rn. 87; Koch AktG § 162 Rn. 6; Bachmann/Pauschinger ZIP 2019, 1 (7); aA K. Schmidt/Lutter/Seibt AktG § 162 Rn. 13; GroßkommAktG/E. Vetter AktG § 162 Rn. 92.
[64] RL (EU) 2017/828 vom 17.5.2017 im Hinblick auf die Förderung der langfristigen Mitwirkung der Aktionäre, ABl. EU 2017 L 132, 1.
[65] Im Kommissionsentwurf war noch von „Wertentwicklung" die Rede.
[66] So ES, CS, ET, EL, EN, FR, GA, LT, HU, MT, NL, PL, PT, RO, SK, SL; Sprachkürzungen nach dem Gesetzblatt der EU.
[67] So BG, DA, HR, IT, LV, FI, SV.
[68] EuGH BeckRS 2008, 70382 Rn. 22 ff.
[69] AA K. Schmidt/Lutter/Seibt AktG § 162 Rn. 13; GroßkommAktG/E. Vetter AktG § 162 Rn. 92.
[70] Jeweils mit dem vollen Betrag unabhängig von der steuerlichen Berücksichtigung.
[71] Begr. RegE ARUG II BT-Drs. 19/9739, 112; vgl. ErfK/Oetker MitbestG § 3 Rn. 1 f.
[72] Begr. RegE ARUG II BT-Drs. 19/9739, 112; BeckOGK/Bayer/Scholz AktG § 162 Rn. 89; Koch AktG § 162 Rn. 6; Grigoleit/Rachlitz AktG § 162 Rn. 51; Schmidt/Lutter/Seibt AktG § 162 Rn. 13; Goette/Arnold AR-HdB/C. Arnold § 4 Rn. 1572; Hirte/Heidel Neues AktienR/Lochner/Beneke AktG § 162 Rn. 14; zum Entwurf Schmidt NZG 2018, 1201 (1207); Goslar/Paschos AG 2018, 857 (864); Florstedt ZIP 2020, 1 (2); de lege lata Bayer Der Betrieb 2018, 3034 (3040); anders wohl Bachmann/Pauschinger ZIP 2019, 1 (7), wonach die Vorschrift der Erläuterung der Berechnung dient.

berücksichtigt oder einzelne Arbeitnehmergruppen ausgeschlossen werden. Möglich sei auch zu entscheiden, welche Regionen oder Länder einbezogen werden, sowie ob nur die börsennotierte Gesellschaft selbst oder ob **einzelne oder alle Konzernunternehmen** mitberücksichtigt werden sollen.[73] Einschränkungen werden zum einen dahingehend gemacht, dass eine Vergleichsgruppe dann nicht gewählt werden darf, wenn diese für einen Vergleich mit der Vergütungsentwicklung auf Organebene schlicht keine Aussagekraft hat.[74] Zum anderen soll an einer einmal gewählten Vergleichsgruppe festgehalten werden, da ansonsten die Vergleichbarkeit für die Zukunft nicht gewährleistet und eine ähnliche Entwicklung mit der Vorstandsvergütung simuliert werden kann, indem jährlich eine andere, passendere Bezugsgruppe gewählt wird.[75]

Die Richtlinie ordnet in Art. 9b Abs. 1 UAbs. 1 lit. a ARRL II an, dass die Vergütungsentwicklung von **Beschäftigten der Gesellschaft** dargestellt werden soll. Bei dem Begriff der Gesellschaft ist auf die börsennotierte Gesellschaft abzustellen und nicht etwa auf den Konzern, welcher allein von lit. c umfasst ist. Auch die Regierungsbegründung erkennt einen wesentlichen Unterschied in der Begriffswahl von der Gesellschaft und beispielsweise der Unternehmensgruppe.[76] Dies gilt auch für den Fall der Beschäftigten der Gesellschaft. Es ist nicht nachvollziehbar, warum hier die strenge Unterscheidung nicht mehr einschlägig sein soll, insbesondere weil in Art. 9b Abs. 1 UAbs. 2 ARRL II zwischen der Gesellschaft und den Unternehmen derselben Gruppe ausdrücklich unterschieden wird.[77] Demnach dürfen nur Arbeitnehmer der **börsennotierten Gesellschaft selbst** einbezogen werden; Arbeitnehmer der Tochter-, Schwester- und Muttergesellschaften finden keine Berücksichtigung.[78]

28

Das **Wahlrecht für eine Vergleichsgruppe** wird teilweise damit begründet, dass die Richtlinie im deutschen Wortlaut unbestimmt formuliert: „die jährliche Veränderung ... der durchschnittlichen Vergütung .... **von Beschäftigten** der Gesellschaft".[79] Betrachtet man hingegen die anderen Sprachfassungen, so ergibt sich dahingehend ein unklares Bild. Sowohl in der spanischen *(„los trabajadores")* als auch in der griechischen und bulgarischen Sprachfassung wird ein bestimmter Artikel verwendet, was grundsätzlich alle Beschäftigten erfassen würde. Zudem ist auch bei Art. 9a Abs. 6 UAbs. 2 ARRL II in der deutschen Sprachfassung inkonsequent von „[-]bedingungen **der Beschäftigten**" die Rede und im englischen Wortlaut nur von Bedingungen von Beschäftigten *(„conditions of employees")*. Dabei ist es gerade bei Art. 9a Abs. 6 UAbs. 2

29

---

[73] Statt aller BeckOGK/Bayer/Scholz AktG § 162 Rn. 89; zweifelnd für § 87a Bayer Der Betrieb 2018, 3034 (3038, 3040); aA Anzinger ZGR 2019, 39 (88).
[74] BeckOGK/Bayer/Scholz AktG § 162 Rn. 89; Grigoleit/Rachlitz AktG § 162 Rn. 51.
[75] Hirte/Heidel Neues AktienR/Lochner/Beneke AktG § 162 Rn. 15.
[76] Begr. RegE ARUG II BT-Drs. 19/9739, 112.
[77] So bereits Lutter/Bayer/Schmidt EurUnternehmensR Rn. 29.145; Leuering NZG 2017, 646 (649); Anzinger ZGR 2019, 39 (85 f.); auch der Leitlinienentwurf geht davon aus („COMMUNICATION FROM THE COMMISSION Guidelines on the standardised presentation of the remuneration report under Directive 2007/36/EC, as amended by Directive (EU) 2017/828 as regards the encouragement of long-term shareholder engagement" S. 17 („all the employees")), auch wenn diese es für zulässig erachten, weitere Arbeitnehmer zusätzlich einzubeziehen; Jung/Krebs/Stiegler GesR-HdB/Jung/Stiegler § 30 Rn. 226, wonach den Mitgliedsstaaten die Möglichkeit zur Konzernbeziehung verbleibt; Unsicherheit auch bei dem Berliner Kreis für Gesellschaftsrecht Inci NZG 2017, 579 (580); aA wohl Hirte/Heidel Das neue Aktienrecht/Kell Sammelkommentierung ARRL II Rn. 103.
[78] Anzinger ZGR 2019, 39 (86).
[79] BeckOGK/Bayer/Scholz AktG § 162 Rn. 83; Grigoleit/Rachlitz AktG § 162 Rn. 50.

ARRL II notwendig, von einer freien Wahl auszugehen, da keine Beschränkungen oder materielle Vorgaben gewollt sind.[80] Insofern kann von der Wahl eines bestimmten oder unbestimmten Artikels in der deutschen Sprachfassung kaum etwas Verbindliches geschlossen werden. Beschränkte man sich – ohne Berücksichtigung des Zwecks – auf den Wortlaut, folgt daraus nur, dass mindestens zwei Beschäftigte berücksichtigt werden müssen. Ein solches Ergebnis ist erkennbar zweckwidrig.

30 Bei den ursprünglichen Beratungen zur EU-Richtlinie wurde davon ausgegangen, dass alle Beschäftigten erfasst sein sollen.[81] Zielsetzung der Richtlinie ist Transparenz für die Aktionäre, welche mittelbar Kontrolle erhalten sollen (Erwägungsgründe 14, 31, 33 ARRL II). Ein weiter Spielraum bei der Auswahl läuft dem gerade entgegen und verhindert die Transparenz auch insoweit, als eine Vergleichbarkeit mit anderen Gesellschaften erschwert wird. Anders als die deutsche Umsetzung verlangt die Richtlinie auch keine Erklärung über die erfassten Arbeitnehmer und schließt selbst eine jährliche Anpassung der Vergleichsgruppe nicht aus, sodass die Transparenz gänzlich unterlaufen werden könnte. Das Fehlen einer diesbezüglichen Regelung ist nur dadurch zu erklären, dass **sämtliche Arbeitnehmer erfasst werden** sollen.[82] Für die Berücksichtigung der Arbeitnehmer muss auch der sozialpolitische Hintergrund der Regelung stärker berücksichtigt werden, sodass gerade auch diejenigen Arbeitnehmer erfasst werden müssen, deren Vergütungsentwicklung besonders gering ausfällt. Dazu verhält es sich konträr, wenn eine passende Arbeitnehmergruppe ausgewählt werden kann, deren Vergütung in der Vergangenheit eine besonders positive Entwicklung erfahren hat.

31 Selbst wenn man der herrschenden Meinung hinsichtlich einer freien Wahl der Vergleichsgruppe folgt, ist eine Einschränkung vorzunehmen. Letztlich stellt sich der Vergütungsbericht nämlich als Ergebnis einer Überprüfung der Umsetzung der Vergütungspolitik nach § 87a AktG oder § 113 Abs. 1 und 3 AktG dar. Die darin enthaltenen Angaben zur Entwicklung der Arbeitnehmervergütung sind dabei das Äquivalent zu § 87a Abs. 1 S. 2 Nr. 9 AktG.[83] Ist daher in der Vergütungspolitik eine bestimmte Arbeitnehmergruppe nach § 87a Abs. 1 S. 2 Nr. 9 AktG berücksichtigt worden, so ist, wenn man von einem Ermessen ausgeht, auch diese Arbeitnehmergruppe mit ihrer durchschnittlichen Vergütung in den Vergütungsbericht aufzunehmen. Darüber hinaus wird in der Literatur die Frage aufgeworfen, wie die **Vollzeitäquivalenz** zu bestimmen ist.[84] Dies ist jedoch eher irreführend, da die prozentuale Veränderung der Vergütung unabhängig von der gewählten Basis ist. Welche Anzahl von Arbeitsstunden hier gewählt wird, hat folglich keine Auswirkungen auf die Veränderung der Durchschnittsvergütung. Es ist lediglich erforderlich, dass die gewählte Basis überall und in jedem Jahr gleich ist.

---

[80] Arnold/Herzberg/Zeh AG 2020, 313 (314); BeckOGK/Fleischer AktG § 87a Rn. 25; Schmidt NZG 2018, 1201 (1203); Spindler AG 2020, 61 Rn. 24.
[81] Vgl. Lutter/Bayer/Schmidt EurUnternehmensR Rn. 29.145; Anzinger ZGR 2019, 39 (85 f.); Jung/Krebs/Stiegler GesR-HdB/Jung/Stiegler § 30 Rn. 226 mit mitgliedstaatlicher Erweiterungsmöglichkeit.
[82] Bereits Anzinger ZGR 2019, 39 (86).
[83] K. Schmidt/Lutter/Seibt § 162 Rn. 13.
[84] BeckOGK/Bayer/Scholz AktG § 162 Rn. 90.

d) Aktien und Aktienoptionen (Abs. 1 S. 2 Nr. 3)

Da eine aktienbasierte Vergütung des Aufsichtsrates nach hM unzulässig ist und demnach in der Praxis nicht gewährt wird (→ § 6 Rn. 47), erübrigt sich eine Darstellung im Vergütungsbericht; auch eine Fehlanzeige ist nicht erforderlich.

e) Rückforderung variabler Vergütungsbestandteile (Abs. 1 S. 2 Nr. 4)

Mit der Rückforderung variabler Vergütungsbestandteile ist die **Ausübung von Claw-Back-Klauseln** gemeint.[85] Aufgrund der Beschränkung des Anwendungsbereichs auf variable Vergütungsbestandteile ist ersichtlich, dass eine von vornherein **zu viel geleistete Festvergütung nach dieser Norm nicht anzugeben** ist.[86] Berichtspflichtig ist der Vorgang erst dann, wenn die Geltendmachung des Rechts, mithin das erklärte Einfordern, im berichtspflichtigen Geschäftsjahr lag.[87] Eine Negativmeldung ist nur dann erforderlich, wenn eine Rückforderungsmöglichkeit bestand, welche nicht wahrgenommen wurde, mithin „ob" von einer bestehenden Rückforderungsmöglichkeit Gebrauch gemacht wurde.[88] Da der Vorstand jedoch strikt verpflichtet ist, zu viel geleistete Vergütung an den Aufsichtsrat zurückzufordern, stellt sich in der Praxis diese Frage für die Aufsichtsratsvergütung nicht. Es ist auch nicht notwendig zu erklären, dass keine Rückforderungsmöglichkeit bestand.[89]

Die Formulierung in Art. 9b Abs. 1 UAbs. 2 lit. e ARRL II dahingehend, „ob und wie" von der Möglichkeit Gebrauch gemacht wurde, will keine Beschränkung auf das „ob" und das „wie" erreichen. Sie zielt ausweislich anderer Sprachfassungen[90] vielmehr darauf ab, alle Umstände offenzulegen, die den Gebrauch des Rückforderungsrechts betreffen. Zuerst ist die Möglichkeit der Rückforderung zu benennen und dem Rückforderungsrecht des Vergütungssystems zuzuordnen.[91] Sodann ist zu erklären, ob (und wenn ja: in welcher Form) davon Gebrauch gemacht wurde, und welche Folgen eingetreten sind.[92] Beweggründe sind dagegen nicht zu erläutern.[93]

Für den Aufsichtsrat ist die Gewährung variabler Vergütung weiter rückläufig und die Festlegung einer vorbehaltenen Rückforderung nicht bekannt. Ein praktischer Anwendungsbereich des § 162 Abs. 1 S. 2 Nr. 4 AktG für die Vergütung von Mitgliedern des Aufsichtsrats ist somit derzeit nicht aktuell.

f) Abweichungen vom Vergütungssystem (Abs. 1 S. 2 Nr. 5)

Mit Abweichungen vom Vergütungssystem sind solche nach § 87a Abs. 2 S. 2 AktG gemeint, welche nur für den Vorstand – nicht aber für den Aufsichtsrat – in Betracht kommen. Rechtswidrige Abweichungen von der beschlossenen Vergütung sind eben-

---

[85] Vertiefend zu Claw Backs (beim Vorstand) Schockenhoff/Nußbaum AG 2018, 813.
[86] So auch BeckOGK/Bayer/Scholz AktG § 162 Rn. 105 f., allerdings analoge Anwendung auf diese.
[87] So auch BeckOGK/Bayer/Scholz AktG § 162 Rn. 104.
[88] Zumindest BeckOGK/Bayer/Scholz AktG § 162 Rn. 107; anders Florstedt ZGR 2019, 630 (659); anders vermutlich auch Schmidt/Lutter/Seibt AktG § 162 Rn. 15; Koch AktG § 162 Rn. 7.
[89] BeckOGK/Bayer/Scholz AktG § 162 Rn. 107.
[90] EN: „information on the use".
[91] Vgl. Grigoleit/Rachlitz AktG § 162 Rn. 53; Schmidt/Lutter/Seibt AktG § 162 Rn. 15.
[92] BeckOGK/Bayer/Scholz AktG § 162 Rn. 108.
[93] So auch BeckOGK/Bayer/Scholz AktG § 162 Rn. 108.

falls nicht erfasst, aber im Rahmen von § 162 Abs. 1 S. 2 Nr. 1 AktG anzugeben (→ Rn. 17 ff.) und zeitnah rückgängig zu machen.

g) Berücksichtigung von Hauptversammlungsbeschlüssen (Abs. 1 S. 2 Nr. 6)

37 Nach § 162 Abs. 1 S. 2 Nr. 6 AktG ist eine Berücksichtigung des Beschlusses der Hauptversammlung zu erläutern, welcher nach § 120a Abs. 4 AktG gefasst wurde. Alternativ gilt dasselbe in Bezug auf die Erörterung nach § 120a Abs. 5 AktG (für KMU nach § 267 Abs. 1 und 2 HGB). Der Beschluss bzw. die Erörterung beinhalten eine Billigung bzw. eine Nicht-Billigung des Vergütungsberichtes. Eine Erläuterung hat dabei in jedem Fall zu erfolgen, auch wenn der Vergütungsbericht einstimmig gebilligt wurde; dabei kann sich jedoch auf den **Bericht über die Beibehaltung aufgrund der Billigung** durch die Hauptversammlung beschränkt werden. Beim Bericht über die Erörterung wird auf den Inhalt der aktionärsseitigen Wortmeldungen abzustellen sein. Nicht geäußerte Kritik ist nicht berücksichtigungsfähig, auch wenn diese zur Nichtbilligung geführt hatte.

38 Es besteht in keinem Fall eine Verpflichtung, den bereits vorgelegten Vergütungsbericht anzupassen.[94] Eine Erklärung für die Zukunft hat hingegen auch in dem Fall zu erfolgen, in dem geäußerte Kritik vollständig umgesetzt wurde.

h) Einhaltung der Maximalvergütung (Abs. 1 S. 2 Nr. 7)

39 Die Erläuterung über die Einhaltung der Maximalvergütung erfasst nur die Vergütung der Vorstandsmitglieder und betrifft demnach die Vergütung der Aufsichtsratsmitglieder nicht; für diese ist bereits keine Maximalvergütung im Sinne des § 87a Abs. 1 S. 2 Nr. 1 AktG festzulegen.

i) Angaben nach § 162 Abs. 2 AktG

40 Die Angaben nach § 162 Abs. 2 AktG dienen der Offenlegung von Interessenkonflikten und sind nach derzeitiger Rechtslage **nur für Vorstandsmitglieder** zu machen. Eine Offenlegung von Interessenkonflikten von Mitgliedern des Aufsichtsrates ist de lege ferenda allerdings erwägenswert, da insbesondere Mitglieder des Aufsichtsrates häufig gegenüber der Anteilseignerseite Pflichtbindungen unterhalten.

IV. Datenschutzerwägungen (§ 162 Abs. 5 AktG)

1. Besondere personenbezogene Daten

41 Nach § 162 Abs. 5 S. 1 AktG dürfen personenbezogene Daten, welche die Familiensituation eines Organmitgliedes betreffen, nicht im Vergütungsbericht aufscheinen. Hierzu zählen beispielsweise Kinderzuschläge oder Unterhaltsleistungen. Derartige Leistungen sind zwar mit ihrer Höhe im Vergütungsbericht anzugeben, jedoch **bleibt**

---

[94] BeckOGK/Bayer/Scholz AktG § 162 Rn. 117; zur Richtlinie Lutter/Bayer/Schmidt EurUnternehmensR Rn. 29.154; Hirte/Heidel Neues AktienR/Kell Sammelkommentierung ARRL II Rn. 108; Jung/Krebs/Stiegler GesR-HdB/Jung/Stiegler § 30 Rn. 212.

der **Vergütungsgrund offen**,[95] was auch insofern konsequent ist, als für diesen keine Leistungskontrolle erfolgen kann.[96] Die Regelung dient der Umsetzung des Art. 9b Abs. 2 ARRL II. Nach dieser Richtliniennorm sind zusätzlich solche Angaben herauszunehmen, welche besondere Kategorien von personenbezogenen Daten im Sinne des Art. 9 Abs. 1 DS-GVO betreffen. Aufgrund des Anwendungsvorranges der DS-GVO wurde allerdings von einer ausdrücklichen Erwähnung in § 162 AktG abgesehen.[97]

Für den Aufsichtsrat kann es derzeit bei der Feststellung bleiben, dass familienabhängige Leistungen (wie etwa Kinderzuschläge, wie sie bei Beamten üblich sind) typischerweise nicht vorgesehen sind. Sollte es dazu kommen, werden die Anforderungen des § 162 Abs. 5 AktG nur schwer umzusetzen sein. Der Wortlaut sieht nicht nur vor, dass der Hintergrund nicht genannt werden darf, sondern auch, dass keine Daten enthalten sein dürfen, die einen **mittelbaren Bezug zur Familiensituation** haben. Ausgehend vom Sinn der Vorschrift sollen jedwede Rückschlüsse auf die Familiensituation versperrt werden. Legt jedoch die Hauptversammlung einen bestimmten Betrag, etwa als Kinderzuschlag, fest, dann ginge allein aus der Angabe dieses Betrages im Vergütungsbericht klar hervor, wofür dieser gewährt wird. In diesen Fällen ist jeweils eine kreative Lösung gefragt, mit der die Vergütung zwar angegeben wird, aber Rückschlüsse nicht ermöglicht werden. 42

2. Alte Vergütungsberichte

Nach § 162 Abs. 5 S. 3 AktG hat die Gesellschaft nach Ablauf der Mindestveröffentlichungsfrist von zehn Jahren die personenbezogenen Daten aus den über die Internetseite zugänglichen Vergütungsberichten zu entfernen. Der Praxis wird der besseren Handhabung wegen zu empfehlen sein, **den gesamten Bericht von der Webseite zu entfernen;** alles andere stellt sich als rechtlich unnötiges Risiko und erheblichen Mehraufwand dar. Da § 162 Abs. 5 S. 3 AktG auf § 162 Abs. 4 AktG verweist, bezieht sich der Fristablauf auf die Mindestveröffentlichungsfrist der Vergütungsberichte (→ Rn. 53 ff.).[98] 43

Die Verpflichtung nach § 162 Abs. 5 S. 3 AktG besteht nur darin, den Vergütungsbericht selbst auf der Webseite zu löschen beziehungsweise anzupassen. Es besteht keine Pflicht, **andere Abschriften oder Dateien** anzupassen, welche die Angaben ebenfalls enthalten.[99] Dies gilt auch dann, wenn die Gesellschaft Zugriff auf derartige Dateien hat. Neben der aktienrechtlichen Löschungspflicht sind – auch hinsichtlich anderer Berichtsformate – die Anforderungen der DSGVO zu beachten, die in ihrem Art. 17 Abs. 1 lit. a eine Löschungspflicht bei Entfall der Erforderlichkeit für den Zweck, zu dem die Daten erhoben wurden, vorsieht, so dass sich die Löschungspflicht auch auf andere Unterlagen erstreckt. Dies betrifft etwa die HV-Einberufungen, für die sich in der Regel auch kein anderer Erlaubnistatbestand finden wird.[100] 44

---

[95] K. Schmidt/Lutter/Seibt AktG § 162 Rn. 27; Grigoleit/Rachlitz AktG § 162 Rn. 75.
[96] Dazu Bürgers/Körber/Lieder/Schulze AktG § 162 Rn. 71.
[97] Begr. RegE ARUG II BT-Drs. 19/9739, 114.
[98] Ausführlich Grigoleit/Rachlitz AktG § 162 Rn. 80.
[99] Grigoleit/Rachlitz AktG § 162 Rn. 83; GroßkommAktG/E. Vetter AktG § 162 Rn. 152; MüKoAktG/Spindler § 162 Rn. 88.
[100] GroßkommAktG/E. Vetter AktG § 162 Rn. 152; MüKoAktG/Spindler § 162 Rn. 88.

3. Langjährig ausgeschiedene Organmitglieder

45 Der deutsche Gesetzgeber hat ferner ohne diesbezügliche EU-Richtlinienvorgabe die Vorschrift des § 162 Abs. 5 S. 2 AktG eingefügt, um eine vermeintliche Lücke zu schließen.[101] Danach sind personenbezogene Angaben zu Organmitgliedern, welche in einem Geschäftsjahr ausgeschieden sind, das mindestens zehn Jahre zurückliegt, **in zukünftigen Vergütungsberichten zu unterlassen**.[102] Dies ist erforderlich, weil ansonsten die Zehn-Jahres-Frist für die Anonymisierung leerlaufen würde, da zB Ruhestandszahlungen regelmäßig gleichblieben[103] und durch die Zuordnung der Vergütung zu einer Person die Vergütung in den alten Berichten zuordenbar wären.[104] Dabei wird bisweilen übersehen, dass die Namensnennung in den alten Vergütungsberichten noch 10 Jahre aufrecht erhalten wird, sodass die Namensnennung noch bis zu 20 Jahre erfolgt.[105]

V. Geheimnisschutzerwägungen (§ 162 Abs. 6 AktG)

46 § 162 Abs. 6 S. 1 AktG räumt der Gesellschaft das Recht ein, Angaben nicht in den Vergütungsbericht aufzunehmen, die nach vernünftiger kaufmännischer Beurteilung geeignet sind, der Gesellschaft einen nicht unerheblichen Nachteil zuzufügen. Die Vorschrift begründet **keine Verpflichtung, sondern nur das Recht zur Auslassung**.[106] Wurde von der Möglichkeit Gebrauch gemacht, dann ist die Angabe in den nächsten Vergütungsbericht aufzunehmen, der auf den Wegfall des Grundes zeitlich nachfolgt. Da der Vergütungsbericht durch eine berechtigte Auslassung nicht unvollständig oder unklar werden soll, sind die Beträge der Vergütung weiterhin anzugeben; es kann lediglich auf die gefährdenden Detailangaben verzichtet werden.[107] Dabei wird bewusst der Wortlaut des § 131 Abs. 3 S. 1 Nr. 1 AktG übernommen,[108] sodass auf die dort entschiedenen Fallkonstellationen zurückgegriffen werden kann.

47 Fraglich ist, ob die **Vorschrift unionsrechtswidrig** ist, da Art. 9b ARRL die Möglichkeit zur Auslassung nicht ausdrücklich benennt. Allerdings enthält Erwägungsgrund 45 S. 2 ARRL II Geheimnisschutzerwägungen, welche bei den einzelnen Offenlegungstatbeständen zu berücksichtigen sind.[109] Zudem fallen Geschäftsgeheimnisse unter den Schutz des Art. 16 GRCh.[110] Auch sollen die Transparenzvorschriften

---

[101] Begr. RegE ARUG II BT-Drs. 19/9739, 114.
[102] Gesamtausgaben für diese Organmitglieder sind zusammenzufassen; vgl. C. Arnold/Hofer/Dolde AG 2021, 813 Rn. 15.
[103] Sofern eine Anpassung an die Inflation erfolgt, könnte diese herausgerechnet werden.
[104] Grigoleit/Rachlitz AktG § 162 Rn. 77; Paschos/Goslar AG 2019, 365 (370); einschränkend BeckOGK/Bayer/Scholz AktG § 162 Rn. 150; Hirte/Heidel Neues AktienR/Lochner/Beneke AktG § 162 Rn. 44.
[105] Grigoleit/Rachlitz AktG § 162 Rn. 80 aE; Orth/Oser/Philippsen/Sultana DB 2019, 1011 (1013).
[106] BeckOGK/Bayer/Scholz AktG § 162 Rn. 154.
[107] So auch BeckOGK/Bayer/Scholz AktG § 162 Rn. 152.
[108] Begr RegE ARUG II, BT-Drs. 19/9739, 114.
[109] BeckOGK/Bayer/Scholz AktG § 162 Rn. 152; GroßkommAktG/E. Vetter AktG § 162 Rn. 151; Goette/Arnold AR-HdB/C. Arnold § 4 Rn. 1586; Grigoleit/Rachlitz AktG § 162 Rn. 84; krit. Bachmann/Pauschinger ZIP 2019, 1 (8).
[110] von der Groeben/Schwarze/Hatje/Wollenschläger GRC Art. 16 Rn. 8 mwN; vgl. auch Schmidt NZG 2018, 1201 (1207).

dem Schutz der Aktionäre dienen und diesen nicht schaden. Von daher ist die Vorschrift im Ergebnis als EU-konform anzusehen. Bei ihrer Anwendung ist jedoch auf den strengen Maßstab des Erwägungsgrund 45 S. 2 ARRL II zu achten, der **nur schwere Schäden abwehren** möchte.

VI. Prüfung des Vergütungsberichts (§ 162 Abs. 3 AktG)

Gemäß § 162 Abs. 3 S. 1 AktG hat eine Prüfung des Vergütungsberichts durch einen Abschlussprüfer zu erfolgen, welche sich jedoch nach § 162 Abs. 3 S. 2 AktG auf eine **rein formelle Prüfung** beschränkt. Es wird lediglich geprüft, ob die vorgeschriebenen Angaben gemacht wurden, nicht aber, ob diese auch inhaltlich richtig sind.[111] Auf diesen Prüfungsumfang beschränkt sich auch der Vermerk.[112] Da im Regelfall keine Negativangaben zu machen sind, wird auch die Vollständigkeit der Angaben nur soweit geprüft, als es nicht auf den Sachverhalt ankommt. Der Prüfvermerk ist ebenfalls zu veröffentlichen. 48

VII. Befassung der Hauptversammlung (§ 120a Abs. 4 oder Abs. 5 AktG)

Nach § 120a Abs. 4 AktG hat die Hauptversammlung über die Billigung des Vergütungsberichts zu beschließen. Dabei soll der Beschluss weder Rechte noch Pflichten begründen und nicht nach § 243 AktG anfechtbar sein (§ 120a Abs. 4 S. 2 AktG iVm § 120a Abs. 1 S. 2, 3 AktG).[113] Aus dem Abstimmungsergebnis resultiert insbesondere **keine Verpflichtung zur Anpassung** des Berichts oder der Vergütungspolitik. Für kleine und mittelgroße Unternehmen (KMU) ist eine bloße Erörterung in der Hauptversammlung ohne Abstimmung ausreichend.[114] 49

Beschlussgegenstand ist nach § 120a Abs. 4 AktG ausschließlich der aktuelle Vergütungsbericht nach § 162 AktG, so dass **Gegenanträge zu alternativen Berichten** nicht zulässig sind.[115] Unklar ist, ob Teilbilligungen und darauf bezogene Gegenanträge zulässig sind.[116] Dabei ist es zutreffend, dass Teilbilligungen die einzige Möglichkeit eröffnen, einzelne Kritikpunkte verbindlich offenzulegen.[117] Einer verbindlichen Festlegung bedarf es jedoch nicht, insbesondere da diese ohne jede rechtliche 50

---

[111] Vertiefend K. Schmidt/Lutter/Seibt AktG § 162 Rn. 24; BeckOGK/Bayer/Scholz AktG § 162 Rn. 164; kritisch zur Vorschrift der Richtlinie Velte DStR 2018, 208 (212, 214); Velte DStR 2018, 2445 (2446); Velte NZG 2019, 335 (337).
[112] Vertiefend Needham ZCG 2020, 22 (24).
[113] Krit. zum RefE, der die Anfechtbarkeit noch vorsah, Heldt AG 2018, 905 (912); Bachmann/Pauschinger ZIP 2019, 1, (8 f.).
[114] Vertiefend BeckOGK/Hoffmann AktG § 120a Rn. 45.
[115] MüKoAktG/Kubis AktG § 120a Rn. 22; Koch AktG § 162 Rn. 10; BeckOGK/Hoffmann AktG § 120a Rn. 47.
[116] Bejahend Grigoleit/Herrler AktG § 120a Rn. 42; aA MüKoAktG/Kubis AktG § 120a Rn. 24; Hirte/Heidel Neues AktienR/Krenek AktG § 120a Rn. 20; BeckOGK/Hoffmann AktG § 120a Rn. 48 sieht vor, dass ablehnende Gegenanträge nach § 126 zulässig sind, die auch eine Begründung für die Ablehnung enthalten können, wobei diese Begründung nicht Beschlussgegenstand ist.
[117] Grigoleit/Herrler AktG § 120a Rn. 42; Offenlegung im Gegenantrag BeckOGK/Hoffmann AktG § 120a Rn. 48.

Konsequenz bleibt. Das Gesetz sieht die Äußerung von Kritik nur im Rahmen einer Aussprache vor, was auch dem § 120a Abs. 5 AktG zugrunde liegt. Würde man sowohl die Missbilligung des Gesamtberichtes als auch Teilbilligungen berücksichtigen müssen, wäre der Beschluss praktisch ohne klare Aussagekraft. Weil die Beschlüsse nicht mit dem Vergütungsbericht gemeinsam veröffentlicht werden, würde mit einer Teil(miss-)billigung auch keine erhöhte Publizität erreicht.

51 Der Beschluss der Hauptversammlung gem. § 120a Abs. 4 S. 2 iVm Abs. 1 S. 3 AktG ist **nicht nach § 243 AktG anfechtbar.**[118] Umstritten ist hingegen die Zulässigkeit einer Nichtigkeitsklage.[119] Sofern eine Nichtigkeitsklage für die Abstimmung über das Vergütungssystem wegen der Folge einer erneuten Abstimmung als zulässig erachtet wird,[120] kann dies für die Abstimmung über den Vergütungsbericht nicht gelten, weil dieser keine solche Rechtsfolge nach sich zieht. Insbesondere kann durch die Nichtigkeit nicht die Veröffentlichungspflicht des aktuellen Berichtes oder die Erklärungspflicht im folgenden Vergütungsbericht aufgehoben werden. Ausgehend von dem Zweck des Anfechtungsausschlusses, der missbräuchliches Verhalten von Berufsklägern einschränken soll,[121] muss auch die Nichtigkeitsklage ausgeschlossen bleiben.

52 Der Vergütungsbericht wird jeweils im folgenden Geschäftsjahr für das abgeschlossene Geschäftsjahr erstellt.[122] Über den Bericht ist nach § 120a Abs. 4 S. 1 AktG in der Hauptversammlung desjenigen Geschäftsjahres abzustimmen, welches auf das berichtspflichtige Geschäftsjahr folgt. Dabei soll der Bericht nach § 120a Abs. 4 S. 1 AktG bereits erstellt und geprüft sein, sodass die Fertigstellung bis zu diesem Zeitpunkt erfolgen muss. Zudem folgt aus § 124 Abs. 2 S. 3 AktG auch **eine zeitlich vorgelagerte Vorlagepflicht** an die Aktionäre. In unionsrechtskonformer Auslegung ist für die Beschlussfassung **ausschließlich die ordentliche Hauptversammlung** vorgesehen, da Art. 9b Abs. 4 UAbs. 1 S. 1 ARRL von der Jahreshauptversammlung spricht.[123]

VIII. Publizität (§ 162 Abs. 4 AktG)

53 Der Vergütungsbericht ist nach seiner Behandlung der Hauptversammlung gem. § 120a Abs. 4 S. 1 AktG auf der Internetseite der Gesellschaft **kostenfrei für zehn Jahre zugänglich** zu machen (§ 162 Abs. 4 AktG). Nach der Gesetzesbegründung soll die Veröffentlichung unverzüglich erfolgen,[124] wobei insoweit § 130 Abs. 6 AktG Anwendung findet. Zwar findet sich die Unverzüglichkeit im Gesetz nicht wieder, ist aber aus historischer Auslegung heraus zu verlangen.[125] Die Dauer von zehn Jahren

---

[118] Zur Anfechtbarkeit der darauf beruhenden Entlastung Bungert/Berger DB 2018, 2801 (2807); Paschos/Goslar AG 2018, 857 (865); MüKoAktG/Kubis AktG § 120a Rn. 25.
[119] Dagegen MüKoAktG/Kubis AktG § 120a Rn. 25; wohl auch Koch AktG § 120a Rn. 10, 6; BeckOGK/Hoffmann AktG § 120a Rn. 27, 46; dafür Hirte/Heidel Neues AktienR/Lochner/Beneke AktG § 162 Rn. 22; für Vergütungsbericht unklar Grigoleit/Herrler AktG § 120a Rn. 43, 31.
[120] Grigoleit/Herrler AktG § 120a Rn. 31.
[121] RegE ARUG II, BT-Drs. 19/9739, 93.
[122] So auch BeckOGK/Bayer/Scholz AktG § 162 Rn. 163; vgl. auch Bayer/Schmidt BB 2018, 2562 (2572).
[123] BeckOGK/Bayer/Scholz AktG § 162 Rn. 163; zum Entwurf bereits Bayer/Schmidt BB 2019, 2178 (2179); von Zulässigkeit in außerordentlicher HV ausgehend BeckOGK/Hoffmann AktG § 120a Rn. 47.
[124] Begr. RegE ARUG II BT-Drs. 19/9739, 113.
[125] Ähnlich Grigoleit/Rachlitz AktG § 162 Rn. 71; GroßkommAktG/E. Vetter AktG § 162 Rn. 145; Koch AktG § 162 Rn. 10; Goette/Arnold AR-HdB/C. Arnold § 4 Rn. 1582.

stellt eine Mindestfrist dar; eine länger währende Veröffentlichung ist daher zulässig. Anders als bei der Abstimmung über das Vergütungssystem ist der **Hauptversammlungsbeschluss** zum Vergütungsbericht hingegen **nicht veröffentlichungspflichtig**.

Nach der Gesetzesbegründung soll in der Veröffentlichung der Einberufungsunterlagen zur Hauptversammlung nach § 124 Abs. 2 S. 3 AktG, § 124a Nr. 1 AktG bereits eine Veröffentlichung nach § 162 Abs, 4 AktG liegen.[126] Begründet wird dies damit, dass **bereits in den Einberufungsunterlagen der Vergütungsbericht enthalten ist**; sofern der Vergütungsbericht später nicht mehr geändert wird.[127] Ein solches Vorgehen ist allerdings nicht ausreichend, um die Transparenzanforderungen hinreichend zu erfüllen, auch weil bei den Einberufungsunterlagen häufig für jedes Jahr ein eigener Hauptversammlungsordner mit mehreren Unterordnern existiert.[128] Durch die bloße Bezugnahme in der Einberufung wird ein Auffinden und Zusammensuchen der Unterlagen somit unnötig erschwert. Zudem ist nach Art. 9b Abs. 5 UAbs. 1 S. 1 ARRL II der Vergütungsbericht öffentlich zugänglich zu machen. Dies gilt nach dem Wortlaut „unbeschadet" von den Einberufungsverpflichtungen, welche nach Art. 5 Abs. 4 ARRL auf der Internetseite zur Verfügung zu stellen sind. Der europäische Gesetzgeber hat offenbar die inhaltliche Überschneidung der beiden Vorschriften erkannt und es für nicht ausreichend erachtet, dass eine Veröffentlichung innerhalb der Einberufungsunterlagen erfolgt, auch wenn diese zugänglich bleiben. Auch die Umsetzung der ARRL II in das AktG scheint aus systematischer Sicht von einer erneuten Veröffentlichung auszugehen, da nach § 162 AktG ein Zugänglichmachen nach dem Beschluss erforderlich ist; demnach ist nach dem Beschluss eine weitere Handlung notwendig; auch weil von Unverzüglichkeit ausgegangen wird. Daher ist es erforderlich, dass auf der Internetseite ein eigener Reiter für die Vergütungsberichte geschaffen wird. Zur Darstellung erscheint allerdings eine Verlinkung auf eine Datei in einem Ordner für die Einberufungsunterlagen ausreichend, da es auf die Auffindbarkeit und nicht die technische Gestaltung ankommt.[129] Während die Richtlinie für die Publizität der Vergütungspolitik in Art. 9a Abs. 6 UAbs. 2 ARRL II eine (ergänzende)Veröffentlichung verlangt, ist für die Publizität des Vergütungsberichts nach Art. 9b Abs. 5 UAbs. 1 S. 1 ARRL II nur erforderlich, dass dieser öffentlich zugänglich gemacht wird. Daher sind die Anforderungen an die Publizität des Vergütungsberichtes geringer.

Der Beginn **des zehnjährigen Vorhaltezeitraumes** ist nicht die Veröffentlichung der Einberufungsunterlagen, sondern der Zeitpunkt des Endes der Hauptversammlung.[130] Aufgrund richtlinienkonformer Auslegung tragen innerhalb der Gesellschaft Vorstand und Aufsichtsrat gemeinsam die Verantwortung zur Veröffentlichung auf der Webseite (vgl. Art. 9b Abs. 5 UAbs. 2 S. 1 ARRL II).[131] Zudem ist nach § 289f

---

[126] Begr. RegE ARUG II BT-Drs. 19/9739, 113.
[127] Nach Grigoleit/Rachlitz AktG § 162 Rn. 74 soll dies nur für den von der Hauptversammlung gebilligten Vergütungsbericht gelten. Diese Anforderung lässt sich nur schwer herleiten, da auch bei Nicht-Billigung keine Änderung erfolgt.
[128] Gegen eine solche Verweisung auch BeckOGK/Bayer/Scholz AktG § 162 Rn. 167; GroßkommAktG/ E. Vetter AktG § 162 Rn. 146; Hirte/Heidel AktienR/Lochner/Beneke AktG § 162 Rn. 36; aA MüKoAktG/Spindler AktG § 162 Rn. 85; Grigoleit/Rachlitz AktG § 162 Rn. 74; Hölters/Weber/ Weber AktG § 162 Rn. 48; Goette/Arnold AR-HdB/C. Arnold § 4 Rn. 1583.
[129] Zur Darstellung auf der Webseite BeckOGK/Bayer/Scholz AktG § 162 Rn. 167.
[130] BeckOGK/Bayer/Scholz AktG § 162 Rn. 168; Grigoleit/Rachlitz AktG § 162 Rn. 74.
[131] Auch Grigoleit/Rachlitz AktG § 162 Rn. 72.

Abs. 2 Nr. 1a HGB in der Erklärung der Unternehmensführung auf die Internetseite Bezug zu nehmen, welche den Vergütungsbericht sowie den Vermerk des Abschlussprüfers enthält.

IX. Fehlerfolgen

1. Strafrechtliche Folgen

56 Nach Art. 9b Abs. 5 UAbs. 2 S. 2 ARRL II müssen die Mitgliedstaaten durch Haftungsvorschriften sicherstellen, dass der Vergütungsbericht erstellt und veröffentlicht wird. Die nationalen Gesetzgeber müssen daher Maßnahmen und Sanktionen festlegen, welche wirksam, verhältnismäßig und abschreckend sind (Art. 14b ARRL II). Eine unionsrechtskonforme Auslegung hin zu einer Bußgeldnorm verbietet sich jedoch in Deutschland aufgrund des Gesetzesvorbehaltes bei Strafvorschriften.[132] Nach § 405 Abs. 1 Nr. 6 AktG liegt lediglich eine **Ordnungswidrigkeit** vor, wenn der Bericht, über den abgestimmt wurde, nicht oder nicht für zehn Jahre zugänglich gemacht wird. Die **unrichtige Darstellung der Verhältnisse** im Vergütungsbericht ist zudem nach § 400 Abs. 1 Nr. 1 AktG strafbar.

2. Zivilrechtliche Folgen

57 Eine fehlerhafte oder unterlassene Berichterstattung wirkt sich zunächst auf die **Entlastung** derjenigen Organmitglieder aus, deren inkorrekt oder unvollständig berichtete Vergütung betroffen ist.[133] Dabei verdienen auch alle diejenigen Organmitglieder keine Entlastung, die für den fehlerhaften Vergütungsbericht gestimmt haben. In beiden Fällen handelt es sich um Informationsmängel, die – ähnlich der verweigerten Vorlage eines Jahresabschlusses – eine Anfechtung des Entlastungsbeschlusses begründen können. In allen Fällen bedarf es nach der (dogmatisch unglücklichen, aber seit Jahren praktizierten) höchstrichterlichen Rechtsprechung eines **„eindeutigen und schweren Verstoßes"**.[134] Dieser wird in der Praxis eher selten auszumachen sein.

58 Weiterhin haften die Organmitglieder nach § 93 Abs. 2 S. 1 AktG auf **Ersatz des** durch die fehlerhafte Berichterstattung **verursachten Schadens.** In der Praxis wird es allerdings regelmäßig an einem messbaren (Vermögens-)Schaden und häufig auch an einem konkret Geschädigten fehlen. Lediglich etwaige Prozesskosten sind von den verantwortlichen Organmitgliedern gesamtschuldnerisch zu tragen.[135]

---

[132] Statt aller Maunz/Dürig/Remmert GG Art. 103 Abs. 2 Rn. 56; KK-OWiG/Rogall OWiG § 3 Rn. 1 f.
[133] Näher BeckOGK/Bayer/Scholz AktG § 162 Rn. 173.
[134] Vgl. BGHZ 153, 47 (50 f.) = AG 2003, 273 (274) = NJW 2003, 1032 (1033) = NZG 2003, 280 (281) = ZIP 2003, 387 (388 f.) – Macroton; BGHZ 160, 385 (388 ff.) = AG 2005, 87 (88 f.) = NJW 2005, 828 = NZG 2005, 77 (78) = ZIP 2004, 2428 (2429 f.) – ThyssenKrupp; BGHZ 182, 272 Rn. 18 = NZG 2009, 1270 = ZIP 2009, 2051 = AG 2009, 824 (826) – Umschreibungsstopp; BGH AG 2010, 79 = ZIP 2009, 2436 (2437) – RWE Energie AG; AG 2012, 248 = NZG 2012, 347 = ZIP 2012, 515 – Commerzbank/Dresdner Bank; BGHZ 194, 14 Rn. 9 = NJW 2012, 3235 = NZG 2012, 1064 – Fresenius; BGH AG 2013, 339 = ZIP 2012, 2438 (2439) – Piëch; abl. GroßkommAktG/Mülbert AktG § 120 Rn. 37, 91 ff.; Hölters/Weber/Drinhausen AktG § 120 Rn. 18; K. Schmidt NZG 2003, 601 (604 ff.); Kubis NZG 2005, 791 (793 ff.).
[135] BeckOGK/Bayer/Scholz AktG § 162 Rn. 172 f.

B. Vergütungspflichtige Verträge mit Aufsichtsratsmitgliedern

§ 14. Allgemeines

I. Grundsatz: keine Regulierung

Grundsätzlich sind Verträge zwischen der Aktiengesellschaft und ihren Aufsichtsratsmitgliedern unreguliert. Dies gilt insbesondere für das breite Spektrum von **Austauschverträgen,** wie zB für Kaufverträge oder für Nutzungsüberlassungsverträge. Für deren Abschluss ist der **Vorstand** auf Seiten der Gesellschaft **alleinzuständig.** Gesetzliche Regelungen zu bestimmten Vertragskonditionen, insbesondere zur Angemessenheit der von den Aufsichtsratsmitgliedern empfangenen Gegenleistungen, gibt es keine. Unangemessene Gegenleistungen können allerdings unter dem Gesichtspunkt verbotener Einlagenrückgewähr durch die Gesellschaft nach § 62 Abs. 1 AktG zurückgefordert werden, wenn das betreffende Aufsichtsratsmitglied zugleich Aktionär der Gesellschaft ist. Das Spektrum der hiervon betroffenen Verträge ist weit.[1] Für eine Bevorzugung des Aufsichtsratsmitglieds aufgrund seiner Eigenschaft als Aktionär spricht in derartigen Fällen – jedenfalls bei grober Asymmetrie zwischen Leistung und Gegenleistung – eine (widerlegliche) Vermutung.[2]

1

II. Ausnahmen: Regulierte Vertragstypen

1. Zustimmungsvorbehalt nach Wertgrenzen (§ 111b AktG)

Bis zum Jahr 2019 waren Verträge der Aktiengesellschaft mit ihren Aufsichtsratsmitgliedern unabhängig von der wirtschaftlichen Größenordnung unreguliert. Dies hat das ARUG II[3] durch Einfügung des § 111b AktG für börsennotierte Gesellschaften (aber nur für diese!) geändert. Die Vorschrift unterwirft die Wirksamkeit von Verträgen mit Aufsichtsratsmitgliedern – je nach Konzernierungsstufe der Gesellschaft – bei Überschreitung **bestimmter Wertschwellen** der Zustimmung durch den Aufsichtsrat. Der Gesetzgeber wollte damit einem potentiellen Interessenkonflikt auf Seiten des Aufsichtsratsmitglieds vorbeugen.[4] Als Zustimmungsorgan hat er sich hierbei den Aufsichtsrat ausgesucht, nachdem Art. 9c Abs. 4 ARRL II[5] auch die alternative Option einer Zustimmung durch die Hauptversammlung vorsah. Obwohl damit eine Diskrepanz zur (wirtschaftlich deutlich geringfügigeren) Aufsichtsratsvergütung geschaffen wurde, wurde die Zuweisung der Zustimmungskompetenz an den Auf-

2

---

[1] Vgl. MüKoAktG/Bayer AktG § 57 Rn. 73.
[2] Vgl. Kölner Komm AktG/Drygala AktG § 57 Rn. 90; für Allein- oder Mehrheitsgesellschafter BeckOGK/Cahn § 62 Rn. 17.
[3] Gesetz zur Umsetzung der zweiten Aktionärsrechterichtlinie vom 12.12.2019, BGBl. 2019 I 2637.
[4] Vgl. Begr. RegE ARUG II BT-Drs. 19/9739, 77.
[5] RL (EU) 2017/828 vom 17.5.2017 im Hinblick auf die Förderung der langfristigen Mitwirkung der Aktionäre, ABl. EU 2017 L 132, 1.

sichtsrat im Schrifttum überwiegend begrüßt.[6] Gegenständlich vom Zustimmungsvorbehalt erfasst sind alle „Geschäfte" der börsennotierten Gesellschaft mit ihren Aufsichtsratsmitgliedern. Ein praktischer Unterschied zu „Verträgen" dürfte durch diese Formulierung in der Praxis nicht entstehen.

2. Zustimmungsvorbehalt für Kreditvergaben (§ 115 AktG)

3   Einen Sonderfall von Geschäften der Aktiengesellschaft mit ihren Aufsichtsratsmitgliedern hat das Gesetz in § 115 AktG geregelt. Darin unterwirft die Bestimmung eine **Kreditgewährung der Gesellschaft an ein Aufsichtsratsmitglied** der vorherigen Zustimmung (Einwilligung) durch den Aufsichtsrat. Mit diesem Einwilligungsvorbehalt bezweckt die Regelung die Verhütung von Missbräuchen, die sich daraus ergeben könne, dass ein Aufsichtsratsmitglied seine Stellung dazu benutzt, sich überhöhte Kredite oder Kredite ohne ausreichende Sicherheiten geben zu lassen.[7] Eine nennenswert praktische Bedeutung hat diese Vorschrift allerdings nicht erlangt. Rechtsprechung hierzu ist ebenfalls nicht bekannt.

3. Zustimmungsvorbehalt für Dienst- oder Werkverträge (§ 114 AktG)

4   Ebenfalls einen Sonderfall von Geschäften der Aktiengesellschaft mit ihren Aufsichtsratsmitgliedern regelt § 114 AktG. Nach dieser Vorschrift bedarf die Verpflichtung eines Aufsichtsratsmitglieds zur Erbringung von Dienst- oder Werkleistungen höherer Art zu ihrer Wirksamkeit der Zustimmung des Aufsichtsrats. Derartige Konstellationen sind aufgrund der zahlreichen Umgehungsmöglichkeiten **von hoher praktischer Relevanz.** Sie werden daher in → § 15 Rn. 1 ff. ausführlich behandelt.

§ 15. Zustimmungsvorbehalt nach § 114 AktG

Übersicht

	Rn.
I. Normzweck und Praxisrelevanz	1
II. Erfasste Vertragstypen (Abs. 1 S. 1)	6
1. Dienst- oder Werkverträge höherer Art	6
2. Keine Arbeitsverträge	8
3. Verträge über organspezifische Tätigkeiten	9
a) Voraussetzungen	9
b) Rechtsfolgen bei Vereinbarung organspezifischer Tätigkeiten	20
4. Behandlung gemischter Verträge	21
5. Sonstige Verträge	22
6. Vergütungsbestimmung	23
7. Formerfordernisse	24
8. Zulassung von Bagatellausnahmen?	25
III. Zeitpunkt des Vertragsschlusses (Abs. 1 S. 1)	26
1. Vertragsschluss während der Amtszeit	26

---

[6] So zB bei Koch AktG § 111b Rn. 1; MüKoAktG/Habersack AktG § 111b Rn. 15.
[7] Kropff Begr. RegE S. 160.

	Rn.
2. Vertragsschluss vor Beginn der Amtszeit	27
3. Vertragsschluss nach Ende der Amtszeit	29
IV. Erfasste Vertragspartner (Abs. 1 S. 1)	30
1. Vertragspartner auf Seiten des Aufsichtsratsmitglieds	30
a) Aufsichtsratsmitglied in persona	30
b) Nahestehende Personen des Aufsichtsratsmitglieds	31
c) Verträge mit Gesellschaften, an denen das Aufsichtsratsmitglied beteiligt ist	33
d) Verträge mit Gesellschaften, deren Vertretungsorgan das Aufsichtsratsmitglied angehört	38
e) Verträge mit Gesellschaften, mit denen das Aufsichtsratsmitglied rein schuldrechtlich verbunden ist	39
2. Vertragspartner auf Seiten der Gesellschaft	40
a) Gesellschaft	40
b) Vorstandsmitglieder der Gesellschaft	41
c) Aktionäre der Gesellschaft	42
d) Tochtergesellschaft	43
e) Muttergesellschaft	44
f) Schwestergesellschaft	45
g) Drittunternehmen	46
V. Zustimmung des Aufsichtsrats	49
1. Allgemeines	49
2. Zeitliche Determinanten	53
a) Zeitraum zwischen Vertragsschluss und Zustimmung	53
b) Einwilligung	55
c) Genehmigung	56
3. Beschluss	59
a) Verfahren	59
b) Inhaltliche Vorgaben	61
VI. Folgen verweigerter bzw. fehlender Zustimmung	62
1. Allgemeines	62
2. Ansprüche der Gesellschaft	63
a) Rückgewähr (§ 114 Abs. 2 S. 1 AktG)	63
b) Bereicherungsanspruch	71
c) Kapitalerhaltungsanspruch	72
d) Schadensersatzanspruch	73
3. Ansprüche des Aufsichtsratsmitglieds	74

Schrifttum:

Bosse, Rechtliche Anforderungen an Verträge mit Aufsichtsratsmitgliedern und die Zustimmung des Aufsichtsrats nach § 114 AktG, NZG 2007, 172; S. Fischer, Der Rückgewähranspruch bei Beraterverträgen mit Aufsichtsratsmitgliedern, BB 2015, 1411; Fuhrmann, Beraterverträge mit Organmitgliedern in der Aktiengesellschaft, NZG 2017, 291; Hannemann/Franitza, Höchstrichterlich entschiedene Anwendungsfälle von § 114 AktG hinsichtlich einer dem Aufsichtsratsmitglied nahestehenden Gesellschaft, NZG 2024, 470; Happ, Anwaltlicher Beratungsvertrag und Aufsichtsratsmandat, FS Priester, 2007, 175; Hoffmann-Becking, Beratungsverträge mit Aufsichtsratsmitgliedern – grenzenlose Anwendung des § 114 AktG, FS K. Schmidt, 2009, 657; Ihrig, Vergütungszahlungen auf einen Beratungsvertrag mit einem Aufsichtsratsmitglied vor Zustimmung des Aufsichtsrats, ZGR 2013, 417; Kanzler, Rückabwicklung von Beratungsverträgen in der Aktiengesellschaft, AG 2013, 554; Kuthe/Beck, Hohe Hürden für Beratungsverträge mit Aufsichtsratsmitgliedern, NZG 2020, 778; Lorenz/Pospiech, Beratungsverträge mit Aufsichtsratsmitgliedern in Zeiten moderner Corporate Governance, NZG 2011, 81; Lutter/Drygala, Die besonders sachverständige Beratung des Aufsichtsrats durch seine Mitglieder, FS Ulmer, 2003, 382; Mertens, Beratungsverträge mit Aufsichtsratsmitgliedern, FS Steindorff, 1990, 173; H-F. Müller, Aufsichtsratsmandat und anwaltliche Tätigkeit, NZG 2002, 797; Peltzer, Beratungsverträge der Gesellschaft mit Aufsichtsratsmitgliedern: Ist das gute Corporate Governance?, ZIP 2007,

305; Ruoff, Der richtige Umgang mit Beratungsaufträgen an Aufsichtsratsmitglieder nach dem Fresenius-Urteil des BGH, BB 2013, 899; Schilha/Theusinger, Zustimmungsvorbehalt des Aufsichtsrats bei Beratung der AG durch einem Gremiumsmitglied nahestehende juristische Personen, AG 2021, 830; Selter, Weitere Ausdehnung des persönlichen Anwendungsbereichs von § 114 I AktG, NZG 2021, 1301; Spindler, Beratungsverträge mit Aufsichtsratsmitgliedern – Vorabzustimmung oder nachträgliche Genehmigung?, NZG 2011, 334; Spindler, Beratungsverträge mit Aufsichtsratsmitgliedern, NZG 2012, 1161; E. Vetter, Aufsichtsratsvergütung und Verträge mit Aufsichtsratsmitgliedern, ZIP 2008, 1.

I. Normzweck und Praxisrelevanz

1 Mit seinem Zustimmungsvorbehalt zu Dienst- und Werkverträgen höherer Art in § 114 AktG wollte der Gesetzgeber **sachlich ungerechtfertigte Sonderleistungen** der Gesellschaft an einzelne Aufsichtsratsmitglieder und damit eine unsachliche Beeinflussung im Sinne des Vorstands verhindern.[1] Mittelbar wird damit die Unabhängigkeit der Aufsichtsratsmitglieder und somit auch die Effektivität der Überwachungstätigkeit durch den Aufsichtsrat geschützt.[2] Daneben dient § 114 AktG als Umgehungsschutz zugunsten des § 113 AktG und damit der Sicherung der Entscheidungshoheit der Hauptversammlung.[3] Letzteres folgt zwar nicht aus der Gesetzesbegründung, wohl aber aus dem Wortlaut des § 114 Abs. 1 AktG („außerhalb seiner Tätigkeit im Aufsichtsrat").[4] Das mit Hilfe des § 114 AktG bekämpfte Gefahrenpotential ist somit ein zweifaches: Zum einen soll die Vorschrift die Einhaltung von Angemessenheitskriterien bei Verträgen mit Aufsichtsratsmitgliedern sichern; zum andern soll eine Korrumpierung einzelner Aufsichtsratsmitglieder allein aufgrund lukrativer Dienst- oder Werkverträge vermieden werden. Die Ziele des Gesetzgebers werden durch die Empfehlung zur Offenlegung E.1 DCGK 2022 zusätzlich unterstützt. Die geschilderten Normzwecke sind allzu konturenarm und führen deshalb in der Praxis immer wieder **zu erheblichen Auslegungsproblemen.** Insbesondere im Zusammenhang mit Beraterverträgen, die von Beteiligungsgesellschaften einzelner Aufsichtsratsmitglieder (→ Rn. 33 ff.,) oder unter Mitwirkung von zwischengeschalteten Beratungsunternehmen der Gesellschaft (→ Rn. 45 ff.) abgeschlossen werden, hat die Rechtsprechung wiederholt versucht, Bagatellgrenzen zu formulieren, um eine ausufernde Anwendung des § 114 AktG wieder einzugrenzen.[5] Erfolgreich waren diese Versuche bislang nicht.

2 Die Anbindung der Vertragswirksamkeit an die Zustimmung des Aufsichtsrats bedeutet eine gewisse Friktion mit der Hauptversammlungskompetenz in § 113 AktG für die reine Organtätigkeit. Um hier einen einheitlichen Standard der Entscheidungszuständigkeit zu erreichen, sah Art. 2 Nr. 3 des Gesetzesentwurfs der SPD-

---
[1] Ausschussbericht bei Kropff AktG S. 158.
[2] Vgl. MüKoAktG/Habersack AktG § 114 Rn. 2; GroßkommAktG/Hopt/Roth AktG § 114 Rn. 7; aA Kölner Komm AktG/Mertens/Cahn AktG § 114 Rn. 2; krit. auch Hoffmann-Becking FS K. Schmidt, 2009, 657 (658 f.).
[3] So BGHZ 114, 127 (129) = NJW 1991, 1830 (1831); BGHZ 170, 60 Rn. 9 = NZG 2007, 103; BGHZ 194, 14 Rn. 13 = NZG 2012, 1064; BGHZ 230, 203 Rn. 13 = NZG 2021, 1314 = ZIP 2021, 1596; folgend GroßkommAktG/Hopt/Roth AktG § 114 Rn. 7 Backhaus/Tielmann/Findeisen AktG § 114 Rn. 5; BeckOGK/Spindler/Mock AktG § 114 Rn. 2.
[4] Zutr. Hoffmann-Becking FS K. Schmidt, 2009, 657 (658).
[5] BGHZ 170, 60 Rn. 8 = NZG 2007, 103; BGH AG 2007, 484 Rn. 11 = NZG 2007, 516 Rn. 11; BGHZ 194, 14 Rn. 14 = NZG 2012, 1064 – Fresenius.

Fraktion zum KonTraG[6] im Rahmen des § 114 AktG noch die **Zustimmung durch die Hauptversammlung** vor.[7] Im weiteren Gesetzgebungsverfahren wurde dieser Vorschlag nicht weiterverfolgt. Damit obliegt dem Rechtsanwender die wahrhaft schwierige Aufgabe der Feststellung, ob die vertraglich vereinbarte Tätigkeit zum Kreis der Organtätigkeit gehört (dann Zustimmung der Hauptversammlung nach § 113 AktG erforderlich) oder ob es sich um ein aliud hierzu handelt (dann Zustimmung des Aufsichtsrats nach § 114 AktG ausreichend). Das Ergebnis ist häufig ein hybrides.

Die Vorschrift des § 114 AktG ist wegen § 23 Abs. 5 AktG **satzungsresistent.**[8] Es ist daher auch nicht möglich, die Zustimmungskompetenz des Aufsichtsrats qua Satzung auf die Hauptversammlung zu verlagern, was wegen einer Harmonisierung mit § 113 AktG wünschenswert wäre (→ Rn. 49). Schon gar nicht kann die Satzung anstelle des Aufsichtsrats den Vorstand mit entsprechender Vertretungskompetenz ausstatten. 3

In der Praxis sind von § 114 AktG nahezu ausschließlich Beratungsverträge betroffen, wobei sowohl ihre Zahl als auch die Dunkelziffer bei Umgehung der Aufsichtsratszustimmung[9] empirisch nicht belegt sind. Die Gründe für die **hohe Praxisrelevanz** im Rahmen des § 114 AktG sind wissenschaftlich ebenfalls noch nicht nachgewiesen. Gelegentlich wird das hälftige steuerliche Abzugsverbot für Aufsichtsratsvergütungen (→ § 21 Rn. 12 ff.) als Ursache ins Feld geführt.[10] Weitaus wahrscheinlicher ist das Bestreben einiger Vertreter dienstleistender Berufe, die außerhalb des DAX-Umfeldes nicht immer auskömmlichen Aufsichtsratsvergütungen (gerade für die ständig wachsenden Aufgaben des/der Vorsitzenden) ohne große Rechtfertigung in der Hauptversammlung über Beratungsverträge signifikant aufzubessern. In vielen Fällen dient das Aufsichtsratsmandat sogar nur als „Eintrittskarte" für die wirtschaftlich lukrative Beratung entweder durch die Person des Aufsichtsratsmitglieds oder durch eine ihm nahestehende Organisation. Hauptsächlich hiervon betroffene Berufsbilder sind diejenigen des Rechtsanwalts, des Steuerberaters oder des Unternehmensberaters. Ein absolutes Verbot von Beratungsverträgen dieses Personenkreises mit der Gesellschaft würde zwar die beschriebenen sachfremden Motive für einen Eintritt in den Aufsichtsrat weitgehend ausschließen. Die Gesellschaft wäre dadurch allerdings um den Vorteil gebracht, gerade von denjenigen Personen beraten zu werden, die aufgrund ihrer Aufsichtsratstätigkeit nahezu alle Interna des Unternehmens kennen. 4

Die zu § 114 AktG ergangene **Rechtsprechung** ist – zu Recht – **ausgesprochen restriktiv.** Insbesondere die unter die Aufgaben eines Aufsichtsrats fallenden Tätigkeiten können selbst bei Vorliegen einer Aufsichtsratszustimmung nicht Gegenstand eines wirksamen vergütungspflichtigen Beratungsvertrages sein (→ Rn. 9 ff.). Zu den Tücken der Praxis gehört auch die Erkenntnis, dass sich eine durch § 114 AktG angeordnete Vertragsunwirksamkeit häufig erst lange nach Vertragsbeendigung he- 5

---

[6] BT-Drs. 13/367 = ZIP 1995, 333.
[7] Vgl. dazu Adams AG 1994, 148 (156); Krummel/Küttner DB 1996, 193; später auch Peltzer ZIP 2007, 305 (309); sympathisierend BeckOGK/Spindler/Mock AktG § 114 Rn. 3.
[8] OLG Nürnberg AG 2018, 166 (169); Koch AktG § 114 Rn. 1 aE; GroßkommAktG/Hopt/Roth AktG § 114 Rn. 10; MüKoAktG/Habersack AktG § 115 Rn. 5; Kölner Komm AktG/Mertens/Cahn AktG § 114 Rn. 2.
[9] Peltzer ZIP 2007, 305 (306) vermutet „einen nicht kleinen Prozentsatz".
[10] So von Koch AktG § 114 Rn. 1 aE.

rausstellt, wobei personelle Wechsel in Vorstand und/oder Aufsichtsrat nicht selten der Anlass für eine rechtliche Untersuchung früherer Vertragsschlüsse darstellen. Wegen der zahlreichen Fallstricke wird im einschlägigen Schrifttum bisweilen vom Abschluss von Beraterverträgen durch Aufsichtsratsmitglieder völlig abgeraten.[11]

II. Erfasste Vertragstypen (Abs. 1 S. 1)

1. Dienst- oder Werkverträge höherer Art

6   Zur Eröffnung seines **gegenständlichen Anwendungsbereichs** verlangt § 114 AktG den Abschluss eines Dienst- oder Werkvertrages höherer Art. Aus der Kategorie der Werkverträge sind vornehmlich Architektenverträge einschlägig; darüber hinaus ist in der Praxis nichts bekannt. Praktisch bedeutsam sind hingegen Dienstverträge, namentlich solche, die eine Rechtsberatung, Steuerberatung, Personalberatung, Kommunikationsberatung, IT-Beratung oder auch allgemeine Wirtschaftsberatung zum Inhalt haben. Auch hochspezialisierte Beratungsgegenstände, wie zB die Erbringung von Hauptversammlungsdienstleistungen oder die Erstellung von Betriebs-Sicherheitskonzepten, fallen in diese Kategorie. Eher unüblich – von § 114 AktG jedoch gleichermaßen erfasst – sind ärztliche oder andere naturwissenschaftliche Tätigkeiten. Der in der Praxis mit Abstand bedeutsamste Vertragstypus ist der **Beratungsvertrag.**

7   Dienst- oder Werkverträge können nur dann dem § 114 AktG unterfallen, wenn sie „**höherer Art**" sind. Diese Kategorie ist bedeutungsidentisch mit derjenigen in § 627 Abs. 1 BGB. Danach setzen Verträge „höherer Art" ein überdurchschnittliches Maß an Fachkenntnis, Kunstfertigkeit oder wissenschaftlicher Bildung des Dienstverpflichteten voraus.[12] Fraglich ist, ob die Erfüllung dieser Voraussetzungen für Verträge mit Aufsichtsratsmitgliedern durchgängig zu bejahen ist.[13] Eine derartige Schlussfolgerung ist keineswegs zwingend, wenngleich Reinigungs- oder Gartenpflegearbeiten, die die Kategorie der „höheren Art" nicht erreichen, bei Aufsichtsratsmitgliedern in praxi eher selten auszumachen sind. Praxisrelevant können dagegen künstlerische Arbeiten einer Aufsichtsratsgattin für das Unternehmen sein, die regelmäßig nicht unter § 114 AktG fallen.[14]

2. Keine Arbeitsverträge

8   § 114 Abs. 1 AktG nimmt Arbeitsverträge mit Aufsichtsratsmitgliedern aus dem Anwendungsbereich der Vorschrift ausdrücklich aus, so dass der Vorstand hierfür ausschließlich vertretungsbefugt bleibt. Dies gilt auch für die Verträge der Gesellschaft mit leitenden Angestellten.[15] Obwohl vom Gesetzgeber des AktG 1965 nicht beabsichtigt,

---

[11] So zB durch Goette/Arnold AR-HdB/Wasmann/Gärtner § 6 Rn. 218; ähnlich Lutter/Krieger/Verse Rechte und Pflichten Rn. 858: „größte Vorsicht, Sorgfalt und Zurückhaltung".
[12] Vgl. BGH NJW-RR 2015, 686 Rn. 12 f.; 2019, 1459 Rn. 13; OLG Hamm NZG 2020, 949 Rn. 42 Goette/Arnold AR-HdB/Wasmann/Gärtner § 6 Rn. 221; MüKoAktG/Habersack AktG § 114 Rn. 20; GroßkommAktG/Hopt/Roth AktG § 114 Rn. 20; Koch AktG § 114 Rn. 5.
[13] So OLG Naumburg AG 2018, 166 (168); GroßkommAktG/Hopt/Roth AktG § 114 Rn. 20; Koch AktG § 114 Rn. 5; Lorenz/Pospiech NZG 2021, 81 (82).
[14] Vgl. Fuhrmann NZG 2017, 291 (295).
[15] GroßkommAktG/Hopt/Roth AktG § 114 Rn. 21; MüKoAktG/Habersack AktG § 114 Rn. 20.

liegt hierin eine praktisch bedeutsame Erleichterung im Umgang mit den Arbeitnehmervertretern in den Aufsichtsräten mitbestimmter Gesellschaften. Die Kriterien für eine **Abgrenzung der Arbeitsverhältnisse von sonstigen Dienstverhältnissen** ist mit den arbeitsrechtlichen Maßstäben identisch: entscheidend sind hier wie dort Weisungsgebundenheit und persönliche Abhängigkeit.[16]

3. Verträge über organspezifische Tätigkeiten

a) Voraussetzungen

Von § 114 Abs. 1 AktG ausdrücklich ausgenommen sind Verträge, in denen sich das Aufsichtsratsmitglied zur Erbringung solcher Tätigkeiten verpflichtet, die es der Gesellschaft als Mitglied des Aufsichtsrats (oder einer seiner Ausschüsse[17]) aufgrund organschaftlicher Verpflichtung ohnehin schuldet. Derartige Verträge unterliegen nicht der Zustimmungskompetenz des Aufsichtsrats nach § 114 AktG und schon gar nicht des Vorstands. Es handelt sich dabei vielmehr um eine vertraglich fixierte Vergütung als Aufsichtsratsmitglied, über deren Gewährung nach § 113 AktG allein die Hauptversammlung zu befinden hat. 9

aa) Taugliche Abgrenzungskriterien. Ob es sich bei der vertraglichen Leistungspflicht um einen Teil der organschaftlichen Überwachungsaufgabe oder um eine darüber hinausgehende (vergütungspflichtige und § 114 AktG unterfallende) Leistung handelt, richtet sich maßgeblich nach dem **Inhalt der Tätigkeit**.[18] Diese umfasst bei Aufsichtsratsmitgliedern nach § 111 Abs. 1 AktG zuvörderst die Überwachung, aber daneben auch die Beratung des Vorstands – beides beschränkt auf wesentliche Fragen. Alle vertraglichen Leistungsbeschreibungen, die sich mit derart definierten Organpflichten decken, sind daher von § 114 AktG ausgenommen. Unter § 114 AktG einzuordnen sind damit nur solche Leistungen, die nach ihrer Art oder ihrer Beratungstiefe als **überobligationsmäßig** zu bewerten sind.[19] Entscheidender Anknüpfungspunkt auf Seiten der Gesellschaft ist dabei deren Unternehmensgegenstand: Je näher sich der Beratungsinhalt am Unternehmensgegenstand orientiert, desto eher liegt eine Aufsichtsratstätigkeit vor. Ob der Unternehmensgegenstand von der Gesellschaft selbst oder von einer Konzerngesellschaft ausgefüllt wird, ist dabei unerheblich.[20] 10

Wird die vertragliche Leistungsbeschreibung so **pauschal oder nichtssagend** gefasst, dass die geschuldete Tätigkeit hieraus nicht klar erkennbar ist, so geht die Unklarheit zu Lasten des Aufsichtsratsmitglieds.[21] Beispielhaft hierfür stehen „Strategische Beratung", „Anwaltliche Beratung in sämtlichen Angelegenheiten"[22] oder eine Aufzählung von Beratungsleistungen, die sich als Einzelteile des Unternehmensgegenstands darstellen. Dasselbe gilt regelmäßig für (Rahmen-)Vereinbarungen, sofern der Vertrag die Entscheidung über den genauen Beratungsinhalt dem Aufsichtsratsmitglied 11

---

[16] OLG Köln AG 1995, 90 (91); Koch AktG § 114 Rn. 5; BeckOGK/Spindler/Mock AktG § 114 Rn. 17.
[17] Dazu GroßkommAktG/Hopt/Roth AktG § 114 Rn. 42.
[18] AllgM; vgl. statt vieler nur Koch AktG § 114 Rn. 7 mwN.
[19] So Koch AktG § 114 Rn. 7; Kölner Komm AktG/Mertens/Cahn AktG § 114 Rn. 7.
[20] Vgl. BGH NJW 1991, 1830 (1831 f.) – sub 1b für konzernintern ausgelagerte Datenverarbeitung.
[21] Anschaulich OLG Köln NZG 2019, 1351 Rn. 22 f.
[22] Vgl. dazu BGH AG 2007, 484 Rn. 16 = NZG 2007, 516 Rn. 16.

weitgehend selbst überlässt.[23] Verbleibende **Unklarheiten oder Zweifel** hinsichtlich des Vertragsinhalts gehen dabei ebenfalls zu Lasten des vertragsschließenden Aufsichtsratsmitglieds.[24] Ob ein Vertragsinhalt insoweit klar oder unklar ist, bestimmt sich aus Sicht des Aufsichtsrats als Organ, der sich anhand des Vertragsinhalts ein eigenständiges Urteil über die Art und den Umfang der Leistung sowie über die Höhe und die Angemessenheit der Vergütung bilden können muss.[25]

12   Als regelmäßig beratungsgeeignet kann die Fixierung des Vertragsinhalts auf einzelne **konkret bezeichnete Geschäftsführungsmaßnahmen** gelten.[26] Beispielhaft hierfür stehen die Beratung im Zusammenhang mit konkreten Akquisitionen oder einer geplanten Umwandlungsmaßnahme. Auch die rechtliche Beratung im Zusammenhang mit einer bestimmten Hauptversammlung gehört in diese Kategorie.[27] Ebenfalls ausschließlich dem § 114 AktG (und nicht etwa § 113 AktG) unterfallen all diejenigen Leistungen, deren Erbringung dem Aufsichtsrat kraft Gesetzes verwehrt sind, wie zB die Prozessvertretung der Gesellschaft.[28] Als Faustregel gilt hierbei die Empfehlung, kleinteilige Verträge mit ganz konkret benannten Einzelmaßnahmen abzuschließen.

13   bb) **Untaugliche Abgrenzungskriterien.** Für die Einordnung des Vertrages als organspezifisch oder als weitergehend ist es unerheblich, ob der Vertrag durch den Vorstand (einschl. nachgeordneter Ebenen) oder durch den Aufsichtsrat abgeschlossen wurde.[29] Als Abgrenzungskriterium ebenso ungeeignet ist die **Unterscheidung nach dem Leistungsempfänger.** Insbesondere spielt es keine Rolle, ob der einschlägige Vertrag den Vorstand oder den Aufsichtsrat als Nutznießer der Beratungsleitung vorsieht.[30]

14   Untaugliches Abgrenzungskriterium ist weiterhin der **Umfang der** (vertraglich oder tatsächlich) zu erbringenden **Leistungen.**[31] Da ein Aufsichtsratsmitglied in besonderen Konstellationen zur Erbringung überobligatorischer Einsatzzeiten verpflichtet sein kann, ist ein gesteigerter Umfang der Leistungspflichten mithin kein Kriterium, um auf eine Tätigkeit jenseits der organspezifischen Pflichten schließen zu können.[32]

15   Gelegentlich wird die **besondere Fachkompetenz** einzelner Aufsichtsratsmitglieder zum Kriterium für die Eignung eines Beratungsvertrages nach § 114 AktG ins Feld

---

[23] Vgl. BGHZ 126, 340 (345 f.) = NJW 1994, 2484 (2485); diesbezügliche Gestaltungshinweise bei Ruoff BB 2013, 899 (901).
[24] So BGH AG 2007, 484 Rn. 15 = NZG 2007, 516 Rn. 15; zust. Lutter/Krieger/Verse Rechte und Pflichten Rn. 860, 861; Koch AktG § 114 Rn. 7b; GroßkommAktG/Hopt/Roth AktG § 114 Rn. 33; Lutter/Drygala FS Ulmer, 2003, 381 (390).
[25] BGHZ 126, 30 (344 f.) = NJW 1994, 2484 (2485); BGHZ 168, 188 Rn. 16 = NZG 2006, 712; NZG 2007, 103 Rn. 13; NZG 2007, 516 Rn. 17; E. Vetter ZIP 2008, 1 (7 f.).
[26] HM; vgl. MüKoAktG/Habersack AktG § 114 Rn. 25; Kölner Komm AktG/Mertens/Cahn AktG § 114 Rn. 7; E. Vetter ZIP 2008, 1 (7).
[27] AA (zu weitgehend) OLG Köln NZG 2013, 548 (551) = ZIP 2013, 516 (519) – Solarworld; dagegen auch wohl auch MüKoAktG/Habersack AktG § 114 Rn. 25.
[28] Ebenso K. Schmidt/Lutter/Drygala AktG § 114 Rn. 11; E. Vetter ZIP 2008, 1 (7); Lorenz/Pospiech NZG 2011, 81 (84).
[29] BGHZ 114, 127 (131) = NJW 1991, 1830 (1831); GroßkommAktG/Hopt/Roth AktG § 114 Rn. 23; K. Schmidt/Lutter/Drygala § 114 Rn. 7; eingehend dazu Lutter/Drygala FS Ulmer, 2003, 381 (390 ff.).
[30] Vgl. dazu BGHZ 114, 127 (130 f.) = NJW 1991, 1830 (1831); Backhaus/Tielmann/Findeisen AktG § 114 Rn. 28; GroßkommAktG/Hopt/Roth AktG § 114 Rn. 32; BeckOGK/Spindler/Mock AktG § 114 Rn. 21.
[31] BGHZ 114, 127 (131) = NJW 1991, 1830 (1831); BGH NJW 1994, 2484 (2485) – sub III; KG AG 1997, 42 (43); Backhaus/Tielmann/Findeisen AktG § 114 Rn. 19; Kölner Komm AktG/Mertens/Cahn AktG § 114 Rn. 6.
[32] Lutter/Drygala FS Ulmer, 2003, 381 (389); eingehend dazu Mertens FS Steindorff, 1990, 173 (176 ff.).

geführt, wenn die Leistungserbringung ebendiese Fachkompetenz voraussetzt. Indes ist hier Zurückhaltung geboten. Ein Aufsichtsratsmitglied mit besonderer Qualifikation ist nämlich bereits organschaftlich verpflichtet, seine spezifischen Fähigkeiten in die Aufsichtsratstätigkeit einzubringen, zumal es möglicherweise gerade deshalb in den Aufsichtsrat gewählt wurde.[33] Besonders gefährdet sind daher **Verträge mit ehemaligen Vorstandsmitgliedern;** deren Sonderwissen kann regelmäßig nicht Gegenstand eines genehmigungsfähigen Vertrages sein.[34]

cc) Entscheidungsmaßstab. Ob eine vereinbarte Tätigkeit organspezifischen Charakter hat oder jenseits der Organpflichten liegt, ist **rein objektiv** anhand der konkreten Situation der Gesellschaft zu bestimmen.[35] Maßstab hierfür ist ein fiktives durchschnittliches Aufsichtsratsmitglied mit gleicher Qualifikation wie der Vertragsschließende. Auf subjektive Einschätzungen auf Seiten der beiden Vertragspartner kommt es demgegenüber nicht an. Aus diesem Grund ist auch der bloße Ausschluss von Organtätigkeiten im Vertragstext nicht ausreichend, um den Vertrag unter § 114 AktG einreihen zu können.[36] 16

In steuerlicher Sicht ist die Abgrenzung zwischen aufsichtsratstypischer Tätigkeit und vergütungspflichtigen Dienstverträgen insofern relevant, als nur die reine Aufsichtsratsvergütung dem hälftigen Abzugsverbot nach § 10 Abs. 4 KStG unterliegt. 17

dd) Nachträgliche Konkretisierung. Fraglich ist, ob ein zunächst unbestimmter – und damit nicht den Anforderungen des § 114 AktG entsprechender – Vertragsinhalt nachträglich mit der Folge konkretisiert werden kann, dass der Vertrag nach (ggf. erneut) erfolgter Zustimmung durch den Aufsichtsrat rückwirkend auf den Zeitpunkt des Erst-Abschlusses wirksam werden kann. Dies betrifft in der Praxis vor allem **Rahmenverträge,** deren konkrete Ausfüllung bei Vertragsschluss noch niemand absehen konnte.[37] Die Rechtsprechung steht einer derart nachträglichen Konkretisierung – im Gegensatz zu zahlreichen Stimmen in der Literatur[38] – eher skeptisch gegenüber.[39] Diese Skepsis wird vor allem damit begründet, dass der Aufsichtsrat in seiner Entscheidung insofern nicht ganz frei ist, als eines seiner Mitglieder die fraglichen Leistungen in diesen Fällen (zumindest teilweise) bereits erbracht hat und die Loyalität der Aufsichtsratskollegen somit dominiert.[40] Dem wird im Schrifttum ent- 18

---

[33] BGH AG 2007, 484 Rn. 16 = NZG 2007, 516 Rn. 16; NZG 2011, 1271 Rn. 28 – ISION; OLG Hamburg AG 2007, 404 (406 f.) = ZIP 2007, 814 (817 AktG § 114 Rn. 18; wohl auch MüKoAktG/Habersack AktG § 114 Rn. 24; zurückhaltend GroßkommAktG/Hopt/Roth AktG § 114 Rn. 30.
[34] Backhaus/Tielmann/Findeisen AktG § 114 Rn. 18; GroßkommAktG/Hopt/Roth AktG § 114 Rn. 41; BeckOGK/Spindler/Mock AktG § 114 Rn. 22; E. Vetter ZIP 2008, 1 (7).
[35] BeckOGK/Spindler/Mock AktG § 114 Rn. 22; GroßkommAktG/Hopt/Roth AktG § 114 Rn. 27.
[36] Zutr. LG Stuttgart ZIP 1998, 1275 (1278); GroßkommAktG/Hopt/Roth AktG § 114 Rn. 36.
[37] Dazu Goette/Arnold AR-HdB/Wasmann/Gärtner § 6 Rn. 243; BeckOGK/Spindler/Mock AktG § 114 Rn. 22; K. Schmidt/Lutter/Drygala AktG § 114 Rn. 23; GroßkommAktG/Hopt/Roth AktG § 114 Rn. 39; H.-F. Müller NZG 2002, 797 (800 f.).
[38] Vgl. Lutter/Krieger/Verse Rechte und Pflichten Rn. 862; K. Schmidt/Lutter/Drygala AktG § 114 Rn. 23, Koch AktG § 114 Rn. 7b; Kölner Komm AktG/Mertens/Cahn AktG § 114 Rn. 28 f.; Bosse NZG 2007, 172 (174 f.); Happ FS Priester, 2007, 175 (190 f.); mit Einschränkungen auch E. Vetter ZIP 2008, 1 (8); abl. dagegen MüKoAktG/Habersack AktG § 114 Rn. 26; Spindler NZG 2012, 1161 (1163); skeptisch auch Peltzer ZIP 2007, 305 (308 f.); eingehend dazu Lutter/Drygala FS Ulmer, 2003, 381 (395 ff.).
[39] Vgl. OLG Frankfurt NZG 2006, 29 (30); ausdrücklich offengelassen von BGHZ 170, 60 Rn. 15 = NZG 2007, 102; BGHZ 194, 14 Rn. 18 = NZG 2012, 1064 – Fresenius.
[40] So OLG Frankfurt NZG 2006, 29 (30).

gegengehalten, dass dies im Falle der – unstreitig zulässigen – nachträglichen Zustimmung (Genehmigung) im Rahmen des § 114 AktG regelmäßig ebenso sei.[41] Indes verkennt die letztgenannte Ansicht, dass es bei der Genehmigung nach § 114 AktG um einen inhaltlich zulässigen (und daher nur schwebend unwirksamen) Vertrag geht, während die Konkretisierungsentscheidung einen Vertrag behandelt, den der Gesetzgeber aufgrund seiner inhaltlichen Illegalität erst gar nicht für eine wirksame Zustimmung des Aufsichtsrats nach § 114 AktG vorgesehen hat. Unstreitig ist hingegen, dass im Falle der Zulassung einer Konkretisierung der konkretisierte Inhalt mit organschaftlichen Aufgaben des Aufsichtsratsmitglieds nichts gemein haben darf, sondern ausnahmslos darüber hinausgehen muss.

19 ee) Einzelfälle aus der gerichtlichen Praxis. Zur Frage, ob eine vertraglich vereinbarte Tätigkeit noch zum Bereich der organschaftlichen Pflichten eines Aufsichtsratsmitglieds gehört oder aufsichtsratsfremd ist, existiert eine kaum noch überschaubare Fülle von Einzelfallentscheidungen. Nachfolgend werden diese in chronologischer Reihenfolge dargestellt, wobei **„ja"** eine Genehmigungsfähigkeit nach § 114 AktG und **„nein"** eine organschaftsnahe Tätigkeit bezeichnet, die nicht unter § 114 AktG – sondern nur unter § 113 AktG – fällt. Soweit nicht anders dargestellt, handelt es sich um Beratungstätigkeiten auf folgenden Gebieten:

– Gründung eigener Unternehmen im In- und Ausland: nein[42]
– Betreuung von Tochtergesellschaften im In- und Ausland: nein[43]
– Entwicklung eines umfassenden Controlling-Konzepts: ja[44]
– Abschluss betriebsnotwendiger Versicherungen: nein[45]
– Beratung in allen rechtlichen Angelegenheiten, die nicht in den Aufgabenbereich als Aufsichtsratsmitglied fallen: nein[46]
– Beratung beim Abschluss von Unternehmenskaufverträgen: nein[47]
– Beratung bei der Liquiditätsbeschaffung: nein[48]
– Anwaltliche Beratung in sämtlichen Angelegenheiten der Gesellschaft: nein[49]
– Beratung bei der Aufstellung des Jahresabschlusses: nein[50]
– Beratung im Zusammenhang mit staatlichen Investitionszuschüssen: nein[51]
– Unterstützung des Vorstands bei der Börseneinführung: nein[52]
– Teilnahme an einer steuerlichen Außenprüfung: ja[53]
– Vermittlung von Immobilien in einer Bauträgergesellschaft: ja[54]

---

[41] Vgl. K. Schmidt/Lutter/Drygala AktG § 114 Rn. 23.
[42] BGHZ 114, 127 (132 f.) = NJW 1991, 1830 (1831 f.); BGHZ 170, 60 Rn. 13 = NZG 2007, 103; Peltzer ZIP 2007, 305 (307).
[43] BGHZ 114, 127 (132 f.) = NJW 1991, 1830 (1831 f.).
[44] OLG Köln AG 1995, 90 (91) = ZIP 1994, 1773 (1774 f.).
[45] BGHZ 126, 340 (345) = NJW 1994, 2484 (2485).
[46] LG Stuttgart ZIP 1998, 1275 (1278).
[47] BGHZ 170, 60 Rn. 14 = NZG 2007, 103; OLG München v. 21.2.2024 – 7 U 2211/23e, BeckRS 2024, 3780, Rn. 39 ff.
[48] BGHZ 170, 60 Rn. 14 = NZG 2007, 103.
[49] BGH AG 2007, 484 Rn. 16 = NZG 2007, 516 Rn. 16; OLG Hamburg AG 2007, 404 (406 f.) = ZIP 2007, 814 (817).
[50] BGH AG 2009, 661 (662) = NZG 2009, 1027 Rn. 7.
[51] BGH AG 2009, 661 (662) = NZG 2009, 1027 Rn. 7.
[52] BGH AG 2009, 661 (662) = NZG 2009, 1027 Rn. 7.
[53] BGH AG 2009, 661 (662) = NZG 2009, 1027 Rn. 7.
[54] OLG Nürnberg AG 2018, 166 (168).

− Beratung und Begleitung bei allen kapitalmarktrelevanten Aktivitäten: nein[55]
− Teilnahme an (bestimmten) Aufsichtsratssitzungen: nein.[56]

b) Rechtsfolgen bei Vereinbarung organspezifischer Tätigkeiten

Verträge, durch die einem Aufsichtsratsmitglied eine Vergütung für organspezifische Leistungen versprochen wird, sind wegen Verstoßes gegen § 113 AktG nach § 134 BGB von Anfang an **nichtig**.[57] Damit stellt sich die Frage, ob die Nichtigkeit eines solchen Vertrages durch einen Zustimmungsbeschluss der Hauptversammlung noch geheilt werden kann. Die höchstrichterliche Rechtsprechung[58] steht einer solchen **Heilung** aufgeschlossen gegenüber und auch gewichtige Stimmen im Schrifttum[59] befürworten einen derartigen Weg. Die Gegner einer solchen Möglichkeit verweisen darauf, dass ein Heilungsbeschluss deshalb ausscheiden muss, weil der Vertrag unzulässige Regelungen beinhaltet, die auch durch eine Heilung nicht in die Legalität hineinmutieren können.[60] Hierbei wird allerdings übersehen, dass es der Hauptversammlung freisteht, die organschaftliche Tätigkeit ihrer Aufsichtsratsmitglieder (und darum geht es bei den nichtigen Verträgen) im Rahmen des § 113 AktG bis zur Grenze der Unangemessenheit nach eigenem Ermessen zu vergüten. Ob dies mit oder ohne vertragliche Leistungsbeschreibung geschehen soll, steht im Ermessen der Hauptversammlung. Insofern spricht nichts gegen einen Heilungsbeschluss der Hauptversammlung, der dann allerdings formell und materiell allen Erfordernissen eines Vergütungsbeschlusses nach § 113 AktG entsprechen muss. 20

4. Behandlung gemischter Verträge

Schwierigkeiten bereitet die Behandlung solcher Verträge mit Aufsichtsratsmitgliedern, deren Inhalt teilweise aus organspezifischen Leistungspflichten und teilweise aus darüber hinausgehenden Leistungspflichten besteht. Derart gemischte Verträge werden überwiegend für insgesamt nicht genehmigungsfähig gehalten.[61] Überzeugender ist indes auch hier die Umkehrung der Zweifelsregelung des § 139 BGB, der im Falle einer eindeutigen Trennbarkeit von Leistung und dazugehörigem Vergütungsanteil zu einer teilweisen Aufrechterhaltung des über die Organtätigkeit hinausgehenden Vertragsteils führen würde.[62] Allerdings dürfte die eindeutige Zuordnung von Vergütungsbestandteilen zur einen oder anderen Tätigkeit in der Praxis schwerfallen, so 21

---

[55] BGHZ 230, 190 Rn. 28 = NZG 2021, 1311.
[56] BGHZ 230, 190 Rn. 35 = NZG 2021, 1311.
[57] BGHZ 114, 127 (129) = NJW 1991, 1830 (1831); BGH NJW 1994, 2484 (2485) – sub III; BGH NZG 2007, 103 Rn. 13; 2007, 516 Rn. 15; BGHZ 230, 190 Rn. 27 = NZG 2021, 1311; Lutter/Krieger/Verse Rechte und Pflichten Rn. 861; Kölner Komm AktG/Mertens/Cahn AktG § 114 Rn. 5; Koch AktG § 114 Rn. 10; Backhaus/Tielmann/Findeisen AktG § 114 Rn. 50; E. Vetter ZIP 2008, 1 (7).
[58] Vgl. BGHZ 170, 60 Rn. 13 = NZG 2007, 103; offengelassen von BGHZ 114, 127 (135); aA OLG Köln AG 1995, 90, (92); OLG Nürnberg AG 2018, 166 (169); OLG Hamm NZG 2020, 949 Rn. 48.
[59] Vgl. MüKoAktG/Habersack AktG § 114 Rn. 23, 30; Bosse NZG 2007, 172 (174); wohl auch Schilha/Theusinger AG 2021, 830 Rn. 25; aA Kölner Komm AktG/Mertens/Cahn AktG § 114 Rn. 6.
[60] Semler/v. Schenck Aufsichtsrat/v. Schenck, 1. Aufl. 2015, AktG § 114 Rn. 22; Mertens FS Steindorff, 1990, 176 f.
[61] So von OLG Frankfurt NZG 2006, 29 (30); Goette/Arnold AR-HdB/Wasmann/Gärtner § 6 Rn. 246; GroßkommAktG/Hopt/Roth AktG § 114 Rn. 34; Kölner Komm AktG/Mertens/Cahn AktG § 114 Rn. 9; tendenziell auch BGHZ 168, 188 Rn. 18 = NZG 2006, 712; MüKoAktG/Habersack AktG § 114 Rn. 23.
[62] IErg ebenso MHdB GesR IV/Hoffmann-Becking § 33 Rn. 48.

dass auf der Rechtsfolgenseite regelmäßig nur die Gesamtnichtigkeit des Vertrages verbleibt.

5. Sonstige Verträge

22 Verträge, die nicht Dienst- oder Werkvertrag sind, fallen nicht unter § 114 AktG. Dazu gehören vor allem **Austauschverträge** (Kauf, Miete, Leasing), aber auch einseitig verpflichtende Verträge (Schenkung, Leihe). Für derartige Verträge besitzt der Vorstand vorbehaltlich der §§ 111b, 115 AktG uneingeschränkte Abschlusskompetenz.[63] Dies gilt grundsätzlich auch für diejenigen Fälle, in denen die Satzung nach § 111 Abs. 4 S. 2 AktG eine Aufsichtsratszustimmung vorsieht. Ein solches Zustimmungserfordernis ändert an der Vertretungsbefugnis des Vorstands zunächst nichts; wegen der Vertragsmitwirkung eines Aufsichtsratsmitglieds dürfte bei Nichtbeachtung des Zustimmungsvorbehalts allerdings regelmäßig **Kollusion** vorliegen, so dass der Vertrag auch im Außenverhältnis nicht wirksam wird. Bei gemischten Verträgen entscheidet der inhaltliche Schwerpunkt. Daher unterfallen Werklieferungsverträge nur dann dem § 114 AktG, wenn ihr Schwerpunkt auf dem werkvertraglichen Teil liegt.[64]

6. Vergütungsbestimmung

23 Damit der Aufsichtsrat im Rahmen des § 114 AktG seiner Entscheidungsfindung ein eigenständiges Urteil über die Art und den Umfang der Leistung sowie über die Höhe und die Angemessenheit der Vergütung bilden kann, muss neben der Tätigkeitsbeschreibung auch die Vergütung im Vertrag selbst fixiert sein.[65] Dies ist allerdings in der Praxis insofern kein nennenswertes Problem, als die „verdächtigen" Verträge zwar gern die Leistung nebulös beschreiben, bei der Vergütung aber durchaus digitale Kriterien beherzigen. Dennoch gibt es auch auf der Vergütungsseite allzu unbestimmte Regelungen, die eine Zustimmung im Rahmen des § 114 AktG verbieten. Dazu gehören Verweise auf „übliche Stundensätze",[66] „ortsübliche Provisionen"[67] oder nicht-existierende „Tarife". Ausreichend sind dagegen **Verweise auf gesetzliche Gebührenordnungen,**[68] weil deren Inhalt für jedermann nachvollziehbar ist. Ebenfalls ausreichend ist die Vereinbarung eines **Pauschalhonorars.**[69]

7. Formerfordernisse

24 § 114 AktG formuliert für die Gültigkeit der darin geregelten Verträge keinerlei Formerfordernis, so dass aus materiell-rechtlichen Gründen selbst ein mündlich abge-

---

[63] Vgl. GroßkommAktG/Hopt/Roth AktG § 114 Rn. 22; MüKoAktG/Habersack AktG § 114 Rn. 21; Schilha/Theusinger AG 2021, 830 Rn. 15.
[64] GroßkommAktG/Hopt/Roth AktG § 114 Rn. 22 aE.
[65] BGHZ 168, 188 Rn. 16 = NZG 2007, 712; BGHZ 170, 16 Rn. 13 = NZG 2007, 103; OLG Nürnberg AG 2018, 166 (170); E. Vetter ZIP 2008, 1 (8); dazu eingehend Happ FS Priester, 2007, 175 (184 ff.).
[66] Vgl. dazu LG Stuttgart ZIP 1998, 1275 (1279).
[67] Vgl. dazu OLG Nürnberg AG 2018, 166 (170).
[68] H.-F. Müller NZG 2002, 797 (801); Bosse NZG 2007, 172 (173); Happ FS Priester, 2007, 175 (185); einschr. MüKoAktG/Habersack AktG § 114 Rn. 27; aA Semler/v. Schenck Aufsichtsrat/v. Schenck, 1. Aufl. 2015, AktG § 114 Rn. 61.
[69] AA Bosse NZG 2007, 172 (173), der allerdings verkennt, dass ein Pauschalhonorar unter dem Aspekt der Beurteilungssicherheit keinerlei Fragen offenlässt.

schlossener Vertrag ausreichen würde. Allerdings ist nicht ersichtlich, wie ein Beschluss des Aufsichtsrats nach § 114 AktG ohne jede Dokumentation des Vertragsinhalts zustandekommen soll. Insofern bedarf ein genehmigungsfähiger Vertrag mindestens der Textform.[70]

8. Zulassung von Bagatellausnahmen?

Nach Auffassung der Rechtsprechung soll § 114 AktG nicht anwendbar sein, wenn 25 sich die vereinbarte Vergütung des Aufsichtsratsmitglieds unterhalb einer – nicht näher quantifizierten – Bagatellgrenze bewegt.[71] Dies soll insbesondere der Fall sein, wenn die vertraglich vereinbarte Vergütung im Vergleich zu der von der Hauptversammlung festgesetzten Aufsichtsratsvergütung einen **vernachlässigenswerten Umfang** hat.[72] Die Rechtsprechung ist zwar durchgängig zu solchen Fällen ergangen, in denen die Vergütung an eine Gesellschaft gezahlt wurde, an der das Aufsichtsratsmitglied beteiligt war. Vom Standpunkt des BGH müsste eine solche Bagatellgrenze jedoch auch für die „lupenreine" Konstellation in Gestalt eines Vertrages mit dem Aufsichtsratsmitglied in persona dieselbe Geltung beanspruchen. Die geschilderte Ausnahme für „Bagatellvergütungen" erscheint als eine Art Korrektiv für eine Einbeziehung von Kleinstbeteiligungen des Aufsichtsratsmitglieds an juristischen Personen in den Anwendungsbereich des § 114 AktG, die nur dadurch erklärlich ist, dass die prozentuale Höhe einer Beteiligung nichts über deren Wert (und damit auch nichts über den Wert des mittelbaren Zuflusses an das betroffene Aufsichtsratsmitglied) aussagt. Indes spricht gegen die geschilderte Rechtsprechung die dadurch herbeigeführte enorme **Rechtsunsicherheit**.[73] Klarer und praxisnäher wäre eine wertunabhängige Sanktion für fehlende Aufsichtsratszustimmungen nach § 114 AktG, wie sie auch im Rahmen des § 113 AktG besteht. Wenn es bei der Vergütung wirklich nur um Bagatellgrößenordnungen geht, dürfte die Aufsichtsratszustimmung auch kein Problem darstellen.

III. Zeitpunkt des Vertragsschlusses (Abs. 1 S. 1)

1. Vertragsschluss während der Amtszeit

Der gesetzliche Normalfall behandelt den Abschluss des vergütungspflichtigen Dienst- 26 vertrages während der Amtszeit des Aufsichtsratsmitglieds. Hiervon betroffen sind gleichermaßen gewählte, entsandte und gerichtlich bestellte Aufsichtsratsmitglieder sowohl auf der Anteilseigner- als auch auf der Arbeitnehmerseite.[74] Unerheblich ist

---

[70] IErg ebenso OLG Frankfurt NZG 2006, 29 (30); OLG Köln NZG 2013, 548 (550) = ZIP 2013, 516 (519) – Solarworld; OLG Nürnberg AG 2018, 166 (170); Semler/v. Schenck Aufsichtsrat/v. Schenck, 1. Aufl. 2015, AktG § 114 Rn. 32; K. Schmidt/Lutter/Drygala AktG § 114 Rn. 22; MüKoAktG/Habersack AktG § 114 Rn. 26; Happ FS Priester, 2007, 175 (189).
[71] Guter Überblick über die hierzu ergangenen Entscheidungen bei Hannemann/Franitza NZG 2024, 470 Rn. 13 ff.
[72] So BGHZ 170, 60 Rn. 8= NZG 2007, 103; BGH AG 2007, 484 Rn. 11 = NZG 2007, 516 Rn. 11; BGHZ 194, 14 Rn. 14 = NZG 2012, 1064 – Fresenius; zust. MüKoAktG/Habersack AktG § 114 Rn. 14; krit. dagegen Semler/v. Schenck Aufsichtsrat/v. Schenck, 1. Aufl. 2015, AktG § 114 Rn. 45 f.
[73] Vgl. Goette/Arnold AR-HdB/Wasmann/Gärtner § 6 Rn. 222; K. Schmidt/Lutter/Drygala AktG § 114 Rn. 20; Happ FS Priester, 2007, 175 (180); Hoffmann-Becking FS K. Schmidt, 2009, 567 (663 f.).
[74] AllgM, vgl. nur GroßkommAktG/Hopt/Roth AktG § 114 Rn. 44.

dabei, ob der Bestellungsakt (Beschluss oder gerichtliche Entscheidung) rechtgültig war; § 114 Abs. 1 AktG gilt auch für das **faktische Aufsichtsratsmitglied,** weil Rechte und Pflichten aus der tatsächlich ausgeübten Funktion resultieren.[75] Die Vorschrift erfasst hingegen nicht **Verträge mit Ersatzmitgliedern,** solange es bei der bloßen Ersatzmitgliedschaft verbleibt.[76] Ein während der Amtszeit geschlossener Vertrag im Sinne des § 114 Abs. 1 AktG, der mangels Zustimmung zunächst schwebend unwirksam bleibt, wird nicht mit Ende der Amtszeit automatisch wirksam, kann aber auch noch danach vom Aufsichtsrat (mit Rückwirkung auf den Vertragsschluss) genehmigt werden.[77]

2. Vertragsschluss vor Beginn der Amtszeit

27 Nicht ganz unproblematisch sind diejenigen Fälle, in denen der Erbringer der vertraglichen Dienstleistungen nach Abschluss des Vertrages Aufsichtsratsmitglied der vertragschließenden Gesellschaft wird. Hier nehmen Rechtsprechung[78] und die hL[79] übereinstimmend sowohl bei Verträgen im Leistungsumfeld der Organmitgliedschaft als auch bei Verträgen im ausschließlichen Geltungsbereich des § 114 AktG eine **Suspendierung der Vertragswirksamkeit** für die Dauer der Organmitgliedschaft des Dienstleisters an. Dem ist insofern zuzustimmen, als ein solcher Vertrag vor Eintritt des Dienstleisters in den Aufsichtsrat rechtlich einwandfrei abgeschlossen wurde und nach dem Schutzzweck der §§ 113, 114 AktG erst durch die Organmitgliedschaft infiziert wird. Nach deren Ende besteht kein Grund mehr, die Wirksamkeit des Vertrages länger in Frage zu stellen. Auf den zeitlichen Abstand zwischen Vertragsschluss und Beginn der Aufsichtsratsmitgliedschaft kommt es dabei nicht an.[80]

28 Die vorübergehende Suspendierung hindert die Gesellschaft nicht daran, zuvor abgeschlossene Verträge entweder nach § 113 AktG (durch die Hauptversammlung) oder nach § 114 AktG (durch den Aufsichtsrat) zu genehmigen und somit deren fortdauernde Gültigkeit zu sichern. Geschieht dies nicht, entstehen aufgrund der Suspendierung **vertragliche Auslegungsprobleme.** Insbesondere bei vertraglich definierter Gesamtlaufzeit wird man die Zeit der Suspendierung hinzurechnen müssen, um der Gesellschaft nicht noch viele Jahre später eine – unter Umständen nicht mehr benötigte – Dienstleistung aufzudrängen. Dasselbe gilt für die Berechnung von Kündigungsfristen; auch hier muss die Zeit der Suspendierung mit eingerechnet werden. Im Übrigen wird man dem zum Aufsichtsratsmitglied mutierten Vertragsdienstleister bei

---

[75] BGHZ 168, 188 Rn. 14 = NZG 2006, 712; BGHZ 230, 203 Rn. 31 = NZG 2021, 1314 = ZIP 2021, 1596; Koch AktG § 114 Rn. 2; GroßkommAktG/Hopt/Roth AktG § 114 Rn. 44.
[76] OLG Hamburg AG 2007, 404 (407 f.) = ZIP 2007, 814 (818); Koch AktG § 114 Rn. 2; MüKoAktG/Habersack AktG § 114 Rn. 9.; GroßkommAktG/Hopt/Roth AktG § 114 Rn. 44; E. Vetter ZIP 2008, 1 (10).
[77] Vgl. dazu Koch AktG § 114 Rn. 2.
[78] BGHZ 114, 127 (133 f.) = NJW 1991, 1830 (1832); BGHZ 126, 340 (346 ff.) = NJW 1994, 2484 (2485 f.); BGHZ 168, 188 Rn. 19 = NZG 2006, 712; BGH AG 2007, 484 Rn. 18 = NZG 2007, 516 Rn. 18; OLG Hamburg AG 2007, 404 (407) = ZIP 2007, 814 (818); OLG Nürnberg AG 2018, 166 (169).
[79] Koch AktG § 114 Rn. 2; Kölner Komm AktG/Mertens/Cahn AktG § 114 Rn. 22; MüKoAktG/Habersack AktG § 114 Rn. 10 f.; K. Schmidt/Lutter/Drygala AktG § 114 Rn. 13; Goette/Arnold AR-HdB/Wasmann/Gärtner § 6 Rn. 224 f.; für eine irreversible Beendigung des Vertrages dagegen Mertens FS Steindorff, 1990, 173 (182 f.); GroßkommAktG/Hopt/Roth AktG § 114 Rn. 49: nur für Verstöße gegen § 113 AktG.
[80] MüKoAktG/Habersack AktG § 114 Rn. 10 aE; Mertens FS Steindorff, 1990, 182.

Ablehnung der Zustimmung nach §§ 113, 114 AktG ein **außerordentliches Kündigungsrecht** zubilligen müssen.

3. Vertragsschluss nach Ende der Amtszeit

Unproblematisch sind Verträge der Gesellschaft mit einem ehemaligen Aufsichtsratsmitglied, die erst nach Ende der Amtszeit abgeschlossen werden. Erfolgt der Vertragsschluss dagegen noch während der Amtszeit, obwohl der Vertrag erst nach deren Ende in Kraft treten soll, so ist § 114 Abs. 1 AktG mit der Folge einschlägig, dass der Vertrag ohne Zustimmung des Aufsichtsrats niemals wirksam werden kann.[81]

IV. Erfasste Vertragspartner (Abs. 1 S. 1)

1. Vertragspartner auf Seiten des Aufsichtsratsmitglieds

a) Aufsichtsratsmitglied in persona

Für die Anwendung des § 114 AktG unproblematisch sind solche Verträge, die das Aufsichtsratsmitglied in persona mit der Gesellschaft abschließt. Hier kann sich allenfalls die Frage stellen, ob eine wirksame Bestellung des Aufsichtsratsmitglieds zum Tatbestand der Vorschrift gehört. Diese Frage ist zu verneinen. § 114 AktG findet auch auf Verträge mit unwirksam bestellten, aber **faktisch agierenden Aufsichtsratsmitgliedern** Anwendung.[82]

b) Nahestehende Personen des Aufsichtsratsmitglieds

Verträge mit nahestehenden Personen des Aufsichtsratsmitglieds scheint § 114 AktG nicht zu betreffen. Anders als § 115 Abs. 2 AktG beinhaltet § 114 AktG keine Ausdehnung auf Verträge mit nahestehenden Personen und hier insbesondere mit Familienangehörigen des Aufsichtsratsmitglieds. Allerdings wurde § 114 AktG erst im Rahmen der Ausschussberatung zum AktG 1965 eingefügt, so dass eine Abstimmung mit § 115 AktG nicht mehr möglich war und sich von daher ein Umkehrschluss aus § 115 Abs. 2 AktG verbietet.[83] Insofern handelt es sich bei § 114 AktG um eine planwidrige Lücke, die unter anderem durch eine **analoge Anwendung des § 115 Abs. 2 AktG** ausgefüllt werden muss, ohne dass die letztgenannte Vorschrift auf deren Wortlaut zu beschränken wäre. Auf eine Umgehungsabsicht kommt es dabei nicht an.[84]

Der von der analogen Ausdehnung des § 114 AktG auf nahestehende Personen betroffene Personenkreis umfasst zunächst die in § 115 Abs. 2 AktG genannten Ehegatten, Lebenspartner und minderjährigen Kinder. Darüber hinaus wird man auch die volljährigen Kinder sowie die Eltern des Aufsichtsratsmitglieds in den Anwendungsbereich der Vorschrift einbeziehen müssen. Schließlich erfasst § 114 AktG auch Ver-

---

[81] So auch Goette/Arnold AR-HdB/Wasmann/Gärtner § 6 Rn. 226.
[82] BGHZ 168, 188 Rn. 14 = NZG 2006, 712.
[83] Vgl. dazu GroßkommAktG/Hopt/Roth AktG § 114 Rn. 52; MüKoAktG/Habersack AktG § 114 Rn. 12.
[84] Vgl. BGHZ 230, 203 Rn. 28 = NZG 2021, 1314 = ZIP 2021, 1596; MüKoAktG/Habersack AktG § 114 Rn. 12; Lutter/Drygala FS Ulmer, 2003, 381 (383).

c) Verträge mit Gesellschaften, an denen das Aufsichtsratsmitglied beteiligt ist

33 Obwohl es in § 114 AktG an einer dem § 115 Abs. 2 AktG vergleichbaren Regelung fehlt, hat die Rechtsprechung den persönlichen Anwendungsbereich des § 114 AktG schon sehr früh auf Gesellschaften ausgedehnt, an denen das Aufsichtsratsmitglied beteiligt ist.[86] Eine derartige persönliche Ausdehnung des Anwendungsbereichs der Vorschrift ist im Grundsatz bis heute ohne nennenswerten Widerspruch geblieben.[87] Ungeklärt ist – neben der dogmatischen Ansiedlung dieser Tatbestandsausdehnung[88] – lediglich die Frage, bis zu welcher Einflussgrenze des Aufsichtsratsmitglieds innerhalb der ihm zugerechneten Gesellschaft eine derart ausgedehnte Anwendung des § 114 AktG statthaft ist. Eine solche absolute Beteiligungs-Untergrenze ist bis dato noch nicht gefunden.[89] Stattdessen wird gelegentlich ein wirtschaftlicher Mindestzufluss bei der Gesellschaft gefordert, der das Aufsichtsratsmitglied angehört.[90]

34 Vollkommen unstreitig ist die Anwendung des § 114 AktG auf solche Gesellschaften, deren **Alleininhaber** das Aufsichtsratsmitglied ist.[91] Ausschlaggebend hierfür war das Bestreben, Umgehungen des § 114 AktG mit Hilfe einer Ein-Mann-GmbH zu vermeiden.[92] Ein solcher Umgehungsschutz muss unabhängig davon eingreifen, ob es sich bei dem Beratungsvehikel um eine Kapitalgesellschaft oder um eine Personengesellschaft handelt.

35 Jenseits der Alleininhaberschaft hat die Rechtsprechung § 114 AktG auch auf diejenigen Fälle ausgedehnt, in denen das Aufsichtsratsmitglied **weder alleiniger noch mehrheitlicher Gesellschafter** des Vertragspartners war, sondern hieran eine nicht-dominierende Beteiligung hielt.[93] Zu einem solchen Ergebnis gelangt man nur dann, wenn man mit der ständigen Rechtsprechung den Schutzzweck des § 114 AktG in der Stabilisierung der unabhängigen Wahrnehmung organschaftlicher Aufsichtspflichten sieht.[94] Allerdings bedürfte es hierzu konsequenterweise überhaupt keiner mitgliedschaftlichen Beteiligung des Aufsichtsratsmitglieds an der vertragsschließende (Personen-[95] oder Kapital-)Gesellschaft. Jedenfalls verträgt die höchstrichterliche Begründung für die Anwendung des § 114 AktG auf derartige Beteiligungssachverhalte

---

[85] So auch MüKoAktG/Habersack AktG § 114 Rn. 13; K. Schmidt/Lutter/Drygala AktG § 114 Rn. 20 aE.
[86] Vgl. KG AG 1997, 42 (44 f.).
[87] Sehr krit. allerdings Kölner Komm AktG/Mertens/Cahn AktG § 114 Rn. 17 f.; zuvor bereits Lutter/Drygala FS Ulmer, 2003, 381 (384 f.).
[88] Offengelassen von BGHZ 168, 188 Rn. 11 = NZG 2006, 712; für Analogie MüKoAktG/Habersack AktG § 114 Rn. 14; dagegen eingehend Hoffmann-Becking FS K. Schmidt, 2009, 657 (658 ff.).
[89] Vgl. dazu Kuthe/Beck NZG 2020, 778 (779): „erscheint wünschenswert".
[90] So zB von GroßkommAktG/Hopt/Roth AktG § 114 Rn. 53 ff.
[91] Grdl. BGHZ 168, 188 Rn. 10 ff. = NZG 2006, 712; jüngst wieder BGHZ 230, 203 Rn. 14 = NZG 2021, 1314 = ZIP 2021, 1596.
[92] So ausdrücklich BGHZ 168, 188 Rn. 10 aE = NZG 2006, 712.
[93] So BGHZ 170, 60 Rn. 9 ff. = NZG 2007, 103; BGH AG 2007, 484 Rn. 11 = NZG 2007, 516 Rn. 11.
[94] Krit. dazu Kölner Komm AktG/Mertens/Cahn AktG § 114 Rn. 10, 14 ff.; ebenso Ihrig ZGR 2013, 417 (433 f.).
[95] Gegen eine Einbeziehung von Personengesellschaften GroßkommAktG/Hopt/Roth AktG § 114 Rn. 58; für eine solche Einbeziehung dagegen ausdrücklich BGH NZG 2007, 516 Rn. 11; Koch AktG § 114 Rn. 2; GroßkommAktG/Hopt/Roth AktG § 114 Rn. 59; MüKoAktG/Habersack AktG § 114 Rn. 15; Lutter/Drygala FS Ulmer, 2003, 381 (383 f.).

keine Beteiligungs-Untergrenze, die auch von der Rechtsprechung nicht verlangt wird. Ebenso wenig ist es erforderlich, dass das Aufsichtsratsmitglied in der vertragsschließenden Gesellschaft eine Geschäftsführungsfunktion wahrnimmt.[96]

Nicht ausreichend für eine Anwendung ist die **Zugehörigkeit** des Aufsichtsratsmitglieds **zu einem Aufsichtsgremium** bei der vertragsschließenden Gesellschaft (Aufsichtsrat oder Beirat).[97] Auch die Inhaberschaft an Rechten an einer Beteiligung (Pfandrecht, Nießbrauch etc.) genügt für § 114 AktG nicht.[98] 36

Auf der Rechtsfolgenseite bleibt das Aufsichtsratsmitglied ungeachtet der Person des Vertragspartners und ungeachtet der Person, dem die Vergütung zufloss, im Rahmen des § 114 Abs. 2 AktG stets primärer Rückzahlungsschuldner.[99] Fraglich ist, ob daneben auch der Zuflussempfänger für die Rückzahlung haftet. Diese Frage ist durch Annahme einer **Gesamtschuld zwischen Aufsichtsratsmitglied und Zuflussempfänger** zu bejahen.[100] 37

d) Verträge mit Gesellschaften, deren Vertretungsorgan das Aufsichtsratsmitglied angehört

Sowohl in der Rechtsprechung[101] als auch im Schrifttum[102] wird überwiegend angenommen, dass auch Verträge mit Gesellschaften, dessen Vertretungsorgan das Aufsichtsratsmitglied angehört, von § 114 AktG selbst dann erfasst sein sollen, wenn das Aufsichtsratsmitglied an diesen Gesellschaften nicht beteiligt ist. Auch dem ist zuzustimmen. Die Gegenansicht,[103] die jedwede Anlehnung an § 115 Abs. 3 AktG ablehnt, verkennt, dass es im Gesetzgebungsverfahren keinerlei inhaltliche Abstimmung zwischen § 114 AktG und § 115 AktG gab, so dass § 115 Abs. 3 S. 1 AktG weder für eine Analogie noch für einen Umkehrschluss fruchtbar gemacht werden kann.[104] Entscheidend ist, dass der – von der Rechtsprechung möglicherweise überdehnte – Schutzzweck des § 114 AktG keinerlei Unterscheidung zwischen gesellschaftsrechtlicher Beteiligung und organschaftlicher Vertretung des Aufsichtsratsmitglieds in der leistungserbringenden Gesellschaft erlaubt. Entscheidend ist, dass den organschaftlichen Vertreter einer Gesellschaft der wirtschaftliche Erfolg bzw. Misserfolg in seiner beruflichen Stellung trifft.[105] Anders als in den Fällen einer gesellschaftsrechtlichen Beteiligung des Aufsichtsratsmitglieds macht die Rechtsprechung **keine Ausnahme für Bagatellfälle.**[106] Rückzahlungspflichtig ist in dieser Konstella- 38

---

[96] Ebenso MüKoAktG/Habersack AktG § 114 Rn. 14; aA Kölner Komm AktG/Mertens/Cahn AktG § 114 Rn. 18.
[97] GroßkommAktG/Hopt/Roth AktG § 114 Rn. 60; einschr. MüKoAktG/Habersack AktG § 114 Rn. 14.
[98] Vgl. MüKoAktG/Habersack AktG § 114 Rn. 14.
[99] Vgl. BGHZ 168, 188 Rn. 12 aE = NZG 2006, 712 für eine Beteiligung von 50 %.
[100] Zur Haftung der empfangenden Gesellschaft vgl. BGHZ 170, 60 Rn. 16 = NZG 2007, 103; ausdrücklich für Gesamtschuld E. Vetter ZIP 2008, 1 (10).
[101] Vgl. BGHZ 230, 203 Rn. 19 ff. = NZG 2021, 1314 = ZIP 2021, 1596; zuvor bereits KG AG 1997, 42 (44); LG Köln ZIP 2002, 1296 (1297 f.).
[102] Vgl. Kölner Komm AktG/Mertens/Cahn AktG § 114 Rn. 18; MüKoAktG/Habersack AktG § 114 Rn. 14; Koch AktG § 114 Rn. 3; BeckOGK/Spindler/Mock AktG § 114 Rn. 10; Kölner Komm AktG/Mertens/Cahn AktG § 114 Rn. 18.
[103] Vgl. GroßkommAktG/Hopt/Roth AktG § 114 Rn. 60; K. Schmidt/Lutter/Drygala AktG § 114 Rn. 20.
[104] Ähnlich BGHZ 230, 203 Rn. 34 ff. = NZG 2021, 1314 = ZIP 2021, 1596.
[105] BGHZ 230, 203 Rn. 21 = NZG 2021, 1314 = ZIP 2021, 1596; zust. Hannemann/Franitza NZG 2024, 470 Rn. 34.
[106] Krit. dazu Schilha/Theusinger AG 2021, 830 Rn. 9.

tion (allein) das Aufsichtsratsmitglied in persona, nicht aber die von ihm vertretene Gesellschaft.[107]

e) Verträge mit Gesellschaften, mit denen das Aufsichtsratsmitglied rein schuldrechtlich verbunden ist

39 Gelegentlich wird gefordert, dass auch Verträge mit solchen Gesellschaften unter § 114 AktG fallen sollen, mit denen das Aufsichtsratsmitglied lediglich schuldrechtlich verbunden ist.[108] Sofern nicht ausnahmsweise eine Treuhandkonstruktion vorliegt, dürfte dies allerdings für eine Anwendung des § 114 AktG nicht ausreichen.[109]

2. Vertragspartner auf Seiten der Gesellschaft

a) Gesellschaft

40 § 114 AktG adressiert die Gesellschaft selbst als Vertragspartner der zustimmungsbedürftigen Dienstverträge. Hierfür ist es ausreichend, wenn die Gesellschaft (nur) als Vergütungsschuldner verpflichtet wird. Bestehen neben der Gesellschaft weitere Vertragspartner, stellt sich lediglich die Frage, ob die vertraglichen Vereinbarungen mit diesen anderen Vertragspartnern wirksam oder bei Nicht-Erteilung der Aufsichtsratszustimmung wegen § 139 BGB zu einem insgesamt schwebend unwirksamen Vertrag führen. Die Antwort hierauf kann nur der Einzelfall liefern.

b) Vorstandsmitglieder der Gesellschaft

41 Für Beratungsverträge zwischen dem Aufsichtsratsmitglied und einzelnen Vorstandsmitgliedern der Gesellschaft wurde im Schrifttum bisweilen die Anwendung des § 114 AktG zumindest für den Fall bejaht, dass der Vertrag einen inhaltlichen Bezug zur Gesellschaft hat.[110] Dem ist nicht zu folgen.[111] Aufgabe des § 114 AktG ist es nicht, sachfremde Motive aus dem Verhältnis zwischen Vorstand und Aufsichtsrat umfassend fernzuhalten, was die Vorschrift aufgrund ihrer Beschränkung auf Dienstverträge auch gar nicht leisten könnte. Insofern besteht kein Anlass, gerade die in § 114 AktG beschriebenen Verträge der Zustimmung des Aufsichtsrats zu unterwerfen. Hierdurch wäre im Übrigen auch der Schutzzweck des § 114 AktG in Gestalt der Vermeidung von Sondervorteilen zu Lasten der Gesellschaft (!) gar nicht zu erfüllen. Aus diesem Grunde bleiben Verträge mit Vorstandsmitgliedern der eigenen Gesellschaft zustimmungsfrei. Sie sind dem Aufsichtsrat nicht einmal offenzulegen.[112]

---

[107] So zumindest bezüglich der persönlichen Verpflichtung BGHZ 230, 203 Rn. 33 = NZG 2021, 1314 = ZIP 2021, 1596.
[108] So zB Grigoleit/Tomasic AktG § 114 Rn. 12; Kölner Komm AktG/Mertens/Cahn AktG § 114 Rn. 15.
[109] Ebenso auch Goette/Arnold AR-HdB/Wasmann/Gärtner § 6 Rn. 233 aE.
[110] So von MüKoAktG/Habersack AktG § 114 Rn. 18; Grigoleit/Tomasic AktG § 114 Rn. 16.
[111] Ebenso K. Schmidt/Lutter/Drygala AktG § 114 Rn. 17; Backhaus/Tielmann/Findeisen AktG § 114 Rn. 38; Hoffmann-Becking FS K. Schmidt, 2009, 657 (667 ff.).
[112] Semler/v. Schenck Aufsichtsrat/v. Schenck, 1. Aufl. 2015, AktG § 114 Rn. 56 aE; Hoffmann-Becking FS K. Schmidt, 2009, 657 (668).

c) Aktionäre der Gesellschaft

Für Verträge zwischen dem Aufsichtsratsmitglied und einzelnen Aktionären der Gesellschaft ist § 114 AktG nicht einschlägig.[113]

42

d) Tochtergesellschaft

Spätestens seit der „Fresenius-Entscheidung" des BGH[114] steht für die Praxis fest, dass § 114 AktG insoweit konzerndimensionale Wirkung entfaltet, als die Vorschrift auch für Verträge mit abhängigen Unternehmen der Gesellschaft gilt.[115] Das vom BGH zusätzlich aufgestellte Erfordernis der Möglichkeit einer Einflussnahme des Vorstands der Gesellschaft auf das abhängige Unternehmen[116] dürfte dabei regelmäßig erfüllt sein. Die Geltungsreichweite des § 114 AktG harmoniert damit mit den regelmäßig vorhandenen **konzerndimensionalen Befugnissen von Vorstand und Aufsichtsrat.**[117] Nicht zu folgen ist dabei denjenigen Autoren, die zusätzlich verlangen, dass die vertraglich gegenüber der Tochtergesellschaft geschuldeten Leistungen ebenso gut gegenüber der eigenen (Mutter-) Gesellschaft hätten erbracht werden können.[118] Auf der Rechtsfolgenseite stellt sich bei Fehlen einer Zustimmung des Aufsichtsrats der Obergesellschaft die Frage nach der Aktivlegitimation für etwaige Rückforderungsansprüche. Diese dürfte bei der zahlenden Tochtergesellschaft anzusiedeln sein, denn § 114 AktG will keine Vermögensverschiebungen innerhalb des Konzerns aufgrund unzulässiger Beraterverträge mit Dritten initiieren.

43

e) Muttergesellschaft

Verträge zwischen dem Aufsichtsratsmitglied und der Muttergesellschaft „seiner" Gesellschaft unterliegen nach hM nicht dem Anwendungsbereich des § 114 AktG.[119] Dies leuchtet insofern ein, als der Vorstand auf die Organe seiner Muttergesellschaft keinen Einfluss hat und insofern aufgrund derartiger Verträge auch nicht in eine Abhängigkeit von seinem eigenen Aufsichtsratsmitglied geraten kann.[120]

44

---

[113] Vgl. MüKoAktG/Habersack AktG § 114 Rn. 19; Grigoleit/Tomasic AktG § 114 Rn. 16; Backhaus/Tielmann/Findeisen AktG § 114 Rn. 39; GroßkommAktG/Hopt/Roth AktG § 114 Rn. 65.
[114] BGHZ 194, 14 Rn. 16 = NZG 2012, 1064 – Fresenius.
[115] Ebenso GroßkommAktG/Hopt/Roth AktG § 114 Rn. 61; Koch AktG § 114 Rn. 4; K. Schmidt/Lutter/Drygala AktG § 114 Rn. 14 f.; Backhaus/Tielmann/Findeisen AktG § 114 Rn. 35; Hoffmann-Becking FS K. Schmidt, 2009, 657 (664 f.); aA noch Mertens FS Steindorff, 1990, 173 (186).
[116] Vgl. BGHZ 194, 14 = NZG 2012, 1064 – dort Rn. 16.
[117] K. Schmidt/Lutter/Drygala AktG § 114 Rn. 15; dagegen bezüglich Beratung Kölner Komm AktG/Mertens/Cahn AktG § 114 Rn. 11.
[118] Kölner Komm AktG/Mertens/Cahn AktG § 114 Rn. 11; BeckOGK/Spindler/Mock AktG § 114 Rn. 9; Hoffmann-Becking FS K. Schmidt, 2009, 657 (665); wie hier dagegen Koch AktG § 114 Rn. 4.
[119] Backhaus/Tielmann/Findeisen AktG § 114 Rn. 36; Koch AktG § 114 Rn. 4; K. Schmidt/Lutter/Drygala AktG § 114 Rn. 16; GroßkommAktG/Hopt/Roth AktG § 114 Rn. 64; Hoffmann-Becking FS K. Schmidt, 2009, 657 (666 f.); zuvor bereits Mertens FS Steindorff, 1990, 173 (186).
[120] So OLG Hamburg AG 2007, 404 (408) = ZIP 2007, 814 (818 f.); GroßkommAktG/Hopt/Roth AktG § 114 Rn. 64; dagegen MüKoAktG/Habersack AktG § 114 Rn. 18.

f) Schwestergesellschaft

45 Auf Verträge zwischen dem Aufsichtsratsmitglied und Schwesterunternehmen seiner Gesellschaft ist § 114 AktG unanwendbar.[121]

g) Drittunternehmen

46 Für die Anwendung des § 114 AktG unproblematisch sind solche Verträge, die die Gesellschaft selbst mit dem Aufsichtsratsmitglied (oder einem ihm gehörigen Unternehmen) abschließt. Die Lebenswirklichkeit ist indes nicht immer so einfach konzipiert. Durchaus praxisrelevant sind daneben Vertragsschlüsse eines von der Gesellschaft (kraft Vertrages) eingeschalteten Unternehmens mit dem Aufsichtsratsmitglied (oder mit einem dem Aufsichtsratsmitglied nach → Rn. 30 ff. zuzurechnenden Unternehmen). Der BGH[122] hat hierzu entschieden, dass auch diese Konstellationen unter §§ 113, 114 AktG fallen können und entsprechende Beratungsverträge demzufolge der Zustimmung des Aufsichtsrats bedürfen. Zur Begründung verweist der II. Zivilsenat darauf, dass es im Hinblick auf den Schutzzweck des § 114 AktG (→ Rn. 1) keinen Unterschied macht, ob eine ungerechtfertigte Sonderleistung **unmittelbar oder nur mittelbar** über ein von der Aktiengesellschaft mit Beratungsleistungen beauftragtes Drittunternehmen an ein dem Aufsichtsratsmitglied zuzurechnendes Beratungsunternehmen – und damit wiederum mittelbar an das Aufsichtsratsmitglied – fließt; eine gesellschaftsrechtliche Verbindung des Aufsichtsratsmitglieds zum Vergütungsempfänger ist demnach nicht erforderlich.[123] Eine betragsmäßige Übereinstimmung zwischen der von der Gesellschaft (über das Drittunternehmen) gezahlten und der vom Aufsichtsratsmitglied empfangenen Vergütung ist danach ebenfalls nicht erforderlich.[124] Konsequenterweise muss es dann auch ausreichen, wenn das leistende Aufsichtsratsmitglied bei dem vergütungsempfangenden Unternehmen überhaupt keine Vergütung bezieht.[125]

47 Die Entscheidung des BGH kam nicht überraschend; sie war angesichts des nahezu uferlosen Schutzzwecks (→ Rn. 1) geradezu erwartbar. Etwas überraschend und wegen der „Ersatzpersonen" auf beiden Seiten des Beratungsverhältnisses ist hingegen die These, dass es auch in dieser Konstellation keiner Umgehungsabsicht der Beteiligten bedürfe,[126] was im Hinblick auf den stark subjektiv geprägten Schutzzweck („sachlich ungerechtfertigte Sonderleistungen" und „unsachliche Beeinflussung") etwas befremdlich erscheint. Als Ergebnis dieser Rechtsprechung lässt sich gleichwohl festhalten, dass ein Aufsichtsratsmitglied vorsichtshalber überhaupt keinen Beratungsvertrag – mit wem auch immer – abschließen sollte, der irgendeinen inhaltlichen Bezug zur Gesellschaft hat.

48 Die doppelte Erweiterung des persönlichen Anwendungsbereichs des § 114 AktG schafft naturgemäß weitere Probleme auf der Rechtsfolgenseite. Mit Blick auf die **Aktivlegitimation** hat der BGH einen eigenen Rückforderungsanspruch des von der

---

[121] AllgM; vgl. Kölner Komm AktG/Mertens/Cahn AktG § 114 Rn. 13; Koch AktG § 114 Rn. 4; Beck-OGK/Spindler/Mock AktG § 114 Rn. 9; MüKoAktG/Habersack AktG § 114 Rn. 18.
[122] BGHZ 230, 190 = NZG 2021, 1311.
[123] BGHZ 230, 190 Rn. 23 = NZG 2021, 1311; zust. Koch AktG § 114 Rn. 4.
[124] BGHZ 230, 190 Rn. 23 = NZG 2021, 1311; zust. Koch AktG § 114 Rn. 4.
[125] Zu den hiervon erfassten Praxisfällen Selter NZG 2021, 1301 (1304).
[126] Vgl. BGHZ 230, 190 Rn. 25 = NZG 2021, 1311.

Gesellschaft eingeschalteten Beratungsunternehmens gem. § 114 Abs. 2 S. 1 AktG angenommen.[127] Das ist insofern plausibel, als (nur) dieses Beratungsunternehmen die Vergütung auch gezahlt hat. Hinsichtlich der **Passivlegitimation** nimmt der BGH im Rahmen der Rückforderung nach § 114 Abs. 2 AktG eine Gesamtschuld zwischen Aufsichtsratsmitglied und dem (diesem wirtschaftlich zuzurechnendem) Zahlungsempfänger an.[128]

V. Zustimmung des Aufsichtsrats

1. Allgemeines

Der zwischen der Gesellschaft und dem Aufsichtsratsmitglied abgeschlossene Dienst- oder Werkvertrag bedarf nach § 114 Abs. 1 AktG zu seiner Wirksamkeit der Zustimmung des Aufsichtsrats. Eine satzungsmäßige **Delegation des Zustimmungsvorbehalts** auf ein anderes Organ ist unzulässig; insbesondere ist im inhaltlichen Rahmen des § 114 AktG auch eine **Zustimmung der Hauptversammlung** kein zulässiges Substitut.[129] Dies gilt auch für die Einmann-AG, so dass selbst die Zustimmung des Alleininhabers nicht ausreicht.[130] Dies mutet auf den ersten Blick insofern bedenklich an, als die Hauptversammlung im Rahmen des § 113 AktG eine Vergütung auch ohne oder ohne nennenswerte Leistungen des Aufsichtsratsmitglieds beschließen kann, so dass eine „Erst-recht-Kompetenz" der Hauptversammlung im Rahmen des § 114 AktG naheliegt. Indes sind die aktienrechtlichen Kompetenzzuweisungen verbindlich, zumal die Hauptversammlung nicht oberstes Organ der Aktiengesellschaft mit Letztentscheidungsbefugnissen aller Art ist.[131] Somit kann eine Hauptversammlungszustimmung diejenige des Aufsichtsrats im Rahmen des § 114 AktG weder ersetzen noch überspielen. Hierauf gerichtete Satzungsregelungen sind wegen Verstoßes gegen § 23 Abs. 5 AktG unwirksam. 49

Das vertragschließende Aufsichtsratsmitglied hat **keinen Anspruch auf Erteilung der Zustimmung**.[132] Dies gilt auch dann, wenn der Aufsichtsrat in vergleichbaren Fällen bereits zugestimmt hat, denn es gibt keinen Anspruch auf Gleichbehandlung.[133] Weiterhin sind bindende Zusagen der anderen Organe rechtlich nicht vorgreiflich. Dies gilt sowohl für Zusagen der Hauptversammlung als auch für solche des Vorstands; beide besitzen diesbezüglich keine Abschlusskompetenz. Zusagen des Aufsichtsrats sind entweder verbindlich und somit bereits eine Zustimmung nach § 114 AktG oder unverbindlich; letzterenfalls muss eine förmliche Zustimmung nachgeholt werden. 50

---

[127] BGHZ 230, 190 Rn. 31, 34 = NZG 2021, 1311; zust. Selter NZG 2021, 1301 (1303).
[128] BGHZ 230, 190 Rn. 38 = NZG 2021, 1311; weitergehend Schilha/Theusinger AG 2021, 830 Rn. 13 aE, die darüber hinaus auch das von der AG eingebundene Beratungsunternehmen als (Gesamt-?) Schuldner ansehen.
[129] OLG Köln AG 1995, 90 (92) = ZIP 1994, 1773 (1775); OLG Nürnberg AG 2018, 166 (169); OLG Hamm AG 2020, 714 (716) = NZG 2020, 949 Rn. 48; Koch AktG § 114 Rn. 8; MüKoAktG/Habersack AktG § 114 Rn. 30; Kölner Komm AktG/Mertens/Cahn AktG § 114 Rn. 26 aE.
[130] OLG Hamm AG 2020, 714 (716) = NZG 2020, 949 Rn. 48; Goette/Arnold AR-HdB/Wasmann/Gärtner § 6 Rn. 226.
[131] Vgl. dazu MüKoAktG/Kubis AktG § 118 Rn. 10.
[132] AllgM; vgl. nur GroßkommAktG/Hopt/Roth AktG § 114 Rn. 75.
[133] MüKoAktG/Habersack AktG § 114 Rn. 31; GroßkommAktG/Hopt/Roth AktG § 114 Rn. 75.

51 Die Zustimmung nach § 114 Abs. 1 AktG kann vor Vertragsschluss (als **Einwilligung** im Sinne des § 183 S. 1 BGB) oder nach Vertragsschluss (als **Genehmigung** gem. § 184 Abs. 1 BGB) erteilt werden. Sie kann in beiden Varianten auch schon zu einem Zeitpunkt erteilt werden, zu dem der Vertragspartner noch nicht Mitglied des Aufsichtsrats ist, seine Bestellung aber bevorsteht. Dies bietet sich insofern an, als dadurch Suspendierungseffekte mit dem Eintritt des Vertragspartners in den Aufsichtsrat (→ Rn. 27) vermieden werden.

52 Gegenstand der Zustimmung ist stets ein konkretes Vertragsverhältnis.[134] Ein bloßer Finanzierungsrahmen genügt hierfür nicht;[135] erforderlich ist vielmehr auch die Spezifikation der Gegenleistung. Fraglich ist, ob hierzu – wie im Falle der Genehmigung üblich – ein ausformulierter Vertragstext erforderlich ist oder ob es genügt, wenn der Aufsichtsrat den **wesentlichen Vertragsinhalt** kennt. Die wohl hM lässt letzteres genügen.[136] Diese Sichtweise harmoniert mit dem Umfang bei anderen Vorlagepflichten (zB nach § 119 Abs. 2 AktG), birgt allerdings die Gefahr, dass scheinbar unwichtige Vertragsdetails im Nachgang bestimmend werden können.

2. Zeitliche Determinanten

a) Zeitraum zwischen Vertragsschluss und Zustimmung

53 Vom Abschluss des Vertrages bis zur Zustimmung durch den Aufsichtsrat ist der Vertrag **schwebend unwirksam.** Hieran ändert auch ein zwischenzeitliches Ausscheiden des Vertragspartners aus dem Aufsichtsrat nichts.[137] Eine Frist, innerhalb derer die Zustimmung einzuholen ist, kennt das Gesetz nicht.[138] Gerade bei rechtlich nicht beratenen Gesellschaften kann es somit dazu kommen, dass Verträge im Geltungsbereich des § 114 AktG mangels Aufsichtsratszustimmung von den Beteiligten jahrelang schwebend unwirksam gelebt werden. Gelegentlich wird behauptet, der Vorstand müsse dafür sorgen, dass der Schwebezustand baldmöglichst beendet wird.[139] Dem ist in dieser Pauschalität zu widersprechen. Richtig daran ist, dass der Vorstand während des Schwebezustands keine Vergütung zahlen darf[140] und daher an der Klärung der Vertragswirksamkeit ein eigenes Interesse haben muss. Eine organschaftliche Verpflichtung zur Vorlage an den Aufsichtsrat zwecks Einholung der Zustimmung ist damit jedoch nicht verbunden, zumal das betroffene Aufsichtsratsmitglied wegen § 110 Abs. 1 S. 1 AktG hierzu selbst in der Lage ist. Eine andere Frage ist, ob der Vorstand den Schwebezustand durch eine Lösung vom Vertrag beenden kann. Wegen seiner Kenntnis um das eigene Kompetenzdefizit beim Vertragsabschluss dürfte diese Frage

---
[134] Vgl. Backhaus/Tielmann/Findeisen AktG § 114 Rn. 41; Koch AktG § 114 Rn. 8.
[135] Insoweit missverständlich BGHZ 194, 14 Rn. 10 = NZG 2012, 1064 – Fresenius; wie hier Spindler NZG 2011, 334 (337).
[136] So zB OLG Köln AG 1995, 90 (91f.) = ZIP 1994, 1773 (1774f.); OLG Nürnberg AG 2018, 166 (170); MüKoAktG/Habersack AktG § 114 Rn. 32; Backhaus/Tielmann/Findeisen AktG § 114 Rn. 42; Kölner Komm AktG/Mertens/Cahn AktG § 114 Rn. 26.
[137] MüKoAktG/Habersack AktG § 114 Rn. 29.
[138] Im Grundsatz unstr.; vgl. nur GroßkommAktG/Hopt/Roth AktG § 114 Rn. 75.
[139] So zB von Goette/Arnold AR-HdB/Wasmann/Gärtner § 6 Rn. 234; Semler/v. Schenck Aufsichtsrat/v. Schenck, 1. Aufl. 2015, AktG § 114 Rn. 77; ähnlich GroßkommAktG/Hopt/Roth AktG § 114 Rn. 75; Kölner Komm AktG/Mertens/Cahn AktG § 114 Rn. 15.
[140] Hierzu BGHZ 194, 14 Rn. 12 = NZG 2012, 1064 – Fresenius; MüKoAktG/Habersack AktG § 114 Rn. 29; Goette/Arnold AR-HdB/Wasmann/Gärtner § 6 Rn. 249; Semler/v. Schenck Aufsichtsrat/v. Schenck, 1. Aufl. 2015, AktG § 114 Rn. 77.

zu verneinen sein (Gedanke des § 178 S. 1 BGB). Hingegen wird man dem Aufsichtsratsmitglied nicht nur bei Versagung der Zustimmung, sondern auch bei Nicht-Behandlung des Vertrages durch den Aufsichtsrat innerhalb angemessener Frist ein außerordentliches Kündigungsrecht zubilligen müssen.

Nicht selten leistet der Vorstand im Hinblick auf eine sicher erwartete Genehmigung bereits während der Schwebezeit Zahlungen an das vertragsschließende Aufsichtsratsmitglied. Diese Zahlungen erhalten zwar durch eine Genehmigung des Vertrages nachträglich ihren Rechtsgrund. Gleichwohl liegt nach Ansicht des BGH in der vorzeitigen Vertragserfüllung eine **Pflichtwidrigkeit** im Sinne des § 93 Abs. 3 Nr. 7 AktG, die auch nach Genehmigung durch den Aufsichtsrat nicht mehr ausgeräumt werden kann.[141] Dasselbe soll für dasjenige Aufsichtsratsmitglied gelten, das die Dienstleistungen entgegengenommen hat.[142] Daneben haften alle anderen Aufsichtsratsmitglieder nach § 116 S. 1 AktG iVm § 93 Abs. 3 Nr. 7 AktG, die an der Gewährung der rechtsgrundlosen Vergütung mitgewirkt haben.[143] Nachdem diese Rechtsprechung bekannt geworden ist, dürfte in der vorfristigen Vertragserfüllung auch ein hinreichend schwerwiegendes Fehlverhalten der an der Erfüllung beteiligten Mitglieder beider Organe liegen, um eine **Entlastungsverweigerung** zu begründen. Gegen diese Rechtsprechung streitet allerdings § 114 Abs. 2 S. 1 AktG, der eine Genehmigung nach Zahlung der Vergütung als rechtmäßige Alternative zum umgekehrten Ablauf nahelegt.[144]

b) Einwilligung

Der Aufsichtsrat kann dem Vertrag mit seinen Mitgliedern nach § 114 AktG auch schon vor Vertragsschluss zustimmen (Einwilligung). Diese Variante ist insofern zu empfehlen, als das Aufsichtsratsmitglied damit nicht Gefahr läuft, seine Leistungen zu erbringen, um anschließend eine Verweigerung oder gar Versagung der Zustimmung zu erfahren.[145] Ihr Nachteil liegt darin, dass der Aufsichtsrat einem noch nicht abgeschlossenen Vertrag – und nicht nur einzelnen Punkten – zustimmen muss. Aus diesem Grunde kann eine Einwilligung rechtssicher nur dann erteilt werden, wenn dem Aufsichtsrat ein **Vertragsentwurf** zur Zustimmung vorgelegt wird, der anschließend nicht mehr geändert wird. Jede Änderung wesentlicher Punkte (insbesondere der sog. essentialia negotii) führt hingegen zur Asymmetrie zwischen Einwilligung und Vertragsinhalt, die den Vertrag bis zur Zustimmung über den Änderungsumfang erneut in einen Schwebezustand versetzt.

---

[141] BGHZ 194, 14 Rn. 17 ff., insbes. Rn. 20 = NZG 2012, 1064 – Fresenius; ebenso OLG Nürnberg AG 2018, 166 (170); zust. Koch AktG § 114 Rn. 9; Goette/Arnold AR-HdB/Wasmann/Gärtner § 6 Rn. 249; GroßkommAktG/Hopt/Roth AktG § 114 Rn. 75; Spindler NZG 2011, 334 (336); abl. Kölner Komm AktG/Mertens/Cahn AktG § 114 Rn. 31; Backhaus/Tielmann/Findeisen AktG § 114 Rn. 65; zuvor bereits Habersack NJW 2011, 1234; krit. auch Ihrig ZGR 2013, 417 (424 ff.).
[142] BGHZ 194, 14 Rn. 9 = NZG 2012, 1064.
[143] BGHZ 114, 127 (134); OLG Nürnberg AG 2018, 166 (171); S. Fischer BB 2015, 1411 (1417).
[144] Einen Argumentationswert des § 114 Abs. 2 S. 1 AktG abl. dagegen Ihrig ZGR 2013, 417 (425 f.).
[145] Zur gegenteiligen Empfehlung vgl. Semler/v. Schenck Aufsichtsrat/v. Schenck, 1. Aufl. 2015, AktG § 114 Rn. 71.

c) Genehmigung

56 Ist ein Vertrag nach § 114 AktG bereits abgeschlossen worden, bleibt zur Herbeiführung der Vertragswirksamkeit nur die (nachträgliche) Genehmigung. Gegenstand der Genehmigung ist stets ein konkret abgeschlossener Vertrag (→ Rn. 52); Probleme mit dem Bezugsobjekt gibt es dabei in der Regel nicht.

57 Fraglich ist, ob man für die Erteilung der Genehmigung eine zeitliche Vorgabe verlangen muss oder ob die Genehmigung – im Extremfall – auch noch nach vollständiger beiderseitiger Erfüllung des Vertrages erteilt werden kann. Grundsätzlich kennt das Gesetz keine Frist, innerhalb derer die Zustimmung einzuholen ist (→ Rn. 53). Dennoch hat das OLG Frankfurt in einer vielbeachteten Entscheidung[146] einer Genehmigung die Wirksamkeit versagt, die erst nach Leistungserbringung durch das Aufsichtsratsmitglied erteilt wird. Ausschlaggebend hierfür war die – in praxi unzweifelhaft zutreffende[147] – Erkenntnis, dass die **Loyalität unter Aufsichtsratsmitgliedern** eine Zustimmung geradezu erzwingt, wenn das betroffene Aufsichtsratsmitglied seine Leistung bereits erbracht hat. Gleichwohl hat die Entscheidung neben einiger Zustimmung[148] auch berechtigte Kritik[149] erfahren. Zum einen besteht die beschriebene Loyalität nämlich auch schon dann, wenn das betroffene Aufsichtsratsmitglied seine Leistung noch nicht erbracht hat. Zum andern regelt § 114 Abs. 2 S. 1 AktG genau diesen Fall, so dass der Gesetzgeber eine Vorleistung des Aufsichtsratsmitglieds vor Erteilung der Genehmigung klar vor Augen gehabt hat.[150] Von daher besteht kein Grund, eine derartige Vorleistung als Genehmigungshemmnis anzusehen.

58 Wird die Genehmigung durch den Aufsichtsrat erteilt, wirkt diese auf den Zeitpunkt des Vertragsschlusses zurück (§ 184 Abs. 1 BGB). Sämtliche bereits bewirkten Leistungen und Gegenleistungen erhalten damit nachträglich einen Rechtsgrund. Gleichzeitig entfällt für beide Seiten jedwedes Recht, sich vom Vertrag zu lösen. Die in der Vergütungszahlung während der Schwebezeit liegende **Pflichtverletzung entfällt** hingegen durch die Genehmigung **nicht.** Da diese entlastungsrelevant ist, bleibt somit auch nach erteilter Genehmigung eine Entlastungsverweigerung rechtmäßig.

3. Beschluss

a) Verfahren

59 Der Aufsichtsrat trifft seine Entscheidung über die Zustimmung nach § 114 Abs. 1 AktG durch **förmlichen Beschluss,** eine stillschweigende Billigung genügt nicht.[151] Ungenügend ist auch die bloße Mitunterzeichnung des verfahrensgegenständlichen Vertrages durch sämtliche Aufsichtsratsmitglieder.[152] Die Zustimmungsentscheidung

---

[146] OLG Frankfurt NZG 2006, 29; die Entscheidung betraf die Heilung eines allzu unkonkreten Vertrages, gilt aber in gleicher Weise für die Genehmigung eines korrekten Vertragsinhalts nach § 114 AktG.
[147] Insoweit aA Happ FS Priester, 2007, 175 (191).
[148] So von Spindler NZG 2011, 334 (336).
[149] So von Kölner Komm AktG/Mertens/Cahn AktG § 114 Rn. 29; Happ FS Priester, 2007, 175 (190 f.); iErg auch K. Schmidt/Lutter/Drygala AktG § 114 Rn. 26.
[150] So auch Kölner Komm AktG/Mertens/Cahn AktG § 114 Rn. 29; Happ FS Priester, 2007, 175 (191).
[151] OLG Naumburg BeckRS 1999, 30084796 sub 2.4; OLG Nürnberg AG 2018, 166 (169); OLG München v. 21.2.2024 – 7 U 2211/23e, BeckRS 2024, 3780 Rn. 49; Goette/Arnold AR-HdB/Wasmann/Gärtner § 6 Rn. 235.
[152] Zutr. OLG Köln NJW-RR 1995, 230 (231).

des Aufsichtsrats muss vielmehr als ausdrückliche Billigung im Rahmen einer physischen oder virtuellen Zusammenkunft seiner Mitglieder in beschlussfähiger Anzahl erfolgen. Vorbehaltlich satzungsmäßiger Abweichungen unterliegt das Beschlussverfahren den §§ 108 ff. AktG. Da die Zustimmung nach § 114 AktG im Ausnahmekatalog des § 107 Abs. 3 S. 7 AktG nicht genannt ist, kann der Aufsichtsrat seine Entscheidung auf einen **Aufsichtsratsausschuss** delegieren.[153] Eine Delegation der Entscheidung auf den Vorsitzenden oder auf ein anderes Aufsichtsratsmitglied ist hingegen unzulässig.[154] Dies gilt jedoch nicht für die Erklärung der Zustimmung gegenüber dem Vorstand; diese kann durchaus durch den Vorsitzenden erfolgen. Zum Bezugsobjekt der Zustimmungsentscheidung (→ Rn. 52, → Rn. 55).

Die Zustimmung (nicht: die Versagung) bedarf der einfachen Mehrheit der abgegebenen Stimmen. Bei der Abstimmung unterliegt das vertragschließende Aufsichtsratsmitglied analog § 34 BGB einem **Stimmverbot**.[155] Dies gilt auch, wenn es sich bei diesem Aufsichtsratsmitglied um einen maßgeblichen oder gar um den einzigen Aktionär der Gesellschaft handelt.[156] Allerdings wird sein Teilnahmerecht dadurch nicht eingeschränkt, so dass die Beschlussfähigkeit – auch eines dreiköpfigen Aufsichtsrats – hierunter nicht leidet.[157] 60

b) Inhaltliche Vorgaben

Der Aufsichtsrat muss seine Entscheidung nach § 114 Abs. 1 AktG anhand pflichtgemäßen Ermessens **nach Maßgabe der Business Judgement Rule** (§ 93 Abs. 1 S. 2 AktG) treffen.[158] Dies hat mehrere Konsequenzen: Da die Entscheidung im Interesse der Gesellschaft getroffen werden muss, darf der Aufsichtsrat **überhöhten Vergütungen** (das gilt reziprok auch für unterdurchschnittliche Leistungen) nicht zustimmen.[159] Umgekehrt sind vergleichbare Konditionen von dritter Seite kein hinreichender Grund für eine Verweigerung der Zustimmung.[160] Um zu sachgerechten Ergebnissen zu gelangen, ist der Aufsichtsrat nicht verpflichtet, von sich aus Marktuntersuchungen anzustellen; er darf sich stattdessen auf eine Plausibilisierung der Vorstandsargumentation beschränken. An frühere (gleichgelagerte) Entscheidungen ist der Aufsichtsrat nicht gebunden; vielmehr darf und muss er die Lage mit jedem Zustimmungsbeschluss neu beurteilen. 61

---

[153] BGHZ 194, 14 Rn. 21 = NZG 2012, 1064 – Fresenius; Koch AktG § 114 Rn. 8; Goette/Arnold AR-HdB/Wasmann/Gärtner § 6 Rn. 235; Backhaus/Tielmann/Findeisen AktG § 114 Rn. 48.
[154] MüKoAktG/Habersack AktG § 114 Rn. 32; Semler/v. Schenck Aufsichtsrat/v. Schenck, 1. Aufl. 2015, AktG § 114 Rn. 91.
[155] BGH AG 2007, 484 Rn. 13 = NZG 2007, 516 Rn. 13; Koch AktG § 114 Rn. 8; Backhaus/Tielmann/Findeisen AktG § 114 Rn. 48; Kölner Komm AktG/Mertens/Cahn AktG § 114 Rn. 26; Ruoff BB 2013, 899 (903).
[156] Vgl. Ruoff BB 2013, 899 (904).
[157] BGH NZG 2007, 516 Rn. 13; Koch AktG § 108 Rn. 16; Backhaus/Tielmann/Findeisen AktG § 114 Rn. 48; Fuhrmann NZG 2017, 291 (297); aA BayObLG NZG 2003, 691 (693); OLG Frankfurt NZG 2006, 29 (31); MüKoAktG/Habersack AktG § 114 Rn. 32; wohl auch OLG Nürnberg AG 2018, 166 (169).
[158] Ganz hM; vgl. Koch AktG § 114 Rn. 8; K. Schmidt/Lutter/Drygala AktG § 114 Rn. 25; Goette/Arnold AR-HdB/Wasmann/Gärtner § 6 Rn. 238; MüKoAktG/Habersack AktG § 114 Rn. 31; großzügiger GroßkommAktG/Hopt/Roth AktG § 114 Rn. 75.
[159] GroßkommAktG/Hopt/Roth AktG § 114 Rn. 75; MüKoAktG/Habersack AktG § 114 Rn. 31.
[160] Ebenso MüKoAktG/Habersack AktG § 114 Rn. 31; GroßkommAktG/Hopt/Roth AktG § 114 Rn. 76; Goette/Arnold AR-HdB/Wasmann/Gärtner § 6 Rn. 239; aA Semler/v. Schenck Aufsichtsrat/v. Schenck, 1. Aufl. 2015, AktG § 114 Rn. 63.

VI. Folgen verweigerter bzw. fehlender Zustimmung

1. Allgemeines

62 Auf der Rechtsfolgenseite unterscheidet das Gesetz nicht zwischen einer verweigerten und einer von vornherein fehlenden Genehmigung. Hier wie dort richtet sich die Rückabwicklung des gescheiterten Vertrages primär nach § 114 Abs. 2 AktG und sekundär nach Bereicherungsrecht. Nur scheinbar unterschiedlich wirken die Rechtsfolgen bei genehmigungsfähigen Verträgen einerseits und nicht-genehmigungsfähigen Verträgen andererseits. Für die erstgenannte Kategorie gilt primär § 114 Abs. 2 AktG in unmittelbarer Anwendung und nachrangig die §§ 812 ff. BGB. Dies gilt bei nicht-genehmigungsfähigen Verträgen in gleicher Weise mit der Maßgabe, dass wegen der ex-tunc-Nichtigkeit (→ Rn. 20) § 114 Abs. 2 S. 1 AktG analog anzuwenden ist.[161]

2. Ansprüche der Gesellschaft

a) Rückgewähr (§ 114 Abs. 2 S. 1 AktG)

63 **aa) Anspruchsnatur.** § 114 Abs. 2 S. 1 AktG gewährt der Gesellschaft einen Rückgewähranspruch aktienrechtlicher Natur, der in aller Regel auf Rückzahlung gerichtet ist. Der Anspruch ist nach allgemeinen Grundsätzen frei abtretbar und daher auch pfändbar. Bei seiner Geltendmachung wird die Gesellschaft durch den Vorstand vertreten, der gegenüber der Gesellschaft zur Durchsetzung verpflichtet ist.[162]

64 **bb) Gläubiger.** Gläubiger des Rückgewähranspruchs ist nach dem Wortlaut des § 114 Abs. 2 S. 1 AktG die Gesellschaft. Bei Einschaltung eines Drittunternehmens besteht alternativ ein eigener Rückforderungsanspruch des von der Gesellschaft eingeschalteten Drittunternehmens.[163] Im Falle eines (unwirksamen) Vertrages zwischen dem Aufsichtsratsmitglied und einer Tochtergesellschaft ist ebendiese auch Gläubigerin des Rückzahlungsanspruchs (→ Rn. 43).

65 **cc) Schuldner.** Schuldner des Rückgewähranspruchs nach § 114 Abs. 2 S. 1 AktG ist das Aufsichtsratsmitglied. Dies gilt ungeachtet der Person des Vertragspartners und ungeachtet der Person, dem die Vergütung zufloss; das Aufsichtsratsmitglied bleibt stets primärer Rückzahlungsschuldner.[164] Daneben haftet in denjenigen Fällen, in denen die Vergütung an ein Beteiligungsunternehmen des Aufsichtsratsmitglieds floss, auch der Zuflussempfänger für die Rückzahlung. Zwischen Aufsichtsratsmitglied und Zahlungsempfänger besteht insoweit eine **Gesamtschuld**.[165]

---

[161] BGHZ 230, 190 Rn. 31 = NZG 2021, 1311; Koch AktG § 114 Rn. 10; Backhaus/Tielmann/Findeisen AktG § 114 Rn. 59; GroßkommAktG/Hopt/Roth AktG § 113 Rn. 149; E. Vetter ZIP 2008, 1 (10).
[162] Zutr. MüKoAktG/Habersack AktG § 114 Rn. 35; Goette/Arnold AR-HdB/Wasmann/Gärtner § 6 Rn. 250.
[163] BGHZ 230, 190 Rn. 31, 34 = NZG 2021, 1311.
[164] Vgl. BGHZ 168, 188 Rn. 12 aE = NZG 2006, 712 für eine Beteiligung von 50 %.
[165] Vgl. BGHZ 170, 60 Rn. 16 = NZG 2007, 103; BGHZ 230, 190 Rn. 31, 38 = NZG 2021, 1311; Backhaus/Tielmann/Findeisen AktG § 114 Rn. 55; K. Schmidt/Lutter/Drygala AktG § 114 Rn. 28; Goette/Arnold AR-HdB/Wasmann/Gärtner § 6 Rn. 247; E. Vetter ZIP 2008, 1 (10); S. Fischer BB 2015, 1411 (1415); krit. Semler/v. Schenck Aufsichtsrat/v. Schenck, 1. Aufl. 2015, AktG § 114 Rn. 102.

dd) Fälligkeit. Überwiegend wird der Rückgewähranspruch aus § 114 Abs. 2 S. 1 66
AktG als sofort fällig bezeichnet, wobei sich das „sofort" auf den Zahlungszeitpunkt bezieht.[166] Dies ist aufgrund der sofortigen Nichtigkeit für aufsichtsratsimmanente Leistungen, die bereits unter § 113 AktG fallen, uneingeschränkt zutreffend. Im Bereich der nach § 114 AktG genehmigungsfähigen Verträge gilt nichts anderes. Zwar haben es beide Vertragsbeteiligte (Vorstand und Aufsichtsratsmitglied) selbst in der Hand, den rechtsunsicheren Schwebezustand durch Vorlage des Vertrages im Aufsichtsrat zwecks Entscheidung über die Zustimmung zu beenden. Gleichwohl ist auch schon vor endgültiger Verweigerung der Genehmigung, also während der Schwebezeit, eine Fälligkeit des Rückgewähranspruchs zu bejahen.[167] **Fälligkeitszinsen** gewährt § 114 Abs. 2 AktG nicht, da Dienstleistungsverträge mit Aufsichtsratsmitgliedern für die Gesellschaft kein Handelsgeschäft im Sinne des § 343 HGB sind.

ee) Einwände. Da der Anspruch aus § 114 Abs. 2 S. 1 AktG nicht bereicherungs- 67
rechtlicher Natur ist, entfallen auch die der Kondiktion typischerweise anhaftenden Einwände. Insbesondere gelten §§ 814, 818 BGB nicht.[168] Dasselbe gilt für § 817 S. 2 BGB.[169]

ff) Verjährung. Die **Verjährung** des Rückgewähranspruchs aus § 114 Abs. 2 S. 1 68
AktG richtet sich nicht nach §§ 116, 93 Abs. 6 AktG, sondern nach §§ 195, 199 BGB.[170] Dies ist insofern unbefriedigend, als sich die fehlende Aufsichtsratszustimmung bzw. die Notwendigkeit derselben häufig erst nach dem Ende einer (in der Regel fünfjährigen) Amtsperiode des Aufsichtsrats herausstellt. Umso wichtiger ist es, den **Verjährungsbeginn** exakt festzustellen. Dies gilt insbesondere für die Fälle der nicht genehmigungsfähigen (und daher auch nicht genehmigten) Verträge im Umfeld des § 113 AktG. Wohl unzweifelhaft ist hierbei, dass die Kenntnis vom (nicht genehmigungsfähigen) Vertragsinhalt in Person mindestens eines Vorstandsmitglieds vorliegen muss.[171] Bei der Feststellung einer grob fahrlässigen Unkenntnis im Sinne des § 199 Abs. 1 Nr. 2 BGB wird man nach einem Vorstandswechsel keine Verpflichtung annehmen können, erst einmal die Historie nach „verdächtigen" Verträgen mit Aufsichtsratsmitgliedern zu erforschen.[172]

gg) Rechtsverfolgung. Der Anspruch aus § 114 Abs. 2 S. 1 AktG ist im **ordentli-** 69
chen Rechtsweg zu verfolgen.[173] In aller Regel ist dabei das Landgericht erstinstanzlich berufen. Örtlich zuständig ist das Landgericht am Wohnsitz des beklagten Aufsichtsratsmitglieds. Funktional dürfte dabei – ebenso wie bei der Durchsetzung von

---

[166] Vgl. OLG Hamm NZG 2020, 949 Rn. 49; K. Schmidt/Lutter/Drygala AktG § 114 Rn. 28; GroßkommAktG/Hopt/Roth AktG § 114 Rn. 82.
[167] So auch OLG Frankfurt AG 2011, 256 (257) = NZG 2011, 350 (351); GroßkommAktG/Hopt/Roth AktG § 114 Rn. 81; Backhaus/Tielmann/Findeisen AktG § 114 Rn. 57.
[168] OLG Köln AG 1995, 90 (92) = ZIP 1994, 1773 (1775); Koch AktG § 114 Rn. 11; Kölner Komm AktG/Mertens/Cahn AktG § 114 Rn. 32; Backhaus/Tielmann/Findeisen AktG § 114 Rn. 54.
[169] BGHZ 230, 190 Rn. 32 f. = NZG 2021, 1311.
[170] Vgl. BGHZ 168, 188 Rn. 21 = NZG 2006, 712; BGHZ 230, 203 Rn. 34 = NZG 2021, 1314 = ZIP 2021, 1596; GroßkommAktG/Hopt/Roth AktG § 114 Rn. 91; Backhaus/Tielmann/Findeisen AktG § 114 Rn. 57 f.
[171] Vgl. OLG Hamm NZG 2020, 949 Rn. 50.
[172] In diesem Sinne anschaulich BGHZ 230, 203 Rn. 37 ff. = NZG 2021, 1314 = ZIP 2021, 1596.
[173] AllgM; vgl. OLG Hamm NZG 2020, 949 Rn. 34.

Ansprüchen auf Aufsichtsratsvergütung (→ § 7 Rn. 7) – die **Kammer für Handelssachen** zuständig sein.[174] Fraglich ist, ob und wie sich die Gesellschaft in einem solchen Verfahren vergleichen kann. Will man die Kompetenz des Aufsichtsrates nach § 114 AktG nicht durch Willkürvergleiche umgehen, so ist allein der Aufsichtsrat **vergleichszuständig,** wobei hierfür intern[175] ein förmlicher Beschluss erforderlich ist. Ebenso wenig wie die Fünf-Jahres-Frist des § 93 Abs. 6 AktG in der Verjährungsfrage gilt, greift § 93 Abs. 4 S. 3 AktG bei einem derartigen Vergleich ein. Ein Vergleichsschluss ist damit auch schon vor Ablauf der Drei-Jahres-Frist und ohne Zustimmung der Hauptversammlung möglich.[176]

70 **hh) Gegenrechte.** Um die Durchsetzbarkeit des Rückgewähranspruchs zu erleichtern, enthält § 114 Abs. 2 S. 2 Hs. 2 AktG ein **Verbot der Geltendmachung von Gegenrechten.** Ausdrücklich erwähnt ist zwar nur ein Aufrechnungsverbot hinsichtlich des Bereicherungsanspruchs des Rückzahlungsschuldners. Der beschriebene Zweck der Vorschrift gebietet es jedoch, das Verbot auch auf Zurückbehaltungsrechte zu erstrecken.[177] Eine Anwendung des § 817 S. 2 BGB auf den aktienrechtlichen Rückgewähranspruch ist ebenfalls ausgeschlossen.[178]

b) Bereicherungsanspruch

71 Da § 114 Abs. 2 S. 1 AktG konkurrierende Ansprüche nicht verdrängt, steht der Gesellschaft wegen der rechtsgrundlos geleisteten Zahlungen auch ein Bereicherungsanspruch aus § 812 Abs. 1 S. 1 BGB zu.[179] Allerdings ist dieser Anspruch zum großen Teil eher theoretischer Natur, weil er die Einwände des Aufsichtsratsmitglieds aus §§ 814, 818 BGB berücksichtigen muss.

c) Kapitalerhaltungsanspruch

72 Handelt es sich bei dem Aufsichtsratsmitglied um einen Aktionär, steht der Gesellschaft gegen Zahlungsempfänger unter den Voraussetzungen des § 57 AktG zusätzlich ein Rückzahlungsanspruch aus § 62 AktG zu.[180]

d) Schadensersatzanspruch

73 Hat die Gesellschaft nach Vertragsabschluss – jedoch vor Versagung der Zustimmung – Zahlungen an das Aufsichtsratsmitglied geleistet, so liegt darin eine Pflichtwidrigkeit, die nach § 93 Abs. 3 Nr. 7 AktG zum Schadensersatz verpflichtet (→ Rn. 54 mwN). Dieser Anspruch der Gesellschaft ist allerdings nicht gegen den Zahlungsempfänger, sondern gegen die voreilig zahlungsbereiten Vorstandsmitglieder gerichtet. Haben an

---

[174] In diese Richtung auch OLG München NZG 2010, 668 f.; Thomas/Putzo/Hüßtege GVG § 95 Rn. 4; Zöller/Lückemann GVG § 95 Rn. 8.
[175] Extern besteht regelmäßig eine beschlussabhängige Vertretungskompetenz des Aufsichtsratsvorsitzenden.
[176] MüKoAktG/Habersack AktG § 114 Rn. 36; S. Fischer BB 2015, 1411 (1415 f.).
[177] Ebenso BGHZ 126, 340 (349 f.); Kölner Komm AktG/Mertens/Cahn AktG § 114 Rn. 32; Großkomm-AktG/Hopt/Roth AktG § 114 Rn. 83.
[178] BGHZ 230, 190 Rn. 32 = NZG 2021, 1311; Backhaus/Tielmann/Findeisen AktG § 114 Rn. 62.
[179] Vgl. OLG Nürnberg AG 2018, 166 (170); eingehend – auch zu den verschiedenen Varianten der Kondiktion – Kanzler AG 2013, 554 (555 ff.).
[180] Vgl. Goette/Arnold AR-HdB/Wasmann/Gärtner § 6 Rn. 253, die diese Vorschriften auch bei Wertdifferenzen zwischen Leistung und Gegenleistung anwenden wollen.

diesem Vorgang auch andere Aufsichtsratsmitglieder mitgewirkt, so haften diese nach § 116 S. 1 AktG ebenfalls (→ Rn. 54 mwN). Dieser Anspruch der Gesellschaft dürfte insofern nachrangig sein, als er nur in Höhe des Ausfalls gegenüber dem Aufsichtsratsmitglied besteht; andernfalls hätte die Gesellschaft gar keinen Schaden. Er kann für die Gesellschaft allerdings insofern bedeutsam sein, als er – anders als der Anspruch aus § 114 Abs. 2 S. 1 AktG (→ Rn. 68 mwN) – gem. § 93 Abs. 6 AktG erst nach fünf Jahren verjährt.

3. Ansprüche des Aufsichtsratsmitglieds

§ 114 Abs. 2 S. 2 AktG stellt klar, dass ein **Bereicherungsanspruch des Aufsichtsratsmitglieds**[181] gegen die Gesellschaft unberührt bleibt. Dieser Anspruch dürfte regelmäßig auf Wertersatz für die geleisteten Dienste gerichtet sein (§ 818 Abs. 2 BGB); seine Höhe entspricht der ersparten Vergütung bei der Gesellschaft für die fiktive Beauftragung Dritter.[182] Er bildet in der Praxis die Grundlage für Auseinandersetzungen über Wert und Unwert von Tätigkeiten von Aufsichtsratsmitgliedern für ihre Gesellschaft.[183] Die Vorschrift gilt allerdings nicht, wenn gar keine genehmigungsfähige Tätigkeit vorlag, weil das Aufsichtsratsmitglied nur seinen organschaftlichen Pflichten nachkam. In diesem Fall besteht kein Bereicherungsanspruch, weil dieser ansonsten das Erfordernis einer Hauptversammlungszustimmung verdrängen würde.[184] 74

Die Eigenbedeutung des § 114 Abs. 2 S. 2 AktG liegt in seiner Qualifizierung als **Rechtsgrundverweisung.** Dies hat zur Folge, dass auch § 814 BGB grundsätzlich anwendbar bleibt.[185] Es ist allerdings wenig einleuchtend, dass einige Stimmen diese Vorschrift immer dann nicht anwenden wollen, wenn das Aufsichtsratsmitglied beim Empfang der Zahlung einen zustimmenden Aufsichtsratsbeschluss erwarten durfte.[186] Entscheidend ist stattdessen, ob das Aufsichtsratsmitglied von der Genehmigungsbedürftigkeit des Vertrages gewusst hat; in diesem Fall muss § 814 BGB den Anspruch ausschließen.[187] Bei dem – ebenfalls grundsätzlich anwendbaren – § 817 S. 2 BGB nimmt die hM an, dass diese Vorschrift nicht zu einem Anspruchsverlust führt.[188] Dem ist zuzustimmen, weil sich das gesetzliche Verbot des § 113 BGB nicht gegen eine Tätigkeit des Aufsichtsratsmitglieds als solche richtet.[189] 75

---

[181] Wurde die Leistung durch eine Gesellschaft des Aufsichtsratsmitglieds erbracht, so steht dieser auch der Bereicherungsanspruch zu; vgl. BGH NZG 2009, 1027 Rn. 4.
[182] So schon Ausschussbericht bei Kropff AktG S. 159; Kanzler AG 2013, 554 (560 f.); vgl. auch BGH ZIP 2006, 1101 (1103).
[183] Anschaulich OLG Köln NZG 2019, 151 Rn. 25 ff.
[184] So iE auch BGH NZG 2009, 1027 Rn. 6; K. Schmidt/Lutter/Drygala AktG § 114 Rn. 29; Kölner Komm AktG/Mertens/Cahn AktG § 114 Rn. 32; Kanzler AG 2013, 554 (556).
[185] Ausschussbericht bei Kropff AktG S. 159; Koch AktG § 114 Rn. 11; eingehend GroßkommAktG/Hopt/Roth AktG § 114 Rn. 87 f. und Kanzler AG 2013, 554 (559 f.).
[186] Koch AktG § 114 Rn. 11; MüKoAktG/Habersack AktG § 114 Rn. 37; Happ FS Priester, 2007, 175 (198); Kanzler AG 2013, 554 (558).
[187] Ebenso Kölner Komm AktG/Mertens/Cahn AktG § 114 Rn. 32; dagegen GroßkommAktG/Hopt/Roth AktG § 114 Rn. 88 aE.
[188] BGH AG 2007, 484 Rn. 20 = NZG 2007, 516 Rn. 20; OLG Köln NZG 2019, 1351 Rn. 26; Koch AktG § 114 Rn. 11; MüKoAktG/Habersack AktG § 114 Rn. 37; Goette/Arnold AR-HdB/Wasmann/Gärtner § 6 Rn. 248; Happ FS Priester, 2007, 175 (198).
[189] So auch GroßkommAktG/Hopt/Roth AktG § 114 Rn. 90.

76 Weitergehende Ansprüche gegen die Gesellschaft stehen dem Aufsichtsratsmitglied nicht zu. Dies betrifft insbesondere Ansprüche aus **culpa in contrahendo** (§ 311 Abs. 2 Nr. 1 BGB)[190] sowie aus **§ 280 Abs. 1 BGB.**[191]

---

[190] GroßkommAktG/Hopt/Roth AktG § 114 Rn. 89; MüKoAktG/Habersack AktG § 114 Rn. 38; Kanzler AG 2013, 554 (556).
[191] MüKoAktG/Habersack AktG § 114 Rn. 38.

C. Auslagenersatz

§ 16. Allgemeines

Schrifttum:
Berger, Die Kosten der Aufsichtsratstätigkeit in der Aktiengesellschaft, 2000; Bosse/Malchow, Unterstützung und Kostentragung für die Aus- und Fortbildung von Aufsichtsratsmitgliedern – der Kodex bezieht Stellung, NZG 2010, 972; Fonk, Auslagenersatz für Aufsichtsratsmitglieder, NZG 2009, 761; Gaul, Ungelöste Fragen des Auslagenersatzes für Aufsichtsratsmitglieder in Zeiten schwindender Vergütungsakzeptanz, AG 2017, 877; Schnorbus/Ganzer, Aufwendungsersatzansprüche der Aufsichtsratsmitglieder und Möglichkeit der Schaffung eines Aufsichtsratsbudgets, BB 2019, 258; J. Semler, Verpflichtungen der Gesellschaft durch den Aufsichtsrat und Zahlungen der Gesellschaft an seine Mitglieder, FS Claussen, 1997, 381; Thüsing/Veil, Die Kosten des Aufsichtsrats im aktienrechtlichen Vergütungsregime, AG 2008, 359; E. Vetter, Kosten der Aufsichtsratstätigkeit und Budgetrecht des Aufsichtsrats, Gesellschaftsrecht in der Diskussion, Band 20 (2014), 115.

I. Erscheinungsformen

Nahezu alle Unternehmen gewähren ihren Aufsichtsratsmitgliedern neben oder anstelle einer Vergütung einen Auslagenersatz. Bei den DAX-Unternehmen ist dies überwiegend[1] in der Satzung festgeschrieben; häufig wird der Auslagenersatz auch in einfachen Bewilligungsbeschlüssen nach § 113 Abs. 1 S. 2 Alt. 2 AktG **ausdrücklich benannt.** Sofern die Satzung oder der Beschluss eine solche Regelung beinhaltet, ist diese gelegentlich auch quantitativ ausgeformt. In diese Fallgruppe gehört unter anderem das Sitzungsgeld. Sofern das Sitzungsgeld als Auslagenersatz – und nicht als Vergütung – einzustufen ist (→ § 6 Rn. 6), wird dessen Höhe regelmäßig bereits durch die Aktionäre festgelegt. 1

In der Praxis bewegt sich der Auslagenersatz **in einem nahezu rechtsfreien Raum.** Gerichtliche Entscheidungen zum Auslagenersatz sind unbekannt. Die Ursachen hierfür sind naheliegend: Da die Auslagenabrechnung gegenüber dem Vorstand (oder nachgeordneten Mitarbeitern) erfolgt, muss dasjenige Organ die Auslagenabrechnung kontrollieren, dessen Bestellung samt Anstellungskonditionen vom Kontrollierten abhängt. Hinzu kommt, dass die wirtschaftlichen Dimensionen zumeist sehr überschaubar sind.[2] In der Aktiengesellschaft sind zwar regelmäßig Höhe und Struktur der Aufsichtsratsvergütung immer wieder Gegenstand von Diskussionen innerhalb und außerhalb der Hauptversammlung. Auslagenersatz ist hingegen auch hier kein Thema. Aus diesem Grunde bleibt eine in der deutschen Unternehmenslandschaft zu beobachtende Großzügigkeit bei der Auslagenerstattung praktisch folgenlos. 2

---

[1] Ausnahmebeispiel: Deutsche Börse AG.
[2] Ähnlich Fonk NZG 2009, 761.

II. Abgrenzung zur Vergütung

3 Während die Begründung einer Aufsichtsratsvergütung stets eines Beschlusses der Anteilseigner bedarf, ist ein solcher für die Gewährung von Auslagenersatz entbehrlich.[3] Bei allen Rechtsformen einer Kapitalgesellschaft stellt sich somit die Frage nach den Kriterien für eine Abgrenzung der Vergütung gegenüber dem Auslagenersatz. Soweit beides per Anteilseignerbeschluss geregelt ist, kommt dem Wortlaut des Beschlusses eine hohe Bedeutung zu. Schwierigkeiten bereiten allerdings Pauschalregelungen zum Auslagenersatz, die eine Erstattung auch dann vorsehen, wenn die Pauschale über den tatsächlich entstandenen Aufwand deutlich hinausgeht. Nach hM liegt in diesen Fällen kein Auslagenersatz, sondern eine (unter Umständen verschleierte) Vergütung vor (insbesondere zum Sitzungsgeld → § 6 Rn. 6).[4] Somit steht die Abgrenzung zwischen Vergütung und Auslagenersatz fest: **Vergütung ist alles, was nicht bloßer Auslagenersatz ist.**

III. Rechtsgrundlagen

1. Satzung (Gesellschaftsvertrag)

4 Rechtsformübergreifend bildet die Satzung (Gesellschaftsvertrag) **stets eine taugliche** (wenngleich nicht notwendige) **Rechtsgrundlage** für die Gewährung von Auslagenersatz.[5] Dies gilt zunächst für die Gewährung als solche, aber auch für die Regelung der Modalitäten, wie zB für die Benennung der Anlässe, der Höhe oder der Fälligkeit. Soweit derartige Regelungen in der Satzung (im Gesellschaftsvertrag) vorhanden sind, überlagern sie alle ungeschriebenen Grundsätze, insbesondere auch das Angemessenheitskriterium. Wird die Bandbreite der Angemessenheit allerdings deutlich überschritten, ist der Auslagenersatz als Vergütung zu qualifizieren. Im Übrigen gehen – ähnlich wie bei der Aufsichtsratsvergütung – satzungsmäßige Regelungen zum Auslagenersatz denjenigen in einem einfachen Hauptversammlungsbeschluss vor.

5 Noch nicht geklärt ist die Frage, ob und inwieweit die Satzung (der Gesellschaftsvertrag) **auch eine negative Sperrwirkung gegenüber einem gesetzlichen Auslagenersatzanspruch** der Aufsichtsratsmitglieder entfalten kann. Dies kann in reinster Form ausdrücklich geschehen (*„Ein Aufwendungsersatz ist ausgeschlossen"*). Daneben sind auch mittelbare Beschränkungen durch die Satzung möglich, indem die Anteilseigner den Aufwendungsersatzanspruch beispielsweise unterhalb der Angemessenheitsgrenze pauschalieren oder sogar gänzlich ausschließen. In allen geschilderten

---

[3] AllgM; vgl. statt aller MüKoAktG/Habersack AktG § 113 Rn. 26.
[4] BGH NJW-RR 1988, 745 (746) = ZIP 1988, 706 (708) zum Verein; BeckOGK/Spindler/Mock AktG § 113 Rn. 48; Fonk NZG 2009, 761 (763); wohl auch MüKoAktG/Habersack AktG § 113 Rn. 26; Kölner Komm AktG/Mertens/Cahn AktG § 113 Rn. 12.
[5] Ebenso Berger, Die Kosten der Aufsichtsratstätigkeit in der Aktiengesellschaft, 2000, S. 126 f.; Koch AktG § 113 Rn. 7; Fonk NZG 2009, 761 f.; Gaul AG 2017, 877 (878); zu den Grenzen vgl. Thüsing/Veil AG 2008, 359 (367 f.); aA Goette/Arnold AR-HdB/Wasmann/Gärtner § 6 Rn. 126; Lutter/Krieger/Verse Rechte und Pflichten § 11 Rn. 657; E. Vetter Gesellschaftsrecht in der Diskussion, Band 20 (2014), S. 115 (136 f.).

Konstellationen müssen derartige Einschränkungen aufgrund der dispositiven Natur des gesetzlichen Aufwendungsersatzanspruchs[6] diesem gegenüber Vorrang haben.[7] Die bloße Existenz eines Vergütungsanspruchs – auch in ungewöhnlicher Höhe – schließt Aufwendungsersatzansprüche der Aufsichtsratsmitglieder hingegen nicht a priori aus.[8]

2. Hauptversammlungsbeschluss (Gesellschafterbeschluss)

Wie bei der Vergütung ist auch eine Regelung zum Auslagenersatzanspruch durch einfachen Hauptversammlungsbeschluss möglich, obwohl nicht erforderlich. Ein solcher Beschluss hat zwar den Vorrang der Satzung zu beachten (→ § 4 Rn. 7 f.); ansonsten sind die Anteilseigner jedoch frei, sämtliche Modalitäten des Auslagenersatzes verbindlich zu regeln. Dies betrifft insbesondere auch die Höhe des Ersatzes. Die zu → Rn. 5 beschriebene **Sperrwirkung** kommt auch einem einfachen Hauptversammlungsbeschluss (Gesellschafterbeschluss) zu.

6

3. Gesetz

a) Spezialgesetzliche Vorschriften

§ 104 Abs. 7 S. 1 AktG gewährt den gerichtlich bestellten Aufsichtsratsmitgliedern einen Anspruch auf „Ersatz ihrer baren Auslagen". Von ihrem Wortlaut her ist der Anwendungsbereich dieser Vorschrift auf die gerichtlich bestellten Aufsichtsratsmitglieder beschränkt. Eine **analoge Anwendung** der Norm **auf gewählte Aufsichtsratsmitglieder** würde zwangsläufig die Frage nach einer Sperrwirkung gegenüber anderen als „baren Auslagen" aufwerfen.[9] Eine derartige Analogie wäre zwar angesichts der grundsätzlichen Gleichbehandlung der gewählten mit gerichtlich bestellten Aufsichtsratsmitgliedern durchaus begründbar.[10] Indes streitet die ausschließliche gerichtliche Kompetenz zur Auslagenfestsetzung nach § 107 Abs. 7 S. 2 AktG gegen eine solche Analogie. Der Anspruch aus § 107 Abs. 7 S. 1 AktG bleibt daher den gerichtlich bestellten Aufsichtsratsmitgliedern vorbehalten. Darüber hinaus haben diese einen allgemeinen Auslagenersatzanspruch nach Maßgabe der nachfolgenden Ausführungen.[11]

7

b) §§ 675, 670 BGB

Die heute einhellige Auffassung sucht die Anspruchsgrundlage in den §§ 675, 670 BGB. Ob die Anwendung dieser Vorschriften eine unmittelbare[12] oder eine analo-

8

---

[6] Vgl. dazu BGH NJW 2012, 2337 Rn. 19; BAG NJW 2004, 2036 (2038); MüKoBGB/F. Schäfer BGB § 670 Rn. 3.
[7] So im Erg. auch GroßkommAktG/Hopt/Roth AktG § 113 Rn. 30.
[8] Vgl. J. Semler FS Claussen, 1997, 381 (382); folgend Berger, Die Kosten der Aufsichtsratstätigkeit in der Aktiengesellschaft, 2000, S. 119.
[9] Vgl. dazu Fonk NZG 2009, 761 (762).
[10] So iErg auch Berger, Die Kosten der Aufsichtsratstätigkeit in der Aktiengesellschaft, 2000, S. 117 f.; Fonk NZG 2009, 761 (762); Bosse/Malchow NZG 2010, 972.
[11] Koch AktG § 113 Rn. 7.
[12] So K. Schmidt/Lutter/Drygala AktG § 113 Rn. 14; Kölner Komm AktG/Mertens/Cahn AktG § 113 Rn. 12; Goette/Arnold AR-HdB/Wasmann/Gärtner § 6 Rn. 125; J. Semler FS Claussen 1997, 381 (383); Theisen FS Säcker, 2011, 487 (499).

ge¹³ sein sollte, ist eher akademischer Natur. Aufgrund des korporationsrechtlichen Verhältnisses der Organmitglieder zu ihrer Gesellschaft dürfte die Analogie etwas näher liegen. Praktische Folgen hat diese Einordnung indes nicht.

4. Deutscher Corporate Governance Kodex

9 Nach der Empfehlung D.11 DCGK 2022 soll die Gesellschaft die Mitglieder des Aufsichtsrats unter anderem bei den Aus- und Fortbildungsmaßnahmen angemessen unterstützen. Ein unmittelbarer Anspruch auf Ersatz bestimmter Aus- oder Fortbildungskosten folgt hieraus zwar nicht.¹⁴ Im Geltungsbereich des DCGK, also bei börsennotierten Gesellschaften, kann diese Empfehlung jedoch ein wichtiges Auslegungskriterium für die Frage sein, ob und welche Fortbildungskosten angemessen – und daher entsprechend §§ 675, 670 BGB erstattungsfähig – sind.

5. Geschäftsordnung des Aufsichtsrats

10 Das Selbstorganisationsrecht des Aufsichtsrats ermöglicht diesem, seine inneren Angelegenheiten selbst zu regeln, soweit dies die Satzung ausdrücklich vorsieht oder mangels eigener Regelungen einen entsprechenden Freiraum eröffnet.¹⁵ Damit liegt der Gedanke nahe, dass eine solche Geschäftsordnung auch den **Grund, Höhe und Zahlungsmodalitäten des Auslagenersatzes** festlegen könnte. Indes gehört diese Materie nicht zum Kreis der inneren Angelegenheiten des Aufsichtsrats und unterfällt daher auch nicht dem Selbstorganisationsrecht. Damit ist sowohl für anspruchsbegründende als auch für anspruchsbegrenzende Regelungen in einer Geschäftsordnung kein Raum.

§ 17. Anspruchsvoraussetzungen

Übersicht

	Rn.
I. Aufsichtsratsangelegenheit	1
II. Erforderlichkeit (Angemessenheit)	2
1. Gesetzliche Herleitung	2
2. Kriterien der Angemessenheit	3
a) Allgemeines	3
b) Anlehnung an Vorstandsverhältnisse	4
c) Anlehnung an eigene Lebensverhältnisse des Aufsichtsratsmitglieds	5
d) Anlehnung an die Verhältnisse der Gesellschaft	6
e) Anlehnung an steuerliche Regelungen	8
3. Maßgeblicher Prüfungszeitpunkt	9

---

[13] So Berger, Die Kosten der Aufsichtsratstätigkeit in der Aktiengesellschaft, 2000, S. 118 f.; Semler/v. Schenck/Wilsing AR-HdB/Grau § 13 Rn. 115; MHdB GesR IV/Hoffmann-Becking § 33 Rn. 15; Lutter/Krieger/Verse Rechte und Pflichten § 12 Rn. 845; Koch AktG § 113 Rn. 20; MüKoAktG/Habersack AktG § 113 Rn. 26; GroßkommAktG/Hopt/Roth AktG § 113 Rn. 29; Koch AktG § 113 Rn. 7; BeckOGK/Spindler/Mock AktG § 113 Rn. 44; Thüsing/Veil AG 2008, 359 (362); Maser/Göttle NZG 2013, 201 (206); Gaul AG 2017, 877 (878 f.); Schnorbus/Ganzer BB 2019, 258 (259).
[14] In diesem Sinne auch Bosse/Malchow NZG 2010, 972 (973 f.).
[15] HM; vgl. nur MüKoAktG/Habersack AktG § 107 Rn. 210 f.

	Rn.
4. Maßgeblicher Prüfungsmaßstab	10
5. Letztentscheidungskompetenz zur Angemessenheit	12
6. Aufwandspauschalen durch Vorstandsvorgaben	14
III. Aufwendung des Aufsichtsratsmitglieds	15
IV. Anspruchsberechtigter Personenkreis	16
V. Abgeltung durch Sitzungsgeld?	18

I. Aufsichtsratsangelegenheit

§ 670 BGB verlangt als Minimalvoraussetzung für einen Aufwendungsersatzanspruch, dass das ersatzberechtigte Aufsichtsratsmitglied seine Aufwendungen „zum Zwecke der Ausführung des Auftrags" getätigt hat. In Analogie hierzu muss das Aufsichtsratsmitglied seine Aufwendungen für die Gesellschaft – und nicht etwa für sich selbst oder für einen Dritten – freiwillig getätigt haben. Damit die Aufwendungen erstattungsfähig werden, muss das Aufsichtsratsmitglied weiterhin **innerhalb der Aufsichtsratskompetenzen** gehandelt haben.[1] Irgendwelche Handlungen in Geschäftsbesorgung für den Vorstand genügen daher nicht, um *als Aufsichtsratsmitglied* Erstattung verlangen zu können. In diese Kategorie gehört beispielsweise die Veranstaltung eigenmächtiger Pressekonferenzen oder die Kosten für Einstellungsgespräche mit nachgeordneten Mitarbeitern. Das Kriterium des Aufsichtsratsbezugs gilt gleichermaßen für den Vorsitzenden wie für einfache Mitglieder des Aufsichtsrats. Insofern spielt es auch keine Rolle, ob die Aufwendungen für die Arbeit des Aufsichtsratsplenums oder eines Ausschusses getätigt wurden.[2]

1

II. Erforderlichkeit (Angemessenheit)

1. Gesetzliche Herleitung

Weiterhin postuliert der Aufwendungsersatzanspruch nach § 670 BGB das Erfordernis der Geschäftsbesorgungsmaßnahme. Diese ist allerdings nicht objektiv, sondern als subjektive Einschätzung des Geschäftsbesorgers definiert („... den Umständen nach für erforderlich halten darf ..."). Die ständige Rechtsprechung zu § 670 BGB hat hieraus einen objektiven Maßstab mit subjektivem Einschlag entwickelt. Entscheidend ist somit, was der Geschäftsführer nach sorgfältiger Prüfung der ihm bekannten Umstände vernünftigerweise aufzuwenden hatte.[3] Hinter dieser Formulierung verbirgt sich die **Notwendigkeit einer Einzelfallentscheidung,** die auch beim Auslagenersatz für

2

---

[1] So ausdrücklich Berger, Die Kosten der Aufsichtsratstätigkeit in der Aktiengesellschaft, 2000, S. 119; Semler/v. Schenck/Wilsing AR-HdB/Grau § 13 Rn. 110; GroßkommAktG/Hopt/Roth AktG § 113 Rn. 31; J. Semler FS Claussen 1997, 381 (384); Fonk NZG 2009, 761 (762); Maser/Göttle NZG 2013, 201 (206).
[2] Ebenso Schnorbus/Ganzer BB 2019, 258 (260).
[3] Grdl. RGZ 149, 205 (207); folgend BGH NJW 1986, 310 (313); NJW 1989, 1284 (1285): NJW 2012, 3781 Rn. 15.

Aufsichtsratsmitglieder angezeigt ist.[4] Sie betrifft gleichermaßen **den Grund und die Höhe der getätigten Aufwendungen.** Diese Trennung kann im Einzelfall dazu führen, dass bestimmte Aufwendungen zwar dem Grunde nach – nicht aber in der getätigten Höhe – erforderlich sind. Im aktienrechtlichen Schrifttum wird beides zusammen unter dem Begriff der Angemessenheit diskutiert, der daher auch im Folgenden zugrunde gelegt wird.

2. Kriterien der Angemessenheit

a) Allgemeines

3 Die Angemessenheitskriterien, denen zufolge ein Auslagenersatzanspruch zu gewähren oder zu verweigern ist, sind vielfältig. In der Literatur werden hierzu verschiedene Schwerpunkte gesetzt; teilweise werden die unterschiedlichen Maßstäbe auch miteinander kombiniert, ohne dass eine Gewichtung stattfindet. Unterschieden wird in aller Regel auch nicht zwischen Grund und Höhe der getätigten Aufwendungen. Dies alles dient nicht gerade der **Rechtsklarheit** und **Rechtssicherheit.**

b) Anlehnung an Vorstandsverhältnisse

4 Das überwiegende Schrifttum bemisst die Erforderlichkeit einer Aufwendung nach Grund und Höhe an den Verhältnissen des Vorstands.[5] Was für den Vorstand angemessen ist, soll demnach auch für den Aufsichtsrat gelten und somit dem einzelnen Mitglied zum Auslagenersatz verhelfen. Gegen diese Sichtweise spricht zunächst die Erfahrung, derzufolge Vorstandsmitglieder nur selten als Erfinder der Sparsamkeit auftreten, wenn es um ihren Auslagenersatz geht. Entscheidend ist aber, dass der Aufsichtsrat kraft seiner Personalkompetenz den Maßstab für die vorstandsseitige Ausgabenpraxis selbst festlegt. Eine Orientierung der einzelnen Aufsichtsratsmitglieder hieran ergibt folglich wenig Sinn; vielmehr liegt darin eine allzu große **Versuchung mittelbarer Selbstbedienung.**[6]

c) Anlehnung an eigene Lebensverhältnisse des Aufsichtsratsmitglieds

5 Bisweilen wird vorgeschlagen, die Angemessenheit einer Aufwendung anhand der eigenen Lebensverhältnisse des Aufsichtsratsmitglieds zu prüfen.[7] Dies würde im Ergebnis dazu führen, dass eine bescheidene Lebensführung des Aufsichtsratsmitglieds zur Versagung des Auslagenersatzes führen muss, während eine großzügige Lebensweise – insbesondere auf Kosten anderer Unternehmen, in denen das Aufsichtsratsmitglied dem Vorstand oder dem Aufsichtsrat angehört – zu einer ebensolchen Betrachtung beim Aufwendungsersatzanspruch führt. Schon hier zeigt sich, dass die

---

[4] Vgl. Lutter/Krieger/Verse Rechte und Pflichten § 12 Rn. 845; Goette/Arnold AR-HdB/Wasmann/Gärtner § 6 Rn. 127; Maser/Göttle NZG 2013, 201 (206); Gaul AG 2017, 878 (881); Schnorbus/Ganzer BB 2019, 258 (261).
[5] Vgl. Lutter/Krieger/Verse Rechte und Pflichten § 12 Rn. 845; Goette/Arnold AR-HdB/Wasmann/Gärtner § 6 Rn. 127; GroßkommAktG/Hopt/Roth AktG § 113 Rn. 31; Thüsing/Veil AG 2008, 359 (367); Gaul AG 2017, 878 (881); J. Semler FS Claussen 1997, 381 (387).
[6] Ebenso Fonk NZG 2009, 761 (764 f.); Schnorbus/Ganzer BB 2019, 258 (262).
[7] So zB von GroßkommAktG/Hopt/Roth AktG § 113 Rn. 35; J. Semler FS Claussen 1997, 381 (387); auf die „übrigen beruflichen Aufgaben" abstellend Gaul AG 2017, 877 (881); abl. Goette/Arnold AR-HdB/Wasmann/Gärtner § 6 Rn. 127.

private (oder sonstige berufliche) **Lebensführung kein taugliches Angemessenheitskriterium** darstellt, zumal hiermit eine Ungleichbehandlung der Aufsichtsratsmitglieder beim Aufwendungsersatz verursacht würde.

d) Anlehnung an die Verhältnisse der Gesellschaft

Einzig vertretbares Angemessenheitskriterium sind demzufolge die Verhältnisse der Gesellschaft, insbesondere deren wirtschaftliche Situation.[8] Schon bei unmittelbarer Anwendung des § 670 BGB entscheidet das Interesse des Geschäftsherrn,[9] bei analoger Anwendung mithin dasjenige der Aktiengesellschaft. Hier kann aber nur die konkrete Gesellschaft in ihrer konkreten finanziellen Situation darüber Aufschluss geben, ob eine Aufwendung angemessen ist oder nicht. Neben dieser absoluten Betrachtung ist es sachgerecht, den **konkreten Anlass der Aufwendungen** zu berücksichtigen. Insbesondere **Krisen- und Gefahrenszenarien** rechtfertigen mitunter Aufwendungen von Aufsichtsratsmitgliedern, die in „Normalzeiten" nicht erstattungsfähig wären. Umgekehrt gebieten die wirtschaftlichen Verhältnisse in der **Insolvenz der Gesellschaft** eine Zurückhaltung beim Aufwendungsersatz. Ausgeschlossen wird der Aufwendungsersatzanspruch durch die Insolvenz – anders als der Vergütungsanspruch – allerdings nicht.[10]

Mit den Verhältnissen der Gesellschaft sind die konkreten Verhältnisse desjenigen 7 Unternehmens gemeint, bei dem das Aufsichtsratsmitglied seine Auslagen abrechnet. Dies ist bedeutsam bei **Mehrfachmandaten im Konzern,** sofern die Verhältnisse in der Ober- und Untergesellschaft derart differieren, dass hieraus unterschiedliche Reisestandards resultieren. Gelegentlich wird hierzu angenommen, dass das Mandat bei der Tochtergesellschaft im Interesse der Obergesellschaft ausgeübt werde und sich die Angemessenheit der Auslagen daher an den Verhältnissen der Obergesellschaft orientieren müsse.[11] Dem ist schon deshalb nicht zu folgen, weil das Aufsichtsratsmitglied in jedem Einzelfall die Interessen derjenigen Gesellschaft wahren muss, bei der es das Amt des Kontrolleurs bekleidet. Insofern sind ausschließlich auch die dortigen Maßstäbe für die Angemessenheit der Auslagenerstattung heranzuziehen.

e) Anlehnung an steuerliche Regelungen

Fraglich ist, ob und ggf. inwieweit steuerliche Regelungen die Entscheidung über die 8 Angemessenheit von Aufwendungen beeinflussen können. Dies wird gelegentlich insbesondere für diejenigen Fälle angenommen, in denen die Finanzverwaltung Betriebsausgaben der Gesellschaft als Kehrseite des Aufwendungsersatzanspruchs konkret beziffert oder als Pauschale anerkennt.[12] Dem kann man bei Anerkennung von Aufwandspositionen durch die Finanzverwaltung insofern zustimmen, als gerade der Fiskus auf

---

[8] Vgl. dazu Lutter/Krieger/Verse Rechte und Pflichten § 12 Rn. 845; GroßkommAktG/Hopt/Roth AktG § 113 Rn. 35; Thüsing/Veil AG 2008, 359 (367); Fonk NZG 2009, 761 (765); Maser/Göttle NZG 2013, 201 (206); Schnorbus/Ganzer BB 2019, 258 (262).
[9] Dazu Grüneberg/Sprau BGB § 670 Rn. 4 mwN.
[10] MüKoAktG/Habersack AktG § 103 Rn. 57; Semler/v. Schenck Aufsichtsrat/v. Schenck, 1. Aufl. 2015, AktG § 113 Rn. 100; näher dazu Oechsler AG 2006, 606 (608 ff.).
[11] Vgl. Goette/Arnold AR-HdB/Wasmann/Gärtner § 6 Rn. 142.
[12] So zB von Goette/Arnold AR-HdB/Wasmann/Gärtner § 6 Rn. 187; dagegen zB Fonk NZG 2009, 761 (764).

Angemessenheit im Sinne einer Obergrenze bedacht ist. Allerdings gilt der Maßstab des Steuerrechts nicht in umgekehrter Hinsicht – nämlich bei **Ablehnung durch die Finanzverwaltung.** Da eine solche Ablehnung auf Unkenntnis oder auf rein fiskalischen Erwägungen beruhen kann, ist die steuerliche Aberkennung einzelner Aufwandspositionen per se kein Grund, die Erstattungsfähigkeit allein deshalb zu verneinen. Auch stellen etwaige steuerliche **Pauschalen keine Obergrenze der Erstattungsfähigkeit** dar (→ § 18 Rn. 5).

3. Maßgeblicher Prüfungszeitpunkt

9 Will man die Angemessenheit einer Aufwendung feststellen, so gibt es hierfür zwei mögliche zeitliche Anknüpfungspunkte: den Zeitpunkt der Tätigung der Aufwendung und den Zeitpunkt der Geltendmachung des Aufwendungsersatzes. Letzterer taugt schon deshalb nicht zur Beurteilung der Angemessenheit, weil er vom Ersatzberechtigten willkürlich selbst gewählt werden kann. Maßgeblicher Prüfungszeitpunkt ist daher der **Zeitpunkt der Vornahme der Aufwendung.**[13] Damit ist das Aufsichtsratsmitglied des Risikos enthoben, dass eine angemessene Maßnahme durch Zeitablauf (zB durch zwischenzeitlichen Eintritt einer Unternehmenskrise) als unangemessen einzustufen ist. Eine solche Fixierung des maßgeblichen Zeitpunkts deckt sich auch mit der Rechtsprechung zu § 670 BGB.[14]

4. Maßgeblicher Prüfungsmaßstab

10 Selbst bei übereinstimmender Annahme der Gesellschaftsverhältnisse als maßgebliches Angemessenheitskriterium (→ Rn. 6) steht die Ersatzfähigkeit einer Aufwendung noch nicht automatisch fest. Ein und dieselbe Aufwendung kann nämlich je nach Person des Betrachters angemessen oder überzogen sein. Damit stellt sich die Frage, ob die Angemessenheit objektiv oder subjektiv zu beurteilen ist. In Übereinstimmung mit der hM[15] zu § 670 BGB gilt hier ein **objektiver Maßstab mit subjektivem Einschlag.** Erstattungsfähig sind somit nur solche Aufwendungen, die nach dem Verständnis eines durchschnittlichen Aufsichtsratsmitglieds in der konkreten Situation und in Kenntnis der wirtschaftlichen Verhältnisse der Gesellschaft notwendig, geeignet und angemessen waren. Fehlt es aus objektiver Sicht hieran, so können Aufwendungen ausnahmsweise gleichwohl ersatzfähig sein, wenn das Aufsichtsratsmitglied diese nach sorgfältiger, den Umständen des Falls nach gebotener Prüfung tätigt.[16]

11 Fraglich ist, ob **Aufsichtsratsrichtlinien zum Aufwendungsersatz** den soeben definierten Prüfungsmaßstab überspielen können. Dies wird im Schrifttum – bei Empfehlung derselben – verschiedentlich angenommen.[17] Indes können solche – vom eigenen Organ verfasste – Richtlinien Aufwendungsersatzansprüche materiell-rechtlich weder eröffnen noch verwehren. Ihr Wert beschränkt sich vielmehr darauf, die

---

[13] Ebenso Schnorbus/Ganzer BB 2019, 258 (262).
[14] Vgl. BGH NJW 1988, 1284 (1285) sub 3.
[15] BGH NJW 2012, 2337 Rn. 20; Grüneberg/Sprau BGB § 670 Rn. 4; MüKoBGB/F. Schäfer § 670 Rn. 33; speziell für den Aufsichtsrat auch Schnorbus/Ganzer BB 2019, 258 (262).
[16] Vgl. RGZ 149, 205 (207); BGH NJW 1986, 310 (313); 2012, 2337 Rn. 20.
[17] So zB von Goette/Arnold AR-HdB/Wasmann/Gärtner § 6 Rn. 182; Schnorbus/Ganzer BB 2019, 258 (263); zuvor bereits von Berger, Die Kosten der Aufsichtsratstätigkeit in der Aktiengesellschaft, 2000, S. 127 f.; J. Semler FS Claussen, 1997, 381 (387).

Sichtweise des fiktiven objektiv denkenden Aufsichtsratsmitglieds in der konkreten Fallgestaltung zu ersetzen.

5. Letztentscheidungskompetenz zur Angemessenheit

Im Rahmen der Routinearbeiten werden Auslagenersatzzahlungen nach Spezifizierung durch die Aufsichtsratsmitglieder regelmäßig durch die Mitarbeiter des Rechnungswesens geprüft und angewiesen, ohne dass es zu irgendwelchen Meinungsverschiedenheiten kommt. Damit liegt die **Erstkontrolle des Aufwendungsersatzes** naturgemäß **beim Vorstand.** Diese umfasst nicht nur die rechnerische Richtigkeit eingereichter Abrechnungen, sondern auch die Frage, ob die geltend gemachten Aufwendungen überhaupt im Zusammenhang mit der Aufsichtsratstätigkeit stehen (→ Rn. 1). Diese Vorstandskompetenz ist weitgehend anerkannt. 12

Umstritten ist hingegen die Frage, ob der Vorstand auch zur Beurteilung der Angemessenheit (nach Grund und Höhe) letztentscheidungsbefugt ist. Dies wird von großen Teilen des Schrifttums verneint, indem eine abschließende Entscheidungskompetenz des Aufsichtsrats[18] oder des Aufsichtsratsvorsitzenden[19] angenommen wird, wobei der Rechtsweg zur Geltendmachung des Auslagenersatzanspruchs auch bei einem Negativvotum des Aufsichtsrats nicht versperrt sein soll. Hauptargument hierfür ist die Gefährdung der Unabhängigkeit des Aufsichtsrats bei der Überwachung des Vorstands, wenn dieser über die Angemessenheit der damit verbundenen Auslagen zu befinden hätte.[20] Indes verkennt diese Ansicht, dass die Vertretung der Gesellschaft nach § 78 Abs. 1 S. 1 AktG regelmäßig durch den Vorstand erfolgt, der damit auch zur Letztentscheidung über die Angemessenheit von Aufwendungsersatz berufen ist.[21] Dies ist insofern überzeugend, als der Vorstand der Haftung nach § 93 Abs. 3 Nr. 7 AktG unterliegt, die auch durch einen entsprechenden Aufsichtsratsbeschluss nicht ausgeschlossen werden kann.[22] Im Ergebnis wirkt sich der Meinungsunterschied allerdings weniger gravierend aus, als auf den ersten Blick zu vermuten wäre. Sowohl der Vorstand als auch der Aufsichtsrat sind im Rahmen ihrer Letztentscheidung nämlich nicht frei, sondern **an den Tatbestand des § 670 BGB gebunden,** so dass sich der Zuständigkeitsdisput auf unterschiedliche Einschätzungen über das (Nicht-) Vorliegen eines Tatbestandsmerkmals beschränkt. Der ordentliche Rechtsweg wird durch die Vorstandsentscheidung ohnehin nicht versperrt. 13

---

[18] Vgl. Lutter/Krieger/Verse Rechte und Pflichten § 11 Rn. 658; Semler/v. Schenck/Wilsing AR-HdB/Grau § 13 Rn. 139; Goette/Arnold AR-HdB/Wasmann/Gärtner § 6 Rn. 181; K. Schmidt/Lutter/Drygala AktG § 113 Rn. 14; Kölner Komm AktG/Mertens/Cahn AktG § 113 Rn. 13; Hölters/Weber/Groß-Bölting/Rabe AktG § 113 Rn. 28; MüKoAktG/Habersack AktG § 113 Rn. 32; Gaul AG 2017, 878 (879); Schnorbus/Ganzer BB 2019, 258 (264 ff.).

[19] Vgl. GroßkommAktG/Hopt/Roth AktG § 113 Rn. 40; wohl auch BeckOGK/Spindler/Mock AktG § 113 Rn. 44 aE.

[20] So Berger, Die Kosten der Aufsichtsratstätigkeit in der Aktiengesellschaft, 2000, S. 125 f.; Semler/v. Schenck/Wilsing AR-HdB/Grau § 13 Rn. 139; Goette/Arnold AR-HdB/Wasmann/Gärtner § 6 Rn. 181; Kölner Komm AktG/Mertens/Cahn AktG § 113 Rn. 13; MüKoAktG/Habersack AktG § 113 Rn. 32; Schnorbus/Ganzer BB 2019, 258 (264).

[21] IErg ebenso MHdB GesR IV/Hoffmann-Becking § 33 Rn. 18; Backhaus/Tielmann/Findeisen AktG § 113 Rn. 11 f.; Koch AktG § 113 Rn. 8; Koch ZHR 180 (2016), 578 (604 ff.); Fonk NZG 2009, 761 (765 f.); Bosse/Malchow NZG 2010, 972 (974).

[22] Dazu Koch ZHR 180 (2016), 578 (605).

6. Aufwandspauschalen durch Vorstandsvorgaben

14 Fraglich ist, ob der Vorstand für einzelne typische Aufwandspositionen Pauschalen für die Aufsichtsratsmitglieder vorsehen kann. Dies mag zwar eine Vereinfachung sein. Empfehlenswert ist dies aus zwei Gründen dennoch nicht: Zum einen fehlt dem Vorstand die Kompetenz zur Beschneidung des gesetzlichen Aufwendungsersatzanspruchs, so dass **zu gering festgesetzte Pauschalen** den Erstattungsanspruch gegen die Gesellschaft nicht zu deckeln vermögen.[23] Zum andern stellen deutlich **zu hoch angesetzte Pauschalen** hinsichtlich des überschießenden Betrages einen Vergütungsbestandteil dar, für den nach § 113 Abs. 1 AktG ausschließlich die Hauptversammlung zuständig ist.[24] Damit bleibt für eine zulässige Pauschalierung von Aufwendungsersatz durch den Vorstand nur ein geringer Spielraum. Dessen Ausfüllung ist insofern von geringem Nutzen, als hier zumeist schon steuerliche Pauschalierungsmöglichkeiten existieren, die zwar überschießende Erstattungsansprüche ebenfalls nicht deckeln können, wohl aber über den Verdacht eines Vergütungscharakters erhaben sind.

III. Aufwendung des Aufsichtsratsmitglieds

15 Um analog §§ 675, 670 BGB ersatzfähig zu sein, bedarf es einer **gesetzmäßigen**[25] **Aufwendung** des Aufsichtsratsmitglieds. Hierunter **ist jedes Vermögensopfer mit Ausnahme des eigenen Zeitaufwands** zu verstehen. Das Vermögensopfer muss sich dabei tatsächlich realisiert haben, um einen Erstattungsanspruch auszulösen. Dies ist beispielsweise dann nicht der Fall, wenn sich das Aufsichtsratsmitglied gegenüber Dritten zwar vertraglich zu einer Zahlung verpflichtet hat, der Dritte jedoch auf die Erfüllung (teilweise) verzichtet oder ein Vierter die Verpflichtung beglichen hat. Somit kommen dem Aufsichtsratsmitglied **von dritter Seite eingeräumte Rabatte** letztendlich der Gesellschaft zugute, weil der Rabattbetrag eben nicht gezahlt wurde. Dasselbe gilt im Zweifel auch für **unentgeltliche oder verbilligte Leistungen aus Bonusprogrammen** (zB Freifahrten oder Freiübernachtungen), weil das Aufsichtsratsmitglied mit deren Inanspruchnahme kein Vermögensopfer erbracht hat. Umgekehrt erscheint es dann ebenfalls sachgerecht, dem Aufsichtsratsmitglied die anlässlich seiner Zahlungen erworbenen Bonuspunkte ohne Anrechnung auf den Aufwendungsersatzanspruch zu belassen.

IV. Anspruchsberechtigter Personenkreis

16 Der Aufwendungsersatzanspruch analog §§ 675, 670 BGB steht **jedem Aufsichtsratsmitglied** zu. Dies gilt gleichermaßen für Anteilseigner- wie für Arbeitnehmer-

---

[23] So auch Berger, Die Kosten der Aufsichtsratstätigkeit in der Aktiengesellschaft, 2000, S. 129.
[24] Vgl. Kölner Komm AktG/Mertens/Cahn AktG § 113 Rn. 12; BeckOGK/Spindler/Mock AktG § 113 Rn. 48.
[25] Gesetzeswidrige Zahlungen begründen keinen Aufwendungsersatzanspruch; vgl. Semler/v. Schenck/Wilsing AR-HdB/Grau § 13 Rn. 134; zur Erstattung von „Schmiergeldern" vgl. Berger, Die Kosten der Aufsichtsratstätigkeit in der Aktiengesellschaft, 2000, S. 141; Goette/Arnold AR-HdB/Wasmann/Gärtner § 6 Rn. 134; GroßkommAktG/Hopt/Roth AktG § 113 Rn. 34; J. Semler FS Claussen, 1997, 381 (387).

vertreter; sachliche Differenzierungen sind insoweit unzulässig. Der Aufwendungsersatzanspruch hat seinen Anknüpfungspunkt nicht nur in der Mitgliedschaft im Aufsichtsratsplenum. Vielmehr sind auch die **Mitglieder von Aufsichtsratsausschüssen**[26] für solche Aufwendungen ersatzberechtigt, die sie gerade im Zusammenhang mit der Ausschussarbeit vorgenommen haben.[27] Persönliche Differenzierungen sind allerdings hinsichtlich der (ggf. stellvertretenden) Vorsitzenden des Aufsichtsrats bzw. einzelner Aufsichtsratsausschüsse anzuerkennen. Soweit deren Aufgaben über diejenigen eines einfachen Organmitglieds hinausgehen, stehen ihnen auch entsprechend erweiterte Aufwendungsersatzansprüche zu.

Entstehen die **Aufwendungen** in der Person **von Familienangehörigen** (zB bei Benutzung eines PKW des Ehegatten bei der Fahrt zur Aufsichtsratssitzung), so steht diesen kein unmittelbarer Erstattungsanspruch gegen die Gesellschaft zu. Mit den Worten des Auftragsrechts ausgedrückt, besorgen diese nämlich keine Angelegenheit des Unternehmens, sondern eine solche innerhalb ihrer Familie. Die bei Angehörigen entstandenen Aufwendungen muss das Aufsichtsratsmitglied daher selbst zur Erstattung geltend machen. Im Zweifelsfall muss es hierbei Belege anfügen, aus denen sich die Betroffenheit des Erstattungsgläubigers ergibt (zB Name des Reisenden bei Flugbuchung durch die Ehefrau). Eine andere Frage ist, ob das Aufsichtsratsmitglied solche Aufwendungen erstattet verlangen kann, die ihm aufgrund der **Begleitung durch den Ehegatten oder Lebenspartner(in)** entstanden sind. Diese Frage ist ausnahmsweise dann zu bejahen, wenn eine derartige Begleitung zum vorliegenden Anlass sozialadäquat war. Letzteres ist insbesondere dann anzunehmen, wenn die Geschäftspartner des Aufsichtsratsmitglieds ebenfalls in Begleitung erschienen sind.[28]

V. Abgeltung durch Sitzungsgeld?

Häufig sehen die Satzungen der einzelnen Gesellschaften die Zahlung von Sitzungsgeld vor. Dabei stellt sich die Frage, ob es sich beim Sitzungsgeld überhaupt um einen pauschalierten Aufwendungsersatz – und nicht etwa um einen Vergütungsbestandteil – handelt (→ § 6 Rn. 6). Soweit ersteres der Fall ist, können **Einzelaufwendungen** nicht zusätzlich zum Sitzungsgeld erstattet verlangt werden; diese sind vielmehr **mit dem Sitzungsgeld abgegolten.** Ohne ausdrückliche Anordnung in der Satzung gilt dies aber nicht für konkrete, per se erstattungsfähige Aufwendungen, die in der Summe über das Sitzungsgeld hinausgehen; diese müssen von der Gesellschaft zusätzlich erstattet werden.[29] Insofern entfaltet die satzungsmäßige Gewährung eines Sitzungsgeldes **keine Sperrwirkung.**

---

[26] Die Reisekosten von Nicht-Mitgliedern sind im Rahmen des § 109 Abs. 2 AktG ebenfalls erstattungsfähig; vgl. J. Semler FS Claussen, 1997, 381 (385); folgend Semler/v. Schenck/Wilsing AR-HdB/Grau § 13 Rn. 111; GroßkommAktG/Hopt/Roth AktG § 113 Rn. 31; BeckOGK/Spindler/Mock AktG § 113 Rn. 46; MüKoAktG/Habersack AktG § 113 Rn. 29.

[27] Im Grundsatz unstr.; vgl. Semler/v. Schenck/Wilsing AR-HdB/Grau § 13 Rn. 111.

[28] Vgl. BGH NZG 2003, 86 (88) zur Auslegung einer Angemessenheitsklausel in einem GmbH-Geschäftsführervertrag.

[29] Ebenso Berger, Die Kosten der Aufsichtsratstätigkeit in der Aktiengesellschaft, 2000, S. 129.

§ 18. Einzelfälle des Aufwendungsersatzes

Übersicht

	Rn.
I. Aufsichtsrats- und Ausschusssitzungen	1
1. Reisekosten	1
a) Allgemeines	1
b) Benutzung öffentlicher Verkehrsmittel	6
c) Benutzung privater Fahrzeuge	7
d) Maut- und Parkgebühren	8
e) Kosten eines Fahrers	9
f) Stornokosten	10
g) Inanspruchnahme des Unternehmensfuhrparks	11
2. Logiskosten	12
3. Verpflegungskosten	15
4. Dolmetscher- und Übersetzungskosten	16
5. Lohn- und Gehaltserstattung	17
II. Vorbesprechungen anlässlich von Aufsichtsratssitzungen	19
III. Teilnahme an Hauptversammlungen	20
IV. Informationsreisen (Betriebsstättenbesichtigung)	21
V. Ereignisunabhängige Aufwendungen	22
1. Kommunikationskosten	22
2. Allgemeine Bürokosten	23
3. Personalkosten	24
4. Besprechungskosten	25
5. Aus- und Fortbildungskosten	26
6. Sachverständigen- und Beraterkosten	30
7. Kosten der Personalsuche	31
8. Repräsentationskosten	33
9. Prozesskosten	34
10. Personenschutz	35
11. Schadensersatzzahlungen	36
12. Geldbußen	37
13. Lobbyismuskosten	38
14. Gezahlte Umsatzsteuer	39
VI. Insbesondere: Aufwendungen des Aufsichtsratsvorsitzenden	40

I. Aufsichtsrats- und Ausschusssitzungen

1. Reisekosten

a) Allgemeines

1 Reisekosten im Zusammenhang mit der Teilnahme an Aufsichtsratssitzungen (oder Sitzungen seiner Ausschüsse; → § 17 Rn. 1) gehören zu den „klassischen" Erstattungspositionen, die in der Regel unstreitig sind. Dennoch gibt es auch hier Ausnahmen, die gelegentlich zu Diskussionen führen. Diese betreffen – neben der Wahl der angemessenen Reiseklasse – vor allem **Start- und Zielorte des Aufsichtsratsmitglieds.** Diese differieren immer dann vom Wohnort des Aufsichtsratsmitglieds, wenn sich das Mitglied zeitnah zur Sitzung auf einer Dienstreise oder an einem Urlaubsort befindet. In derartigen Fällen kann das Mitglied nur Ersatz derjenigen Reisekosten beanspruchen, die ihm ab Wohnort entstehen oder fiktiv entstanden wären.[1] Darüber hinausgehende Kosten, wie etwa die teure Beförderung von einer Urlaubsinsel in der Karibik und zurück, sind grundsätzlich nicht erstattungsfähig. Schließlich werden Aufsichtsratssitzungen in aller Regel so weit im Voraus terminiert, dass sich jedes Mitglied mit seiner sonstigen beruflichen und privaten Planung hierauf einstellen kann. Wo dies – wie bei kurzfristig einberufenen außerordentlichen Sitzungen – ausnahmsweise nicht der Fall ist, wird man die Gesellschaft hingegen für verpflichtet halten müssen, die Reisekosten vom tatsächlichen Aufenthaltsort und zurück zu übernehmen.[2] Die ansonsten am Wohnort auszurichtende Erstattung von Reisekosten ergibt sich mittelbar auch aus § 124 Abs. 3 S. 4 AktG. Mit der (Pflicht-)Angabe des Wohnortes für designierte Aufsichtsratsmitglieder sollen die Aktionäre auch darüber entscheiden, mit welchen Zusatzkosten die Gesellschaft im Falle der Wahl belastet wird. Hieran muss sich nicht nur die Gesellschaft, sondern – im Rahmen der Reisekostenerstattung – auch das Aufsichtsratsmitglied festhalten lassen.

Nicht selten kommt es in der Praxis zu einer Aneinanderreihung von verschiedensten Sitzungsterminen, so dass für einzelne Aufsichtsratsmitglieder **kombinierte Reisewege** (sog. Gabelreisen) erforderlich werden. Sofern sich einzelne Reisebestandteile kostenseitig nicht aufschlüsseln lassen, ist eine Verteilung der Gesamtkosten auf die verschiedenen Zwecke zulässig, wobei die anderen Zwecke vom Aufsichtsratsmitglied weitestmöglich offenbart werden müssen.[3] Allerdings findet eine derartige Kostenaufteilung ihre Obergrenze bei demjenigen Betrag, der für eine fiktive Reise (nur) zur gegenständlichen Aufsichtsratssitzung hätte aufgewendet werden müssen. Mit anderen Worten: Die Ersatzpflicht der Gesellschaft darf durch die Tatsache einer kombinierten Reise nicht erhöht werden.

Praxisrelevant sind **Aufenthaltsverlängerungen** im Zusammenhang mit einer (unzweifelhaft) dienstlichen Reise des Aufsichtsratsmitglieds. Hier dürfte es unstreitig sein, dass die Kosten des verlängerten Aufenthalts (vor und nach dem dienstlichen Ereignis) ausschließlich der Privatsphäre zuzurechnen sind. Weitergehend wird bisweilen behauptet, dass eine allzu ausladende Aufenthaltsverlängerung auch die Kosten der An- und Abreise wenigstens anteilig in die Privatsphäre verschiebt.[4] Dem ist schon deshalb zu widersprechen, weil der Gesellschaft hierdurch keinerlei Mehraufwand entsteht. Die Reise bleibt eine Dienstreise – ganz gleich, wieviel private Aufenthaltszeit vorangeht oder sich anschließt. Ausgenommen hiervon sind etwaige Mehrkosten des Verkehrsmittels, die allein durch eine Aufenthaltsverlängerung entstanden sind.

Vor allem aufgrund der zurückliegenden Pandemiezeit hat es sich eingebürgert, Aufsichtsratssitzungen per Video-Konferenz abzuhalten. Ob diese Art der Zusammenkunft einer physischen Sitzung überlegen ist, ist mehr als zweifelhaft.[5] Sie bleibt jedoch

---

[1] Ähnlich Goette/Arnold AR-HdB/Wasmann/Gärtner § 6 Rn. 151 f.
[2] So auch Berger, Die Kosten der Aufsichtsratstätigkeit in der Aktiengesellschaft, 2000, S. 132 f.; Goette/Arnold AR-HdB/Wasmann/Gärtner § 6 Rn. 153; Fonk NZG 2009, 761 (768).
[3] Ähnlich Semler/v. Schenck Aufsichtsrat/v. Schenck, 1. Aufl. 2015, AktG § 113 Rn. 121; J. Semler FS Claussen, 1997, 381 (389); Fonk NZG 2009, 761 (768); Goette/Arnold AR-HdB/Wasmann/Gärtner § 6 Rn. 148.
[4] So Goette/Arnold AR-HdB/Wasmann/Gärtner § 6 Rn. 149.
[5] Vgl. die zutr. Argumente zugunsten von Präsenzsitzungen auf Gesellschafterebene bei Heckschen/Hilsen ZIP 2022, 670 ff.

in post-pandemischen Zeiten weiterhin zulässig, wobei sich allerdings die Frage nach einem individuellen Anspruch einzelner Mitglieder auf Abhaltung einer physischen oder wenigstens einer hybriden Aufsichtsratssitzung stellt. Unabhängig davon darf eine Reisekostenerstattung nicht von dem Hinweis auf die **Möglichkeit einer virtuellen Teilnahme** an der Aufsichtsratssitzung (oder Ausschusssitzung) abhängig gemacht werden. Wenn sich ein Aufsichtsratsmitglied für eine physische Präsenz entscheidet, sind die hiermit verbundenen notwendigen Auslagen zu erstatten. **Alternativrechnungen für eine hypothetisch virtuelle Sitzungsteilnahme** sind hingegen unstatthaft.

5   Große Unsicherheiten bestehen in der Praxis hinsichtlich der **Anwendbarkeit steuerlicher Pauschalbeträge** auf den Erstattungsanspruch des Aufsichtsratsmitglieds. Hierzu gilt: Macht ein Aufsichtsratsmitglied für eine bestimmte (tatsächlich erbrachte) Aufwendung eine genau hierfür vorgesehene Pauschale geltend, so kann und muss die Gesellschaft den pauschalierten Betrag ohne Nachweis erstatten.[6] Allerdings liegt in der steuerlichen Pauschale **keine Obergrenze für den Auslagenersatz.** Vorbehaltlich eines Nachweises kann der konkrete Aufwendungsersatzanspruch folglich auch höher ausfallen.

b) Benutzung öffentlicher Verkehrsmittel

6   Bei der Benutzung von öffentlichen Verkehrsmitteln steht die angemessene Beförderungsklasse im Mittelpunkt der Praxisdiskussionen. Folgende Maßstäbe sind hierbei konsensfähig: Für **Bahnfahrten** ist die Benutzung der 1. Klasse angemessen, um eine sachgerechte Vor- und Nachbereitung von Sitzungen zu ermöglichen.[7] Das erhöhte Ruhebedürfnis[8] ist ebenfalls ausreichender Grund, die Kosten für **Flugreisen** in der Business Class zu erstatten.[9] Dies gilt nicht nur für Europa, sondern auch bei Interkontinentalreisen; hier besteht insbesondere kein anerkennenswertes Bedürfnis nach einer Erstattung von First-Class-Tickets.[10] Erstattungsfähig sind hingegen **Taxikosten und Kosten für einen Mietwagen,** sofern und soweit die Benutzung öffentlicher Verkehrsmittel (zB aufgrund größerer Umwege oder längerer Wartezeiten) unzumutbar ist.[11]

---

[6] In diese Richtung auch Semler/v. Schenck/Wilsing AR-HdB/Grau § 13 Rn. 121; Fonk NZG 2009, 761 (767); zuvor bereits J. Semler FS Claussen, 1997, 381 (388).

[7] Vgl. Semler/v. Schenck Aufsichtsrat/v. Schenck, 1. Aufl. 2015, AktG § 113 Rn. 122; Semler/ v. Schenck/Wilsing AR-HdB/Grau § 13 Rn. 123; J. Semler FS Claussen, 1997, 381 (389); Fonk NZG 2009, 761 (767).

[8] In letzter Zeit verblasst dieses Argument zunehmend, da die Airlines im zentraleuropäischen Raum kaum noch gesondert eingerichtete Business Classes betreiben und sich der Mehrwert häufig auf ein unentgeltliches Sandwich und einen Vorhang zur visuellen Abgrenzung zur Economy Class beschränkt.

[9] So auch Berger, Die Kosten der Aufsichtsratstätigkeit in der Aktiengesellschaft, 2000, S. 133; Semler/ v. Schenck/Wilsing AR-HdB/Grau § 13 Rn. 123; J. Semler FS Claussen, 1997, 381 (388); Fonk NZG 2009, 761 (767).

[10] Insoweit aA im Hinblick auf die „Reisebelastungen" Fonk NZG 2009, 761 (767).

[11] So auch J. Semler FS Claussen, 1997, 381 (389); Fonk NZG 2009, 761 (767); ohne diese Einschränkung Berger, Die Kosten der Aufsichtsratstätigkeit in der Aktiengesellschaft, 2000, S. 133; Semler/v. Schenck/ Wilsing AR-HdB/Grau § 13 Rn. 123.

c) Benutzung privater Fahrzeuge

Anstelle öffentlicher Verkehrsmittel (oder in Kombination mit diesen) kann das Aufsichtsratsmitglied auch seinen privaten PKW benutzen und die Kosten hierfür bei der Gesellschaft abrechnen. Allerdings bereitet die Ermittlung der erstattungsfähigen Kosten in der Praxis immer wieder Probleme. Unproblematisch ist lediglich die Abrechnung der steuerlich anerkannten Entfernungspauschalen nach § 9 Abs. 1 Nr. 4 EStG, sofern der Aufwendungsersatzgläubiger mit der Erstattung der dort vorgesehenen Beträge (0,38 Euro je Entfernungskilometer für Entfernungen jenseits der 20 Kilometer) einverstanden ist. Will das Aufsichtsratsmitglied höhere Kosten ansetzen, ohne eine Vollkostenberechnung anzustellen, so wird man analog § 5 Abs. 2 Nr. 2 JVEG einen **Pauschalbetrag von 0,42 Euro** je gefahrenen Kilometer ohne weiteren Nachweis anerkennen müssen. Dies gilt unabhängig davon, ob das Aufsichtsratsmitglied im eigenen Fahrzeug oder als **Mitfahrer in einem fremden Fahrzeug** angereist ist, da üblicherweise auch eine Mitfahrt nicht ohne Gegenleistung gewährt wird. Höhere als die genannten Kilometerpauschalen sind nur bei Vorliegen eines triftigen Grundes anzuerkennen. Hierzu gehört zB eine seriöse Vollkostenrechnung für handelsübliche PKW (zB durch den ADAC), nicht aber die Vorliebe eines Aufsichtsratsmitglieds für besonders teure Oldtimer.

7

d) Maut- und Parkgebühren

Erstattungsfähig sind auch Maut- und Parkgebühren, die das Aufsichtsratsmitglied aufgrund der An- und Abreise zur Sitzung aufwenden musste. Eine Verweisung auf mautfreie Umwege oder preiswerte Parkplätze in größerer Entfernung ist dabei nicht hinzunehmen. Selbstverständlich bedarf der Erstattungsanspruch stets eines Nachweises (Gebührenquittung).

8

e) Kosten eines Fahrers

Die Kosten eines privaten Fahrers sollen nach verbreiteter Auffassung nur dann erstattungsfähig sein, wenn dessen Inanspruchnahme sachgerecht ist.[12] Bei rein ökonomischer Betrachtung ist dies viel häufiger der Fall, als man anzunehmen geneigt ist. Ohne die erforderliche Aufmerksamkeit im Straßenverkehr kann sich das Aufsichtsratsmitglied nämlich während der Fahrt auf die Sitzung optimal vorbereiten. Daneben erspart der Einsatz eines Fahrers auch Sachkosten (zB Parkgebühren durch Absetzen des Aufsichtsratsmitglieds direkt vor dem Sitzungsgebäude). Gleichwohl wird man aufgrund gewandelter Vorstellungen eine **Kostenerstattung für den privaten Fahrer im Regelfall ablehnen** müssen. Ausnahmen sind zum einen für den Aufsichtsratsvorsitzenden anzunehmen, weil dieser zusätzlich zur sachlichen Vorbereitung auch noch – häufig sehr kurzfristige – Sitzungsvorbereitungen treffen muss. Zum andern rechtfertigen körperliche Einschränkungen, die eine Inanspruchnahme öffentlicher Verkehrsmittel erschweren (zB Knochenbrüche), ausnahmsweise auch bei einfachen Aufsichtsratsmitgliedern die Erstattung der Kosten für einen privaten Fahrer.

9

---

[12] Semler/v. Schenck/Wilsing AR-HdB/Grau § 13 Rn. 123; Semler/v. Schenck Aufsichtsrat/v. Schenck, 1. Aufl. 2015, AktG § 113 Rn. 122; großzügiger Fonk NZG 2009, 761 (767).

f) Stornokosten

10   Die Erstattung von Stornokosten kann in zweierlei Hinsicht relevant sein. Einerseits betrifft dies Reisebuchungen, die das Aufsichtsratsmitglied im Hinblick auf eine Teilnahme an einem Termin bei der Gesellschaft (namentlich einer Aufsichtsratssitzung) getätigt und aufgrund einer Terminabsage oder -verlegung im Nachhinein wieder storniert hat. Derartige Stornokosten sind unzweifelhaft erstattungsfähig. Andererseits sind auch die **Stornierung privater Veranstaltungen erfasst,** die deshalb erforderlich wurde, weil die Gesellschaft ihre Sitzungstermine umdisponiert hat; auch die hierfür bei dem betroffenen Aufsichtsratsmitglied angefallenen Kosten sind erstattungsfähig und -pflichtig.[13]

g) Inanspruchnahme des Unternehmensfuhrparks

11   Unterhält die Gesellschaft einen eigenen Fuhrpark, so spricht erstattungsrechtlich nichts gegen dessen Inanspruchnahme durch ein Aufsichtsratsmitglied.[14] Allerdings gibt es keinen Rechtsanspruch, einen solchen Fuhrpark im Einzelfall auch nutzen zu dürfen. Sofern die Hauptversammlung eine Nutzungsbefugnis für Aufsichtsratsmitglieder nicht ausdrücklich festgeschrieben hat, steht diese nämlich ausschließlich den Vorstandsmitgliedern und ggf. nachgeordneten Ebenen zur Verfügung.

2. Logiskosten

12   Erstattungsfähig im Zusammenhang mit Aufsichtsratssitzungen (Plenum oder Ausschuss) sind auch die Logiskosten. Die Angemessenheitsfrage stellt sich hier in zweierlei Hinsicht: Zum einen betrifft sie die gewählte **Kategorie des Hotels** bzw. den gewählten **Zimmerstandard** innerhalb des Hotels. Zum andern betrifft sie die **Notwendigkeit einer Übernachtung.** Letztere ist immer dann zu bejahen, wenn die An- oder Abfahrt zusätzlich zur Sitzungsdauer[15] einen Gesamt-Zeitrahmen von 8 Stunden überschreiten würde. Unter dieser Voraussetzung ist es für die Erstattungsfähigkeit unerheblich, ob die Übernachtung am Sitzungsort oder irgendwo an der Wegstrecke erfolgt. Bei der Wahl der passenden Unterkunftskategorie ist zu berücksichtigen, dass die Existenz eines Schreibtisches nebst aller modernen Kommunikationsmöglichkeiten den Standard nach unten abgrenzt. Nach oben wird man oberhalb der Vier-Sterne-Klassifizierung kaum ein Argument zur Begründung der Erstattungsfähigkeit finden können (Ausnahmebeispiele: Überbuchung in der Region, Nachtankunft in abgelegenen Gegenden).[16]

13   Nur die Logiskosten des Aufsichtsratsmitglieds selbst sind von der Gesellschaft zu erstatten. Die Unsitte, bei Wochenend- oder wochenendnahen Sitzungen auch die Logiskosten für die (eheliche) Begleitung abzurechnen, verrät nicht nur fehlendes Fingerspitzengefühl, sondern bringt den Vorstand schnell in die Nähe der strafbaren Untreue. Dies gilt insbesondere, wenn die Begleitung während der Sitzung durch das

---

[13] Goette/Arnold AR-HdB/Wasmann/Gärtner § 6 Rn. 154.
[14] So auch Goette/Arnold AR-HdB/Wasmann/Gärtner § 6 Rn. 130.
[15] Zur Sitzungsdauer gehören hierbei auch die praxisüblichen Vorabend-Besprechungen der „Bänke" und/oder einzelner Aufsichtsratsmitglieder mit dem Vorstand; instruktiv dazu Fonk NZG 2009, 761 (767).
[16] In gleiche Richtung J. Semler FS Claussen, 1997, 381 (389).

Unternehmen auch noch eine aufwändige Unterhaltung erfährt (sog. **Rahmenprogramme** oder **Damenprogramme** (→ § 6 Rn. 35)). Nichts einzuwenden ist jedoch gegen eine Begleitung, wenn die Logiskosten nur in derjenigen Höhe erstattet werden, die eine allein reisende Person verursacht hätte (Preis für Einzelbelegung).

Neben den reinen Logiskosten sind auch die üblichen **Logis-Nebenkosten** abrechenbar. Hierzu zählen unter anderem die kommunale „Bettensteuer" (sofern diese für Geschäftsreisende überhaupt erhoben wird), Gebühren für Gepäckaufbewahrung und Trinkgelder.[17]

3. Verpflegungskosten

Neben den Logiskosten sind auch Verpflegungskosten des Aufsichtsratsmitglieds **während der gesamten Reisedauer** von der Gesellschaft zu erstatten.[18] Hierzu bieten sich die steuerlichen Verpflegungspauschalen (unter Berücksichtigung der Abzüge für „Naturalverpflegung" durch die Gesellschaft) als Untergrenze an, wenn man sich den Nachweis der konkreten Aufwendungen ersparen will.[19] Darüber hinausgehende Kosten sind vorbehaltlich angemessener Höhe gegen Nachweis ebenfalls erstattungsfähig. Allerdings betrifft dies nur die Kosten der eigenen Verpflegung. Die Bewirtung von anderen Aufsichtsrats- und/oder Vorstandsmitgliedern fällt nicht hierunter. Ebenfalls ausgeschlossen ist die Erstattung eines Verpflegungsaufwands, soweit die Gesellschaft ihren Aufsichtsratsmitgliedern eine ausreichende Verpflegung selbst anbietet; hier fehlt es am Merkmal der Erforderlichkeit im Sinne des § 670 BGB.[20]

4. Dolmetscher- und Übersetzungskosten

Noch nicht abschließend geklärt ist die Erstattungsfähigkeit von Dolmetscher- und Übersetzungskosten im Zusammenhang von Aufsichtsratssitzungen. Sie wird weitgehend undifferenziert bejaht.[21] Dabei ist dies keinesfalls selbstverständlich. Ist die **Sitzungssprache deutsch,** so könnte man das Fehlen deutscher Sprachkenntnisse durchaus als fachliches Defizit beim betreffenden Aufsichtsratsmitglied einstufen, der eine Erstattungsfähigkeit von Dolmetscherkosten ausschließen würde. Wenn jedoch die Aktionäre in Kenntnis mangelnder Sprachkenntnisse ein ausländisches Aufsichtsratsmitglied wählen, haben sie sich damit zugleich für die Notwendigkeit von Dolmetschereinsätzen – und damit für deren Erstattung durch die Gesellschaft – entschieden.[22] Ist die **Sitzungssprache Englisch** (oder eine andere Fremdsprache), so hat die

---

[17] Semler/v. Schenck/Wilsing AR-HdB/Grau § 13 Rn. 124; Semler/v. Schenck Aufsichtsrat/v. Schenck, 1. Aufl. 2015, AktG § 113 Rn. 122; J. Semler FS Claussen, 1997, 381 (389).
[18] Im Grundsatz unstr.; vgl. Semler/v. Schenck Aufsichtsrat/v. Schenck, 1. Aufl. 2015, AktG § 113 Rn. 122 aE.
[19] Berger, Die Kosten der Aufsichtsratstätigkeit in der Aktiengesellschaft, 2000, S. 135; krit. dazu im Hinblick auf das Erfordernis eines konkreten Aufwands Fonk NZG 2009, 761 (767 f.).
[20] Ähnlich Berger, Die Kosten der Aufsichtsratstätigkeit in der Aktiengesellschaft, 2000, S. 135.
[21] Vgl. Berger, Die Kosten der Aufsichtsratstätigkeit in der Aktiengesellschaft, 2000, S. 137; BeckOGK/Spindler/Mock AktG § 113 Rn. 46; Semler/v. Schenck Aufsichtsrat/v. Schenck, 1. Aufl. 2015, AktG § 113 Rn. 123; GroßkommAktG/Hopt/Roth AktG § 113 Rn. 31; Schnorbus/Ganzer BB 2019, 258 (261).
[22] Zutr. J. Semler FS Claussen, 1997, 381 (392).

Gesellschaft nicht nur eine Übersetzung in der Sitzung zu organisieren, sondern auch alle mit der Aufsichtsratssitzung zusammenhängenden Aufwendungen (insbesondere die Übersetzung von Vorlagen).

5. Lohn- und Gehaltserstattung

17 Fraglich ist, ob Einkommenseinbußen von Aufsichtsratsmitgliedern aufgrund der Teilnahme an Aufsichtsratssitzungen durch die Gesellschaft, die den Aufsichtsrat unterhält, als Aufwendungen zu erstatten sind. Dies wird gelegentlich einschränkungslos[23] oder wenigstens in Höhe des nicht durch die Vergütung abdeckten Kostenüberhangs[24] angenommen. Indes ist eigener Zeitaufwand per definitionem kein Aufwand im Sinne des § 670 BGB (→ § 17 Rn. 15), sondern der innere Grund für eine Vergütung, die allerdings von der Hauptversammlung zu beschließen wäre. Aus diesem Grunde **bleibt jegliche Zeiteinbuße,** die ein Aufsichtsratsmitglied aufgabenbedingt erleidet, **erstattungsfrei**. Dies gilt nicht nur für Selbstständige, sondern auch für Arbeitnehmer anderer Unternehmen.[25] Bei den **Arbeitnehmern aus dem eigenen Unternehmen** wird dagegen ein Lohnfortzahlungsanspruch gegen die Gesellschaft unter Hinweis auf das Benachteiligungsverbot des § 26 MitbestG verschiedentlich bejaht.[26] Dabei wird jedoch übersehen, dass die Ausübung eines Aufsichtsratsmandats nicht nur freiwillig, sondern in aller Regel gegen Zahlung einer Vergütung erfolgt, für deren Abführung an die Hans-Böckler-Stiftung der Arbeitgeber jedenfalls nicht verantwortlich ist.[27] Zusätzlicher Aufwendungsersatz wird daher richtigerweise nicht geschuldet. Gegen eine freiwillige Lohnfortzahlung ist indes nichts einzuwenden.[28]

18 Eine andere Frage ist, ob Arbeitnehmer von ihrem Arbeitgeber eine Lohn- oder Gehaltsfortzahlung während der Wahrnehmung von Aufsichtsratsmandaten in anderen Unternehmen beanspruchen können. Diese Frage ist nach der gesetzlichen Konstellation zu verneinen.[29]

---

[23] So von Kölner Komm AktG/Mertens/Cahn AktG § 113 Rn. 12.
[24] So von MüKoAktG/Habersack AktG § 113 Rn. 28.
[25] Für letzteres auch J. Semler FS Claussen, 1997, 381 (392 f.); Semler/v. Schenck/Wilsing AR-HdB/Grau § 13 Rn. 130.
[26] So von Kölner Komm AktG/Mertens/Cahn AktG § 113 Rn. 12; einschr. MüKoAktG/Habersack AktG § 113 Rn. 28 und GroßkommAktG/Hopt/Roth AktG § 113 Rn. 165: nur die Differenz zur Aufsichtsratsvergütung.
[27] Zutr. Semler/v. Schenck Aufsichtsrat/v. Schenck, 1. Aufl. 2015, AktG § 113 Rn. 124; MüKoAktG/Annuß MitbestG § 26 Rn. 5; Goette/Arnold AR-HdB/Wasmann/Gärtner § 6 Rn. 166; einschränkend auf Differenz zur AR-Vergütung GroßkommAktG/Oetker MitbestG § 26 Rn. 6; Raiser/Veil/Jacobs Raiser/Jacobs MitbestG § 26 Rn. 6; Henssler/Willemsen/Kalb/Seibt MitbestG § 26 Rn. 3; Ascheid/Preis/Schmidt/Greiner MitbestG § 26 Rn. 7; Schönhöft/Oelze NZA 2016, 145 (147 ff.); Habersack/Henssler/Henssler MitbestG § 26 Rn. 8; so auch MHdB ArbR/Uffmann § 376 Rn. 33; Hanau ZGR 1977, 397 (411).
[28] So etwa Raiser/Veil/Jacobs MitbestG § 26 Rn. 6; dagegen Schönhöft/Oelze NZA 2016, 145 (147); Habersack/Henssler/Henssler MitbestG § 26 Rn. 8; MüKoAktG/Annuß MitbestG § 26 Rn. 5; krit. auch Henssler/Willemsen/Kalb/Seibt MitbestG § 26 Rn. 3.
[29] HM; vgl. Berger, Die Kosten der Aufsichtsratstätigkeit in der Aktiengesellschaft, 2000, S. 149; J. Semler FS Claussen, 1997, 381 (392).

II. Vorbesprechungen anlässlich von Aufsichtsratssitzungen

In der Praxis gehen den Aufsichtsratssitzungen häufig Vorbesprechungen – in aller 19
Regel am Vorabend – in verschiedensten personellen Konstellationen voraus. In den
meisten Fällen handelt es sich um getrennte Vorbesprechungen der „Bänke", gelegentlich aber auch um solche einzelner Aufsichtsratsmitglieder (oder nur solche der
Anteilseignerseite) mit dem Vorstand. Schließlich erfordern besonders komplexe Sitzungsinhalte gelegentlich auch eine Vorab-Befragung des Vorstands, um die Reichweite der Entscheidung ausloten zu können. Da es sich in allen Fällen regelmäßig um
notwendige (weil sitzungsfördernde) Veranstaltungen handelt, sind die in → Rn. 1 ff.
beschriebenen Positionen hier ebenfalls erstattungsfähig.[30] Nicht erstattungsfähig sind
dagegen die Kosten von **Vorbesprechungen mit einzelnen Anteilseignern**.[31]

III. Teilnahme an Hauptversammlungen

Erstattungsfähig sind auch die Aufwendungen im Zusammenhang mit der Teilnahme 20
an Hauptversammlungen der Gesellschaft.[32] Dies gilt unabhängig davon, ob es sich um
eine Präsenz-Versammlung oder um eine rein virtuelle Hauptversammlung nach
§ 118a AktG handelt, da die Aufsichtsratsmitglieder auch hier ein Anwesenheitsrecht
haben. Die in diesem Abschnitt aufgeführten Kosten sind auch hier in gleicher Weise
erstattungsfähig.

IV. Informationsreisen (Betriebsstättenbesichtigung)

Nur wer das Unternehmen genau kennt, kann dessen Vorstand optimal überwachen 21
und beraten. Aus diesem Grunde ist es sinnvoll und bisweilen sogar erforderlich, dass
jedes Aufsichtsratsmitglied die wichtigsten Betriebsstätten der Gesellschaft unmittelbar
kennenlernt. Dies ist zwar unbestritten. Bei der Frage der Erstattungsfähigkeit der
damit verbundenen Kosten stellt sich jedoch die Frage, ob jedes Aufsichtsratsmitglied
autark über seine Reisepläne befinden kann, oder ob hierzu ein förmlicher Aufsichtsratsbeschluss (oder zumindest die Zustimmung des Aufsichtsratsvorsitzenden)[33] erforderlich ist. Letzteres ist jedenfalls zu verneinen, wen die Reise **auf Initiative des Vorstands** erfolgt.[34]

---

[30] Ebenso MHdB GesR IV/Hoffmann-Becking § 33 Rn. 16; Kölner Komm AktG/Mertens/Cahn AktG § 113 Rn. 12; BeckOGK/Spindler/Mock AktG § 113 Rn. 46; GroßkommAktG/Hopt/Roth AktG § 113 Rn. 31; Semler/v. Schenck/Wilsing AR-HdB/Grau § 13 Rn. 114; J. Semler FS Claussen, 1997, 381 (385).
[31] Semler/v. Schenck/Wilsing AR-HdB/Grau § 13 Rn. 114; MüKoAktG/Habersack AktG § 113 Rn. 25.
[32] Berger, Die Kosten der Aufsichtsratstätigkeit in der Aktiengesellschaft, 2000, S. 132; BeckOGK/Spindler/Mock AktG § 113 Rn. 13.
[33] So J. Semler FS Claussen, 1997, 381 (385 f.); wohl auch Semler/v. Schenck Aufsichtsrat/v. Schenck, 1. Aufl. 2015, AktG § 113 Rn. 113.
[34] Ähnlich Semler/v. Schenck/Wilsing AR-HdB/Grau § 13 Rn. 116Semler/v. Schenck Aufsichtsrat/v. Schenck, 1. Aufl. 2015, AktG § 113 Rn. 113.

V. Ereignisunabhängige Aufwendungen

1. Kommunikationskosten

22 Auch ohne anstehende Sitzungen verlangt die Aufsichtsratsarbeit eine ständige Kommunikation mit dem Vorstand und/oder mit anderen Aufsichtsratsmitgliedern. Auch wenn die Kommunikationskosten tendenziell rückläufig sind, handelt es sich hier doch um erstattungspflichtige Aufwendungen.[35] Wer diese wegen ihrer Kleinteiligkeit pauschal abrechnen will, kann die **von der Finanzverwaltung als Werbungskosten anerkannten Pauschalen** auch im Rahmen des § 670 BGB ansetzen. Möglich ist natürlich auch eine Einzelabrechnung gegen Nachweis, wobei insbesondere die aus der Verwendung eines gesonderten „Aufsichtsratstelefons" resultierenden Kosten als angemessener Aufwand zu erstatten sind.

2. Allgemeine Bürokosten

23 Eine Erstattungsfähigkeit von allgemeinen Bürokosten, wie etwa die Kosten für ein Arbeitszimmer oder für Hilfskräfte, ist für einfache Aufsichtsratsmitglieder (zum Aufsichtsratsvorsitzenden → Rn. 40) grundsätzlich nicht anzuerkennen.[36] Der Verweis auf eine Abgeltung durch die Aufsichtsratsvergütung[37] ist dabei allerdings nicht durchschlagend; denn nicht jede Aufsichtsratstätigkeit ist mit einer Vergütung verbunden. Der entscheidende Aspekt liegt vielmehr in der Mobilität der Arbeitsmöglichkeiten, die ein stationäres Büro in aller Regel überflüssig macht. Aus diesem Grunde lassen nur komplexe Einzelaufgaben (Projektarbeiten) einzelner Aufsichtsratsmitglieder einen **temporären Aufwendungsersatz** für Bürokosten zu.[38]

3. Personalkosten

24 Personalkosten des Aufsichtsratsmitglieds sind in aller Regel nicht erstattungsfähig.[39] Zumindest für einfache Mitglieder ist ein Aufsichtsratsmandat nicht komplex genug, um den Einsatz eigens hierfür engagierten[40] Personals zu rechtfertigen. **Mehrfach-Mandatsträger,** auf die diese Begründung nicht immer zutrifft, müssen sich fragen lassen, ob sie nicht zu viele Mandate wahrnehmen; eine Erstattung von Personalkosten ist jedenfalls auch hier nicht angezeigt.

---

[35] Vgl. Semler/v. Schenck/Wilsing AR-HdB/Grau § 13 Rn. 119; BeckOGK/Spindler/Mock AktG § 113 Rn. 46.
[36] HM; vgl. Lutter/Krieger/Verse Rechte und Pflichten § 12 Rn. 845; Semler/v. Schenck/Wilsing AR-HdB/Grau § 13 Rn. 119; Kölner Komm AktG/Mertens/Cahn AktG § 113 Rn. 12; BeckOGK/Spindler/Mock AktG § 113 Rn. 47; J. Semler FS Claussen, 1997, 381 (388); Fonk NZG 2009, 761 (769); Gaul AG 2017, 877 (883); differenzierend Berger, Die Kosten der Aufsichtsratstätigkeit in der Aktiengesellschaft, 2000, S. 136; aA Schnorbus/Ganzer BB 2019, 258 (260).
[37] So Semler/v. Schenck/Wilsing AR-HdB/Grau § 13 Rn. 119; Kölner Komm AktG/Mertens/Cahn AktG § 113 Rn. 12; BeckOGK/Spindler/Mock AktG § 113 Rn. 47.
[38] Vgl. Kölner Komm AktG/Mertens/Cahn AktG § 113 Rn. 12; MüKoAktG/Habersack AktG § 113 Rn. 28.
[39] Vgl. K. Schmidt/Lutter/Drygala AktG § 113 Rn. 14; Koch AktG § 113 Rn. 9; Kölner Komm AktG/Mertens/Cahn AktG § 113 Rn. 12; J. Semler FS Claussen, 1997, 381 (388).
[40] Dasselbe gilt für eine partielle Weiterberechnung bereits vorhandenen Personals.

4. Besprechungskosten

Der Ersatz von Aufwendungen für Besprechungen von Aufsichtsratsmitgliedern, die nicht die Vorbesprechung einer Sitzung betreffen, wird uneinheitlich beurteilt. Dies verwundert insofern nicht, als sowohl die Gesprächspartner als auch die Themenspektren der Gespräche so vielfältig wie die Aufgaben eines modernen Aufsichtsratsmitglieds sind. Will man einen „roten Faden" durch diese Vielfalt spinnen, so gelten die folgenden Grundsätze: Die Kosten von **Besprechungen mit dem Aufsichtsratsvorsitzenden** (bei mitbestimmten Gesellschaften auch mit dessen Stellevertreter) sind stets erstattungsfähig, weil diese beiden Personen eine Vermittlungsfunktion ausüben.[41] Dasselbe gilt von Besprechungen, an denen Aufsichtsratsmitglieder **auf Initiative des Vorstands** teilnehmen. Fraglich ist die Erstattungsfähigkeit der Kosten für Besprechungen zwischen einzelnen Aufsichtsratsmitgliedern. Diese dürfte nur in Ausnahmefällen zu bejahen sein – zB dann, wenn die Person des Aufsichtsratsvorsitzenden Gesprächsgegenstand ist.[42] Mit der grundsätzlichen Akzeptanz von Besprechungskosten ist allerdings noch kein Urteil über deren angemessene Höhe gefällt. Gerade bei Gesprächen zwischen einzelnen Aufsichtsratsmitgliedern sollten sich die Beteiligten fragen, ob hierzu ein physisches Treffen wirklich erforderlich ist oder stattdessen eine Videokonferenz ausreichend wäre. Letzterenfalls sind auch nur deren Kosten von der Gesellschaft zu erstatten.[43]

25

5. Aus- und Fortbildungskosten

Schrifttum:
Bosse/Malchow, Unterstützung und Kostentragung für die Aus- und Fortbildung von Aufsichtsratsmitgliedern – Der Kodex bezieht Stellung, NZG 2010, 972.

Die **Herstellung und Erhaltung eines intellektuellen Mindeststandards** zur Ausfüllung des normalen Aufsichtsratsmandats ist Sache eines jeden Aufsichtsratsmitglieds.[44] Diesbezügliche Schulungs- und Fortbildungsveranstaltungen sind daher eigennützig und somit nicht erstattungsfähig.[45] Dies gilt gleichermaßen für Anteilseigner- wie für Arbeitnehmervertreter. Richtigerweise kann auch ein Aufsichtsratsbeschluss hieran nichts ändern, da der fehlende Aufwendungscharakter die Erstattung derartiger Fortbildungskosten automatisch als Vergütung qualifiziert, für deren Gewährung der Aufsichtsrat keine Kompetenz besitzt.[46] Etwas anderes gilt für Fortbildungsveranstaltungen, die die Gesellschaft selbst ihren Aufsichtsratsmitgliedern anbietet; hierin liegt nach hM kein Vergütungsbestandteil, so dass die Teilnahme der Aufsichtsratsmitglieder insoweit unbedenklich ist.[47]

26

---

[41] Vgl. Berger, Die Kosten der Aufsichtsratstätigkeit in der Aktiengesellschaft, 2000, S. 138.
[42] Ähnlich J. Semler FS Claussen, 1997, 381 (385).
[43] Vgl. Berger, Die Kosten der Aufsichtsratstätigkeit in der Aktiengesellschaft, 2000, S. 138 f.
[44] So schon BGHZ 85, 293 (295 f.) = NJW 1983, 991 f. – Hertie.
[45] K. Schmidt/Lutter/Drygala AktG § 113 Rn. 14; Kölner Komm AktG/Mertens/Cahn AktG § 113 Rn. 12; BeckOGK/Spindler/Mock AktG § 113 Rn. 46; Fonk NZG 2009, 761 (769); Gaul AG 2017, 877 (883); Schnorbus/Ganzer BB 2019, 258 (261); stark relativierend Goette/Arnold AR-HdB/Wassmann/Gärtner § 6 Rn. 162.
[46] Vgl. Kölner Komm AktG/Mertens/Cahn AktG § 113 Rn. 12.
[47] Ebenso MüKoAktG/Habersack AktG § 113 Rn. 30; Semler/v. Schenck/Wilsing AR-HdB/Grau § 13 Rn. 129; Kölner Komm AktG/Mertens/Cahn AktG § 113 Rn. 12; Fonk NZG 2009, 761 (769).

27 Eine Ausnahme vom kostenverursachenden Fortbildungsverbot enthält § 25d Abs. 4 KWG für Aufsichtsratsmitglieder von Kreditinstituten. Die unter diese Regelung fallenden Unternehmen können ihren Aufsichtsratsmitgliedern auch ohne Satzungsregelung nahezu sämtliche Kosten der Aus- und Fortbildung erstatten. Allerdings ist diese Vorschrift im Hinblick auf andere Branchen **nicht analogiefähig**.[48]

28 Einen Grenzfall bei der Einordnung als erstattungsfähige Auslagen bilden **Spezialfortbildungsveranstaltungen.** Spätestens seit Inkrafttreten des ARUG II[49] ist ein zunehmender Bedarf an aufsichtsratsspezifischem Wissen nicht länger zu leugnen. Auch die Empfehlung D.11 DCGK 2022 gibt den Gesellschaften die Unterstützung ihrer Aufsichtsratsmitglieder bei Aus- und Fortbildungsmaßnahmen auf. Hierzu gehören insbesondere Fortbildungsveranstaltungen rund um das Rechnungswesen für solche Aufsichtsratsmitglieder, die zugleich **Mitglieder des Prüfungsausschusses** sind. Ebenfalls als außerplanmäßige Fortbildung anerkannt ist die Einführung der Aufsichtsratsmitglieder in eine neue Gesetzeslage.[50] Finanziert die Gesellschaft die Teilnahme an derartigen Fortbildungsveranstaltungen oder organisiert sie diese gar selbst, so ist der damit verbundene Aufwand (einschließlich Reise- und Logiskosten bei auswärtigen Veranstaltungen) erstattungsfähig.[51] Fortbildungsveranstaltungen, die der Aneignung von Allgemeinwissen oder von allgemeinen unternehmerischen Fähigkeiten dienen, sind hingegen weiterhin Privatsache eines jeden Aufsichtsratsmitglieds. Die Gesellschaft darf diese bis zu einem gewissen Grad schon bei Bestellung zum Aufsichtsrat voraussetzen. Die Übernahme der Kosten für ihre Vermittlung ist daher Teil der Vergütung und ohne Hauptversammlungsbeschluss rechtswidrig.

29 Die vorstehenden Grundsätze gelten entsprechend für die Kosten der **Anschaffung von Fachliteratur**.[52]

6. Sachverständigen- und Beraterkosten

30 Für die Erstattungsfähigkeit von Sachverständigen- und Beraterkosten gelten die Ausführungen zur Fortbildung (→ Rn. 26 ff.) entsprechend. Die **Herstellung oder Erhaltung der Mindestqualifikation** als Aufsichtsratsmitglied erlaubt keine Erstattung damit verbundener Beratung.[53] Allerdings wird man von diesem Grundsatz einige Ausnahmen zulassen müssen. Hierzu zählt vor allem die rechtliche Beratung bei schwierigen Rechtsfragen im Zusammenhang mit der Überwachungstätigkeit des Aufsichtsrats.[54] Unterfälle hiervon sind Maßnahmen nach § 111 Abs. 2 AktG oder solche, denen der Aufsichtsrat nach § 111b Abs. 1 AktG zustimmen muss. Hierbei wird sachverständiger Rat häufig notwendig sein, um eine sachgerechte Entscheidung

---

[48] K. Schmidt/Lutter/Drygala AktG § 113 Rn. 14; wohl aA Goette/Arnold AR-HdB/Wasmann/Gärtner § 6 Rn. 162.
[49] Gesetz zur Umsetzung der zweiten Aktionärsrechterichtlinie vom 12.12.2019, BGBl. 2019 I 2637.
[50] Ebenso Koch AktG § 113 Rn. 10; GroßkommAktG/Hopt/Roth AktG § 113 Rn. 33; BeckOGK/Spindler/Mock AktG § 113 Rn. 46; Goette/Arnold AR-HdB/Wasmann/Gärtner § 6 Rn. 162; Bosse/Malchow NZG 2010, 972 (973); tendenziell auch Semler/v. Schenck/Wilsing AR-HdB/Grau § 13 Rn. 1256 ff.
[51] Vgl. MHdB GesR IV/Hoffmann-Becking § 33 Rn. 16; krit. dagegen noch Fonk NZG 2009, 761 (769).
[52] Vgl. GroßkommAktG/Hopt/Roth AktG § 113 Rn. 33; MüKoAktG/Habersack AktG § 113 Rn. 29.
[53] BeckOGK/Spindler/Mock AktG § 113 Rn. 46; Semler/v. Schenck Aufsichtsrat/v. Schenck AktG § 113 Rn. 134.
[54] Fonk NZG 2009, 761 (769); Schnorbus/Ganzer BB 2019, 258 (260).

treffen zu können; § 111 Abs. 2 S. 2 AktG sieht diesen sogar ausdrücklich vor. Fraglich ist nur, ob erstattungsfähige Aufwendungen bereits durch jedes einzelne Aufsichtsratsmitglied veranlasst werden können[55] oder ob hierzu ein **förmlicher Aufsichtsratsbeschluss** (oder zumindest die Zustimmung des Aufsichtsratsvorsitzenden) **erforderlich** ist.[56] Da nicht der Aufsichtsrat als Organ, sondern dessen Mitglieder nach § 116 AktG für Sorgfaltswidrigkeiten haften, spricht vieles für die erstgenannte Alternative.

7. Kosten der Personalsuche

Zu den vornehmsten Aufgaben eines aktienrechtlichen Aufsichtsrats zählt die **Bestellung neuer Vorstandsmitglieder,** der zwangsläufig eine Suche derselben vorausgeht. Hierzu wird in aller Regel ein Headhunter beauftragt, der anhand der Profilvorgaben ein Screening vornimmt und dem Auftraggeber einen oder mehrere Kandidaten vorschlägt. Kostenseitig beginnt die Belastung des Aufsichtsrats häufig schon mit der Auswahl des Headhunters, spätestens aber mit dem ersten Treffen der vorgeschlagenen Kandidaten. Unter Aufwendungsersatzaspekten sind hierzu der **Aufsichtsratsvorsitzende** stets und die **Mitglieder eines etwa vorhandenen Personalausschusses** regelmäßig berechtigt. Einfache Aufsichtsratsmitglieder können hingegen für solche Treffen nur dann Auslagenersatz beanspruchen, wenn sie vom Aufsichtsrat zur Repräsentation des Gremiums eigens ausgewählt wurden; persönliche Neugier (oder eine solche des entsendenden Aktionärs) genügt hingegen nicht. Soweit ein Erstattungsanspruch besteht, umfasst dieser auch die erforderlichen Reisekosten. Die Bestellung eines neuen Vorstandsmitglieds ist nämlich zu wichtig, um die damit befassten Aufsichtsratsmitglieder auf kostengünstigere Videokonferenzen zu verweisen.

Auch die **Suche nach neuen Aufsichtsratsmitgliedern** gehört zu den Aufgaben des Aufsichtsrats (vgl. § 124 Abs. 3 S. 1 AktG), so dass auch hiermit verbundene Aufwendungen dem Grunde nach erstattungsfähig sind. Dies betrifft allerdings nicht alle Aufsichtsratsmitglieder, sondern in der Regel nur den Vorsitzenden und/oder ein vom Gremium hiermit beauftragtes Mitglied. In den Fällen einer Vorschlagspflicht nach § 124 Abs. 2 S. 2 AktG können auch die vorschlagspflichtigen Mitglieder des Prüfungsausschusses ihre Aufwendungen für die Nachfolgersuche erstattet verlangen.

8. Repräsentationskosten

Nach § 78 Abs. 1 AktG wird die Gesellschaft regelmäßig nur durch den Vorstand vertreten. Dies schließt allerdings nicht aus, dass auch einzelne Aufsichtsratsmitglieder – in der Regel der Vorsitzende – je nach Anlass die Gesellschaft nach außen repräsentieren.[57] Dies gilt beispielsweise für die Einweihung von Bauprojekten des Unternehmens oder für Firmenjubiläen. Für die Erstattungsfähigkeit des hiermit verbundenen Aufwands gilt folgende grobe „Faustregel": Einfache Aufsichtsratsmit-

---

[55] So Schnorbus/Ganzer BB 2019, 258 (260).
[56] So Koch AktG § 111a Rn. 83; Goette/Arnold AR-HdB/Wasmann/Gärtner § 6 Rn. 164; v. Schenck FS D. Weber, 2016, 407 (412 f.).
[57] Anders K. Schmidt/Lutter/Drygala AktG § 113 Rn. 14.

glieder können sich ihre Auslagen immer dann erstatten lassen, wenn sie **auf Bitte des Vorstands** oder **aufgrund eines Aufsichtsratsbeschlusses** Repräsentationsaufgaben für das Unternehmen wahrnehmen.[58] Allerdings gibt es hiervon auch Ausnahmen wie zB ein Jubiläum bei einem Vorstandsmitglied, an dem jedes Aufsichtsratsmitglied ohne förmlichen Beschluss aus eigenem Antrieb teilnehmen kann, ohne dass ihm deshalb ein Aufwendungsersatz zu versagen ist. Für den Aufsichtsratsvorsitzenden gilt grundsätzlich nichts anderes; darüber hinaus kann er allerdings grundsätzlich selbst entscheiden (und seine Aufwendungen erstattet verlangen), wann und wo er die Gesellschaft repräsentiert, weil er regelmäßig das Gesamtorgan Aufsichtsrat vertritt.

9. Prozesskosten

34 Nach § 245 Nr. 5 AktG ist jedes Aufsichtsratsmitglied wegen der Besorgnis von Straftaten oder Ersatzpflichten bei der Ausführung von Hauptversammlungsbeschlüssen befugt, gegen derartige Beschlüsse Anfechtungsklage zu erheben. Ähnliche Befugnisse ergeben sich aus §§ 249, 250 AktG für bestimmte Nichtigkeitsklagen. Erhebt ein Aufsichtsratsmitglied derartige Klagen, so entstehen bei ihm (persönlich!) **Gerichts- und Anwaltskosten,** wobei die Kosten spezialisierter Rechtsanwälte häufig über die gesetzlichen Gebühren hinausgehen. Verliert das Aufsichtsratsmitglied den Prozess, so muss es zusätzlich die Kosten des Prozessgegners erstatten. Die so entstandenen Prozesskosten kann das unterlegene Aufsichtsratsmitglied von der Gesellschaft erstattet verlangen, sofern die Klageerhebung nicht mutwillig war.[59] Unter denselben Voraussetzungen sind auch bei Obsiegen diejenigen Kosten des eigenen Anwalts zu erstatten, die über die gesetzliche Gebührenregelung – und damit über den gesetzlichen Kostenerstattungsanspruch – hinausgehen. Ebenfalls erstattungsfähig sind die beim Aufsichtsratsmitglied verbliebenen Kosten (vgl. § 99 Abs. 6 AktG) eines von ihm initiierten **Statusverfahrens** nach §§ 98, 99 AktG.[60]

10. Personenschutz

35 Sofern ein Aufsichtsratsmitglied aufgrund seiner Prominenz oder einer akuten Bedrohung Personenschutz benötigt, ist hinsichtlich der Erstattungsfähigkeit wie folgt zu unterscheiden: Beruht die Prominenz oder die Bedrohungslage aus einer anderweitigen Funktion des Aufsichtsratsmitglieds (zB Vorstandsvorsitzender eines Großunternehmens), so resultieren die Kosten des Personenschutzes nicht aus dessen Aufgabe als Aufsichtsrat und sind daher nicht erstattungsfähig. Dies dürfte die Mehrzahl aller Fälle betreffen. Basiert die Prominenz oder die Bedrohungslage hingegen ausschließlich auf

---

[58] Ähnlich; J. Semler FS Claussen, 1997, 381 (386); strenger – weil beides verlangend – Semler/v. Schenck/Wilsing AR-HdB/Grau § 13 Rn. 117; Semler/v. Schenck Aufsichtsrat/v. Schenck AktG § 113 Rn. 114; großzügiger Fonk NZG 2009, 761 (769).
[59] Ähnlich mit Differenzierungen im Detail Lutter/Krieger/Verse Rechte und Pflichten § 13 Rn. 845; Semler/v. Schenck Aufsichtsrat/v. Schenck AktG § 113 Rn. 128; MHdB GesR IV/Hoffmann-Becking § 33 Rn. 17; Semler/v. Schenck/Wilsing AR-HdB/Grau § 13 Rn. 133; Kölner Komm AktG/Mertens Cahn AktG § 113 Rn. 12; Goette/Arnold AR-HdB/Wasmann/Gärtner § 6 Rn. 158; J. Semler FS Claussen, 1997, 381 (390 ff.); Fonk NZG 2009, 761 (771); ohne diese Voraussetzung Schnorbus/Ganzer BB 2019, 258 (260 f.).
[60] Vgl. dazu J. Semler FS Claussen, 1997, 381 (390 ff.).

der Person des Aufsichtsratsmitglieds (zB ehemaliger Spitzenpolitiker), so stellen die Aufwendungen zum Personenschutz **anlässlich von Aufsichtsratsaktivitäten** erstattungsfähige Aufwendungen dar. Dasselbe gilt erst recht, wenn die Bedrohung ausschließlich oder überwiegend aus der Aufsichtsratsposition des Schutzbefohlenen resultiert.[61]

11. Schadensersatzzahlungen

Schadensersatzzahlungen durch ein Aufsichtsratsmitglied sind nicht erstattungsfähig. Allerdings liegt dies nicht daran, dass die schadensträchtige Handlung nicht zum Aufgabenbereich eines Aufsichtsratsmitglieds zählt. Entscheidend ist, dass die Analogie zu §§ 675, 670 BGB nur die **Erstattung freiwilliger Vermögensopfer** ermöglicht, Schadensersatzleitungen aber nicht in diese Kategorie gehören.[62] Im Übrigen würde ein Erstattungsanspruch gegen die Gesellschaft dazu führen, dass entgegen dem Zweck des §§ 93, 116 AktG letztlich immer das Unternehmen den Schaden selbst zu tragen hätte.[63]

36

12. Geldbußen

Die Erstattung von Geldstrafen und Bußgeldern soll nach verbreiteter Ansicht ausnahmslos unzulässig sein.[64] In der Tat liegt auch hier regelmäßig kein freiwilliges Vermögensopfer vor, das einen Erstattungsanspruch zugunsten einzelner Aufsichtsratsmitglieder begründen könnte. Bei bloßen Ordnungswidrigkeiten sind allerdings Ausnahmen denkbar, die in der Praxis jedoch eher den Vorstand als den Aufsichtsrat betreffen. So ist es denkbar, dass (nur) **bußgeldbewehrte Gesetzesverstöße** – insbesondere im Ausland – zum Wohle des Unternehmens vorsätzlich begangen werden, weil der dadurch erlangte wirtschaftliche Vorteil das Bußgeld überkompensiert. Trifft der Aufsichtsrat bewusst eine solche Entscheidung, besteht kein Grund, das einzelne Aufsichtsratsmitglied mit den Folgen durch Versagung des Erstattungsanspruchs allein zu lassen.

37

13. Lobbyismuskosten

Dass die Vernetzung von Unternehmensführern dem betroffenen Unternehmen zum Vorteil gereichen kann, ist unbestritten. Dies gilt im Grundsatz auch für Aufsichtsratsmitglieder, insbesondere für den Aufsichtsratsvorsitzenden. Eine derartige Vernetzung ist nicht immer unentgeltlich; beispielhaft hierfür stehen Mitgliedsbeiträge in Vereinen und Verbänden. Gleichwohl ist bei der Erstattung derartiger Aufwendungen an Aufsichtsratsmitglieder Zurückhaltung geboten. Lobbyismus – in welcher Ausprägung auch immer – ist primär Bestandteil der Geschäftsführung und gehört daher in die Kompetenz des Vorstands. Dieser entscheidet darüber, wo und in welcher Form er

38

---

[61] Für diesen Fall ebenfalls bejahend Goette/Arnold AR-HdB/Wasmann/Gärtner § 6 Rn. 133; Schnorbus/Ganzer BB 2019, 258 (261 f.).
[62] So auch J. Semler FS Claussen, 1997, 381 (400).
[63] Zutr. Berger, Die Kosten der Aufsichtsratstätigkeit in der Aktiengesellschaft, 2000, S. 140.
[64] Vgl. Berger, Die Kosten der Aufsichtsratstätigkeit in der Aktiengesellschaft, 2000, S. 140; deutlich großzügiger Goette/Arnold AR-HdB/Wasmann/Gärtner § 6 Rn. 160.

Kontaktpflege betreiben will; ggf. unterhält er hierfür sogar eine ganze Abteilung. Sollte ausnahmsweise ein Aufsichtsratsmitglied mit einer solchen Aufgabe bedacht werden, so bedarf es für die Erstattungsfähigkeit der dazugehörigen Aufwendungen der **Zustimmung durch den Vorstand.** Eigenmächtiger Lobbyismus einzelner Aufsichtsratsmitglieder kann hingegen (unabhängig von der Nützlichkeit im Einzelfall) keinen Aufwendungsersatzanspruch gegen die Gesellschaft begründen.

14. Gezahlte Umsatzsteuer

39 Hinsichtlich der Erstattungsfähigkeit der vom Aufsichtsratsmitglied gezahlten Umsatzsteuer sind zwei Fallgruppen zu unterscheiden. Zum einen kann die Umsatzsteuer Bestandteil der Aufwendung sein (Beispiel: Umsatzsteuer bei Bahnfahrkarten). In derartigen Fällen ist die gezahlte Umsatzsteuer immer dann zu erstatten, wenn auch die zugrunde liegende Aufwendung erstattungsfähig ist. Schwieriger ist die Behandlung der **auf die Aufsichtsratsvergütung entfallenden Umsatzsteuer.** Sofern deren Zahlung durch die Gesellschaft bereits in der Satzung oder in einem Bewilligungsbeschluss der Hauptversammlung verankert ist, handelt es sich dabei um einen – rechtlich unproblematischen – Vergütungsbestandteil. Haben die Aktionäre hierzu nichts geregelt, so billigt die hM[65] dem Aufsichtsratsmitglied gleichwohl einen Erstattungsanspruch unter Hinweis auf die Vorsteuer-Abzugsmöglichkeit der Gesellschaft zu. Sofern die Gesellschaft ausnahmsweise nicht dem Vorsteuerabzug unterliegt, muss allerdings dasselbe gelten. Hier wie dort erfolgt die Zahlung der Umsatzsteuer durch das Aufsichtsratsmitglied zwar nicht per se freiwillig.[66] Als Annex zur freiwillig vereinnahmten Vergütung muss die hierauf entfallende Umsatzsteuer jedoch analog §§ 675, 670 BGB von der Gesellschaft erstattet werden. In praxi hat sich das Problem allerdings dadurch entschärft, dass die fixe Aufsichtsratsvergütung nach derzeitiger Rechtslage umsatzsteuerfrei ist (→ § 22 Rn. 1 ff.).

VI. Insbesondere: Aufwendungen des Aufsichtsratsvorsitzenden

40 Betrachtet man die Rechtsentwicklung der vergangenen Jahre, so sind die Aufgaben des Aufsichtsratsvorsitzenden im Vergleich zu denjenigen eines einfachen Aufsichtsratsmitglieds überproportional angewachsen. Dies betrifft vor allem die Vorbereitung und Verabschiedung von Berichten, die der Aufsichtsrat allein oder gemeinsam mit dem Vorstand zu erstellen hat. Praktikabel wäre hierbei zwar die Gestellung von Personal durch den Vorstand. Allerdings litte hierunter die Unabhängigkeit des Aufsichtsrates.[67] Damit gehört die **Einrichtung und Unterhaltung eines eigenen Büros** – ggf. mit Sekretariat – beim Aufsichtsratsvorsitzenden regelmäßig zum erstat-

---

[65] Vgl. MHdB GesR IV/Hoffmann-Becking § 33 Rn. 42; Semler/v. Schenck Aufsichtsrat/v. Schenck, 1. Aufl. 2015, AktG § 113 Rn. 179; Koch AktG § 113 Rn. 26; MüKoAktG/Habersack AktG § 113 Rn. 56; Kölner Komm AktG/Mertens/Cahn AktG § 113 Rn. 58; Goette/Arnold AR-HdB/Wasmann/Gärtner § 6 Rn. 116.
[66] Darauf weist auch Berger, Die Kosten der Aufsichtsratstätigkeit in der Aktiengesellschaft, 2000, S. 130 f., hin.
[67] Ebenso Koch AktG § 111 Rn. 83; Diekmann/Wurst NZG 2014, 121 (126).

tungsfähigen Aufwand.[68] Erst recht zulässig ist in diesem Fall die teilweise Weiterbelastung von Kosten für ein eigenes Büro, das der Aufsichtsratsvorsitzende ohnehin unterhält.[69]

Im Unterschied zum einfachen Aufsichtsratsmitglied ist beim Vorsitzenden auch ein **angemessener Repräsentationsaufwand** erstattungsfähig.[70] Dem kann nicht entgegengehalten werden, dass die Repräsentation des Unternehmens allein beim Vorstand liege.[71] Vielmehr kann es der Charakter des Unternehmens gebieten, dass neben dem Vorstand auch der Aufsichtsratsvorsitzende das Unternehmen in der Öffentlichkeit repräsentiert.[72]

Einen weitergehenden Spielraum als das einfache Aufsichtsratsmitglied hat der Aufsichtsratsvorsitzende auch bei der **Hinzuziehung externer Berater**.[73] Allerdings ist der Anwendungsbereich nicht sehr groß. Als Vertreter des Aufsichtsrats betrifft die Beauftragung externer Ratschläge in aller Regel das Gesamtorgan, so dass der Aufsichtsratsvorsitzende im Namen der Gesellschaft auftritt und diese (in der Regel wirksam) verpflichtet. Für einen Aufwendungsersatz analog §§ 675, 670 BGB verbleiben demnach nur diejenigen Fälle, in denen der Aufsichtsrat zur Beauftragung nicht schon kraft Gesetzes befugt ist, sondern die Beratung in schwierigen Einzelfällen zur sachgerechten Wahrnehmung seiner Aufgaben benötigt.

Weiterhin sind die Restriktionen bei **Besprechungskosten** für einfache Aufsichtsratsmitglieder (→ Rn. 25) für den Vorsitzenden außer Kraft zu setzen. Dieser benötigt für seine Arbeit eine praktisch unbegrenzte Auswahl bei den Gesprächspartnern. Neben dem Vorstand und Mitarbeitern der zweiten Führungsebene gehören hierzu auch größere Aktionäre und Betriebsräte.[74]

§ 19. Entstehung, Fälligkeit und Durchsetzbarkeit des Aufwendungsersatzanspruchs

I. Entstehung und Fälligkeit des Anspruchs

Der Aufwendungsersatzanspruch analog §§ 675, 670 BGB entsteht, sobald das Aufsichtsratsmitglied Aufwendungen „gemacht" hat. Dies ist zugleich auch der Zeitpunkt, zu dem der Anspruch fällig wird.[1] Bei Eingehung einer Verbindlichkeit ist bereits die

---

[68] Vgl. Berger, Die Kosten der Aufsichtsratstätigkeit in der Aktiengesellschaft, 2000, S. 136 f.; Großkomm-AktG/Hopt/Roth AktG § 113 Rn. 36; Semler/v. Schenck/Wilsing AR-HdB/Grau § 13 Rn. 119; MHdB GesR IV/Hoffmann-Becking § 33 Rn. 16; Koch AktG § 111 Rn. 83; MüKoAktG/Habersack AktG § 113 Rn. 31; BeckOGK/Spindler/Mock AktG § 113 Rn. 47; Goette/Arnold AR-HdB/Wasmann/Gärtner § 6 Rn. 167; J. Semler FS Claussen, 1997, 381 (395); Gaul AG 2017, 877 (882); zu den Einzelheiten der Ausstattung vgl. Plagemann NZG 2016, 211 ff.
[69] Semler/v. Schenck/Wilsing AR-HdB/Grau § 13 Rn. 119; zu den diesbezüglichen Modalitäten vgl. Fonk NZG 2009, 761 (768 f.).
[70] Vgl. MHdB GesR IV/Hoffmann-Becking § 33 Rn. 16; GroßkommAktG/Hopt/Roth AktG § 113 Rn. 32; Semler/v. Schenck Aufsichtsrat/v. Schenck, 1. Aufl. 2015, AktG § 113 Rn. 139; J. Semler FS Claussen, 1997, 381 (393 f.); Fonk NZG 2009, 761 (769).
[71] So aber K. Schmidt/Lutter/Drygala AktG § 113 Rn. 14.
[72] Zu den einzelnen Fallgruppen J. Semler FS Claussen, 1997, 381 (393 f.).
[73] Ebenso Fonk NZG 2009, 761 (769).
[74] Vgl. J. Semler FS Claussen, 1997, 381 (393 ff.).
[1] HM; vgl. nur MüKoBGB/Schäfer § 670 Rn. 29.

Begründung derselben der maßgebliche Zeitpunkt. Ab hier kann das Aufsichtsratsmitglied von der Gesellschaft nach § 257 S. 1 BGB Befreiung von der Verbindlichkeit oder – im Falle fehlender Fälligkeit – gem. § 257 S. 2 BGB Sicherheitsleistung verlangen. Nach Begleichung der Verbindlichkeit geht der Anspruch nur noch auf Geldleistung (arg. ex § 256 BGB). **Mehraktige Aufwendungsersatzansprüche** entstehen sukzessive und nacheinander.[2]

2 Sollte die Aufwendung nur teilweise erstattungspflichtig sein (zB unnötig teure Anreise zur Hauptversammlung), so entsteht der Aufwendungsersatzanspruch lediglich in angemessener Höhe.[3] Das Aufsichtsratsmitglied kann analog § 669 BGB auch nur in dieser Höhe die **Zahlung eines Vorschusses** verlangen.

3 Der Vergütungsanspruch entsteht stets in der Person des Aufsichtsratsmitglieds. Als Individualanspruch bedarf es für die Geltendmachung keines Aufsichtsratsbeschlusses.[4] Eine **Abtretung oder Verpfändung** des Anspruchs ist jederzeit möglich. Im Falle einer **Fusion** richtet sich der ausstehende Vergütungsanspruch für Aufsichtsratsmitglieder des übertragenden Rechtsträgers aufgrund der Gesamtrechtsnachfolge des übernehmenden Rechtsträgers gegen diesen.

4 Zahlt die Gesellschaft den Aufwendungsersatz bei Fälligkeit nicht, so schuldet sie nach § 256 S. 1 BGB auch ohne Verzug eine Verzinsung. Dieser **Fälligkeitszins** beträgt nach § 246 BGB 4 % p. a. Selbstverständlich kann das Aufsichtsratsmitglied die Gesellschaft durch förmliche Mahnung auch in Verzug setzen. Ab Verzugseintritt schuldet die Gesellschaft dann einen **Verzugszins** in Höhe von 5 % p. a. über dem Basiszins (§ 288 Abs. 1 S. 2 BGB). Da der Aufwendungsersatzanspruch nicht auf Rechtsgeschäft beruht und dem einzelnen Aufsichtsratsmitglied auch eine Verbrauchereigenschaft nicht a priori abzusprechen ist, kommt der höhere Zinssatz nach § 288 Abs. 2 BGB nicht in Betracht.

II. Durchsetzung des Aufwendungsersatzanspruchs

5 Ist das Aufsichtsratsmitglied auf gerichtliche Hilfe bei der Durchsetzung seines Aufwendungsersatzanspruchs angewiesen, so ist hierfür die **ordentliche Gerichtsbarkeit** zuständig. In aller Regel, dh bei Vergütungsklagen oberhalb von 5.000 Euro ist dabei das Landgericht – und dort aus den in → § 7 Rn. 7 geschilderten Gründen die **Kammer für Handelssachen** – erstinstanzlich berufen. Örtlich zuständig ist das Landgericht am Sitz der Gesellschaft. Dies liegt allerdings nicht an § 246 Abs. 3 S. 1 AktG (der hier nicht einschlägig ist), sondern an § 17 Abs. 1 ZPO; der im Zweifel die Anschrift der Verwaltung als Sitz – und damit auch als Gerichtsstand – fingiert.

6 Die Klage auf Zahlung von Aufwendungsersatz eines Aufsichtsratsmitglieds richtet sich ausnahmslos gegen die Gesellschaft, auch wenn die Zahlungsverweigerung maßgeblich auf der Weigerung eines Vorstandsmitglieds oder eines (Mehrheits-)Aktionärs

---

[2] BGHZ 143, 9 (17) = NJW 2000, 422 (424); BGH NJW 2018, 2714 Rn. 27.
[3] Ebenso Schnorbus/Ganzer BB 2019, 258 (263).
[4] AllgM; vgl. Semler/v. Schenck Aufsichtsrat/v. Schenck, 1. Aufl. 2015, AktG § 113 Rn. 141; K. Schmidt/Lutter/Drygala AktG § 113 Rn. 14; Schnorbus/Ganzer BB 2019, 258 (260).

beruht. Hierbei wird die Gesellschaft **vom Vorstand vertreten**. Die nähere Ausgestaltung der Vertretungsmacht (Einzel- oder Gesamtvertretung) ergibt sich aus der Satzung. Aufgrund der Vorstandskompetenz hat dieser (anders als im Vergütungsstreit) auch die Befugnis, einen gerichtlichen Vergleich abzuschließen.

Der Aufwendungsersatzanspruch unterliegt der **Regelverjährung** von drei Jahren (§ 195 BGB). Soweit er (wie zumeist) auf einen Geldbetrag gerichtet ist, kann er im Wege des gerichtlichen Mahnverfahrens zur Verjährungsunterbrechung geltend gemacht werden.

7

III. Rückforderung unzulässiger Erstattungszahlungen

Unzulässigerweise bezogene Aufwendungsersatzzahlungen hat das Aufsichtsratsmitglied zurückzugewähren. Erfolgte die Erstattung dem Grunde nach zu Unrecht, so ist der gesamte Erstattungsbetrag zurückzuzahlen. War nur die Höhe der Erstattung unangemessen, so beschränkt sich der Rückforderungsanspruch der Gesellschaft auf den überschießenden (unangemessenen) Betragsanteil. Anspruchsgrundlage ist in jedem Fall ausschließlich[5] § 812 Abs. 1 S. 1 BGB; durch das Fehlen der Angemessenheit fehlt es für die Zahlung zugleich an einem Rechtsgrund. Zweifelhaft ist die **Beweislastverteilung**. Die Gesellschaft hat lediglich die Tatsache und die Höhe der (zu Unrecht geleisteten) Zahlungen darzulegen und ggf. zu beweisen. Entgegen einzelner Stimmen im Schrifttum[6] obliegt es dem beklagten Aufsichtsratsmitglied zu beweisen, dass den Zahlungen eine erforderliche Geschäftsbesorgung zugrunde lag, die den Angemessenheitskriterien für eine Erstattung genügte. Insofern entspricht die Beweislast derjenigen, die auch dem Zahlungsverlangen anhaftet.

8

Noch ungeklärt ist die Frage, wie sich die Vorschrift des § 814 BGB auf den Rückforderungsanspruch der Gesellschaft auswirkt. Problematisch ist hier vor allem die Zuordnung des dieser Vorschrift vorausgesetzten Wissens. Sofern die Erstattungszahlung auf einer autonomen Vorstandsentscheidung beruht, ist das Wissen des ressortverantwortlichen Vorstandsmitglieds maßgeblich. Hat der Aufsichtsrat hingegen von seinem Letztentscheidungsrecht Gebrauch gemacht (→ § 17 Rn. 12), so ist das dort vorhandene Wissen um die Rechtmäßigkeit der Zahlung entscheidend. In beiden Fällen lässt sich das Wissen der beteiligten Organmitglieder der Gesellschaft zurechnen. Beinhaltet dieses Wissen – zumindest qua Parallelwertung in der Laiensphäre[7] – die Erkenntnis, dass die Gesellschaft den Aufwendungsersatz nicht oder nicht in der gezahlten Höhe geschuldet hat, ist eine **Rückforderung nach § 814 BGB ausgeschlossen**.

9

Sofern ein Rückforderungsanspruch besteht, haftet dafür primär dasjenige Aufsichtsratsmitglied, das die Erstattungszahlung unrechtmäßig bezogen hat. Daneben können sich der Vorstand und/oder der Aufsichtsrat – je nach Befassung mit der Erstattungs-

10

---

[5] § 114 Abs. 2 AktG ist daneben nicht einschlägig.
[6] Vgl. Goette/Arnold AR-HdB/Wasmann/Gärtner § 6 Rn. 189 unter (wohl verfehlter) Berufung auf LG Essen vom 9.9.2013 – 44 O 164/10, BeckRS 2014, 22313; dort ging es allerdings nicht um das objektive (Nicht-)Vorliegen eines leicht feststellbaren Tatbestandsmerkmals, sondern um die Ermessenskriterien für eine Bonusgewährung.
[7] Vgl. dazu BGH NJW-RR 2008, 824 Rn. 13; 2014, 1133 Rn. 109.

angelegenheit – einer Schadensersatzhaftung gegenüber der Gesellschaft aussetzen, wenn sie nicht-erstattbare Auslagen freizeichnen. Dies gilt in aller Regel nicht, wenn sich das betroffene Aufsichtsratsmitglied die Erstattung **unter Vorspiegelung falscher Tatsachen** erschleicht.

11 Auch im Rückforderungsprozess wird die Gesellschaft durch den Vorstand vertreten. Dieser ist auch hierbei befugt, einen Vergleich abzuschließen.

§ 20. Aufsichtsratsbudget

Schrifttum:
Arnold, Verantwortung und Zusammenwirken des Vorstands und Aufsichtsrats bei Compliance-Untersuchungen, ZGR 2014, 76; Bulgrin, Ein eigenes Budget für den Aufsichtsrat – Taugliches Instrument zur Verfeinerung des Corporate Governance-Gefüges in der Aktiengesellschaft?, AG 2019, 101; Diekmann/Wurst, Die Organisation der Aufsichtsratsarbeit, NZG 2014, 121; Eichner/Leukel, Budget- und Mitarbeiterbefragungsrecht des Aufsichtsrats im Kontext aktienrechtlicher Compliance, AG 2020, 513; Gaul, Ungelöste Fragen des Auslagenersatzes für Aufsichtsratsmitglieder in Zeiten schwindender Vergütungsakzeptanz, AG 2017, 877; Habersack, Grund und Grenzen der Compliance-Verantwortung des Aufsichtsrats der AG, AG 2014, 1; Hasselbach/Rauch, Vertretung der AG durch den Aufsichtsrat – auch im gerichtlichen Verfahren, DB 2018, 1713; Heinen/Schilz/Kahle, Revitalisierung des Systems von Checks und Balances in der AG – Vorschläge zur Reform des Aufsichtsratsrechts, ZIP 2022, 553; Hennrichs, Corporate Governance und Abschlussprüfung – Zuständigkeiten, Interaktionen und Sorgfaltsanforderungen, FS Hommelhoff, 2012, 383; Hommelhoff, Rechenschaft des Aufsichtsrats, FS Marsch-Barner, 2018, 261; Knoll/Zachert, Budgetrecht und Verfügungsrecht des Aufsichtsrats über Gesellschaftskonten im Interesse der Corporate Governance; Leyendecker-Langner/Huthmacher, Kostentragung für Aus- und Fortbildungsmaßnahmen von Aufsichtsratsmitgliedern, NZG 2012, 1415; Plagemann, Überlegungen zur Einrichtung und Ausgestaltung eines Aufsichtsratsbüros, NZG 2016, 211; Rotering/Mohamed, Budgetrecht des Aufsichtsrats – Zeit, dass sich was dreht? –, Der Konzern 2016, 433; Roßkopf, ZGR Sonderheft 25 (2021), 177; v. Schenck, Fehlvorstellungen von einem Budgetrecht des Aufsichtsrats – Zugleich ein Beitrag zur Vertretungsbefugnis des Aufsichtsrats, FS Marsch-Barner, 2018, 483; v. Schenck, Hilfskräfte und Berater von Aufsichtsratsmitgliedern – Ist das „Hertie"-Urteil des Bundesgerichtshofs noch zeitgemäß?, Liber Amicorum Dolf Weber, 2016, 419; Roth, Vergütung und Kosten des Aufsichtsrats, FS E. Vetter, 2019, 629; Roßkopf, Die Ausstattung des Aufsichtsrats, ZGR Sonderheft 25 (2021), 177; Scherb-Da Col, Die Ausstattung des Aufsichtsrats, 2018; Schnorbus/Ganzer, Aufwendungsersatzansprüche der Aufsichtsratsmitglieder und Möglichkeit der Schaffung eines Aufsichtsratsbudgets, BB 2019, 258; Selter, Die Beratung des Aufsichtsrats und seiner Mitglieder, 2014; Strohn, Vom Aufsichtsratsbüro zum Aufsichtsratsbudget – Der Weg des Aufsichtsrats vom passiven zum aktiven Organ, FS K. Schmidt, Bd. II, 2019, 461; Theisen, Plädoyer für eine zeitgemäße Ausstattung und Finanzierung des Aufsichtsrats, AG 2018, 589; Theisen, Aufsichtsratsbudget für einen finanzautonomen Aufsichtsrat, AG 2021, 329; Thüsing/Veil, Die Kosten des Aufsichtsrats im aktienrechtlichen Vergütungsregime, AG 2008, 359; E. Vetter, Kosten der Aufsichtsratstätigkeit und Budgetrecht des Aufsichtsrats, Gesellschaftsrecht in der Diskussion 2014, 115; E. Vetter, Aufsichtsratsbudget, FS Hopt, 2020, 1363; Vossen, Informationelle und finanzielle Unabhängigkeit des Aufsichtsrats und seiner Mitglieder, 2022.

I. Motivation und Zielsetzung

1 Zur (vermeintlichen) Sicherung der **Unabhängigkeit des Aufsichtsrates** wird seit einigen Jahren im Schrifttum die Installierung eines Budgets für den Aufsichtsrat gefordert, das dieser selbst verwalten kann. Hintergrund sind zum einen Bedenken,

denen zufolge der Vorstand die Arbeit des Aufsichtsrates dadurch beeinträchtigt, dass er Zahlungen nicht vornimmt, auf die ein Anspruch einzelner Aufsichtsratsmitglieder oder eines vom Aufsichtsrat beauftragten Dritten besteht.[1] Zum anderen soll die Möglichkeit des Aufsichtsrats verbessert werden, im Geheimen und vom Vorstand unbeobachtet Ausgaben zu tätigen, damit dieser etwa Compliance-Untersuchungen nicht behindern kann.[2] Diese Besorgnis ist nach dem Wirecard-Skandal sogar in der Politik mit der Folge angekommen, dass das Aufsichtsratsbudget Eingang in einen Antrag der FDP zur Reformierung des Aktienrechts gefunden hat,[3] der allerdings im Bundestag mehrheitlich abgelehnt wurde.

Auf die Unabhängigkeit und Geheimhaltungsmöglichkeit beschränkt sich die Diskussion eines so gestalteten Budgets durchaus nicht. Das Budget soll nämlich – anders als etwa im öffentlichen Haushaltsrecht – die Möglichkeit zur Kostenverursachung keinesfalls einschränken.[4] Vielmehr scheint es einhellige Auffassung der Befürworter zu sein, dass der Aufsichtsrat sein Budget bei Bedarf auch überschreiten darf, da sonst entgegen der ursprünglichen Intention die Erfüllung der Überwachungsaufgabe teilweise verhindert würde.[5] Auf der anderen Seite führt die Einrichtung eines Budgets auch nicht dazu, dass der Aufsichtsrat dieses bedenkenlos ausnutzen darf; jede Verursachung von Kosten ist stattdessen an der Ausrichtung des Unternehmenswohls zu messen[6] (§ 93 Abs. 1 AktG, § 116 S. 1 AktG). 2

II. Meinungsstand

Die Zulässigkeit der Einrichtung eines Budgets wird bisher von der ganz herrschenden Meinung abgelehnt.[7] Dies wird überwiegend damit begründet, dass es an einer gesetzlichen Grundlage dafür fehle.[8] Nach hM ist für die Frage der Finanzplanung und für die Vertretung der Gesellschaft gegenüber einer Bank ausschließlich der Vorstand zuständig.[9] Dies gelte selbst dann, wenn Zahlungsaufträge zur Erfüllung von Verbindlichkeiten erteilt werden, die der Aufsichtsrat begründet oder verursacht hat. Damit unvereinbar sei die Ermächtigung des Aufsichtsrates oder seiner Mitglieder zur Vertretung gegenüber der Bank.[10] 3

---

[1] Fülbier/Pellens/Schmidt DB 2020, M18 (M20).
[2] Strohn FS K. Schmidt, 2019, Bd. II, 463 (468); Schnorbus/Ganzer BB 2019, 258 (266) mwN.
[3] BT-Drs. 19/23120, 3.
[4] Vgl. Strohn FS. K. Schmidt, 2019, Bd. II, 461 (468), der gleichwohl eine Haushaltssperre als ultima ratio für zulässig erachtet.
[5] Vgl. Plagemann NZG 2016, 211 (215); einschr. Schnorbus/Ganzer BB 2019, 258 (270).
[6] E. Vetter, VGR (Hrsg.), Gesellschaftsrecht in der Diskussion, Band 20 (2014), S. 115.
[7] Marsch-Barner/Schäfer Börsennotierte AG-HdB/E. Vetter Rn. 27.90; E. Vetter FS Hopt, 2020, 1363 (1367 ff.); Goette/Arnold AR-HdB/Wasmann/Gärtner § 6 Rn. 199; GroßkommAktG/Hopt/Roth AktG § 111 Rn. 530 f.; MüKoAktG/Habersack AktG § 111 Rn. 102; BeckOGK/Spindler/Mock AktG § 113 Rn. 45; Backhaus/Tielmann/Findeisen AktG § 113 Rn. 15 f.; Kölner Komm AktG/Mertens/Cahn AktG § 112 Rn. 26; Koch AktG § 111 Rn. 40 lehnt hingegen nur einen Anspruch auf ein Budget ab; so auch Arnold ZGR 2014, 76 (96).
[8] Koch AktG § 111 Rn. 40; MüKoAktG/Habersack AktG § 111 Rn. 102; BeckOGK/Spindler/Mock AktG § 113 Rn. 12.
[9] MüKoAktG/Habersack AktG § 111 Rn. 102; BeckOGK/Spindler/Mock AktG § 113 Rn. 45.
[10] Gesellschaftsinterne Zahlungsanweisung bei Zuständigkeit durch AR zulassend MüKoAktG/Habersack AktG § 111 Rn. 102; E. Vetter FS Hopt, 2020, 1363 (1367 ff.).

4 Eine differenzierte Erfassung eines Meinungsstandes der Befürworter[11] wird dadurch erschwert, dass die Positionen im Detail häufig unklar sind. Erkennbar ist nur die gemeinsame Position, dass der Vorstand kein (prohibitives) Recht zur Überprüfung der betreffenden Ausgaben hat, wobei bereits unklar ist, ob damit Kosten des Organs,[12] Aufwendungen der Mitglieder oder aber beides gemeint ist.[13] Unklar sind häufig auch die Rechtsfolgen für den Vorstand und hierbei insbesondere die Frage, ob dieser von einer Prüfungspflicht hinsichtlich der Ausgaben im Rahmen des Budgets entbunden wird und somit auch nicht für überhöhte Zahlungen oder Kosten haftet.[14]

5 In der Literatur wird zudem meist nicht klar, ob das Budget nur regelmäßig anfallende Ausgaben erfassen soll oder der Rahmen auch außerordentliche Ausgaben berücksichtigen kann oder sogar muss. Die Kritiker gehen hierbei regelmäßig davon aus, dass nur regelmäßige Kosten erfasst sind, über deren Veranlassung in der Regel ohnehin kein Streit entsteht.

6 Die Unklarheit besteht indes nicht nur hinsichtlich des Anwendungsbereichs und der Rechtsfolgen, sondern auch hinsichtlich der Ausgestaltung eines Budgets. Meist ist nicht ersichtlich, ob es – wie bisher – bei einem durchsetzbaren Anspruch für Ausgaben und/oder Aufwendungen innerhalb des Budgetrahmens verbleibt. Alternativ ist es ebenso denkbar, dass der **Aufsichtsrat ein eigenes Konto** (oder eine Kontovollmacht der Gesellschaft) erhält, was dazu führt, dass eine Mitwirkung des Vorstands gänzlich entbehrlich würde und der Aufsichtsrat seine Forderungen und/oder seine Kosten selbst bedienen könnte.[15] Daran anschließend wäre zu klären, ob die **Kontovollmacht** unbefristet und/oder unwiderruflich erteilt würde. Wenn in derartigen Fällen dem Vorstand dann noch jeglicher Zugriff und Einblick auf das Konto verwehrt wird, kann dieser auch die Ausgaben des Aufsichtsrats nicht mehr nachvollziehen, so dass diese – zumindest bis zu einer zwingenden Offenlegung in einem Geschäftsbericht – gänzlich im Geheimen getätigt würden.

7 Klarer konturiert ist dagegen die Diskussion über die Frage nach der Zuständigkeit für die Einrichtung eines Aufsichtsratsbudgets. So wird vertreten, dass der Aufsichtsrat selbst dafür zuständig sei;[16] teilweise wird eine Zusammenwirkung mit dem Vorstand für erforderlich gehalten.[17] Eine andere Ansicht setzt die Beschlussfassung der Hauptversammlung in analoger[18] oder erweiternder Auslegung von § 113 AktG, teilweise

---

[11] Grigoleit/Grigoleit/Tomasic AktG § 111 Rn. 68; Bulgrin AG 2019, 101 (106 ff.); Eichner/Leukel AG 2020, 513 Rn. 23 ff.; Gaul AG 2017, 877 (880 f.); Knoll/Zachert AG 2011, 309 (313 ff.); Schnorbus/Ganzer BB 2019, 258 (266 ff.); Theisen AG 2021, 329 (331 ff.); Strohn FS K. Schmidt, 2019, Bd. II, 463 (467 ff.).

[12] So wohl Arbeitskreis Recht des Aufsichtsrats NZG 2021, 477 Rn. 40.

[13] Mit Übersicht über angedachte Kosten Theisen, AG 2018, 589 (598) wobei auch hier nicht klar ist, ob die Organisationskosten oder den Aufwand des einzelnen Aufsichtsratsmitglieds erfassen sollen.

[14] Für umfangreiche Enthaftung Knoll/Zachert AG 2011, 309 (312 f.): Prüfung nur im Rahmen des Aufwendungsersatzes und auch dort nur bei „zulässig" bei Anlass, einschr. MHdB GesR IV/Hoffmann-Becking § 33 Rn. 19: „im Regelfall"; so auch Knoll/Zachert AG 2011, 309 (313); eine Haftungseinschränkung generell ablehnend Hölters/Weber/Groß-Bölting/Rabe AktG § 113 Rn. 31; unklar Schnorbus/Ganzer BB 2019, 258 (267): „keine oder allenfalls stichprobenartig [...]".

[15] So Strohn FS K. Schmidt, 2019, Bd. II, 463 (467 ff.), wobei Kontoeröffnung wohl durch den Vorstand erfolgen muss.

[16] Knoll/Zachert AG 2011, 309 (311 ff.); Diekmann/Wurst NZG 2014, 121 (126 f.); Plagemann NZG 2016, 211 (214 f.).

[17] Tendenz bei Strohn FS K. Schmidt, 2019, Bd. II, 461 (467).

[18] Theisen FS Säcker, 2011, 487 (511); Theisen BFuP 2012, 349 (359); Hennrichs FS Hommelhoff, 2012, 383 (392).

iVm § 104 Abs. 7 AktG[19] voraus, wobei einige wenige Autoren sogar eine Satzungsregelung für erforderlich halten, so dass alle Varianten abgedeckt sind.

III. Zulässigkeit und Voraussetzungen

Für die Frage der Zulässigkeit ist zunächst mit den Befürwortern des Budgets – unabhängig von dessen konkreter Ausgestaltung – festzustellen, dass eine absolute Obergrenze mit der Organisationsverfassung der Aktiengesellschaft nicht vereinbar ist, weil der Aufsichtsrat dadurch bei der Erfüllung seiner Aufgaben behindert würde.[20] Auch der Zweck eines solchen Budgets wird damit nicht erreicht, da der Aufsichtsrat hierdurch kein höheres Maß an Unabhängigkeit erhielte.[21] Dies gilt sowohl für die Fälle, in denen ein anders Organ die Möglichkeiten des Aufsichtsrats beschneidet, als auch für mögliche Fälle der (versuchten) „Selbstverstümmelung" des Aufsichtsrats. Beschränkt sich der Aufsichtsrat durch einen (nichtigen) Beschluss über ein eingerichtetes Budget in seinen Handlungen und vernachlässigt dadurch seine Pflichten, haften die Mitglieder der Gesellschaft möglicherweise für einen daraus entstandenen Schaden.

Zugunsten des Aufsichtsrats kann auch kein eigenes Konto eingerichtet werden, über das dieser qua (unwiderruflicher) Vollmacht verfügen könnte. Dies gilt erst recht für den Fall, dass der Vorstand keine Einsicht in das Konto nehmen kann und insoweit von der Vertretung der Gesellschaft ausgeschlossen werden soll. Die **Abwicklung des Zahlungsverkehrs** sowie der Abschluss und die Durchführung von Verträgen mit Banken sind Aufgaben der Geschäftsführung und obliegen daher dem Vorstand.[22] Auch muss dem Vorstand eine Kontrollmöglichkeit verbleiben, damit dieser seiner Verpflichtung aus § 93 Abs. 3 Nr. 7 AktG nachkommen kann.[23] Schattenkonten des Aufsichtsrats, bei denen das Risiko besteht, dass dieser sich daraus bedient, sind mit diesen Prinzipien nicht vereinbar.[24] Selbst bei Vertretern, die das Letztentscheidungsrecht über die Erstattung von Aufwendungen beim Aufsichtsrat verorten, wird die vorgelagerte Mitwirkung des Vorstands vorausgesetzt. Die Notwendigkeit eines eigenen Kontos für den Aufsichtsrat wird weiterhin dadurch relativiert, dass der Aufsichtsrat zum Abschluss von Verträgen im Rahmen seiner Überwachungstätigkeit ermächtigt ist[25] und somit auch befugt ist, die Erfüllung von Verbindlichkeiten im Rahmen seiner Aufgaben nach § 111 AktG anzuweisen.[26]

Auch eine **Zuständigkeit der Hauptversammlung** über § 113 AktG analog zur Begründung eines Aufsichtsratsbudgets ist nicht gegeben. Zunächst liegt schon keine

---

[19] Bulgrin AG 2019, 101 (107).
[20] Für Zulässigkeit der Selbstbindung jedoch GroßkommAktG/Hopt/Roth AktG § 111 Rn. 531; Plagemann NZG 2016, 211 (215): „Abweichung nur bei besonderem Anlass"; wohl auch Schnorbus/Ganzer BB 2013, 258 (270); ablehnend Knoll/Zachert AG 2011, 309 (313).
[21] Krit. zum Zweck daher K. Schmidt/Lutter/Drygala AktG § 111 Rn. 42b.
[22] MüKoAktG/Habersack AktG § 111 Rn. 102; E. Vetter FS Hopt, 2020, 1363 (1379).
[23] Bulgrin AG 2019, 101 (105 f.).
[24] Zur Prüfungspflicht des Vorstands Koch ZHR 180, 578 (604 ff.).
[25] Vgl. dazu BGH NZG 2018, 629 = NJW-RR 2018, 800.
[26] So auch MüKoAktG/Habersack AktG § 111 Rn. 102; Eichner/Leukel AG 2020, 513 Rn. 28; Hasselbach/Rauch DB 2018, 1713 (1715); Knoll/Zachert AG 2011, 309 (316); Bulgrin AG 2019, 101 (109).

Regelungslücke vor, da für den Ersatz von Aufwendungen bereits eine Zuständigkeit der anderen Organe gegeben ist. Auch die Interessenlage ist nicht vergleichbar, weil § 113 AktG die originäre Befugnis zur Begründung einer Vergütung beinhaltet, wohingegen der Anspruch auf Auslagenersatz bereits dem Gesetz nach besteht. Es ist auch nicht erkennbar, warum die Hauptversammlung für die Budgetplanung zuständig oder besser geeignet sein sollte.

11 Möglich und sinnvoll erscheint zwar eine Budgetierung in der Form, dass der Aufsichtsrat sich selbst einen Rahmen vorgibt,[27] den er mit dem Vorstand abstimmt – etwa für eine Finanzplanung (vgl. § 90 Abs. 1 S. 1 Nr. 1 AktG). Der Aufsichtsrat entscheidet dabei selbst über Kosten, die er als Organ verursacht. Somit muss ihm auch die Möglichkeit – wenn nicht sogar die Verpflichtung – eröffnet werden, dies zu Beginn des Jahres zu planen und sich dadurch eventuell sparsamer zu verhalten. Ein solches Budget kann auch mit dem Vorstand abgesprochen werden, der allerdings dadurch von seiner Pflicht zur Prüfung schon deshalb nicht befreit wird,[28] weil schlichtweg kein Anlass dafür gegeben ist. Die Generierung von Kosten ist nämlich nicht schon deshalb berechtigt, weil sich diese innerhalb einer Planung bewegen.[29]

12 Für die Erstattung von Aufwendungen einzelner Mitglieder nach § 670 BGB ist eine Budgetierung mit der Folge, dass kein Aufwendungsersatz mehr geleistet wird, der über das Budget hinausgeht, nicht möglich. Der **gesetzliche (Individual-)Anspruch eines jeden Organmitglieds** kann nämlich durch ein vom Organ selbst gestricktes Korsett weder beschränkt noch ausgeschlossen werden. Möglich erscheint dagegen die Einrichtung eines Rahmens, der die Angemessenheit der Aufwendungen bestimmt. Hierbei handelt es sich um ein ausformungsbedürftiges Kriterium, das der Aufsichtsrat durch ein Budget ausfüllen kann.

13 Die Einrichtung eines Budgets ist demnach in begrenztem Umfang möglich, jedoch nicht zur Entledigung einer Kontrolle oder Beschränkung einer Haftung geeignet. Lediglich zur Ermöglichung einer besseren Planbarkeit kann der Aufsichtsrat eine (unverbindliche) Budgetplanung beschließen. Ein Budget erscheint zur Sicherung der Unabhängigkeit eines Organs, das über seine Ausgaben und Kosten selbstständig entscheiden kann und dabei nur an das Interesse des Unternehmens gebunden ist, auch nicht geeignet. Da notfalls eine gerichtliche Durchsetzung des Kostenerstattungsanspruchs möglich ist, ist die Notwendigkeit eines Aufsichtsratsbudgets nicht ersichtlich.

14 Für Verträge, die im Namen der Gesellschaft durch den Aufsichtsrat geschlossen werden, besteht innerhalb des Kompetenzrahmens des Aufsichtsrats von vornherein eine unmittelbare Verpflichtung der Gesellschaft – etwa zur Zahlung der vereinbarten Vergütung an Dritte. Ob die Zahlung unmittelbar durch den Aufsichtsrat oder auf dessen Hinweis durch den Vorstand vorgenommen wird, ändert an der Funktionsfähigkeit des Organs nichts. Dem Vertragspartner kommt es ohnehin nicht darauf an, wer eine Zahlung anweist.

15 Für den Fall, dass der Vorstand vorsätzlich und aktiv die Arbeit des Aufsichtsrates zu behindern versucht, ist eine Abberufung und ggf. ein Verlangen nach Schadensersatz

---

[27] So auch K. Schmidt/Lutter/Drygala AktG § 111 Rn. 42b.
[28] Bulgrin AG 2019, 101 (105 f.).
[29] Aus Kostenverantwortung Sensibilisierung ableitend Hennrichs FS Hommelhoff, 2012, 383 (393).

angebracht. Dies sollte dem Vorstand Anreiz genug sein, sein Handeln ausschließlich am Wohle der Gesellschaft auszurichten. Im Übrigen ist die Unabhängigkeit des Aufsichtsrats auch anderweitig hinreichend gesichert; und Streitigkeiten können im erforderlichen Umfang notfalls gerichtlich geklärt werden. Eines Aufsichtsratsbudgets als Instrument zur „Friedenssicherung" bedarf es daher nicht.

D. Steuerrecht

§ 21. Ertragssteuern

Übersicht

	Rn.
I. Einkommensteuer des Aufsichtsratsmitglieds	1
1. Einkunftsart	1
2. Betriebseinnahmen	5
3. Betriebsausgaben	7
4. Beschränkte Steuerpflicht	10
II. Körperschaftsteuerabzug bei der Gesellschaft	12
1. Abzugsbeschränkungen	12
2. Anwendungsbereich	16
3. Rechtsfolgen	20
4. Kritik	21

I. Einkommensteuer des Aufsichtsratsmitglieds

Schrifttum:
Brick, Einnahmen aus nichtselbständiger Arbeit außerhalb des Dienstverhältnisses?, Köln 1992; Dreher, Die Besteuerung der Prämienleistungen bei gesellschaftsfinanzierten Directors and Officers-Versicherungen, DB 2001, 996; Endres, Die Besteuerung grenzüberschreitender Aufsichtsratstätigkeit, PIStB 2007, 255; Felix, Steuerliche Beurteilung der Aufwendungen für Mandatserwerbe an berufsverbandsnahe, gemeinnützige Einrichtungen, BB 1982, 2171; Kästner, Steuerrechtliche Probleme der D&O-Versicherung, DStR 2001, 195; Kaya/Maier, Ertrag- und umsatzsteuerliche Behandlung von Aufsichtsratsvergütungen, NWB 2014, 3620; Leippe, Aufsichtsratsvergütungen eines Beamten, Gemeindehaushalt 1984, 284; Loritz/Wagner, Haftung von Vorständen und Aufsichtsräten: D&O-Versicherungen und steuerliche Fragen, DStR 2012, 2205; Raab, Besteuerung ausländischer Aufsichtsratsmitglieder, RIW 1986, 290; Schüppen/Sanna, D&O-Versicherungen: Gute und schlechte Nachrichten!, ZIP 2002, 550; Woeste, Poolung von Aufsichtsratsvergütungen, BB 1960, 200.

1. Einkunftsart

Bei Mitgliedern des Aufsichtsrates, die in Deutschland unbeschränkt steuerpflichtig 1 sind, ist die Vergütung als **Einkommen aus „sonstiger" selbstständiger Tätigkeit** nach § 2 Abs. 1 Nr. 3 EStG iVm § 18 Abs. 1 Nr. 3 EStG einzuordnen. Aufsichtsrat im steuerlichen Sinne ist, wer mit der Überwachung der Geschäftsführung einer Gesellschaft beauftragt ist, sodass insoweit die gleichen Voraussetzungen bestehen wie bei § 10 Nr. 4 KStG.[1] Unterschiede zwischen Anteilseigner- und Arbeitnehmervertretern macht das Gesetz nicht. Die Vergütung nach § 113 AktG ist demnach immer erfasst. Bei anderen Rechtsformen als der Aktiengesellschaft gilt dasselbe, sofern die dort gewährte Vergütung derjenigen nach § 113 AktG funktional entspricht. Die

---

[1] BFH BStBl. II 1978, 352; Herrmann/Heuer/Raupack/Brandt EStG § 18 Rn. 266; Bordewin/Brandt/Baumgartner/Moritz EStG § 18 Rn. 493.

Bezeichnung der Vergütung ist dabei ebenso unerheblich wie diejenige des Überwachungsorgans (Beirat, Verwaltungsrat etc).

2 Nach der veralteten Rechtsprechung des RFH waren gewährte Vergütungen für die **Tätigkeit eines Rechtsanwalts als Aufsichtsrat** der freiberuflichen Tätigkeit als Rechtsanwalt zuzuordnen.[2] Diese Auffassung wird erkennbar heute nicht mehr vertreten, sodass die verschiedenen Tätigkeiten zu trennen sind.[3]

3 Ist das Aufsichtsratsmitglied **verbeamtet** und übt es in diesem Rahmen auch das **Mandat auf Weisung** aus, ordnet die Rechtsprechung die Vergütung der nichtselbstständigen Tätigkeit zu.[4] Dies gilt allerdings nur für denjenigen Vergütungsanteil, der nicht an den Dienstherren abgeführt wird; der abgeführte Teil ist demnach gar nicht als Einnahme zu erfassen. Die Begründung dafür lautet: Der Beamte empfängt die Vergütung gleich einem Treuhänder und reicht diese auch nur weiter; auch die Tätigkeit selbst wird nur treuhänderisch ausgeübt.[5] In der Literatur wird diese Ungleichbehandlung mit anderen Aufsichtsratsmitgliedern zu Recht kritisiert.[6]

4 Übt ein Aufsichtsratsmitglied seine **Tätigkeit** ausnahmsweise **unentgeltlich** aus (zB weil die Satzung keine Vergütung vorsieht), so hat es auch keine Einkünfte zu versteuern.[7] Aufgrund des regelmäßig vollumfänglichen Erstattungsanspruchs von Aufwendungen wird es im Normalfall hier nicht vorkommen, dass die Ausgaben die Einnahmen überschreiten (zu den Ausnahmen → Rn. 9).[8] Wo dies ausnahmsweise dennoch der Fall ist, ist die – nicht nur vorübergehende – Geltendmachung von Aufwendungen begrenzt. In derartigen Fällen wird das Aufsichtsratsmandat als sog. **Liebhaberei** angesehen,[9] sodass Verluste bei der Ermittlung des zu versteuernden Einkommens nicht berücksichtigt werden. Die Tätigkeit wird stattdessen insgesamt als nicht mehr steuerbar eingeordnet.

2. Betriebseinnahmen

5 Nach § 4 Abs. 3 EStG werden die Einkünfte von Aufsichtsratsmitgliedern regelmäßig durch den Überschuss der Betriebseinnahmen über die Betriebsausgaben ermittelt. Betriebseinnahme ist dabei **neben Geldleistungen jeder geldwerte Vorteil,** der für die Tätigkeit als Aufsichtsratsmitglied zufließt. Dabei ist die reine Aufsichtsratstätigkeit gegenüber anderen Tätigkeiten bei demselben Unternehmen abzugrenzen, insbesondere wenn daneben Beratungsleistungen erbracht werden. Es erscheint dabei konsequent, dass die Trennung des Gesellschaftsrechts zwischen § 113 AktG und § 114 AktG auch steuerlich nachvollzogen wird. Demnach ist die Vergütung nach § 113

---

[2] RFHE 31, 112; zuletzt FG Berlin EFG 1972, 620.
[3] Vgl. Herrmann/Heuer/Raupack/Brandt EStG § 18 Rn. 266; Bordewin/Brandt/Moritz/Baumgartner EStG § 18 Rn. 496; BeckOGK EStG/Levedag EStG § 18 Rn. 484; unklar Schmidt/Wacker EStG § 18 Rn. 97, der auf die Zuordnung des RFH verweist.
[4] BFH 15.3.1957 – VI 84/55 U, BStBl. III 1957, 226.
[5] BFH BStBl. III 1957, 226.
[6] Herrmann/Heuer/Raupach/Brandt EStG § 18 Rn. 268; BeckOK EStG/Levedag EStG § 18 Rn. 483; Brandis/Heuermann/Hutter EStG § 18 Rn. 181; Schmidt/Wacker EStG § 18 Rn. 152; Korn/Korn EStG § 18 Rn. 102; Bordewin/Brandt/Moritz/Baumgartner EStG § 18 Rn. 497.
[7] Vgl. auch zur Steuerbefreiung bei ehrenamtlicher Aufsichtsratstätigkeit in einer kommunalen GmbH BFH DB 2024, 1996.
[8] Vgl. BeckOGK/Spindler/Mock AktG § 113 Rn. 11; MüKoAktG/Habersack AktG § 113 Rn. 24 ff.; wohl anders und auf Reisekosten verweisend Herrmann/Heuer/Raupach/Brandt EStG § 18 Rn. 267.
[9] BFH BStBl. II 2003, 804; Schmidt/Loschelder EStG § 12 Rn. 16.

AktG den Betriebseinnahmen als Aufsichtsrat und die zusätzliche – über die reine Tätigkeit als Aufsichtsrat hinausgehende – Vergütung nach § 114 AktG den Betriebseinnahmen aus derjenigen Tätigkeit zuzuordnen, die das Aufsichtsratsmitglied als Berater inhaltlich erbracht hat (zB Tätigkeit als Rechtsanwalt).

Steuerlich relevant werden Betriebseinnahmen im **Zeitpunkt des Zuflusses,** da 6 § 11 Abs. 1 EStG auch für die – hier einschlägige – Gewinnermittlung nach § 4 Abs. 3 EStG gilt.[10] Somit wird die jährliche Vergütung regelmäßig[11] erst im folgenden Kalenderjahr steuerlich wirksam vereinnahmt; wobei nur kurzfristige Verschiebungen nach § 11 Abs. 1 S. 2 EStG folgenlos bleiben. Praktische Schwierigkeiten haben hierbei die (inzwischen weitgehend aufgegebenen) **Vergütungsmodelle mit Aktienoptionen** bereitet. Hier soll nach hM der Zeitpunkt der Ausübung der Aktienoptionen (zutreffend) die Betriebseinnahme nach Grund und Höhe auslösen.[12] Nimmt der Aufsichtsrat an einem Aktienbezugsprogramm teil, bei dem die Option besteht, die Aktien innerhalb einer Frist wieder zurückzugeben, fließen ihm die Einnahmen ebenfalls schon im Zeitpunkt der Ausübung der Option zu. Einnahmen sind dabei in allen Fällen die Differenz zwischen Ausgabepreis und tatsächlichem Wert zum Zeitpunkt der Ausübung.[13]

3. Betriebsausgaben

Alle Aufwendungen, die durch die Tätigkeit als Mitglied des Aufsichtsrates veranlasst 7 sind (vgl. § 4 Abs. 4–10 EStG), sind als Betriebsausgaben zu erfassen und mindern nach § 4 Abs. 3 EStG die Betriebseinnahmen bei der Ermittlung des steuerlichen Gewinns. Zu den Betriebsausgaben gehören vornehmlich die sitzungsgebundenen Reisekosten, aber auch andere Aufwendungen des Aufsichtsratsmitglieds. Anders als für die zivilrechtliche Erstattungsfähigkeit brauchen die Aufwendungen vorbehaltlich gesetzlich ausdrücklich geregelter Limitierungen weder zweckmäßig noch angemessen zu sein.[14] Erfasst sind deshalb etwa auch die Erfüllung von Schadensersatzansprüchen nach § 93 Abs. 2 AktG iVm § 116 AktG oder die Kosten für einen Vergleich über einen solchen Anspruch.

Bei Aufsichtsratsmitgliedern – insbesondere Arbeitnehmervertretern –, die einen 8 Teil ihrer Vergütung abführen müssen, sind die **abgeführten Beträge** als Betriebsausgaben zu berücksichtigen, wenn vor der Wahl bereits eine Verpflichtung eingegangen wurde.[15] Wird der Betrag ohne Verpflichtung abgeführt, ist dieser lediglich als Spende nach § 10b EStG zu berücksichtigen.[16]

Werden Aufwendungen des Aufsichtsratsmitglieds durch die Gesellschaft erstattet, so 9 stellen sich die Aufwendungen uneingeschränkt als Betriebsausgaben und deren Erstattung ebenso uneingeschränkt als Betriebseinnahmen dar. Werden Aufwendungen hingegen pauschal oder nicht in der tatsächlich angefallenen Höhe von der Gesellschaft

---

[10] So BFH BStBl. II 2000, 121.
[11] Etwas anderes gilt für die Aufsichtsratsmitglieder von Unternehmen mit abweichendem Geschäftsjahr.
[12] BFH BStBl. II 2013, 689 = ZIP 2013, 1858 Rn. 17.
[13] Dazu BFH BStBl. II 2013, 689 = ZIP 2013, 1858 Rn. 16; Brandt BB 2018, 2334.
[14] AllgM; vgl. BFH/NV 2017, 1017.
[15] BFHE 131, 506 = BStBl. II 1981, 29; anders noch BFHE 98, 343 = BStBl II 1970, 379 Ablehnung der Abziehbarkeit unter Anwendung von § 12 Nr. 1 S. 2 EStG.
[16] FG Berlin-Brandenburg DStRE 2009, 1356.

ersetzt, so ist die zweite Alternative zwingend. Diese führt dazu, dass das Aufsichtsratsmitglied überhöhte Aufwandspauschalen wie Vergütungen zu versteuern hat. Eine steuerliche Erfassung beim Aufsichtsratsmitglied wird von vornherein vermieden, wenn Aufwendungen im Namen und für Rechnung der Gesellschaft getätigt werden. In diesem Fall handelt es sich um durchlaufende Posten nach § 4 Abs. 3 S. 2 EStG, die bei der Gewinnermittlung ausgenommen werden. Bei vollständiger (100%iger) Erstattung der konkreten Aufwendungen führen beide Ermittlungsarten – vorbehaltlich unterschiedlicher Zufluss- und Abflussperioden – zum gleichen Ergebnis.

4. Beschränkte Steuerpflicht

10   Bei beschränkt steuerpflichtigen Aufsichtsratsmitgliedern ist für die Tätigkeit als Aufsichtsrat einer Körperschaft mit Sitz im Inland (im Sinne von § 1 KStG) nach § 50a Abs. 1 Nr. 4 EStG ein Steuerabzug durch die Gesellschaft vorzunehmen. Dieser beträgt gem. § 50a Abs. 2 S. 1 Alt. 2 EStG **pauschal 30 % der Vergütung.** Dabei sind ersetzte Aufwendungen nach § 50a Abs. 2 S. 2 EStG nur insoweit zu berücksichtigen, als die tatsächlichen Aufwendungen überstiegen werden, was sich mit dem Begriff des Aufwendungsersatzes deckt. Der Steuerabzug erfolgt in der Form, dass die Gesellschaft 30 % der Vergütung einbehält und diese selbst an das Bundeszentralamt für Steuern abführt (§ 50a Abs. 5 S. 3 EStG). Übernimmt die Gesellschaft ebenfalls die Steuerschuld, ist auch dieser Betrag wiederum zu versteuern, sodass der von der Gesellschaft abzuführende Betrag 42,85 % und 43,89 % bei Berücksichtigung des Solidaritätszuschlages ausmacht.[17] Dieser ist als Vergütung anzusehen und unterliegt bei der Gesellschaft ebenfalls der Abzugsbeschränkung nach § 10 Nr. 4 KStG.

11   Nach Art. 16 OECD-MA 2017 ist auch bei einem **Doppelbesteuerungsabkommen** nach diesem Musterabkommen ein Steuerabzug in dem Land vorzunehmen, in dem die Gesellschaft ihren Sitz hat. Das Doppelbesteuerungsabkommen mit den USA sieht eine Besteuerung am Ort der Tätigkeit vor. Eine überkommene Rechtsprechung des RFH zu einem vergleichbaren Abkommen mit Frankreich stellte dabei auf den Sitz der Gesellschaft ab, womit keine Abweichung von der üblichen Regelung vorliegen würde. Richtigerweise ist daher auf den **Ort der Sitzungen** abzustellen.[18]

II. Körperschaftssteuerabzug bei der Gesellschaft

Schrifttum:
Clemm/Clemm, Die körperschaftsteuerliche Behandlung von Aufsichtsratsvergütungen ist sinn-, system- und verfassungswidrig, BB 2001, 1873; Haarmann, Die Verfassungswidrigkeit der hälftigen Nichtabzugsfähigkeit von Aufsichtsratsvergütungen, FS Endres, 2016, 149; Hey/Hey, Abzugsverbot für Managergehälter, FR 2017, 309; Kästner, Steuerrechtliche Probleme der D&O-Versicherung, DStR 2001, 195; Kästner, Abzugsfähigkeit von D&O-Prämien für Aufsichtsratsmitglieder als Betriebsausgaben, DStR 2001, 422; Kaya/Maier, Ertrag- und umsatzsteuerliche Behandlung von Aufsichtsratsvergütungen, NWB 2014, 3620; Marx, Ertragssteuerliche Qualifikation von Vergütungen für Überwachungsorgane, StuB 2007, 136; Peetz, Aufsichtsratsvergütung als nichtabzugsfähige Betriebsausgaben, GmbHR 2009, 977; Schwan, Steuerliche Begrenzungsmöglichkeiten der Vergütung von Vorstand und Aufsichtsrat, Bonn 2012.

---

[17] Brandis/Heuermann/Reimer EStG § 50a Rn. 63.
[18] Vogel/Lehner/Prokisch OECD-MA 2017 Art. 16 Rn. 28.

1. Abzugsbeschränkungen

Die gezahlte Vergütung an die Aufsichtsratsmitglieder sowie zu deren Gunsten erstattete Auslagen stellen für die Gesellschaft **Betriebsausgaben** dar und wären demnach nach § 4 Abs. 4 EStG iVm § 8 Abs. 1 S. 1 KStG abzugsfähig. Für die Vergütung sieht § 10 Nr. 4 KStG allerdings vor, dass eine **Hälfte der Vergütung nicht abziehbar** ist. Damit ist nicht ausgesagt, dass die Vergütung insoweit keine Betriebsausgabe ist;[19] es wird lediglich deren Nichtabziehbarkeit angeordnet.[20] Dies führt dazu, dass für die Hälfte der Aufsichtsratsvergütung zusätzlich Körperschaftssteuer anfällt, sodass zumindest eine teilweise Doppelbelastung der Gesellschaft erfolgt. Auslagenersatz unterliegt dagegen keiner solchen Abzugsbeschränkung. Daher ist auch aus steuerrechtlicher Sicht eine Abgrenzung erforderlich. So spielt etwa die Frage der Einordnung von D&O Versicherungsprämien ebenfalls eine Rolle.[21] Hier lehnt die Verwaltung zuletzt – der auch hier vertretenen zivilrechtlichen Einordnung folgend (→ § 6 Rn. 20 f.) – einen Vergütungscharakter der Prämienzahlungen ab.[22]

Ein Abzugsverbot für die Vergütung der Aufsichtsratstätigkeit sah erstmals das KStG 1934[23] vor. Danach war noch die **gesamte Vergütung nicht abziehbar**. Damit sollte verhindert werden, dass die Vergütungen an die Aufsichtsräte erfolgten, um eine Gewinnausschüttung zu umgehen, quasi im Wege einer verdeckten Gewinnausschüttung erfolgten.[24]

Zweck der Vorschrift des § 10 Nr. 4 KStG ist **die Vermeidung von überhöhten Aufsichtsratsvergütungen** im Interesse der Aktionäre, der Gläubiger und der Allgemeinheit.[25] Ob die Norm tatsächlich dem Interesse der Aktionäre Rechnung trägt, welche die Höhe der Vergütung ja selbst bestimmen, ist durchaus kritisch zu betrachten. Schlussendlich sind es die Aktionäre, die durch die Doppelbelastung einen Nachteil erleiden. Erschwerend kommt hinzu, dass ein Teil der Vergütung für die Arbeitnehmervertreter gewährt wird. Die Norm wurde jedoch vom BVerfG 1972 als verfassungskonform angesehen (zur Kritik → Rn. 21),[26] womit die Frage für die Praxis zunächst geklärt war.

Im Rahmen des KStReformG 1976[27] sah der Entwurf zunächst einen Wegfall der Abzugsbeschränkung vor. Im Rahmen der Ausschussarbeit des Finanzausschusses wurde jedoch eine hälftige Abzugsbeschränkung eingeführt.[28]

---

[19] Zumindest unklar Goette/Arnold AR-HdB/Wasmann/Gärtner § 6 Rn. 110.
[20] BVerfGE 34, 103 = NJW 1973, 500; BFH GmbHR 2008, 329 (330); BFHE 89, 73 = BStBl. III 1967, 540 = NJW 1967, 2179; Tipke/Lang SteuerR/Hey Rn. 11.48; Rödder/Herlinghaus/Neumann/Paetsch KStG § 10 Rn. 2; Gosch KStG/Märtens KStG § 10 Rn. 1; Streck/Olgemöller KStG § 10 Rn. 30; Lambertz in Braun/Günther, Steuer-Handbuch des Rechtsanwalts, 1989, S. 4 f.: „unter Körperschaft, nicht abziehbare Aufwendungen"; Herrmann/Heuer/Raupack/Dürrschmidt KStG § 10 Rn. 8; Tipke NJW 1980, 1079 (1082).
[21] Vgl. Rödder/Herlinghaus/Neumann/Paetsch KStG § 10 Rn. 87; Kästner DStR 2001, 422 (424).
[22] FinMin Nds. 25.1.2002 – S 2332 - 161 – 35, DB 2002, 399; so auch Herrmann/Heuer/Raupack/Dürrschmidt KStG § 10 Rn. 91.
[23] Gesetz vom 16.10.1934, RGBl. 1934 I 1031.
[24] Vgl. BT-Drs. 7/5310, 8; BeckOK KStG/Pohl KStG § 10 Rn. 68.
[25] Vgl. BVerfGE 34, 103 (108) = NJW 1973, 500 (502); dazu auch BT-Drs. 7/5310, 8.
[26] BVerfGE 34, 103 = NJW 1973, 500.
[27] Gesetz vom 31.8.1976, BGBl. 1976 I 1006.
[28] Vgl. BT-Drs. 7/5310, 8.

2. Anwendungsbereich

16 Die eingeschränkte Abzugsfähigkeit beschränkt sich auf die **Vergütung** derjenigen Personen, die mit der **Überwachung der Geschäftsführung beauftragt** sind; namentlich Mitglieder des Aufsichtsrats und des Verwaltungsrats. Davon erfasst sind auch **geldwerte Vorteile.** Daher ist die gesamte Vergütung zu Grunde zu legen, die gerade für das Mandat gewährt wird. Leistet die Gesellschaft auf steuerliche Verpflichtungen des Aufsichtsratsmitgliedes wegen der Vergütung, ist auch der übernommene Steuerbetrag Teil der Vergütung und nur beschränkt abzugsfähig. Anderes gilt für Beratungshonorare, auch wenn diese an ein Aufsichtsratsmitglied gezahlt werden; hier besteht kein Abzugsverbot.[29]

17 Das hälftige Abzugsverbot gilt auch für denjenigen Teil der **Vergütung,** den das Aufsichtsratsmitglied aufgrund beamtenrechtlicher Vorschriften oder sonstiger Vereinbarungen **abführen muss.** Zahlungen an Hilfspersonen des Organs Aufsichtsrat durch die Gesellschaft sind als Aufwendungen des Aufsichtsrats dagegen vollständig abzugsfähig. Nicht unter das Abzugsverbot fallen Leistungen, die über das Aufsichtsratsmandat hinausgehen, mithin solche, die auf Grundlage von § 114 AktG erbracht werden.

18 In den Anwendungsbereich fällt die Vergütung für **alle Aufsichtsräte,** ungeachtet der Frage, ob diese **obligatorisch oder fakultativ** sind. Unbeachtlich ist auch die Bezeichnung. Wird ein Organ mit der Überwachung betraut, aber etwa als Beirat bezeichnet, ist die geleistete Vergütung mit derjenigen nach § 113 AktG funktionsgleich. Dagegen ist die Vergütung für solche Organe oder Gremien nicht erfasst, deren Aufgabe eine andere ist als die Überwachung der Geschäftsführung; auch dabei kommt es nicht auf die Bezeichnung an. Eine offensichtliche Umgehung dürfte es jedoch darstellen, wenn neben dem unentgeltlich tätigen Aufsichtsrat ein personenidentischer vergüteter Beirat errichtet wird, was insbesondere bei der GmbH & Co. KG in Betracht kommen kann, wenn dort neben dem Aufsichtsrat der (Komplementär-) GmbH bei der KG ein Beirat eingerichtet und nur dieser vergütet wird.[30]

19 Zahlt der Aufsichtsrat einen Teil seiner Vergütung an die Gesellschaft zurück, etwa wegen möglicher Überzahlung, muss im Umkehrschluss gelten, dass dieser Teil bei der Ermittlung der Steuer nur zur Hälfte als Betriebseinnahme zu berücksichtigen ist.[31]

3. Rechtsfolgen

20 Ist der Anwendungsbereich eröffnet, wird die Vergütung dennoch zunächst als Aufwand innerhalb der Bilanz erfasst. Erst in einem zweiten Schritt wird die Hälfte der Vergütung außerhalb der Bilanz wieder hinzugerechnet und so die Steuerschuld erhöht.[32]

---

[29] BeckOGK/Spindler/Mock AktG § 113 Rn. 21.
[30] Kusterer EStB 2002, 247 (248); so auch für den Fall der GmbH Streck/Olgemöller KStG § 10 Rn. 31.
[31] Rödder/Herlinghaus/Neumann/Paetsch KStG § 10 Rn. 94; Herrmann/Heuer/Raupack/Dürrschmidt KStG § 10 Rn. 43; zu § 10 Nr. 2 auch BFHE 240, 246 = BStBl. II 2013, 1048 = GmbHR 2013, 652.
[32] BFHE 227, 469 (472) Rn. 12 = BStBl. II 2012, 688 Rn. 12 = GmbHR 2010, 377 Rn. 12.

4. Kritik

Bereits die vorangegangene Regelung, nach der der Abzug der Vergütung vollständig 21 ausgeschlossen war, wurde aus rechtspolitischer, aber auch verfassungsrechtlicher Sicht kritisiert.[33] Diese Kritik hält an, auch wenn nunmehr immerhin ein beschränkter Abzug möglich ist. Insbesondere die rechtspolitische Kritik nimmt weiter zu, da das Ziel der Verhinderung von überhöhter Aufsichtsratsvergütung nach nahezu allgemeiner Meinung längst erreicht wurde und Einschränkungen insoweit nicht mehr geboten sind.[34] Vielmehr wird nunmehr eine Professionalisierung des Aufsichtsrates verlangt. Aber auch die verfassungsrechtliche Kritik hält trotz der Bestätigung durch das BVerfG[35] an. Die Entscheidung des BVerfG stützt sich auf die Feststellung, dass das Steuerrecht nicht erkennen lasse, dass der Besteuerung das Nettoprinzip zu Grunde gelegt werden solle; also nicht auf die Reineinkünfte abgestellt werden soll. Der Gesetzgeber habe sich zu einem solchen Prinzip nicht bekannt, da erkennbar Ausnahmetatbestände existieren, nach denen Aufwendungen nicht berücksichtigungsfähig sein sollen. Zudem sei es dem Gesetzgeber überlassen, ob er aus gesellschaftspolitischen Gründen eine überhöhte Vergütung des Aufsichtsrates auch auf diesem Wege verhindern wolle.[36]

§ 22. Umsatzsteuer

Schrifttum:

Binnewies/Esteves Gomes, Umsatzsteuer für Aufsichtsratstätigkeit weiter unklar: Was tun?, AG 2020, 249; Feldt, Aufsichtsratsmitglied mit Fixvergütung ist kein Unternehmer, MwStR 2020, 394; Gries/Pickelmann/Rüttler, Umsatzsteuerliche Behandlung von Aufsichtsräten, MwStR 2022, 417; Haßa/Baumgartner, Umsatzsteuer bei Aufsichtsratsvergütungen im Finanzdienstleistungssektor – Handlungsempfehlungen für Aktiengesellschaften und Aufsichtsräte, BB 2022, 2071; Hiller, Zur Umsatzsteuerpflicht von Aufsichtsräten – droht die Implosion der allgemeinen Umsatzsteuer?, UR 2022, 521; Masuch/Fetzer, Die Unternehmereigenschaft von Aufsichtsräten, DStR 2022, 385; Nücken, Die Umsatzsteuer bei Aufsichtsrat, Beirat & Co. – Worauf ist jetzt zu achten?, AR 2022, 8; Streit/Zawatson, Die Unternehmereigenschaft von Aufsichtsrats- und Verwaltungsratsmitgliedern, DB 2021, 2309; v. Wallis, Zur Unternehmereigenschaft von Aufsichtsratsmitgliedern, WPg 2020, 858.

Bislang entsprach es nahezu einhelliger Meinung, dass die Vergütung des Aufsichtsrates 1 der Umsatzsteuer unterliegt. Dies galt zumindest, soweit nicht die Kleinunternehmerregelung nach § 19 Abs. 1 UStG in Anspruch genommen wurde. Nach der Rechtsprechung des EuGH vom 13.6.2019[1] ist die Tätigkeit eines Aufsichtsrates jedoch nicht immer **unternehmerische Tätigkeit,** was nach § 2 Abs. 1 UStG Voraussetzung für die Erhebung der Umsatzsteuer ist. Eine unternehmerische Tätigkeit liege

---

[33] E. Vetter ZIP 2008, 1(2): „Absurdität"; Lau BB 1964, 1207; Jünger DB 1976, 1122; Jurkat WPg 1976, 513 (518).
[34] Clemm/Clemm BB 2001, 1873; Kästner DStR 2001, 422; Götz AG 1995, 337 (351); Hey DStR-Beih. 2009, 109; Marx StuB 2007, 136; Ehmcke DStJG 20 (1997), 257 (274 f.); wohl auch Hey/Hey FR 2017, 309; Streck/Olgemöller KStG § 10 Rn. 30: untaugliches Mittel und daher abzulehnen; krit., aber Verfassungsmäßigkeit annehmend, Brandis/Heuermann/Pfirrmann KStG § 10 Rn. 80; Gosch KStG/Märtens KStG § 10 Rn. 40; Lippross/Seibel SteuerR/Kluth KStG § 10 Rn. 40; aA (krit. hinsichtlich der konkreten Höhe) Peetz GmbHR 2009, 977 (982 f.); Peetz AG 2009, 192 (193).
[35] BVerfG NJW 1973, 500 (501).
[36] BVerfG NJW 1973, 500 (502).
[1] EuGH ECLI:EU:C:2019:490 – „IO" = AG 2019, 604 = DStR 2019, 1396.

zumindest dann nicht vor, wenn eine feste Vergütung gewährt wird, da in diesem Fall kein wirtschaftliches Risiko getragen werde.[2] Zudem agiere ein Aufsichtsratsmitglied nicht auf eigene Rechnung und im eigenen Namen, sodass nicht in eigener Verantwortung gehandelt werde. Auch gegenüber der Gesellschaft werde im Namen des Gesamtaufsichtsrates gehandelt und die Tätigkeit nicht individuell ausgeübt.[3] Schlussendlich beziehe sich das Ergebnis auf die Feststellung der fehlenden Unternehmereigenschaft jedoch ausdrücklich nur auf das fehlende wirtschaftliche Risiko.[4] Somit ist unklar, ob nun die feste Vergütung im Vordergrund steht oder auch die Frage des Handelns in eigener Verantwortung eine entscheidende Rolle spielen soll.

2 Der BFH[5] hat sich der Ansicht des EuGH angeschlossen und konnte sich im entscheidenden Fall auf das **fehlende wirtschaftliche Risiko der Aufsichtsratstätigkeit** beschränken. Ob die Tätigkeit sonst unternehmerischer Natur ist, wurde ausdrücklich offengelassen. Die Finanzverwaltung[6] hingegen grenzt hier allein über die Festvergütung ab. Dabei wird nach Abschn. 2.2 Abs. 3a S. 5 UStAE davon ausgegangen, dass bei variablen Vergütungsbestandteilen im betreffenden Kalenderjahr von **mindestens 10 % der gesamten Vergütung** ein wirtschaftliches Risiko getragen wird und deshalb eine unternehmerische Tätigkeit vorliegt. Insbesondere Sitzungsgelder stellen nach Abschn. 2.2 Abs. 3a S. 4 UStAE dabei eine variable Vergütung dar, wobei nur die zu Beginn des Geschäftsjahrs geplanten Sitzungen berücksichtigt werden (Abschn. 2.2 Abs. 3a S. 10 UStAE).[7] Wie die Berücksichtigung sonstiger variabler Bestandteile erfolgt, wird nicht erläutert. Insbesondere bei fehlender Begrenzung einer variablen Vergütung, die in der Regel jedoch nur einen geringen Anteil unter 10 % ausmacht, ist unklar, wieweit diese zu berücksichtigen ist. Die Anordnung nach Abschn. 2.2 Abs. 3a S. 11 UStAE, wonach der Beginn des Geschäftsjahres maßgeblich ist und Änderungen unberücksichtigt bleiben, bezieht sich weder ausdrücklich auf alle Bestandteile noch wird diese ausdrücklich auf das Sitzungsgeld beschränkt. Da der Anteil einer unbeschränkten variablen Vergütung zu Beginn des Jahres nicht feststeht, werden sich bei der Anwendung noch zahlreiche Probleme ergeben. Die steuerliche Ungewissheit kann hinreichender Grund sein, von variablen Vergütungen Abstand zu nehmen.[8]

3 Im Urteil des EuGH wird darauf abgestellt, dass bei fehlender variabler Vergütung kein „nennenswerter" Einfluss auf die Einnahmen vorliege,[9] was jedoch Voraussetzung für eine Unternehmereigenschaft sei. Davon ausgehend würde es darauf ankommen, welcher Anteil nennenswert sei. Ob dies schon bei 10 % der Fall ist, ist durchaus fraglich, da insbesondere ein echtes Risiko im Sinne eines Verlusts kaum erkennbar ist und die Erwägungen zum Fehlen eigener Verantwortung weiterhin greifen. Nicht zu „beanstanden" ist nach Abschn. 2.2 Abs. 3a S. 16 UStAE auch die Einordnung als

---

[2] EuGH ECLI:EU:C:2019:490 – „IO" = AG 2019, 604 Rn. 42 ff. = DStR 2019, 1396 Rn. 42 f.; so nun auch für den Verwaltungsrat einer luxemburgischen Aktiengesellschaft EuGH ECLI:EU:C:2023:1024 DStR 2024, 11.
[3] EuGH DStR 2019, 1396 Rn. 39, 41.
[4] EuGH DStR 2019, 1396 Rn. 42 f.
[5] BFHE 267, 189 = BStBl. II 2021, 542 = AG 2020, 253 = ZIP 2020, 363.
[6] BMF 8.7.2021 – BStBl. I 2021, 919.
[7] Gegen eine Berücksichtigung von Sitzungsgeldern dagegen FG Köln AG 2024, 332.
[8] Zur Möglichkeit nachträglicher Korrekturen FG Köln AG 2024, 332.
[9] EuGH DStR 2019, 1396 Rn. 42.

nicht-selbstständig, wenn **Beamte und öffentlich Bedienstete** auf Veranlassung ihres Dienstherrn tätig werden und einen Teil der Vergütung abzuführen haben. Zudem ist in Abschn. 2.2 Abs. 3a S. 13 UStAE vorgesehen, dass weitere Ausnahmen von der 10%-Hürde gemacht werden können; ohne dass jedoch Kriterien dafür genannt werden.

In der Regel wird zukünftig keine Umsatzsteuer mehr anfallen, da das Sitzungsgeld als einziger variabler Vergütungsbestandteil in aller Regel einen zu geringen Teil der Vergütung (also unter 10% derselben) ausmacht. In den **Ausnahmefällen einer zusätzlichen echten variablen Vergütung** ist die Anwendung durch die Finanzverwaltung kaum absehbar. Auch ist im Einzelfall zu entscheiden, ob sich der Vorsteuerabzug für das Aufsichtsratsmitglied lohnt,[10] oder ob die Kosten für den zusätzlichen organisatorischen Aufwand den Nutzen übersteigen, da sämtliche Aufwendungen ohnehin ersetzt werden. Zudem hat die Rechtsprechung erkennen lassen, dass die variable Vergütung nicht als einziges Kriterium für die unternehmerische Tätigkeit herangezogen wird. Es gibt demnach gute Argumente, auch in Fällen höherer variabler Vergütung keine Unternehmereigenschaft anzunehmen;[11] zumindest die Grenze von 10% erscheint als zu niedrig bemessen.[12]

Mit der Anwendung des UStAE sind zwei Folgefragen verbunden. Zum einen geht es um die **Zulässigkeit des Vorsteuerabzugs bei der leistenden Gesellschaft** insbesondere für den Fall, dass ein Aufsichtsratsmitglied unberechtigterweise Umsatzsteuer berechnet und vereinnahmt. Hier verbietet Abschn. 2.2 Abs. 3a UStAE ab dem VZ 2022 jedwede umsatzsteuerliche Divergenz zwischen den beteiligten Steuersubjekten. Die Gesellschaft ist daher nur dann zum Vorsteuerabzug berechtigt, wenn die Vergütung für das konkrete Mandat der Umsatzsteuer unterfällt (eingeführt wurde der entsprechende Abschnitt erstmalig zum 8.7.2021 (III C 2- S 7104/19/100001:003). Am 29.3.2022 wurde der Abschnitt erweitert und die Abgrenzung zur variablen Vergütung (vermeintlich) klargestellt (III C 2 – S 7104/19/10001:005). Zum anderen stellt sich beim Aufsichtsratsmitglied als Leistungserbringer die Frage, ob er für seine **mit der Aufsichtsratsvergütung verbundenen Aufwendungen** eine Vorsteuererstattung geltend machen kann. Dieser Fragenkreis wird umso komplexer, je mehr Mandate ein Aufsichtsratsmitglied ausübt. Unklar bleibt auch, wie häufig sich auf der Zeitleiste eine hinreichende Dominanz der variablen Vergütung zeigen muss, um die 10%-Grenze zu gefährden: Ist die Grenze von 10% einmalig überschritten, gilt ab dann für die Zukunft dauerhaft, dass Umsatzsteuer abzuführen ist? Dies kann insbesondere dazu führen, dass in einigen Mandaten Umsatzsteuerpflichtigkeit besteht und in anderen nicht. Dann wäre auch beim Vorsteuerabzug für Aufwendungen zu differenzieren, was zu erheblichen Schwierigkeiten führt. Bei Aufwendungen für verschiedene Mandate besteht die Vorsteuerabzugsberechtigung nur für den Teil, der auf umsatzsteuerpflichtige AR-Mandatsverhältnisse entfällt (§ 15 Abs. 4 S. 1 UStG).

---

[10] Binnewies/Esteves Gomes AG 2020, 249 (250).
[11] So auch Nücken AR 2022, 8 (9 f.); ohne Abstellen auf den Anwendungserlass Binnewies/Esteves Gomes AG 2020, 249 (250).
[12] So auch Nücken AR 2022, 8 (10).

E. Die Aufsichtsratskompensation in der SE

§ 23. Allgemeines

Schrifttum:
Bachmann, Der Verwaltungsrat in der monistischen SE, ZGR 2008, 779; M. Bauer, Organstellung und Organvergütung in der monistisch verfassten Europäischen Aktiengesellschaft (SE), 2008.

Die SE-VO beinhaltet keinerlei Regelungen zur Vergütung von Verwaltungsratsmitgliedern. Für die **monistisch verfasste SE** gilt dasselbe für die deutsche Ausführungsgesetzgebung mit der Folge, dass (nach Art. 9 Abs. 1 lit. c Ziff. ii SE-VO) §§ 113, 114 AktG uneingeschränkt Anwendung finden. Im Ergebnis gilt für die **dualistisch verfasste SE** nichts anderes. Zwar existiert für diese mit § 38 SEAG eine Spezialvorschrift. Diese verweist jedoch in Abs. 1 hinsichtlich der Vergütung auf § 113 AktG und in Abs. 2 hinsichtlich vergütungspflichtiger Verträge mit Verwaltungsratsmitgliedern auf § 114 AktG. 1

Keinerlei Besonderheiten gelten für den **Anspruch auf Auslagenersatz**. Da die SE-VO hierzu ebenfalls keinerlei Regelungen kennt, verbleibt es insoweit uneingeschränkt bei der Anwendung der §§ 670, 675 BGB (→ § 16 Rn. 8). 2

§ 24. Rechtsformspezifische Besonderheiten

Auch bei der SE unterliegt die Vergütungshöhe gemäß § 113 Abs. 1 S. 3 AktG dem Angemessenheitsgrundsatz. Allerdings werden bei dessen Beurteilung gelegentlich **rechtsformspezifische Angemessenheitskriterien** angelegt. So soll die höhere Beanspruchung eines SE-Verwaltungsratsmitglieds in der monistisch strukturierten SE gegenüber dem Aufsichtsratsmitglied einer AG grundsätzlich eine höhere Vergütung rechtfertigen.[1] Dem ist für die monistisch verfasste SE zuzustimmen. Anders als beim Aufsichtsrat der AG handelt es sich bei deren Verwaltungsrat um das oberste Geschäftsführungsorgan, dem die Gesamtverantwortung für die Leitung des Unternehmens obliegt. Hierin liegt der sachliche Grund für eine prinzipiell erhöhte Vergütung. Keinen solchen Grund liefert hingegen eine **Doppelfunktion als Verwaltungsratsmitglied und geschäftsführender Direktor**. Zwar ist der zeitliche Mehraufwand hier unbestritten. Dieser mag jedoch über einen Direktoren-Anstellungsvertrag kompensiert werden; eine höhere Vergütung als Verwaltungsrat ist dagegen mit der Doppelfunktion allein nicht zu rechtfertigen.[2] 1

---

[1] Drastisch insoweit BR-Stellungnahme zum RegE SEAG BT-Drs. 15/3656, 5: „Mit dieser Rechtsstellung ist es kaum zu vereinbaren, die Mitglieder des Verwaltungsrates etwa im Bereich der Vergütung (§ 38 Abs. 1 SEAG-E) pauschal auf die für den deutschen Aufsichtsrat geltenden Vorschriften zu verweisen"; in der Sache ebenso Kölner Komm AktG/Siems § 38 Rn. 6 und Anh. Art. 51 SE-VO; Habersack/Drinhausen/Verse SEAG § 38 Rn. 8; Bachmann ZGR 2008, 779 (795); Kort FS Hüffer, 2010, 483 (497).

[2] IErg auch Habersack/Drinhausen/Verse SEAG § 38 Rn. 8.

2 Eine weitere rechtsformspezifische Besonderheit betrifft die variable Vergütung der Verwaltungsmitglieder durch **Zuteilung von Aktienoptionen**. Während diese für die deutsche Aktiengesellschaft vom BGH untersagt wurde,[3] ist die Begründung dieser Rechtsprechung für eine Übertragung auf den Verwaltungsrat einer monistisch verfassten SE noch weniger überzeugend. Die Gleichschaltung von Vergütungsinteressen des Geschäftsführungs- und Kontrollorgans ist hier insofern weniger einschneidend, als der Verwaltungsrat – auch in der Person nicht-geschäftsführender Direktionsmitglieder – selbst Geschäftsführungsorgan ist. Insofern spricht nichts dagegen, seinen Mitgliedern Aktienoptionen als variablen Vergütungsbestandteil zu gewähren.[4]

---

[3] Vgl. BGHZ 158, 122 = AG 2004, 265 = NJW 2004, 1109 = NZG 2004, 376 = ZIP 2004, 613.
[4] HL; vgl. M. Bauer, Organstellung und Organvergütung, 2008, S. 122 ff.; Kölner Komm AktG/Siems SEAG § 38 Rn. 8 und Anh. Art. 51 SE-VO; Lutter/Hommelhoff/Teichmann SEAG § 38 Rn. 8; Lutter/Kollmorgen/Feldhaus BB 2005, 2473 (2480); Bachmann ZGR 2008, 779 (795 ff.); aA Oechsler NZG 2005, 449 (450 f.).

F. Die Aufsichtsratskompensation in der KGaA

§ 25. Allgemeines

Signifikante Abweichungen gegenüber der Aktiengesellschaft sind bei der Aufsichts- 1
ratsvergütung in der Kommanditgesellschaft auf Aktien (KGaA) nicht zu erkennen. Im Gegenteil stellt die KGaA die „Urform" der Regelungsmaterie für die Aufsichtsratsvergütung dar (→ § 1 Rn. 2). Aktuell richtet sich die Vergütung des Aufsichtsgremiums durch **vollumfängliche Verweisung** in § 278 Abs. 3 AktG nach den aktienrechtlichen Bestimmungen der §§ 113, 114 AktG. Dies verwundert insofern, als der Aufsichtsrat in der KGaA im Hinblick auf die Besetzung des Geschäftsführungsorgans keinerlei Personalhoheit – und somit **einen deutlich verminderten Verantwortungsumfang** – besitzt. Auch autonom erstellte Zustimmungskataloge im Sinne des § 111 Abs. 4 S. AktG gibt es wegen des Verweises in § 278 Abs. 2 AktG auf das Recht der Kommanditgesellschaften nicht. Entsprechende Satzungsregelungen wären zwar zulässig,[1] sind aber in der Praxis eher selten.[2] Insofern wäre eine gegenüber der AG verringerte Aufsichtsratsvergütung durchaus zu rechtfertigen. Belegbar ist ein solcher Unterschied in der Praxis jedoch nicht.

---

[1] HM; vgl. MüKoAktG/Perlitt AktG § 278 Rn. 193; GroßkommAktG/Sethe AktG § 287 Rn. 44; BeckOGK/Bachmann AktG § 287 Rn. 17.
[2] Anders bei Henkel, Merck, Fresenius und Fresenius Medical Care.

G. Die Aufsichtsratskompensation in der GmbH

§ 26. Allgemeines

Schrifttum:

Lieder/Becker/Hoffmann, Innenrecht, Haftung und Vergütung fakultativer Aufsichtsgremien, GmbHR 2021, 957; Rohde, Beratungsverträge zwischen der GmbH und ihrem Aufsichtsratsmitglied, GmbHR 2007, 1128; Scheuffele/Baumgartner, Beratungsverträge einer GmbH mit Mitgliedern ihres (mitbestimmten) Aufsichtsrats, GmbHR 2010, 400; Ullrich, Beratungsverträge mit Aufsichtsratsmitgliedern, GmbHR 2012, 1153; Weiss, Beratungsverträge mit Aufsichtsrats- und Beiratsmitgliedern in der Aktiengesellschaft und der Gesellschaft mit beschränkter Haftung, BB 2007, 1853.

I. Einschlägiges Normengefüge

Das GmbHG enthält keine eigenen Regelungen für den Aufsichtsrat. Die rechtliche 1 Begründung (bzw. Ablehnung) einer **Vergütung** der Mitglieder des Aufsichtsrats in mitbestimmten Gesellschaften mit **obligatorischem Aufsichtsrat** folgt über Verweisungen in den jeweiligen mitbestimmungsrechtlichen Normen auf § 113 AktG durchweg dem Recht der Aktiengesellschaft.[1] Gleiches gilt im Ergebnis durch die Verweisung in § 52 Abs. 1 GmbHG für die Rechtslage beim **fakultativen Aufsichtsrat,** soweit der Gesellschaftsvertrag keine abweichende Regelung trifft.[2] Bei der nur entsprechenden Anwendung des AktG ist insbesondere zu berücksichtigen, dass die GmbH grundsätzlich ein anderes Kompetenzgefüge als die Aktiengesellschaft vorsieht.[3] Unstreitig ist daher, dass eine Regelung im Gesellschaftsvertrag und/oder ein Beschluss der Gesellschafterversammlung stets eine rechtsgültige Anspruchsgrundlage für eine Aufsichtsratsvergütung abgeben.[4] Die Vorschrift des § 113 AktG ist bei Vorhandensein derartiger Regelungen mithin lediglich sprachlich modifiziert auf die Gesellschafterversammlung zu übertragen.

Der partielle Verweis über § 52 Abs. 1 GmbHG auf die Vorschriften des Aktien- 2 gesetzes führt zu einer entsprechenden Anwendung derselben. Die Anwendung der dort genannten Vorschriften ist dispositiv und kann im Gesellschaftsvertrag abweichend geregelt sein. Die geltende Fassung des § 52 Abs. 1 GmbHG besteht bereits seit dem 1.1.1966 (BGBl. 1965 I 1185; vgl. § 32 EGAktG), wobei seitdem einige weitere Normen des AktG in die Verweisung mit aufgenommen worden sind. Ein Versuch, das GmbHG um **eigene Regelungen für den Aufsichtsrat** zu erweitern, ist im Jahr 1973 gescheitert,[5] wobei die inhaltlichen Abweichungen für den Aufsichtsrat marginal gewesen wären.[6]

---

[1] Vgl. § 25 Abs. 1 Nr. 2 MitbestG; § 1 Abs. 1 Nr. 3 S. 2 DrittelbG; § 3 Abs. 2 MontanMitbestG; § 18 Abs. 2 S. 3 KAGB.
[2] Voraussetzung ist, dass ein echter Aufsichtsrat besteht, dazu Habersack/Casper/Löbbe/Heermann GmbHG § 52 Rn. 17 ff.; MHLS/Giedinghagen GmbHG § 52 Rn. 400 f.
[3] MüKoGmbHG/Spindler GmbHG § 52 Rn. 14.
[4] AllgM, vgl. nur Habersack/Casper/Löbbe/Heermann GmbHG § 52 Rn. 123.
[5] BT-Drs. 7/253, dort Regelungen zur Vergütung auf S. 31 bzw. unter § 108.
[6] Zu anderen Inhalten der Reform MüKoGmbHG/Fleischer Einl. Rn. 98 ff.

3   Anwendungsvoraussetzung des § 52 Abs. 1 GmbHG ist, dass das betreffende Organ **funktional** überhaupt **einen Aufsichtsrat darstellt.** Die Qualifikation als Aufsichtsrat setzt Weisungsfreiheit und die Kompetenz zur Überwachung der Geschäftsführung voraus.[7] Liegen diese Voraussetzungen nicht vor, verwendet man landläufig die Begriffe **Beirat oder Verwaltungsrat;** für derartige Gremien gilt § 52 GmbHG nicht.

4   Soweit die Satzung einen fakultativen Aufsichtsrats vorsieht oder vorschreibt, sind in der Praxis hauptsächlich drei Erscheinungsformen zu beobachten: Am häufigsten (etwa zu 55 %) ist ein Aufsichtsrat bei GmbHs der öffentlichen Hand – und dort wiederum zumeist auf kommunaler Ebene – zu finden.[8] Dadurch soll die Einhaltung der kommunal- und haushaltsrechtlichen Anforderungen gewährleistet werden. Daneben stehen private GmbHs und gemeinnützige GmbHs zu etwa gleichen Teilen.[9] Für die Schaffung von Aufsichtsräten bei einer GmbH in privater Hand kommen primär zwei Gründe in Betracht. Entweder handelt es sich um Gesellschaften mit einer größeren Zahl von Anteilseignern, was in der Praxis den Hauptfall darstellt.[10] Bei diesen Unternehmen besteht der Aufsichtsrat häufig ausschließlich aus Gesellschaftern oder Gesellschaftervertretern, die die Interessen der verschiedenen Anteilseigner außerhalb stark formalisierter Gesellschafterversammlungen bündeln und kanalisieren sollen. Den Gegenpol bilden Familiengesellschaften, bei denen ein Aufsichtsrat nicht selten zur Überbrückung von Kompetenzdefiziten im Gesellschafterkreis eingerichtet wird. Hier wie dort handelt es sich um eine Vertretung von Interessen einzelner Anteilseigner mit der Folge, dass in der Praxis eine Vergütung eher durch die repräsentierten Gesellschafter als durch die Gesellschaft erfolgt.[11] Dasselbe gilt für die **Vergütung von Beiratsmitgliedern.**

5   **Ohne Gesellschafterbeschluss** gehen die Meinungen im Schrifttum[12] zur Zulässigkeit von Aufsichtsratsvergütungen auseinander. Nach hM gilt, wie auch bei § 113 AktG unmittelbar, dass § 612 Abs. 1 BGB keine Anwendung findet.[13] Nach einer Mindermeinung ist gem. § 612 Abs. 1 BGB (analog) eine Vergütung zu vermuten, wenn die Aufsichtsratstätigkeit regelmäßig gegen Entgelt erbracht wird. Dies dürfte vorwiegend auf externe Aufsichtsratsmitglieder zutreffen, die nicht aus dem Gesellschafterkreis stammen. Zumindest für den (gesetzlichen) Regelfall, dass die Vergütung über § 113 AktG nur durch Beschluss und Satzung gewährt werden kann,

---

[7] Noack/Servatius/Haas/Noack GmbHG § 52 Rn. 22; MüKoGmbHG/Spindler § 52 Rn. 3; Lutter/Hommelhoff/Hommelhoff GmbHG § 52 Rn. 109; Altmeppen GmbHG § 52 Rn. 3.
[8] Lieder/Becker/Hoffmann GmbHR 2021, 621 (624).
[9] Lieder/Becker/Hoffmann GmbHR 2021, 621 (625).
[10] Lieder/Becker/Hoffmann GmbHR 2021, 621 (625), was auch dem Zweck des Aufsichtsrats bei der AG entspricht.
[11] Was sich bereits aus steuerlichen Gründen anbietet, vgl. Brandis/Heuermann/Pfirrmann KStG § 10 Rn. 86.
[12] Rspr. zur Zulässigkeit von Vergütungsvereinbarungen mit Aufsichtsratsmitgliedern ohne Gesellschafterbeschluss ist bislang nicht ersichtlich.
[13] Speziell zur GmbH MüKoGmbHG/Spindler § 52 Rn. 255; MHLS/Giedinghagen GmbHG § 52 Rn. 192; BeckOGK/Bochmann GmbHG § 52 Rn. 559; Lutter/Krieger/Verse Rechte und Pflichten Rn. 1215; Goette/Arnold AR-HdB/Goette § 9 Rn. 209; Bartl/Bartl/Beine/Koch/Schlarb/Schmitt/Schmitt GmbHG § 52 Rn. 23; MHdB GesR IV/Hoffmann-Becking § 33 Rn. 13; Lieder/Becker/Hoffmann GmbHR 2021, 957 (965); wohl auch Noack/Servatius/Haas/Noack GmbHG § 52 Rn. 60; aA Habersack/Casper/Löbbe/Heermann GmbHG § 52 Rn. 123; BeckHdB GmbH/Scholz/Illner § 6 Rn. 80 für gesellschaftsexternen AR; so auch MAH GmbHR/Kautzsch § 18 Rn. 37; für professionelle AR-Mitglieder BeckOK GmbHG/C. Jaeger GmbHG § 52 Rn. 65; Oppenländer/Trölitzsch GmbH-GF-HdB/Jaeger § 20 Rn. 48; Rowedder/Pentz/Schnorbus GmbHG § 52 Rn. 39.

findet § 612 BGB richtigerweise keine Anwendung, da die bloße Bestellung keinen Vergütungsbeschluss fingieren kann. Darüber hinaus hat § 612 BGB individualrechtlichen Charakter, wohingegen eine Beschlussfassung nach § 113 AktG für sämtliche Mitglieder des Aufsichtsrats Anwendung findet und korporationsrechtlichen Charakter hat. Folgerichtig ist ein Vergütungsbeschluss auf Gesellschafterebene unentbehrlich.

Für die **Gemeinnützigkeit einer gGmbH** ist eine Satzungsregelung für die Gewährung einer Vergütung unerlässlich. Eine ohne Satzungsgrundlage gewährte Aufsichtsratsvergütung ist hingegen gemeinnützigkeitsschädlich.[14]

II. Rechtstatsachen

Als Erkenntnisquelle für die Ausgestaltung der Aufsichtsratsvergütung in der Praxis der GmbH stehen lediglich hinterlegte Satzungen oder im Ausnahmefall registerpublizierte Beschlüsse zur Verfügung. Soweit ersichtlich, existiert lediglich eine einzige empirische Erhebung über die Aufsichtsratsvergütung in der GmbH.[15] Dies mag seine Ursache darin haben, dass ein Aufsichtsrat **nur bei mitbestimmten Gesellschaften obligatorisch** und ansonsten rein fakultativer Natur ist. Für die Praxis führt dies dazu, dass die Marktüblichkeit einer Vergütung nur äußerst schwer zu ermitteln ist. Die Problematik relativiert sich jedoch dadurch, dass die Aufsichtsratsmitglieder in der Regel aus dem engeren Umfeld der Gesellschafter bzw. anderer Stakeholder rekrutiert werden und Drittvergleiche somit ohnehin nicht angestellt werden.

Aufgrund der wenigen und nur aufwendig erreichbaren Erkenntnisquellen existiert ersichtlich nur eine einzige rechtstatsächliche Untersuchung, bei der neben diversen anderen Satzungsinhalten auch das Vergütungsspektrum in den Blick genommen wird. Die Autoren untersuchten 975 verschiedene Satzungen, die einen fakultativen Aufsichtsrat vorsahen.[16] Ein Großteil von Satzungen, die einen solchen fakultativen Aufsichtsrat vorsehen, enthält Regelungen über Vergütungsfragen, wenngleich mit unterschiedlicher Regelungsdichte. Ein geringer Teil der Satzungen mit fakultativem Aufsichtsrat (5%) sieht dagegen explizit oder implizit – etwa durch die Bezeichnung als Ehrenamt – einen **Vergütungsausschluss** vor.[17] In einigen wenigen Fällen wird darüber hinaus die Möglichkeit eines Auslagenersatzes eingeschränkt. Seltener (10 %) ist ein ausdrückliches Sitzungsgeld in der Satzung vorgesehen, wie es vor allem in der AG weit verbreitet ist. Häufig ist eine Vergütung bzw. eine sonstige „Aufwandsentschädigung" als Möglichkeit eingeräumt (30 %), in etwa 4 % wird den Aufsichtsratsmitgliedern ein Anspruch auf (angemessene) Vergütung eingeräumt. In drei Fällen (0,3 %) konnte der Aufsichtsrat die Vergütung seiner Mitglieder selbst bestimmen und in weiteren drei Fällen war die Vergütung im Gesellschaftsvertrag exakt quantifiziert. In zwei Fällen sollte die Vergütungsregelung der Muttergesellschaft angewandt wer-

---

[14] Gilberg RNotZ 2020, 193 (204); Hüttemann DB 2009, 1205 (1209).
[15] Lieder/Becker/Hoffmann GmbHR 2021, 621; insbes. zur Vergütung Lieder/Becker/Hoffmann GmbHR 2021, 957.
[16] Lieder/Becker/Hoffmann GmbHR 2021, 957 (965 ff.).
[17] Lieder/Becker/Hoffmann GmbHR 2021, 957 (966).

den. In einigen wenigen Fällen war zudem lediglich eine Mindestvergütung als Untergrenze für eine festzusetzende Vergütung vorgesehen.

9 Soweit die untersuchten Satzungen die Vergütung beziffert haben, betrugen diese zwischen 3.000 Euro und „mindestens" 10.000 Euro für ein einfaches Aufsichtsratsmitglied je Kalenderjahr. Sofern ein Sitzungsgeld vorgesehen war, wurde dieses mit einem Betrag zwischen 500 Euro und 1.000 Euro bemessen. Für den Fall einer konkret bemessen Vergütung wurde teilweise zwischen Vorsitzenden und stellvertretenden Vorsitzenden unterschieden. In einem Beispielfall wurde dem Vorsitzenden das 2-Fache und seinem Stellvertreter das 1,5-Fache an Vergütung gewährt. Eine besondere Vergütung für eine Ausschussmitgliedschaft – wie bei der AG sehr häufig – wurde nicht eingeräumt. In dem Beispielsfall wurde dem Vorsitzenden nicht nur hinsichtlich der Grundvergütung der zweifache Betrag gewährt, sondern auch hinsichtlich des Sitzungsgeldes. Das Vorsehen einer festen Vergütung in der Satzung stellt damit eher den Ausnahmefall dar.

10 Hinsichtlich des repräsentativen Wertes der vorstehenden Studienergebnisse ist Vorsicht angezeigt. Insbesondere lässt sich daraus nur mit Unsicherheit ein repräsentatives Abbild des Marktumfeldes gewinnen. Dies gilt bereits aufgrund der vergleichsweise geringen Anzahl untersuchter Unternehmen, deren Zusammensetzung nicht sicher bewertet werden kann.[18] Ferner beschränkt sich die Untersuchung auf GmbHs mit fakultativem Aufsichtsrat, sodass die hiervon betroffenen Unternehmensgrößen bereits eine natürliche Vergütungs-Obergrenze in sich tragen. Schließlich sind die konkreten Summen lediglich für den Fall einschlägig gestalteter Satzungen ermittelbar, was zum einen den Ausnahmefall darstellt, zum anderen aber auch regelmäßig gefasste Vergütungsbeschlüsse ohne Satzungsgrundlage ausblendet.

§ 27. Die Vergütung des fakultativen Aufsichtsrats

Übersicht

	Rn.
I. Vergütung kraft Gesellschafterbeschlusses oder Satzung	1
II. Vergütung kraft Vertrages	4
III. Inhalt und Höhe der Vergütung	8
IV. Beschlussfassung	14

I. Vergütung kraft Gesellschafterbeschlusses oder Satzung

1 Bei einer Vergütung durch Beschluss oder Satzung bestehen keine Besonderheiten gegenüber der AG, da § 52 Abs. 1 GmbHG auf § 113 AktG verweist, solange die Satzung keine von dieser Verweisung abweichende Regelung beinhaltet. Rechtsgrund für den Vergütungsanspruch ist damit auch in der GmbH der gefasste Beschluss. Bei

---

[18] Derzeit existieren etwa 1,5 Mio. GmbHs in Deutschland, wobei dahingehend nicht sicher ist, wie viele einen Aufsichtsrat eingerichtet haben, Bayer/Lieder/Hoffmann GmbHR 2023, 709 (710 f.).

§ 27. Die Vergütung des fakultativen Aufsichtsrats § 27

Regelungen in der Satzung kommt es auf § 113 AktG dagegen nicht mehr an. Auch die dogmatische Frage, ob bei einer solchen Satzungsregelung insoweit die Wirkung der Verweisung von § 52 Abs. 1 GmbHG auf § 113 AktG abbedungen ist, ist ohne Belang.

Rechtlich zulässig ist im Gegensatz zur Aktiengesellschaft (dazu → § 4 Rn. 10 f.) auch eine satzungsmäßige **Delegation der Gesellschafterkompetenz den Aufsichtsrat** selbst bzw. auf einzelne Aufsichtsratsmitglieder. Indes ist von einer solchen Kompetenzübertragung – auch beschränkt auf die organinterne Verteilung einer vorgesehenen Gesamtsumme – abzuraten, da sich so die bestehenden Machtverhältnisse im Aufsichtsrat weiter verfestigen würden. 2

Für eine Satzungsregelung ist nach § 53 Abs. 2 S. 1 GmbHG eine Dreiviertel-Mehrheit erforderlich. Diesbezügliche Erleichterungen darf die Satzung nach hM nicht vorsehen,[1] wohl aber Erschwerungen (§ 53 Abs. 2 S. 2 GmbHG). Nach allgemeinen Grundsätzen geht die Satzung einer sonstigen Beschlussfassung vor, wobei im Einzelfall zu ermitteln ist, ob die Satzungsregelung nicht einen Raum lässt, der durch Beschluss ausgefüllt werden kann. In Betracht kommt hier etwa, dass die Satzung neben einer Festvergütung eine variable Vergütung vorsieht, über die Beschluss gefasst werden soll. Im Zweifel ist jedoch von einer **abschließenden Satzungsregelung** auszugehen, da ansonsten der Schutzzweck der Satzung mit einer verbindlichen Regelung, die nur unter Einhaltung besonderer Hürden abgeändert werden kann, leerliefe. 3

II. Vergütung kraft Vertrages

Berücksichtigt man die Gründe, die gegen eine vertragliche Begründung von Vergütungsansprüchen in der Aktiengesellschaft streiten – nämlich das Fehlen einer tauglichen Vertretung der Gesellschaft beim Vertragsschluss und die Gefahr der Selbstbedienung (→ § 4 Rn. 12) –, so sind diese Gefahren in der GmbH zumindest entschärft. Gleichwohl ist die Schaffung einer vertraglichen Vergütung wegen des Verweises auf § 113 AktG **grundsätzlich unzulässig,** weil diese Vorschrift einen solchen Vertrag nicht vorsieht. Ob die Satzung – abweichend von § 113 AktG – eine vertragliche Aufsichtsratsvergütung zulassen oder gar vorschreiben kann, wird in der Literatur nur unzureichend reflektiert.[2] Es findet sich zwar häufiger einmal die These, dass ein Dienstvertrag neben der Aufsichtsratstätigkeit wegen § 114 AktG nichtig sei.[3] Damit ist jedoch gerade nicht der Fall gemeint, dass die Satzung selbst eine vertragliche Aufsichtsratsvergütung eröffnet. Lässt man eine solche Satzungsregelung zu, dann führt dies zur Anwendung des § 612 Abs. 1 BGB. 4

Der Vorteil einer satzungsmäßig eröffneten Ausgestaltung der Aufsichtsratsvergütung durch Vertrag liegt in der **flexibleren und individuelleren Handhabung.** Daneben 5

---

[1] Habersack/Casper/Löbbe/Ulmer/Casper GmbHG § 53 Rn. 62; BeckOK GmbHG/Trölitzsch GmbHG § 53 Rn. 16; MüKoGmbHG/Harbarth GmbHG § 53 Rn. 82, 126; Noack/Servatius/Haas/Noack GmbHG § 53 Rn. 62.
[2] Eindeutig lediglich Scholz/Uwe H. Schneider/Seyfarth GmbHG § 52 Rn. 489, die einen Vertrag für fakultative Aufsichtsräte zulassen; wohl auch MHLS/Giedinghagen GmbHG § 52 Rn. 191.
[3] BeckOK GmbHG/C. Jaeger GmbHG § 52 Rn. 66; Wicke GmbHG § 52 Rn. 12.

lässt sich dadurch auch ein höherer Diskretionsgrad erreichen. Die dabei entstehenden Nachteile, wie etwa der höhere Aufwand durch Anwendung vertraglicher Normen (etwa des AGB-Rechts), stehen demgegenüber zurück. Außerdem kann ein Vertrag nicht einseitig geändert werden und schränkt dadurch die Möglichkeiten der Gesellschafterversammlung ein,[4] weshalb auch eine ausdrückliche Satzungsregelung für die Zulassung vertraglicher Vergütungsmechanismen zu fordern ist.

6 Auch bei satzungsmäßiger Eröffnung einer vertraglichen Vergütung bleibt dem Rechtsanwender **Suche nach dem passenden Vertretungsorgan auf Seiten der Gesellschaft** nicht erspart. Mit Blick auf § 35 Abs. 1 GmbHG scheint die Geschäftsführung zum Abschluss vergütungsrelevanter Vereinbarungen mit Aufsichtsratsmitgliedern geradezu prädestiniert zu sein. Indes erfährt diese Sichtweise eine Einschränkung, wenn man auf Vereinbarungen zwischen der Gesellschaft einerseits und (aktuellen oder ehemaligen) Geschäftsführern andererseits schaut. Hier wird nach § 46 Nr. 5 GmbHG nicht nur die Geschäftsführungsbefugnis, sondern auch die **Befugnis zur Vertretung der Gesellschaft** auf die Gesellschafter verschoben.[5] Dies führt zur Frage, ob das beim Abschluss von Vereinbarungen mit Aufsichtsratsmitgliedern anders ist. Die Frage ist im Ergebnis zu verneinen.[6] Die innere Begründung für eine Ausdehnung der Gesellschafter-Vertretungskompetenz auf Absprachen mit (aktuellen oder ehemaligen) Geschäftsführungsmitgliedern liegt in der **Gefahr allzu großer kollegialer Rücksichtnahme.**[7] Eine solche Gefahr besteht nicht nur gegenüber (ggf. ehemaligen) Geschäftsführerkollegen, sondern in gleicher Weise gegenüber solchen Personen, die kraft Satzung die Geschäftsführung zu überwachen haben, mithin gegenüber Aufsichtsratsmitgliedern. Insofern kann die Gesellschaft bei Vergütungsabsprachen für Aufsichtsratstätigkeiten nur durch oder auf der Grundlage eines Gesellschafterbeschlusses wirksam vertreten werden. Im Ergebnis liegt darin keine nennenswerte Abweichung zu § 113 AktG. In beiden Fällen handelt es sich um die identische Organkompetenz, die auch § 113 AktG für die Schaffung einer Aufsichtsratsvergütung vorsieht. Insofern besteht **hinsichtlich der Abschlusskompetenz kein Unterschied zur Aktiengesellschaft.** Hier wie dort entscheidet ausschließlich der Satzungsgeber über Grund und Höhe der Vergütung. Im Gegensatz zur Aktiengesellschaft spricht allerdings – ebenso wie im anstellungsvertraglichen Anwendungsspektrum des § 46 Nr. 5 GmbHG[8] – nichts gegen eine Delegation von der Gesellschafterversammlung auf die Geschäftsführung.[9] Die Gesellschafter können somit die Vertretungsmacht für den Abschluss von vergütungsrelevanten Verträgen

---

[4] Bereits Scholz/Uwe H. Schneider/Seyfarth GmbHG § 52 Rn. 525.
[5] HM, vgl. BGH NJW 1991, 1680 (1681); 1995, 1750 = ZIP 1995, 643 f.; OLG Düsseldorf NZG 2004, 478; Altmeppen GmbHG § 46 Rn. 48; Lutter/Hommelhoff/Hommelhoff GmbHG § 46 Rn. 23; Beck-OGK/Schindler GmbHG § 46 Rn. 60; anders noch BGH NJW 1981, 757.
[6] So auch Scholz/Uwe H. Schneider/Seyfarth GmbHG § 52 Rn. 489; ohne Stellungnahme zur Frage der Zulässigkeit eines Vertrages Lutter/Hommelhoff/Hommelhoff/Bayer GmbHG § 52 Rn. 19; wohl aA Lutter/Krieger/Verse Rechte und Pflichten Rn. 1215; unklar Altmeppen GmbHG § 52 Rn. 17; unklar auch MüKoGmbHG/Spindler GmbHG § 52 Rn. 255, welcher sich ausdrücklich nur für den Fall eines obligatorischen AR äußert.
[7] So auch BGH NZG 1998, 226 = ZIP 1998, 332 (333); NZG 2018, 1073 Rn. 10 = ZIP 2018, 1629; Lutter/Hommelhoff/Hommelhoff GmbHG § 46 Rn. 23.
[8] Ebenso bei Existenz entsprechender Satzungsbestimmungen BGH NZG 2018, 1073 Rn. 10 = ZIP 2018, 1629; BeckOGK/Schindler GmbHG § 46 Rn. 63; Noack/Servatius/Haas GmbHG § 46 Rn. 39; MüKoGmbHG/Liebscher § 46 Rn. 186; Lutter/Hommelhoff/Hommelhoff GmbHG § 46 Rn. 23.
[9] So auch Schulze-Osterloh ZIP 2006, 49 (51).

mit Aufsichtsratsmitgliedern **wirksam auf die Geschäftsführung delegieren**. Dies gilt nicht nur für Beraterverträge jenseits typischer Aufsichtsratstätigkeiten, sondern auch für die eigentliche Aufsichtsratsarbeit. Den Umfang der Delegation bestimmt dabei ausschließlich die Gesellschafterversammlung. Diese kann deshalb mit oder ohne Rahmen für einen Vertragsschluss mit den Aufsichtsratsmitgliedern erfolgen. Insofern verbleibt auch für die Anwendung des § 612 BGB ein (zumindest theoretischer) Anwendungsbereich. Ein eigenmächtiger Vertragsschluss durch die Geschäftsführung begründet demgegenüber keinerlei Vergütungsansprüche gegen die Gesellschaft.

Für den Fall, dass die Befugnis zur Bestellung von Aufsichtsratsmitgliedern (zulässigerweise!) auf die Geschäftsführung übertragen wurde, gilt dies nicht automatisch auch für die Vergütungskompetenz, wobei der konkrete Umfang nur im Einzelfall bestimmbar ist. Im Zweifel ist eine Trennung der Befugnisse anzunehmen,[10] wenn die **Kompetenzverlagerung** nicht ausdrücklich vorsieht, dass auch die Vergütung der Aufsichtsratsmitglieder durch die Geschäftsführung gewährt werden soll.

III. Inhalt und Höhe der Vergütung

Relevant wird die größere Flexibilität der GmbH gegenüber der Aktiengesellschaft hingegen beim **Inhalt und Umfang der Aufsichtsratsvergütung.** Jenseits des mitbestimmten Aufsichtsrats sind die inhaltlichen Vorgaben des § 113 AktG nämlich durchweg satzungsdispositiv.

Grundsätzlich gilt über § 52 Abs. 1 GmbHG iVm § 113 Abs. 1 S. 3 AktG auch in der GmbH das Erfordernis der Angemessenheit. Dies gilt nach zutreffender Ansicht[11] nicht, wenn die Gesellschafter die Gewährung einer unangemessenen Vergütung einstimmig beschlossen haben, da Gesellschafter dann nicht geschützt werden müssen. Sofern § 113 Abs. 1 S. 3 AktG ausdrücklich in der Satzung abbedungen wurde, liegt die **Obergrenze der Aufsichtsratsvergütung** erst bei Sittenwidrigkeit nach § 138 Abs. 1 BGB. Etwaige konzernrechtliche Besonderheiten sind – wie im Fall des § 113 AktG – über das Konzernrecht zu lösen und nicht über die Angemessenheit der Vergütung. Bei überhöhter Vergütung kommen in der GmbH eine **verdeckte Gewinnausschüttung** sowie Nachteile durch die steuerlich hälftige Abzugsbeschränkung für die Vergütung von Aufsichtsorganen in Betracht. Daneben sind für den Fall, dass die Mandatsträger aus dem Gesellschafterkreis stammen, auch die **Kapitalerhaltungsregeln** zu beachten.

Eine **Untergrenze für die Aufsichtsratsvergütung** ist nicht anzuerkennen. Für den Fall, dass die Satzung eine „angemessene" Vergütung vorsieht, hat eine Vergütung in einer Höhe zu erfolgen, die zumindest einen Bezug zum Aufwand und zum Haftungsrisiko der Organmitglieder aufweist. Als „Nichtvergütung" hat das OLG Celle demgegenüber eine Vergütung von DM 200 pro Sitzung angesehen, wobei in

---

[10] MHLS/Giedinghagen GmbHG § 52 Rn. 191.
[11] Bork/Schäfer/Rieble GmbHG § 52 Rn. 106; für Satzung Noack/Servatius/Haas/Noack GmbHG § 52 Rn. 60.

dem konkreten Fall für externe Beiratsmitglieder[12] ein Sitzungsentgelt von DM 5.000 geleistet wurde.[13] Das Urteil lässt jedoch erkennen, dass eine Differenzierung zwischen „externen" und „internen" Aufsichtsratsmitgliedern grundsätzlich zulässig ist.

11 Die Ausgestaltung der Vergütung ist nicht nur hinsichtlich der Höhe, sondern auch hinsichtlich der **Art der Vergütung** flexibler als in der Aktiengesellschaft. In der GmbH sind zunächst alle Vergütungsinstrumente, die auch bei der Aktiengesellschaft anerkannt sind, denkbar, dh neben einer Festvergütung ist auch ein Sitzungsgeld möglich. Weitergehend bestehen umfangreichere Möglichkeiten für eine variable und erfolgsabhängige Vergütung, da § 192 Abs. 2 Nr. 3 AktG keine Anwendung findet und auch von der (disponiblen) Verweisung in § 52 Abs. 1 GmbHG nicht erfasst ist.[14] Bei bestehender Satzungsregelung ist durch Auslegung zu ermitteln, ob und inwieweit eine variable Vergütung vorgesehen und möglich ist. Dabei ist insbesondere das Risiko zu berücksichtigen, dass der Aufsichtsrat in Interessenkonflikte zwischen der Kontrollfunktion einerseits und seinem Vergütungsinteresse durch kurzfristige (nicht nachhaltige) Boni andererseits gerät, was die Kontrollfunktion beeinträchtigen würde. Grundsätzlich ist jedoch von der (unbegrenzten) Zulässigkeit variabler Vergütungsinstrumente auszugehen, da die Gesellschafter das Risiko abschätzen und im Einzelfall selbst darüber entscheiden können sollen, ob eine solcher Weg beschritten und das (vermeintliche) Risiko in Kauf genommen wird.

12 Zulässig ist auch die **Gewährung von Sachleistungen,** etwa im Wege von Anteilsübertragungen an einer Tochtergesellschaft (auch in der Rechtsform der AG!), um mittelbar ein eigenes Interesse an Teilen des Unternehmens zu schaffen. Möglich ist zudem die Gewährung von neuen Anteilen aus einer Kapitalerhöhung, wobei die nach § 55 Abs. 1 GmbHG formbedürftige Übernahmeerklärung durch das Aufsichtsratsmitglied bereits in einem formgültigen Dienstvertrag erklärt werden kann, sofern man Bedingungen innerhalb der Übernahmeerklärung für zulässig erachtet.[15] In derartigen Fällen ist jedoch die Mitwirkung der Gesellschafter für den vergütungsauslösenden Kapitalerhöhungsbeschluss erforderlich.

13 Ein **Gleichbehandlungsgebot** gilt zugunsten der Mitglieder des fakultativen Aufsichtsrats nicht generell,[16] wird aber in vielen Fällen aus Treuegesichtspunkten Anwendung finden. Dies gilt insbesondere, wenn ein sachlicher Grund für abweichende höhere Vergütungen fehlt oder einzelne Aufsichtsratsmitglieder zugleich Gesellschafter sind. Der sachliche Grund kann jedoch – anders als in der Aktiengesellschaft – ohne Weiteres in einer höheren fachlichen Qualifikation liegen.[17] Soweit keine vertragliche Grundlage existiert, besteht zudem die Möglichkeit der Herabsetzung der Vergütung für die Zukunft in den gleichen Grenzen wie bei der Aktiengesellschaft (→ § 8

---

[12] Der Kompetenzumfang entsprach demjenigen eines Aufsichtsrates.
[13] OLG Celle NZG 1998, 266.
[14] Vgl. zur weitergehenden Unzulässigkeit bei der AG vgl. BGHZ 158, 122 = AG 2004, 265 = NJW 2004, 1109 = NZG 2004, 376 = ZIP 2004, 613 – MobilCom.
[15] So die hM. BeckOGK/Miller GmbHG § 55 Rn. 327; MüKoGmbHG/Lieder § 55 Rn. 179; MHLS/Hermanns GmbHG § 55 Rn. 72; Habersack/Casper/Löbbe/Ulmer/Casper GmbHG § 55 Rn. 82; Lutter/Hommelhoff/Bayer § 55 Rn. 39; Rowedder/Pentz/Schnorbus § 55 Rn. 50; aA BeckOK GmbHG/Ziemons § 55 Rn. 117.
[16] MHdB GesR III/Diekmann § 48 Rn. 84; Lutter/Hommelhoff/Hommelhoff/Bayer GmbHG § 52 Rn. 19.
[17] Vgl. Backhaus/Tielmann/Findeisen AktG § 113 Rn. 22.

Rn. 1 ff.). Wenn die Satzung vorsieht, dass eine Anpassung auch im laufenden Geschäftsjahr erfolgen kann, ist dies ebenfalls zulässig.[18]

IV. Beschlussfassung

Die Beschlussfassung in der GmbH erfolgt regelmäßig in einer **Gesellschafterversammlung** (§ 48 Abs. 1 S. 1 GmbHG). Eine persönliche Anwesenheit ist nicht erforderlich, wenn alle Gesellschafter einer fernmündlichen Versammlung oder einer Videokommunikation gem. § 48 Abs. 1 S. 2 GmbHG zustimmen; möglich ist auch eine hiervon abweichende Satzungsbestimmung.[19] Bei einer solchen Zustimmung ist alternativ auch ein Umlaufbeschluss möglich (§ 48 Abs. 2 GmbHG). 14

Die Einberufung der Gesellschafterversammlung erfolgt nach § 49 Abs. 1 GmbHG durch den oder die Geschäftsführer, jedoch kann nach § 111 Abs. 3 S. 1 AktG iVm § 52 Abs. 1 GmbHG auch der Aufsichtsrat einberufen, wenn das Wohl der Gesellschaft eine solche Einberufung erfordert. Die nach § 51 Abs. 2 und 4 GmbHG erforderliche Ankündigung der Tagesordnung muss hinreichend deutlich machen, dass eine Abstimmung über die Vergütung des Aufsichtsrats geplant ist. Damit soll dem Gesellschafter eine hinreichende Vorbereitung auf die Sitzung ermöglicht werden. Eine wörtliche Wiedergabe der Anträge ist nicht erforderlich, auch nicht bei Aufnahme einer entsprechenden Satzungsregelung.[20] Angaben über eine etwaige Vergütungshöhe oder deren Ausgestaltung sind dabei ebenfalls nicht erforderlich; der Wille dazu kann sich auch erstmals in der Gesellschafterversammlung herausbilden. Damit bestehen auch keine Einwände gegen eine **Abweichung vom vorgeschlagenen Beschlussinhalt.** Sofern besondere Vergütungsinstrumente vorgesehen sind, wird es häufig angezeigt sein, diese bereits im Voraus mitzuteilen, so dass sich die Gesellschafter dahingehend qualifiziert äußern können. Insbesondere für den Fall einer vorgesehenen variablen Vergütung wird die Diskussion innerhalb der Gesellschafterversammlung von einer präzisen vorherigen Ankündigung profitieren. 15

Die Gesellschafterversammlung entscheidet über die Aufsichtsratsvergütung **mit der einfachen Mehrheit** der abgegebenen Stimmen (§ 47 Abs. 1 GmbHG). Die Satzung kann strengere – nicht jedoch erleichterte[21] – Mehrheitserfordernisse oder auch die Zustimmung einzelner Gesellschafter bzw. Gesellschaftergruppen vorsehen. Soll die Aufsichtsratsvergütung qua Satzungsregelung eingeführt, geändert oder abgeschafft werden, so ist hierfür nach § 53 Abs. 1 GmbHG ein notariell beurkundeter Beschluss erforderlich, der nach § 53 Abs. 2 GmbHG mindestens[22] einer Drei-Viertel-Stimmenmehrheit bedarf. 16

---

[18] Anders zur AG LG München I NZG 2012, 1310 (1312); zum Meinungsstand in der Lit. MüKoAktG/Habersack AktG § 113 Rn. 40 mwN.
[19] MHdB GesR III/Wolff § 39 Rn. 53.
[20] OLG Dresden NZG 2020, 867 Rn. 50; OLG Stuttgart NZG 2000, 1180 (1182); für den Fall einer Satzungsregelung ist jedoch die Ankündigung einer „Satzungsänderung" ohne jede inhaltliche Angabe nicht ausreichend.
[21] Vgl. BeckOK GmbHG/Schindler § 47 Rn. 53 mwN.
[22] Satzungsmäßige Abweichungen sind nur in Form von Erschwerungen zulässig, vgl. § 53 Abs. 2 S. 2 GmbHG.

17 **Stimmverbote** für Beschlüsse, auch in der Form der Satzungsänderung, sind für die Entscheidung der Gesellschafter über die (ggf. auch eigene) Aufsichtsratsvergütung nicht anzuerkennen. Dies gilt bereits für die Bestellung zum Aufsichtsratsmitglied[23] und entspricht auch der hM[24] für Beschlüsse zum Geschäftsführeranstellungsvertrag. Für den Fall einer satzungsmäßig installierten Aufsichtsratsvergütung ist ein Stimmrechtsverbot schon deshalb nicht anzuerkennen, obwohl bei einem solchen Satzungsänderungsbeschluss dasselbe Risiko hinsichtlich eigener Bevorteilung besteht. Die Beschlussfassung erfolgt hier jedoch in der Regel generell und nicht individualisiert, sodass bereits deshalb ein Stimmverbot ausscheidet, zumal ein Rechtsgeschäft mit Aufsichtsratsmitgliedern im Sinne des § 47 Abs. 4 S. 2 GmbHG nicht vorliegt.

§ 28. Besonderheiten bei vergütungspflichtigen Verträgen

1 Die Regelung des § 114 AktG ist über § 52 Abs. 1 GmbHG grundsätzlich auch auf den **fakultativen Aufsichtsrat** in der GmbH anwendbar. Daher bedürfen vergütungspflichtige Dienstverträge mit Aufsichtsratsmitgliedern der Zustimmung des Aufsichtsrats. Trotz des Wortlauts des § 114 AktG liegt nach hM eine mögliche **Letztentscheidungskompetenz bei der Gesellschafterversammlung**.[1] Danach kann die Gesellschafterversammlung dem Vertrag vorab zustimmen oder diesen nachträglich genehmigen, auch wenn der Aufsichtsrat seine Zustimmung verweigert hat. Dies kann indes nur eingeschränkt gelten. Wenn die Übertragung von Kompetenzen an einen Aufsichtsrat gerade deshalb erfolgen soll, um die Minderheitsgesellschafter vor dem Stimmgewicht des Mehrheitsgesellschafters zu schützen (etwa durch Berücksichtigung von Entsendungsrechten zwecks paritätischer Besetzung des Aufsichtsrats), dann kann ein solcher Machtausgleich zumindest dann nicht durch Rückübertragung der Kompetenz teilweise wieder ausgehöhlt werden, wenn die Aufsichtsratsbesetzung auf Satzungsebene geregelt ist. In allen anderen Fällen ist dagegen nichts gegen ein Letztentscheidungsrecht der Gesellschafter bei vergütungspflichtigen Verträgen mit Aufsichtsratsmitgliedern einzuwenden. Besteht bei der Gesellschafterversammlung eine dahingehende Beschlusskompetenz, so besteht für den Gesellschafter, der den Vertrag mit der Gesellschaft abschließen möchte, ein **Stimmverbot** (§ 47 Abs. 4 S. 2 GmbHG).

---

[23] Statt aller MüKoGmbHG/Drescher GmbHG § 47 Rn. 164; für die AG bereits RGZ 81, 37–41.
[24] BGH NJW 1955, 1716; 1969, 841 (844); NJW 2007, 917; NZG 2008, 783 mablAnm Podewils GmbHR 2008, 1094; NJW-RR 2011, 1117; RGZ 74, 277; OLG Frankfurt GmbHR 2005, 550; OLG NZG 2019, 1261 Rn. 37; Siegmund BB 1981, 1674 (1677); Scholz/K. Schmidt/K. Schmidt GmbHG § 47 Rn. 118; Noack/Servatius/Haas/Noack GmbHG § 47 Rn. 86; Lutter/Hommelhoff/Bayer GmbHG § 47 Rn. 50; MHdB GesR III/Wolff § 38 Rn. 45; Henssler/Strohn/Hillmann GmbHG § 47 Rn. 66 f.; Lohr NZG 2002, 551 (558); Scheuffele GmbHR 2009, 1254 (1255); aA MHLS/Römermann GmbHG § 47 Rn. 249; Altmeppen GmbHG § 47 Rn. 111 ff.; Remmert/Schmalz GmbHR 2008, 85 (86); Wackerbarth GmbHR 2009, 65 (69 ff.).
[1] MüKoGmbHG/Spindler GmbHG § 52 Rn. 288; MHLS/Giedinghagen GmbHG § 52 Rn. 207, Lutter/Hommelhoff/Bayer/Hommelhoff GmbHG § 52 Rn. 22; Altmeppen GmbHG § 52 Rn. 18; Scholz/Schneider/Seyfarth GmbHG § 52 Rn. 555; Lutter FS H. P. Westermann, 2008, 1171 (1177); Lutter/Krieger/Verse Rechte und Pflichten § 16 Rn. 1217, es sei denn, dass die Vergütungskompetenz auf den AR übertragen worden ist.

§ 28. Besonderheiten bei vergütungspflichtigen Verträgen § 28

Teilweise wird angenommen, dass bei **Überschneidungen der Tätigkeiten aus** 2 **dem Dienstvertrag mit der Aufsichtsratstätigkeit** der hiervon betroffene Dienstvertrag in jedem Fall nichtig sei,[2] was einer Genehmigung die Grundlage entzieht. Diese Sichtweise entspricht derjenigen bei der Aktiengesellschaft, die vergütungspflichtige Verträge auf dem Gebiet originärer Aufsichtsratstätigkeit verbietet (→ § 15 Rn. 9 ff.). Bereits die Entscheidung, ob eine solche Überschneidung vorliegt, dürfte bei einem fakultativen Aufsichtsrat allerdings noch schwerer fallen, da ein rein fakultativer Aufsichtsrat einen anderen Kompetenz- und Aufgabenumfang als der aktienrechtliche Aufsichtsrat wahrnimmt. Insofern ist hier auch der Schutzzweck des § 114 AktG, nämlich die Wahrung der Unabhängigkeit der Aufsichtsratsmitglieder und somit auch der Effektivität der Überwachungstätigkeit durch den Aufsichtsrat, nicht einschlägig. Darüber hinaus bestehen möglicherweise satzungsdispensierende Regelungen, die eine von § 114 AktG abweichende Kompetenzverteilung bei der Entscheidung über Vergütung und/oder vergütungspflichtige Verträge vorsehen. Daher müssen im Ergebnis auch solche Verträge mit Mitgliedern fakultativer Aufsichtsräte einer Zustimmung durch den Aufsichtsrat gem. § 52 Abs. 1 GmbHG iVm § 114 AktG zugänglich sein, die ganz oder teilweise die Erbringung aufsichtsratsimmanenter Tätigkeiten zum Inhalt haben. Es darf dabei jedoch nicht über Art und Umfang der Tätigkeit aus dem Dienstvertrag getäuscht werden; die inhaltliche Überschneidung mit dem Mandat muss vielmehr im Rahmen der Zustimmungsentscheidung erkennbar sein.

Beim **obligatorischem Aufsichtsrat** ist die Anwendung des § 114 AktG zwingendes Recht; eine Zustimmung oder nachträgliche Genehmigung durch die Gesellschafterversammlung ist nicht möglich.[3] Nach einer vereinzelt gebliebenen Ansicht soll es zulässig sein, auf die Geltendmachung der Rückzahlung nach § 114 Abs. 2 S. 1 AktG zu verzichten, da die Anspruchsverfolgung nicht Aufgabe des (obligatorischen) Aufsichtsrats – sondern Aufgabe der Geschäftsführung – sei, die daneben weiterhin (auch) der Gesellschafterversammlung zustehe.[4] Dies überzeugt insofern nicht, als die (möglicherweise ungewisse) Organkompetenz für die Rückforderung nicht über eine materiell-rechtliche Zulässigkeit von Vertragsgestaltungen mit Aufsichtsratsmitgliedern entscheiden darf. 3

Eine **Kreditvergabe an Aufsichtsratsmitglieder** ist uneingeschränkt möglich. 4 Auf § 115 AktG wird nicht verwiesen; und auch § 43a GmbHG findet nach hM keine entsprechende Anwendung.[5] Abschlussbefugt für derartige Kreditverträge ist auf Seiten der Gesellschaft die Geschäftsführung.

---

[2] Lutter/Hommelhoff/Bayer/Hommelhoff GmbHG § 52 Rn. 21.
[3] Schneider/Seyfarth/Scholz GmbHG § 52 Rn. 555; Scheuffele/Baumgartner GmbHR 2010, 400 (405); Weiss BB 2007, 1853 (1858); Rohde GmbHR 2007, 1128 (1130).
[4] Scheuffele/Baumgartner GmbHR 2010, 400 (406 f.).
[5] Habersack/Casper/Löbbe/Paefgen GmbHG § 43a Rn. 17; MüKoGmbHG/Roßkopf/Notz GmbHG § 43a Rn. 64; MHLS/Lieder GmbHG § 43a Rn. 18; Henssler/Strohn/Oetker GmbHG § 43a Rn. 5; Altmeppen GmbHG § 43a Rn. 6; Noack/Servatius/Haas/Beurskens GmbHG § 43a Rn. 8; Rowedder/Pentz/Schnorbus GmbHG § 43a Rn. 3; aA Scholz/Schneider § 43a Rn. 30; wohl auch Saenger/Inhester/Lücke/Simon GmbHG § 43a Rn. 4.

§ 29. Besonderheiten beim Auslagenersatz

1 Besonderheiten beim Auslagenersatz für Aufsichtsratsmitglieder in der GmbH bestehen nicht und sollten auch nicht bestehen, da sonst die Funktionsfähigkeit und Aufgabenwahrnehmung durch den Aufsichtsrat beeinträchtigt würde. Ebenso wie bei der Aktiengesellschaft (→ § 16 Rn. 5) ist es auch in der GmbH zulässig, dass die Auslagenerstattung qua Satzung oder durch einfachen Hauptversammlungsbeschluss beschränkt oder gar ausgeschlossen wird. Empfehlenswert ist dies allerdings hier wie dort nicht.

H. Die Aufsichtsratskompensation bei Personengesellschaften

§ 30. Allgemeines

Schrifttum:
Koeberle-Schmid/J. Groß/Lehmann-Tolkmitt, Der Beirat als Garant guter Governance im Familienunternehmen, BB 2011, 49; Schulze-Osterloh, Die Regelung des Anstellungsverhältnisses der Mitglieder des Beirats einer Personengesellschaft, ZIP 2006, 49.

I. Rechtstatsachen

Aufsichtsräte sind in Personengesellschaften eher selten anzutreffen. Dies gilt auch für solche Gesellschaften, die wegen Überschreitung der Arbeitnehmer-Schwellenzahlen als Kapitalgesellschaft der Mitbestimmung unterliegen würden, hiervon jedoch als Personengesellschaft durch eine eindeutige gesetzgeberische Entscheidung verschont sind (vgl. § 1 Abs. 1 MitbestG, § 1 Abs. 1 DrittelbG). Obwohl gesetzlich nicht verboten, sind Institutionen mit diesem Begriff auch auf fakultativer Basis nur spärlich vorhanden. Über die Gründe kann man nur spekulieren. Vermutlich besteht bei den Personengesellschaftern, die häufig auch die Geschäftsführung ausüben, eine innere Abwehrhaltung gegen jedwede Kontrolle von außen. Hinzu kommt, dass der Begriff des Aufsichtsrats zugleich eine Personalhoheit über die Geschäftsführung suggeriert, die bei dem klassischen Typus des Personengesellschafters eher Unverständnis erzeugt. Obwohl funktional manchmal weitgehend identisch, tritt in der Personengesellschaft der **Beirat an die Stelle des Aufsichtsrats.** 1

Den **typischen Beirat** gibt es in der Personengesellschaft nicht. Dies liegt daran, dass in der Praxis zwei völlig verschiedene Wurzeln für eine Beiratsimplementierung existieren. Zum einen sind es die **Familiengesellschaften,** die entweder mangels zeitlicher Verfügbarkeit der Gesellschafter oder mangels hinreichender unternehmerischer Fähigkeiten derselben einen Beirat implementiert haben, um sich von außen professionellen Rat zu holen. Zum andern sind es die **Publikums-Personengesellschaften,** die – vornehmlich zur Bündelung der Kommanditisten-Interessen – einen Beirat einrichten. 2

Für **Familiengesellschaften** haben empirische Untersuchungen ergeben, dass die Beiratsvergütung wesentlich von der Unternehmensgröße abhängt. Im Durchschnitt des Jahres 2007 beträgt sie 17.000 Euro jährlich für einfache Mitglieder und das Doppelte hiervon für den oder die Beiratsvorsitzende(n).[1] Ausweislich einer INTES-Studie[2] hat sich seitdem an dieser bescheidenen Vergütungsstruktur wenig geändert. 3

Für **Publikumsgesellschaften** sind jüngere empirische Untersuchungen zur Beiratsvergütung nicht bekannt. Es steht allerdings zu vermuten, dass diese wegen der 4

---

[1] Vgl. Koeberle-Schmid/J. Groß/Lehmann-Tolkmitt BB 2011, 899 (905 f.).
[2] Vgl. Der Beirat im Familienunternehmen, INTES Akademie für Familienunternehmen GmbH, 2021, S. 27.

vorherrschenden Kontrollfunktion derartiger Beiräte und der – gegenüber Familiengesellschaftern – größeren Anonymität der Beiratsmitglieder deutlich höher liegt.

II. Einschlägiger Normenbestand

5 Weder für den gesellschaftsvertraglich organisierten noch für den rein schuldrechtlich implementierten Beirat existieren normative Vergütungsvorgaben. Insbesondere findet **§ 113 AktG** ohne ausdrückliche Verweisung im Gesellschaftsvertrag **keine Anwendung.** Die Personengesellschafter sind somit nahezu unbegrenzt frei, die Höhe der Beiratsvergütung autonom zu regeln (zu den Grenzen → § 32 Rn. 2). Auch für eine unmittelbare Anwendung des § 114 AktG ist kein Raum. Etwas anderes gilt für den Beirat in der Publikums-KG, wenn dieser bei der Komplementär-GmbH angesiedelt ist.[3] In diesem Fall gilt § 52 GmbHG (→ § 27).

6 Soweit es um **Auslagenersatz** geht, bestehen für die Personengesellschaft keine Besonderheiten. Auch hier sind die §§ 670, 675 BGB die geeignete Anspruchsgrundlage.[4] Wegen der Einzelheiten → § 16 Rn. 8.

§ 31. Rechtsquellen für einen Vergütungsanspruch

I. Gesellschaftsvertrag

1 Im Regelfall ist die Vergütung von Beiratsmitgliedern im Gesellschaftsvertrag geregelt. Dieser kann die Vergütung entweder unmittelbar selbst regeln oder einem regelmäßig zu fassenden Gesellschafterbeschluss überlassen. Eine derartige Regelung im Gesellschaftsvertrag ist immer dann zweckmäßig, wenn der Beirat **Organcharakter** haben soll. Indes ist das eine weder Voraussetzung noch logische Folge für das andere. Zuständig für eine derartige Vergütungsregelung sind stets die Gesellschafter, wobei eine gesellschaftsvertragliche Beschränkung auf nicht-geschäftsführende Gesellschafter zulässig ist.[1] Sofern der Gesellschaftsvertrag bestimmte Mehrheiten für die Bestellung von Beiratsmitgliedern vorsieht, gelten diese im Zweifel auch für den Vergütungsbeschluss.[2] Änderungen der Vergütungsentscheidung folgen den Regeln für eine Änderung des Gesellschaftsvertrages samt der dafür erforderlichen Mehrheiten (ohne eine solche Bestimmung gilt das Einstimmigkeitsprinzip!).

2 Rechtlich zulässig ist auch eine gesellschaftsvertragliche **Delegation der Kompetenz zur Festsetzung der Vergütung auf den Beirat** selbst bzw. auf einzelne Beiratsmitglieder. Allerdings ist von einer solchen Kompetenzübertragung – auch beschränkt auf die organinterne Verteilung einer vorgesehenen Gesamtsumme – abzuraten. Dasselbe gilt für eine Übertragung auf die Geschäftsführung.[3*]

---

[3] Dazu Binz/Sorg GmbH & Co. KG-HdB § 10 Rn. 15 ff.
[4] MHdB GesR IX/Lieder/Becker § 5 Rn. 168.
[1] Schulze-Osterloh ZIP 2006, 49 (50).
[2] Zutr. Schulze-Osterloh ZIP 2006, 49 (50).
[3*] Für die Rechtswidrigkeit einer solchen Delegation MHdB GesR II/Mutter § 8 Rn. 82.

II. Schuldrechtlicher Vertrag

Anders als in der Aktiengesellschaft (und eingeschränkt auch in der GmbH; → § 28 Rn. 1) spricht in der Personengesellschaft grundsätzlich nichts dagegen, die Beiratsvergütung einer schuldrechtlichen Vereinbarung zu überlassen. Eine solche Vereinbarung wäre im Regelfall ein Geschäftsbesorgungsvertrag mit den einzelnen Beiratsmitgliedern.[4] Der Vorteil einer solchen Ausgestaltung der Beiratsvergütung durch Vertrag liegt in der **flexibleren und individuelleren Handhabung** gegenüber einer gesellschaftsvertraglichen Fixierung. Eine derartige schuldrechtlich vereinbarte Beiratsvergütung führt allerdings zu einem **Kompetenzproblem.** Sofern der Gesellschaftsvertrag die geschäftsführenden Gesellschafter hierzu ermächtigt, können diese die Gesellschaft entsprechend verpflichten.[5] Dasselbe gilt (gleichsam als Annex-Kompetenz) für den Fall, dass die nicht-geschäftsführenden Gesellschafter die Beiratsmitglieder aus eigenem Recht bestellen können. Ohne eine solche Ermächtigung dürfte es bei den geschäftsführenden Gesellschaftern hingegen an einer Abschlusskompetenz fehlen.[6]

Einen Sonderfall bildet der sog. **Gruppenbeirat.** Hierbei handelt es sich um ein Gremium, das nicht sämtliche Gesellschafter, sondern nur einzelne Gesellschaftergruppen repräsentiert. In diesen Fällen können auch nur die Mitglieder ebendieser Gesellschaftergruppe eine wirksame Vergütungsvereinbarung mit „ihren" Beiratsmitgliedern abschließen, sofern sich aus dem Gesellschaftsvertrag nicht ausnahmsweise ergibt, dass die Gruppenvertreter Teil eines Organs für die gesamte Gesellschaft sein sollen.[7] Abseits dieser Ausnahmen ist folgerichtig die repräsentierte Gesellschaftergruppe – und nicht etwa die Gesellschaft – auch Schuldner der Beiratsvergütung.[8]

III. § 612 BGB

Fehlt es sowohl an gesellschaftsvertraglichen als auch an schuldrechtlichen Vergütungsabreden, so stellt sich die Frage nach der (subsidiären) Geltung des § 612 BGB. Diese Frage wird für die auf gesellschaftsvertraglicher Grundlage bestellten Beiratsmitglieder überwiegend bejaht.[9] In der Tat ist es nicht einzusehen, dass ohne die Restriktionen des § 113 AktG die Personengesellschaft vergütungsfreie Leistungen erhalten soll, die nur gegen Vergütung zu erwarten sind. Voraussetzung ist allerdings, dass überhaupt ein Vertrag mit den Beiratsmitgliedern besteht; § 612 Abs. 1 BGB überspielt nämlich nur eine **Vergütungsabsprache,** nicht aber die Existenz eines (Dienst-)Vertrages.

---

[4] AllgM, vgl. BGH NJW 1985, 1900.
[5] Abl. MHdB GesR II/Mutter § 8 Rn. 82.
[6] Relativierend Schulze-Osterloh ZIP 2006, 49 (50), der ein solches Hindernis nur bei Beiräten mit überwiegend überwachenden Aufgaben annimmt.
[7] Vgl. BGH NJW 1985, 1900; MHdB GesR IX/Lieder/Becker § 5 Rn. 20.
[8] MHdB GesR IX/Lieder/Becker § 5 Rn. 164; MHdB GesR II/Mutter § 8 Rn. 82.
[9] MHdB GesR IX/Lieder/Becker § 5 Rn. 164; MHdB GesR II/Mutter § 8 Rn. 82; ebenso Habersack/Casper/Löbbe/Heermann, 3. Aufl. 2020, GmbHG § 52 Rn. 364 für den GmbH-Beirat.

§ 32. Inhalt und Höhe des Vergütungsanspruchs

I. Art der Vergütung

1 Anders als bei der AG sind die Gesellschafter bei der Art der Vergütung völlig frei. Zwar wird es sich bei der Beiratsvergütung regelmäßig um einen Geldbetrag handeln, zwingend ist dies aber nicht. **Sachvergütungen aller Art** – insbesondere auch das Versprechen der Gewährung neuer Gesellschaftsanteile – gehören zum zulässigen Spektrum der Beiratskompensation. Völlig frei sind die Gesellschafter auch bei der Entscheidung, ob eine Beiratsvergütung als Fixum oder als Sitzungsgeld (oder als Kombination aus beidem) gezahlt werden soll. Im Gegensatz zur Aktiengesellschaft (→ § 5 Rn. 32) besteht bei der Fixierung der Beiratsvergütung **kein Gleichbehandlungsgebot.** Dies ist nicht unbestritten; so wird gelegentlich ein Grundsatz der Gleichbehandlung von internen und externen Beiratsmitgliedern postuliert.[1] Indes sind in der Personengesellschaft keine Gründe ersichtlich, die zu einer kompensatorischen Gleichbehandlung aller Beiratsmitglieder nötigen. Dies gilt nicht nur für die auch in der Aktiengesellschaft anerkannten Differenzierungsmerkmale, wie zB Vorsitzfunktion oder Ausschussmitgliedschaft (→ § 5 Rn. 33 f.). Der uneingeschränkt fakultative Charakter eines Beirats in der Personengesellschaft lässt vielmehr auch rein willkürliche Differenzierungen zu, sofern diese nicht mittelbar die Mitgliedschaftsrechte einzelner Gesellschafter beeinträchtigen (Bsp.: Beiratsmitglieder, die einen Gesellschafter mit weniger als 10 % des Festkapitals repräsentieren, erhalten nur die halbe Vergütung).[2]

II. Höhe der Vergütung

2 Eine dem § 113 Abs. 1 S. 3 AktG vergleichbare Angemessenheitsregel gibt es für den Beirat in der Personengesellschaft nicht.[3] Sofern diese Regel im Gesellschaftsvertrag nicht angelegt ist, gelten die Ausführungen zum fakultativen Beirat in der GmbH (→ § 27 Rn. 9) auch hier. Demnach ist die **Obergrenze der Vergütung** nicht an § 113 Abs. 1 S. 3 AktG, sondern ausschließlich an § 138 BGB zu messen. Ebenso wie in der Aktiengesellschaft (→ § 5 Rn. 56) beim fakultativen Aufsichtsrat in der GmbH (→ § 27 Rn. 10) gibt es **keine Untergrenze für die Vergütung.** Sieht der Gesellschaftsvertrag allerdings eine „angemessene" Vergütung vor, so hängt das Spektrum einer zulässigen Vergütungsbandbreite von der inhaltlichen und zeitlichen Beanspruchung der Aufsichtsratsmitglieder ab. Anders als in der Aktiengesellschaft kann auch die Qualifikation eines Beiratsmitglieds nicht nur ein zulässiges Differenzierungsmerk-

---

[1] So zB von OLG Celle NZG 1998, 266; Habersack/Casper/Löbbe/Heermann, 3. Aufl. 2020, GmbHG § 52 Rn. 365, jeweils zum fakultativen GmbH-Beirat; relativierend MHdB GesR II/Mutter § 8 Rn. 82.
[2] Übliche und zulässige Differenzierungskriterien bei Reichert GmbH & Co. KG/Ullrich § 19 Rn. 137.
[3] Unklar insoweit MHdB GesR II/Mutter § 8 Rn. 82 Fn. 357.

mal zur Vergütung anderer Mitglieder, sondern auch ein geeignetes Kriterium für eine besonders hohe Vergütung sein.

§ 33. Besonderheiten bei vergütungspflichtigen Verträgen

Im Gegensatz zur Aktiengesellschaft bestehen **keinerlei Restriktionen beim Abschluss von Dienstverträgen** oder sonstigen Verträgen zwischen der Gesellschaft und einzelnen Beiratsmitgliedern. Insbesondere gilt § 114 AktG weder unmittelbar noch analog. Das Geschäftsführungsorgan ist daher frei, im Rahmen seiner Vertragsabschlussbefugnis auch mit Beiratsmitgliedern schuldrechtliche Verträge abzuschließen. Gesellschaftsvertragliche Einschränkungen, namentlich die Notwendigkeit einer Zustimmung der Gesellschafterversammlung für derartige Vereinbarungen, sind selbstverständlich vorrangig. 1

Historische Übersicht über die Regelungen zur Vergütung des Aufsichtsrats

Gesetz	Norm	Text	Verkündungsform
ADHGB 1861	Art. 192	Den Mitgliedern des ersten Aufsichtsrathes darf eine Vergütung für die Ausübung ihres Berufs nur durch einen nach Ablauf des ersten Geschäftsjahres einzuholenden Beschluß der Generalversammlung der Kommanditisten bewilligt werden. Ist die Vergütung früher, oder in einer anderen als der vorstehenden Weise bewilligt, so ist diese Festsetzung ohne rechtliche Wirkung.	Einführung individuell in den verschiedenen Partikularstaaten des deutschen Bundes
ADHGB 1870	Art. 192	Den Mitgliedern des ersten Aufsichtsrathes darf eine Vergütung für die Ausübung ihres Berufs nur durch einen nach Ablauf des ersten Geschäftsjahres einzuholenden Beschluß der Generalversammlung der Kommanditisten bewilligt werden. Ist die Vergütung früher, oder in einer anderen als der vorstehenden Weise bewilligt, so ist diese Festsetzung ohne rechtliche Wirkung.	Bundesgesetzblatt des Norddeutschen Bundes Band 1869, Nr. 32, Seite 601 – 602
	Art. 225	Die für den Aufsichtsrath einer Kommanditgesellschaft auf Aktien in den Artikeln 191. und 192. gegebenen Bestimmungen finden auch auf den Aufsichtsrath einer Aktiengesellschaft Anwendung.	
HGB 1897	§ 245	(1) Erhalten die Mitglieder des Aufsichtsraths für ihre Thätigkeit eine Vergütung, die in einem Antheil am Jahresgewinne besteht, so ist der Antheil von dem Rein-	10. Mai 1897 (RGBl. S. 219)

Anhang 1 Historische Übersicht über die Regelungen zur Vergütung des Aufsichtsrats

Gesetz	Norm	Text	Verkündungsform
		gewinne zu berechnen, welcher nach Vornahme sämmtlicher Abschreibungen und Rücklagen sowie nach Abzug eines für die Aktionäre bestimmten Betrags von mindestens vier vom Hundert des eingezahlten Grundkapitals verbleibt. (2) Ist die den Mitgliedern des Aufsichtsraths zukommende Vergütung im Gesellschaftsvertrage festgesetzt, so kann eine Abänderung des Gesellschaftsvertrags, durch welche die Vergütung herabgesetzt wird, von der Generalversammlung mit einfacher Stimmenmehrheit beschlossen werden. (3) [1] Den Mitgliedern des ersten Aufsichtsraths kann eine Vergütung für ihre Thätigkeit nur durch einen Beschluß der Generalversammlung bewilligt werden. [2] Der Beschluß kann nicht früher als in derjenigen Generalversammlung gefaßt werden, mit deren Beendigung die Zeit, für welche der erste Aufsichtsrath gewählt ist, abläuft.	
AktG 1937	§ 98	(1) [1]Den Aufsichtsratsmitgliedern kann für ihre Tätigkeit eine mit ihren Aufgaben und mit der Lage der Gesellschaft in Einklang stehende Vergütung gewährt werden. [2] Ist die Vergütung in der Satzung festgesetzt, so kann eine Satzungsänderung, durch die die Vergütung herabgesetzt wird, von der Hauptversammlung mit einfacher Stimmenmehrheit beschlossen werden. (2) [1]Den Mitgliedern des ersten Aufsichtsrats kann nur die Hauptversammlung eine Vergütung für ihre Tätigkeit bewilligen.[2] Der Beschluß kann erst in der Hauptversammlung gefaßt werden, die über die Entlastung des ersten Aufsichtsrats beschließt.	30. Januar 1937 (RGBl. I S. 107)

Gesetz	Norm	Text	Verkündungsform
		(3) [1] Wird den Aufsichtsratsmitgliedern ein Anteil am Jahresgewinn gewährt, so berechnet sich der Anteil nach dem Reingewinn, der sich nach Vornahme von Abschreibungen und Wertberichtigungen sowie nach Bildung von Rücklagen und Rückstellungen ergibt; abzusetzen ist ferner der Teil des Gewinns, der durch die Auflösung von Rücklagen entstanden ist, sowie ein für die Aktionäre bestimmter Betrag von mindestens vier vom Hundert der geleisteten Einlagen. [2] Entgegenstehende Festsetzungen sind nichtig. (4) [1] Gewinnbeteiligungen sollen in einem angemessen Verhältnis stehen zu den Aufwendungen zugunsten der Gefolgschaft oder von Einrichtungen, die dem gemeinen Wohle dienen. [2] Die Einhaltung dieses Gebots kann die Staatsanwaltschaft im Klagewege erzwingen; das Nähere bestimmt der Reichsminister der Justiz, er bestimmt namentlich die für die Entscheidung zuständige Stelle und regelt das Verfahren.	
AktG 1965	§ 113	(1) [1] Den Aufsichtsratsmitgliedern kann für ihre Tätigkeit eine Vergütung gewährt werden. [2] Sie kann in der Satzung festgesetzt oder von der Hauptversammlung bewilligt werden. [3] Sie soll in einem angemessenen Verhältnis zu den Aufgaben der Aufsichtsratsmitglieder und zur Lage der Gesellschaft stehen. [4] Ist die Vergütung in der Satzung festgesetzt, so kann die Hauptversammlung eine Satzungsänderung, durch welche die Vergütung herabgesetzt wird, mit einfacher Stimmenmehrheit beschließen. (2) [1] Den Mitgliedern des ersten Aufsichtsrats kann nur die Hauptversammlung eine Vergütung für ihre Tätigkeit	6. September 1965 (BGBl. I S. 1089)

Anhang 1   Historische Übersicht über die Regelungen zur Vergütung des Aufsichtsrats

Gesetz	Norm	Text	Verkündungsform
		bewilligen. [2] Der Beschluß kann erst in der Hauptversammlung gefaßt werden, die über die Entlastung der Mitglieder des ersten Aufsichtsrats beschließt. (3) [1] Wird den Aufsichtsratsmitgliedern ein Anteil am Jahresgewinn der Gesellschaft gewährt, so berechnet sich der Anteil nach dem Bilanzgewinn, vermindert um einen Betrag von mindestens vier vom Hundert der auf den Nennbetrag der Aktien geleisteten Einlagen. [2] Entgegenstehende Festsetzungen sind nichtig.	

Aufsichtsratsvergütung der DAX Unternehmen **Anhang 2**

Aufsichtsratsvergütung der DAX Unternehmen

Stand April 2024 – Angaben in EUR, wenn nicht anders angegeben		Festvergütung p. a.			Zusatzvergütung p. a.						
Unternehmen	Quelle	einfaches Mitglied	Vorsitzender	Stellvertreter	Einfache Ausschussmitgliedschaft	Ausschuss-Vorsitzender	Einfaches Mitglied Prüfungsausschuss	Vorsitzender Prüfungsausschuss	Anzahl berücksichtigungsfähiger Ausschussposten	Sitzungsgeld	D&O
Adidas	Satzung § 18	100.000	300.000[1]	200.000[1]	50.000	100.000	100.000	200.000	∞	1.000	
Airbus (Non executive Directors)	Remuneration Report 2023	120.000	500.000[1]	/	30.000	60.000			∞	10.000	X
Allianz	Satzung § 11	150.000	450.000[1]	225.000[1]	25.000	50.000	75.000	150.000	∞	1.000	
BASF	Satzung § 14	200.000	500.000[1]	300.000[1]	12.500	25.000	75.000	150.000	∞	0	X
Bayer	Satzung § 12	160.000	480.000[2]	320.000[2]	30.000	60.000	60.000	120.000	3	1.500	X
Beiersdorf	Satzung § 15	85.000	212.500[2]	127.500[2]	20.000	50.000	40.000	100.000	1	1.000	X
BMW	Satzung § 16	200.000	600.000[2]	400.000[2]	100.000	200.000	200.000	250.000	1	2.000	
Brenntag	Satzung § 15 i. V. m. HV-Beschluss 2023 unter TOP 7	130.000	325.000[1]	162.500[1]	50.000	125.000	50.000	125.000	∞	0	X
Commerzbank	Satzung § 15	80.000	240.000[1]	160.000[1]	30.000	60.000	30.000	60.000	3	1.500	X

[1] Zusatzvergütung für Ausschussarbeit
[2] Keine Zusatzvergütung für Ausschussarbeit

Anhang 2 — Aufsichtsratsvergütung der DAX Unternehmen

Stand April 2024 – Angaben in EUR, wenn nicht anders angegeben

Unternehmen	Quelle	Festvergütung p. a.			Zusatzvergütung p. a.					Sitzungsgeld	D&O
		einfaches Mitglied	Vorsitzender	Stellvertreter	Einfache Ausschussmitgliedschaft	Ausschuss-Vorsitzender	Einfaches Mitglied Prüfungsausschuss	Vorsitzender Prüfungsausschuss	Anzahl berücksichtigungsfähiger Ausschussposten		
Continental	Satzung § 16	180.000	540.000[1]	270.000[2]	90.000	180.000	90.000	270.000	1	1.000	X
Covestro	Satzung § 12	120.000	360.000[1]	240.000[1]	30.000	60.000	45.000	90.000	3	1.000	X
Daimler Truck	Satzung § 10	120.000	360.000[3]	240.000[3]	24.000	24.000	60.000	120.000	3	1.100	X
Deutsche Bank	Satzung § 14	300.000	950.000[1]	475.000[3]	0	100.000	0	150.000	1	0	X
Deutsche Börse	Satzung § 13	110.000	300.000[3]	165.000[3]	30.000	60.000	50.000	100.000	2	1.000	X
Deutsche Post	Satzung § 17	100.000	200.000[1]	150.000[1]	50.000	100.000	50.000	100.000	1	1.000	
Deutsche Telekom	Satzung § 13	100.000	200.000[3]	150.000[3]	25.000	40.000	50.000	120.000	∞	2.000	
E.ON	Satzung § 15	140.000	440.000[1]	320.000[1]	70.000	140.000	110.000	180.000	1	1.000	X
Fresenius	Satzung § 13	180.000	450.000[3]	270.000[3]	0	0	40.000	80.000	∞	0	X
Hannover Rück	Satzung § 14	75.000	187.500[3]	112.500[3]	15.000	30.000	25.000	50.000	∞	1.000	
Heidelberg Materials	Satzung § 12	80.000	200.000[3]	120.000[3]	20.000	40.000	25.000	50.000	∞	2.000	X
Henkel	Satzung Art. 17	70.000	140.000[3]	105.000[3]	25.000	35.000/50.000	45.000	90.000	∞	1.000	X

[1] Keine Zusatzvergütung für Ausschussarbeit
[2] Zusatzvergütung nur bei Ausschussvorsitz, dann höchste Zusatzvergütung
[3] Zusatzvergütung für Ausschussarbeit

Aufsichtsratsvergütung der DAX Unternehmen — Anhang 2

Stand April 2024 – Angaben in EUR, wenn nicht anders angegeben

Unternehmen	Quelle	Festvergütung p. a.			Zusatzvergütung p. a.						
		einfaches Mitglied	Vorsitzender	Stellvertreter	Einfache Ausschussmitgliedschaft	Ausschuss-Vorsitzender	Einfaches Mitglied Prüfungsausschuss	Vorsitzender Prüfungsausschuss	Anzahl berücksichtigungsfähiger Ausschussposten	Sitzungsgeld	D&O
Infineon	Satzung § 11	100.000	200.000[1]	130.000[1]	25.000	25.000	40.000	80.000	∞	2.000	
Mercedes-Benz Group	Satzung § 10	200.000	600.000[2]	475.000[2]	100.000	100.000	200.000	250.000	1	0	X
Merck	Satzung § 20	75.000	187.500[1]	112.500[1]	0	0	50.000	100.000	∞	1.000	
MTU Aero Engines	Satzung § 12	80.000	240.000[2]	120.000[2]	20.000	40.000	20.000	40.000	1	3.000	X
Münchener Rück	Satzung § 15	120.000	300.000[1]	180.000[1]	31.500/ 15.750	63.000/ 31.500	63.000	126.000	∞	1.000	
Porsche AG	Satzung § 18	130.000	260.000[1]	195.000[1]	50.000	100.000	50.000	100.000	2	9.000	X
Porsche SE	Satzung § 13	75.000	150.000[1]	100.000[1]	25.000	50.000	50.000	100.000	2	0	X
Quiagen; Vergütung in Dollar	Supervisory Board Renumeration Policy	USD 57.500	USD 150.000[1]	/	11.000/ 6.000	18.000/ 12.000	15.000	25.000	∞	0	
Rheinmetall	Satzung § 13	100.000	200.000[1]	150.000[1]	10.000 bis 25.000	20.000 bis 50.000	45.000	90.000	∞	1.000	X
RWE	Satzung § 12	100.000	300.000[1]	200.000[1]	40.000	60.000	60.000	120.000	∞	1.000	X

[1] Zusatzvergütung für Ausschussarbeit
[2] Keine Zusatzvergütung für Ausschussarbeit

Anhang 2

Aufsichtsratsvergütung der DAX Unternehmen

Stand April 2024 – Angaben in EUR, wenn nicht anders angegeben

Unternehmen	Quelle	Festvergütung p. a.			Zusatzvergütung p. a.						
		einfaches Mitglied	Vorsitzender	Stellvertreter	Einfache Ausschussmitgliedschaft	Ausschuss-Vorsitzender	Einfaches Mitglied Prüfungsausschuss	Vorsitzender Prüfungsausschuss	Anzahl berücksichtigungsfähiger Ausschussposten	Sitzungsgeld	D&O
SAP	Satzung § 16	165.000	600.000[1]	220.000[2]	35.000	50.000	50.000	95.000	∞	0	X
Sartorius	Satzung § 12	70.000	175.000[2]	119.000[2]	0	0	30.000	60.000	∞	1.500	X
Siemens	Satzung § 17	140.000	280.000[2]	210.000[2]	40.000	80.000	90.000	180.000	∞	2.000	X
Siemens Energy	Satzung § 12	120.000	240.000[2]	180.000[2]	40.000	70.000	60.000	120.000	∞	1.500	X
Siemens Healthineers	Satzung § 12	130.000	250.000[2]	145.000[2]	10.000 bis 35.000	20.000 bis 70.000	60.000	120.000	∞	1.500	X
Symrise	Satzung § 14	88.000	176.000[2]	132.000[2]	0	0	0	44.000	∞	1.000	X
Volkswagen	Satzung § 17	170.000	510.000[2]	340.000[2]	75.000	150.000	75.000	150.000	2	1.000	X
Vonovia	Satzung § 13	110.000	275.000[2]	165.000[2]	30.000	60.000	45.000	90.000	∞[3]	0	X
Zalando	Satzung § 15	90.000	200.000[2]	135.000[2]	0	0	20.000	65.000	∞	0	X
Durchschnitt		**121.575**	**326.963**	**195.525**	**Ca. 34.471**	**Ca. 65.583**	**56.075**	**112.750**		**1.415**	**75%**

[1] Keine Zusatzvergütung für Ausschussarbeit
[2] Zusatzvergütung für Ausschussarbeit
[3] Obergrenze Gesamtvergütung bei EUR 400.000

Aufsichtsratsvergütung der TecDAX Unternehmen

Stand April 2024 – Angaben in EUR, wenn nicht anders angegeben		Festvergütung p. a.			Zusatzvergütung p. a.						
Unternehmen	Quelle	einfaches Mitglied	Vorsitzender	Stellvertreter	Einfache Ausschussmitgliedschaft	Ausschuss-Vorsitzender	Einfaches Mitglied Prüfungsausschuss	Vorsitzender Prüfungsausschuss	Anzahl berücksichtigungsfähiger Ausschussposten	Sitzungsgeld	D&O
1&1	Satzung § 14	45.000	55.000[1]	50.000[1]	0	0	15.000	20.000	∞	1.000	
Aixtron	Satzung § 17	60.000	180.000[1]	90.000[1]	10.000	20.000	10.000	40.000	∞	0	X
Atoss Software	Satzung § 12 i. V. m. HV-Beschluss 2021 unter TOP 8	20.000	60.000[1]	30.000[1]	0	0	0	10.000	∞	1.500	
Bechtle	Satzung Ziff. 11	50.000	150.000[1]	75.000[1]	15.000	30.000	15.000	30.000	∞	1.000	
Cancom	Satzung § 13	40.000	160.000[1]	80.000[1]	0	0	10.000	20.000	∞	1.000	X
Carl Zeiss Meditec	Satzung § 19 und § 20	30.000	60.000[1]	45.000[1]	5.000	5.000	5.000	15.000	∞	1.000	X
CompuGroup Medical	Satzung § 15	40.000	80.000[1]	60.000[1]	10.000	20.000	10.000	20.000	∞	0	X
Deutsche Telekom	Satzung § 13	100.000	200.000[1]	150.000[1]	25.000	40.000	50.000	120.000	∞	2.000	

[1] Zusatzvergütung für Ausschussarbeit

Anhang 3

Aufsichtsratsvergütung der TecDAX Unternehmen

Stand April 2024 – Angaben in EUR, wenn nicht anders angegeben		Festvergütung p. a.			Zusatzvergütung p. a.						
Unternehmen	Quelle	einfaches Mitglied	Vorsitzender	Stellvertreter	Einfache Ausschussmitgliedschaft	Ausschuss-Vorsitzender	Einfaches Mitglied Prüfungsausschuss	Vorsitzender Prüfungsausschuss	Anzahl berücksichtigungsfähiger Ausschussposten	Sitzungsgeld	D&O
Eckert&Ziegler Strahlen- und Medizintechnik	Satzung § 13	35.000	105.000[1]	52.500[1]	8.000	8.000	8.000	17.500	1	500	
Energiekontor	Satzung § 15 i. V. m. HV-Beschluss 2024 unter TOP 6	225.000	450.000	337.500	0	0	0	0	∞	0	
Evotec	Satzung § 13	65.000	125.000[2]	105.000[2]	15.000	30.000	15.000	30.000	1	0	X
Freenet	Satzung § 11	50.000	100.000[2]	75.000[2]	10.000	20.000	15.000	30.000	∞[3]	1.000	X
Hensoldt	Satzung § 12	50.000	120.000[2]	70.000[2]	0	0	15.000	25.000	∞[4]	0	X
Infineon Technologies	Satzung § 11	100.000	200.000[2]	130.000[2]	25.000	25.000	40.000	80.000	∞	2.000	
Jenoptik	Satzung § 19	50.000	100.000[2]	75.000[2]	5.000	10.000	10.000	20.000	∞	1.000	

[1] Keine Zusatzvergütung für Ausschussarbeit
[2] Zusatzvergütung für Ausschussarbeit
[3] Bis max. EUR 160.000 Gesamtvergütung (inkl. Sitzungsgeld)
[4] Max. zusätzlich individuelle Grundvergütung

Aufsichtsratsvergütung der TecDAX Unternehmen **Anhang 3**

Stand April 2024 – Angaben in EUR, wenn nicht anders angegeben

Unternehmen	Quelle	Festvergütung p. a.			Zusatzvergütung p. a.						D&O
		einfaches Mitglied	Vorsitzender	Stellvertreter	Einfache Ausschussmitgliedschaft	Ausschuss-Vorsitzender	Einfaches Mitglied Prüfungsausschuss	Vorsitzender Prüfungsausschuss	Anzahl berücksichtigungsfähiger Ausschussposten	Sitzungsgeld	
Kontron	Satzung § 12 i. V. m. HV-Beschluss 2023 unter TOP 6	50.000	85.000[1]	70.000[1]		0	0	20.000	∞	2.500	X
MorphoSys	Satzung § 15 i. V. m. HV-Beschluss 2021 unter TOP 12	39.284	98.210[1]	58.926[1]	6.000	12.000	6.000	18.000	∞	2.000	X
Nagarro	Satzung Ziff. 17	150.000	225.000	187.500	0	0	0	0	∞	0	X
Nemetschek	Satzung § 15	140.000	200.000[1]	140.000[1]	15.000	30.000	15.000	30.000	∞	4.000	X
Nordex	Satzung § 18	30.000	60.000[1]	45.000[1]	3.000	6.000	3.000	6.000	∞	3.000	X
PNE	Satzung § 11	60.000	120.000[1]	90.000[1]	0	20.000	15000	30.000	∞	1.000	X
Quiagen; Vergütung in Dollar	„Supervisory Board Renumeration Policy" in der Einladung zur HV 2024	USD 57.500	USD 150.000[1]	/	11.000/ 6.000	18.000/ 12.000	15.000	25.000	∞	0	

[1] Zusatzvergütung für Ausschussarbeit

Anhang 3

Aufsichtsratsvergütung der TecDAX Unternehmen

Stand April 2024 – Angaben in EUR, wenn nicht anders angegeben

Unternehmen	Quelle	Festvergütung p. a.			Zusatzvergütung p. a.				Anzahl berücksichtigungsfähiger Ausschussposten	Sitzungsgeld	D&O
		einfaches Mitglied	Vorsitzender	Stellvertreter	Einfache Ausschussmitgliedschaft	Ausschuss-Vorsitzender	Einfaches Mitglied Prüfungsausschuss	Vorsitzender Prüfungsausschuss			
SAP	Satzung § 16	165.000	600.000[1]	220.000[2]	35.000	50.000	50.000	95.000	∞	0	X
Sartorius	Satzung § 12	70.000	175.000[2]	119.000[2]	0	0	30.000	60.000	∞	1.500	X
Siemens Healthineers	Satzung § 12	130.000	250.000[2]	145.000[2]	10.000 bis 35.000	20.000 bis 70.000	60.000	120.000	∞	1.500	X
Siltronic	Satzung § 13	50.000	150.000[1]	100.000[1]	25.000	50.000	25.000	50.000	1	0	X
SMA Solar Technology	Satzung § 11	50.000	100.000[2]	75.000[2]	0	0	18.750	37.500	∞	750	X
Süss Microtec	Satzung § 20	45.000	90.000[2]	67.500[2]	10.000	20.000	15.000	30.000	2	1.000	X
TeamViewer	Satzung § 14	75.000	187.500[2]	165.000[2]	25.000	50.000	30.000	60.000	2	0	X
United Internet	Satzung § 13 i. V. m. HV-Beschluss 2022 unter TOP 8	30.000	120.000[2]	45.000[2]	0	0	25.000	65.000	∞	1.500	
Durchschnitt		**69.976**	**158.190**	**98.431**	**Ca. 8.821**	**Ca. 15.929**	**17.525**	**37.467**	–	**1.025**	**66%**

[1] Keine Zusatzvergütung für Ausschussarbeit
[2] Zusatzvergütung für Ausschussarbeit

Sachverzeichnis

Fett gedruckte Zahlen bezeichnen Paragraphen, mager gedruckte Randnummern.

Abfindungszahlungen **12** 29
Abführung
– Arbeitnehmerorganisationen **5** 35
– Abführungsquote **9** 5
– Öffentlicher Dienst **9** 13
– Steuer **21** 8
– Zulässigkeit **9** 6 ff., 13
Abgrenzung
– Auslagenersatz und Vergütung **16** 3
– Organtätigkeit **15** 9 ff.
Abschlagszahlungen **13** 13
Abschlussprüfer Vergütungsbericht **13** 48
Abtretung **7** 1; **19** 3
Abzugsbeschränkung Steuer
– Allgemein **21** 12
– GmbH **27** 9
Aktienkurs **12** 53
Aktienoptionen **2** 5; **12** 42, 53 ff.
– GmbH-Anteile **27** 12
– Praxisrelevanz **2** 5
– SE **21** 2
– Steuer **21** 6
– Virtuelle Aktienoptionen **6** 55
– Zulässigkeit **6** 52 ff.
Aktionärs- und Gläubigerschutz **4** 2
Aktivlegitimation **15** 48
Alleininhaber **15** 34
Altersversorgung **5** 22; **12** 33
Amtslöschung von Vergütungsbeschlüssen **5** 51
Anfechtung
– Rechtsfolge **5** 58
– Angemessenheit Vergütung **5** 55
– Vergütungsbericht **13** 51
– Vergütungsvotum **12** 50 ff.
Angaben zur Anwendung der Leistungskriterien **13** 21
Angemessenheit der Vergütung **5** 42
– Anfechtbarkeit bei Verstoß **5** 55
– KGaA **25** 1
– Maßstab **5** 44 ff.
– Nichtigkeit **5** 54
– SE **24** 1
Angemessenheit des Aufwendungsersatzes **17** 3 ff.
– Maßstab **17** 4 ff., 10 f.
– Steuer **17** 8
Angemessenheitsgebot **5** 42 ff.; **9** 17; **12** 27

Anrechnung konzernexterner Aufsichtsratsmandaten **5** 41
Anschaffung von Fachliteratur **18** 29
Anspruch Aufsichtsratsvergütung **4** 14
– Austritt (unterjährig) **5** 22
– Eintritt (unterjährig) **5** 22
– Ehrenmitglieder **5** 23
– Entsendung **5** 24
– Insolvenz **7** 20
– Liquidation **7** 14
– Löschung der Gesellschaft **7** 14
– Umwandlung **7** 16 ff.
– Unwirksamkeit der Wahl **7** 4
– Verzicht **7** 21
Anteilsgewährung **27** 11
Ausgeschiedene Aufsichtsratsmitglieder **5** 22
Auslagenersatz **9** 5
– Abgrenzung Vergütung **16** 3
– Aufsichtsratsvorsitzender **18** 40 ff.
– Auslandsreisen **6** 35 ff.
– Ausschließungsmöglichkeit **16** 5
– Berater **18** 30
– Beschränkungen **16** 5
– Betriebseinnahme **21** 9
– Betriebsstätte, Besichtigung **18** 21
– Budget **20** 1 ff.
– Dolmetscher **18** 16
– Eigenes Fahrzeug **18** 7
– Erforderlichkeit **17** 2
– Fahrer **18** 9
– Fälligkeit **19** 1
– Gehaltsausfall **18** 17
– GmbH **23** 2
– Hauptversammlungsteilnahme **18** 20
– Kilometergeld **18** 7
– Letztentscheidungskompetenz **17** 12
– Maßstab **17** 10
– Obergrenze **18** 5
– Öffentliche Verkehrsmittel **18** 5
– Parkkosten **18** 8
– Personengesellschaft **30** 6
– Prozesskosten **18** 34
– Rechtsgrund **16** 4
– Reisekosten **18** 1
– Steuerpauschbetrag **18** 5
– Übernachtung **18** 12 f.
– Umsatzsteuer **18** 39
– Sitzungsgeld **6** 6; **17** 18
– Stornokosten **18** 10

239

Sachverzeichnis

Austauschverträge **6** 4
Arbeitnehmervergleich
– Vergütungsbericht **13** 26 ff.
– Vergütungsvotum **12** 40
Arbeitseinsatz **1** 16
Art der Vergütung **27** 11
– Aktienoptionen **6** 53 ff.
– Barvergütung **6** 1
– GmbH **27** 11
– Grundsatz **6** 1
– Sachvergütung **6** 1
Aufschlüsselung der Vergütung **12** 31
Aufsichtsratssitzung **18** 4
Aufsichtsratstourismus **6** 36
Ausschussmitgliedschaft **5** 34; **17** 16
Ausschüsse **5** 21
Austauschverträge **15** 22
Austritt **5** 22

Bagatellverträge **15** 25
Bahnfahrten **18** 6
Beamte
– Abführung der Vergütung **9** 13
– Einkommensteuer **21** 3
– Umsatzsteuer **22** 3
Beirat
– GmbH **26** 4
– Personengesellschaften **31** 2
Beraterkosten **18** 30
Beratungsvertrag
– Allgemein **15** 6
– GmbH **28** 1
– Personengesellschaft **33** 1
Beschlussvorschlag Vergütung **5** 9
– Bindung **5** 15
– Inhalt **5** 11 ff.
– Zuständigkeit **5** 9
Besichtigung Betriebsstätte **18** 21
Besprechungskosten **18** 43
Bestätigungsbeschluss **12** 11
Bestellung durch das Registergericht **5** 2
Beteiligung Bilanzgewinn **12** 50
Beteiligung Konzernergebnis **12** 51
Betriebsausgaben
– Aufsichtsratsmitglied **21** 7
– Gesellschaft **21** 12
Betriebseinnahme Aufsichtsratsmitglied **21** 5 f.
Betriebsstättenbesichtigung **18** 21
Beurkundung von Vergütungsbeschlüssen **5** 19
Bilanzgewinn **8** 5
Budget **20** 1 ff.
– Zulässigkeit **20** 8
Büro
– Gestellung **18** 40
– Kosten **18** 23
Bußgeld **18** 37

Corporate Governance Kodex
– Vergütungsstruktur **2** 4
Claw-Back-Klauseln **13** 33

Datenschutz
– Vergütungsbericht **13** 41
DAX
– Vergütungshöhe bei DAX Unternehmen **2** 1 f.
D&O-Versicherung **12** 30
– Vergütungscharakter **6** 20 ff.
Delegation
– Entscheidungskompetenzen **4** 10
– Zustimmung zu Dienstverträgen **15** 49
Dienstvertrag
– Austritt **15** 26
– Bagatellausnahme **15** 25
– Genehmigung **15** 56 ff.
– GmbH **28** 1
– Muttergesellschaft **15** 44
– Nahestehende Personen **15** 31 ff.
– Tochtergesellschaft **15** 43
– Zeitpunkt Mitgliedschaft **15** 27 f.
– Zuständigkeit **14** 49
– Zustimmungsvorbehalt **14** 4
Differenzierung bei der Vergütung
– Unzulässige **5** 35
– Zulässige **5** 33
Dolmetscher **18** 16
Dispositionsfreiheit Vergütungsanspruch **9** 8
Drittvergütung
– Publizität **9** 18; **13** 10
– Zulässigkeit **9** 15

Ehrenmitglieder
– Bezugsberechtigung Vergütung **5** 23
Eigener Aktien **12** 32
Einkommensteuer
– Abgeführte Beträge **21** 7
– Aktienoptionen **21** 6
Einwand der Untätigkeit **7** 9
Einwilligung **15** 51
Einzelaufwendungen **17** 18
Entlastung **13** 57
Entlastung
– Vergütungsbericht **13** 57
– Verweigerung **15** 54
Entsandte Aufsichtsratsmitglieder **5** 24
Erforderlichkeit
– Aufwendungsersatz **17** 2
Erster Aufsichtsrats
– Allgemein **10** 2
– Vergütungspflicht **10** 4
– Zeitpunkt Beschluss **10** 3
Erstfestsetzung **12** 12

Sachverzeichnis

Fälligkeitszins **15** 65 **19** 4
Fahrzeugnutzung **18** 7
Fakultativer Aufsichtsrat
– GmbH **26** 1
– Häufigkeit **26** 4
– Personengesellschaft **30** 1
– Verträge **28** 1
Familiengesellschaften **30** 2
Festvergütung **12** 2
Flugreisen **18** 6
Fusion **7** 1; **19** 3
Fälligkeitszinsen **15** 66; **19** 4
Fortbildungskosten **18** 26
Freiberufler **21** 1
Fuhrpark **18** 11

Gehaltserstattung **18** 17
Gemeinnützigkeit **26** 6
Geschäftsgeheimnis **13** 46 f.
Gleichbehandlungsgebot **9** 17; **12** 27; **27** 13
– Allgemein **5** 32
– Abweichende Vergütungshöhe **5** 33 ff.
– GmbH **27** 13
– Personengesellschaft **32** 1
Gruppenversicherung **12** 30

Haftungserleichterung
– Bei Unentgeltlichkeit **4** 14
– Öffentlich Entsendete **9** 13
Hauptversammlung
– Einberufung **5** 1 ff.
– Mehrheitserfordernis **5** 17 f.
– Stimmverbot **5** 16
– Tagesordnung **5** 7
– Vergütungsbericht **13** 49
– Vergütungskompetenz **4** 1 ff.
– Vergütungsvotum **12** 1
Heilung unwirksamer Dientverträge **15** 20
Herabsetzung
– Festvergütung **8** 2
– Variable Vergütung **8** 3
Höhe
– Angemessenheit **5** 44 f.
– Anordnung der Angemessenheit in der Satzung **27** 10
– GmbH **27, 9**
– Höhe in der Praxis **2** 6
– Sittenwidrigkeit **27, 9**
– Untergrenze **5** 43

Insolvenz **7** 20

Kammer für Handelssachen **7** 7; **15** 68; **19** 5
Kapitalerhaltungsregeln **27** 9
Kilometergeld **18** 7
Kodex-Empfehlung **12** 44

Kompetenz
– Auslagenersatz **17** 12
– Vergütung **4** 1 ff.
Kontrolle **17** 12
Kreditgewährung **14** 3
Krisen- und Gefahrenszenarien **17** 6

Leistungskriterien **12** 34
Letztentscheidungskompetenz **16** 12 f.; **28** 1
Liebhaberei **21** 4
Lobbyismuskosten **18** 38
Lohnerstattung **18** 17
Liquidation **7** 14
Löschung der Gesellschaft **7** 14

Mautgebühren **18** 8
Maximalvergütung **13** 39
Mehrheit
– Vergütungsbeschluss **5** 17
– GmbH **27** 3
Mehrfachmandate (Konzern) **5** 41; **17** 7
Mehrfachzahlung **12** 12
Mindestqualifikation **18** 30
Mindestvergütung **4** 5, **4** 8

Nichtigkeit **5** 52 ff.
– Allgemein **5** 53
– Angemessenheitsverstoß **5** 54
– Rechtsfolge **5** 58

Obergrenze
– GmbH **27** 9
– Personengesellschaft **32** 2
Öffentlich Bedienstete
– Abführung Vergütung **9** 13
– Einkommensteuer **21** 3
– Umsatzsteuer **22** 3
Öffentliche Hand **26** 4
Öffentliche Verkehrsmittel **18** 7
Organspezifische Tätigkeit **15** 9 ff.

Parkgebühren **18** 8
Pauschalbetrag **18** 5
Personalausschuss **18** 31
Personalkosten **18** 24
Personenschutz Kosten **18** 35
Phantom Stocks **6** 55
PKW Nutzung **18** 7
Prüfungsausschusses **18** 28
Prüfungszeitpunkt
– Auslagenersatz **17** 9
Publikumsgesellschaften **30** 4
Publizität
– Vergütungsvotum **12** 53
– Vergütungsbericht **13** 53 ff.

241

Sachverzeichnis

Rabatte **17** 15
Rahmenprogramme **12** 36
– Vergütung **6** 35
Rechnungslegung für Vergütung **3** 4
Rechtsanwalt **21** 2
Rechtsgrund Aufsichtsratsvergütung **4** 1, 9
– Beschluss **4** 5
– Beschlussvorschlag **5** 9 ff.
– GmbH **27** 1 ff.
– Gesetzliche Grundlage **4** 14 f.
– Personengesellschaft **28** 5
– Vertragliche Grundlage **4** 12
Regelverjährung **7** 12; **19** 7
Registerkontrolle **5** 49
Reisekosten **18** 1
– Kombinierte Reisewege **18** 2
– Pauschbetrag **18** 5
Rückforderung
– Auslagenersatz **20** 8
– Dienstvertrag **15** 63 ff.
– Rechtsgrund **11** 2 f.
– Vergütungsbericht **13** 33
– Vergütungsvotum **12** 37
Rückwirkung
– Grundsatz **5** 26
– Rückwirkende Erhöhung **5** 29
– Rückwirkende Herabsetzung **5** 30
– Vergütungsbeschlüsse **5** 28 ff.
Ruhegeldzahlungen **12** 29

Sachleistungen **12** 29
– D&O Versicherung **6** 20 ff.
– Vergütungscharakter **6** 29 f.
Satzung
– Bestandteil **4** 3
– Sperrwirkung **4** 7
Schadensersatz
– Dienstvertrag mit AR-Mitglied **13** 73
– Überhöhte Auszahlung **7** 7 ff.
– Vergütungsbericht **13** 58
Schiedsklausel **7** 13
Schlechtleistung **7** 10
Selbstständigkeit **21** 1
– Fehlende **21** 3
Sitz Mitgliedsstaat **13** 10
Sitzungsgeld **12** 12
– Auslagenersatz **17** 18
– Ausschusssitzungen **6** 10
– Mehrfachsitzungen **6** 13
– Vergütungscharakter **6** 6
– Virtuelle Sitzung **6** 13
Sitzungssprache **18** 16
Sonderaufträge **12** 28
Sondervergütung **12** 27
Sondervorteile **10** 1

Steuerpflicht beschränkte **21** 10
Stimmverbot **15** 60
– GmbH **27** 17
– Vergütungsbeschluss **5** 16
Stornokosten **18** 10
Strafbarkeit
– Aufsichtsratstourismus **6** 36
– Überhöhte Auszahlung **6** 16; **11** 11
– Vergütungsbericht **13** 56
Tagesordnung
– Vergütungsbeschluss **5** 7

Überhöhte Tantiemen **1** 4
– Rückzahlungspflicht **11** 2 f.
– Schadensersatzanspruch **11** 7 ff.
Umsatzsteuer Erstattung **18** 39
Umwandlung **7** 16 ff.; **10** 2
Unentgeltlichkeit
– GmbH **26** 5
– Grundsatz **4** 1, 14
– Personengesellschaft **31** 5
– Steuer **21** 4
Untergrenze
– GmbH **27** 10
– Personengesellschaft **32** 2
– Vergütungshöhe **5** 43, 46
– Verpflegungskosten Aufwendungsersatz **18** 15
Unternehmer **22** 1

Variable Vergütung
– DCGK **6** 44
– Entstehung **7** 3
– Fälligkeit **7** 5
– Vergütungsvotum **12** 33
– Vorteile **6** 46 ff.
– Zulässigkeit **6** 38
Verantwortungsumfang **25** 1
Verfassung **21** 21
Vergütungsbericht
– Darstellung **13** 15
– Datenschutz **13** 41
– Erkenntnisquelle **3** 5
– Erstellung **13** 3
– Fehler **13** 56 ff.
– Geheimnisschutz **13** 46
– Hauptversammlungsbeschluss **13** 49
– Inhalt **13** 6 ff.
– Prüfung durch Abschlussprüfer **13** 48
– Veröffentlichung **13** 53
– Zuständigkeit **13** 3
Vergütungsmodelle **12** 54
Vergütungssystem **12** 13
Verjährung
– Auslagenersatz **19** 7

Sachverzeichnis

– Rückzahlungsanspruch **11** 6
– Vergütungsanspruch **7** 12
Verpfändung **7** 1; **19** 3
Verpflegung **18** 15
Vertrag
– Aufsichtsratsmitglied **14** 1
– GmbH Vergütung **27** 4
– Personengesellschaft Vergütung **31** 3
Vertretungsorgan GmbH **27** 6
Veröffentlichung
– Vergütungsbericht **13** 53 ff.
– Vergütungsvotum **12** 53
Verzicht **7** 21
Verzug **7** 6
Verzugszins **19** 4
Vollzeitäquivalenz **13** 31
Vorsteuerabzugs **22** 5
verdeckte Gewinnausschüttung **27** 9

Website
– Übersichtlichkeit **12** 5
– Vergütungsvotum **12** 53
– Vergütungsbericht **13** 54

Zeitaufwand
– Berücksichtigung bei der Vergütungshöhe **5** 40
– Mindesteinsatz **7** 9
Zuflussprinzip **21** 6
Zuständigkeit
– Klageweise Durchsetzung **7** 7; **19** 7
– Vergütungskompetenz **6** 1
Zustimmung
– Vergütungsbericht **13** 49
– Vertrag mit Aufsichtsratsmitgliedern **14** 2 ff.; **15** 6 ff.